A República e sua política exterior (1889-1902)

FUNDAÇÃO EDITORA DA UNESP

PRESIDENTE DO CONSELHO CURADOR
Mário Sérgio Vasconcelos

DIRETOR-PRESIDENTE / PUBLISHER
Jézio Hernani Bomfim Gutierre

SUPERINTENDENTE ADMINISTRATIVO E FINANCEIRO
William de Souza Agostinho

CONSELHO EDITORIAL ACADÊMICO
Divino José da Silva
Luís Antônio Francisco de Souza
Marcelo dos Santos Pereira
Patricia Porchat Pereira da Silva Knudsen
Paulo Celso Moura
Ricardo D'Elia Matheus
Sandra Aparecida Ferreira
Tatiana Noronha de Souza
Trajano Sardenberg
Valéria dos Santos Guimarães

EDITORES-ADJUNTOS
Anderson Nobara
Leandro Rodrigues

CLODOALDO BUENO

A República e sua política exterior (1889-1902)

2ª EDIÇÃO, REVISTA E AMPLIADA

© 2022 Editora Unesp

Direitos de publicação reservados à:

FUNDAÇÃO EDITORA DA UNESP (FEU)
Praça da Sé, 108
01001-900 – São Paulo – SP
Tel.: (0xx11) 3242-7171
Fax: (0xx11) 3242-7172
www.editoraunesp.com.br
www.livrariaunesp.com.br
atendimento.editora@unesp.br

Dados Internacionais de Catalogação na Publicação (CIP) de acordo com ISBD
Elaborado por Vagner Rodolfo da Silva – CRB-8/9410

B928r	Bueno, Clodoaldo
	A República e sua política exterior (1889-1902) / Clodoaldo Bueno. – 2. ed. rev. e ampl. – São Paulo : Editora Unesp, 2022.
	Inclui bibliografia. ISBN: 978-65-5711-132-1
	1. História do Brasil. 2. República. 3. Política exterior. I. Título.
	CDD 981 CDU 94(81)
2022-859	

Índice para catálogo sistemático:

1. História do Brasil 981
2. História do Brasil 94(81)

Editora afiliada:

Asociación de Editoriales Universitarias
de América Latina y el Caribe

Associação Brasileira de
Editoras Universitárias

Para
AMADO LUIZ CERVO,
historiador e amigo

Sumário

Apresentação 9
Introdução 11

I Os contextos 17
O expansionismo dos Estados Unidos: a via do pan-americanismo 23
A Conferência pan-americana 26
O quadro político interno 35
Reorientação da política externa 38
A imagem da República no exterior 43
A imprensa inglesa 48
Reflexos financeiros 54
A crítica dos monarquistas 58

II A republicanização da diplomacia 63
A reforma do serviço diplomático no Legislativo 65
Legações e consulados 75
A legação junto à Santa Sé 89

III Brasil-Estados Unidos 103
O reconhecimento da República 103
O novo relacionamento. Salvador de Mendonça 106
O apoio político ao novo regime 108
O convênio aduaneiro de 1891 e as reações de outros países 112
Fluxo e direções do comércio exterior brasileiro 130
A grande naturalização 141
O Brasil e a Guerra Hispano-Norte-Americana de 1898 143
Assis Brasil em Washington 145

IV A diplomacia da Consolidação   151
   A Revolta da Armada (1893-1894)   153
   A ação conjunta das esquadras estrangeiras   160
   Grã-Bretanha e a Revolta   169
   A ação norte-americana. Organização da esquadra legal   173
   As análises. A imprensa estrangeira   193

V O retorno do poder civil   207
   O quadro político interno   207
   A ocupação da Ilha da Trindade e o Legislativo (1895-1896)   213
   Comércio, finanças e imigração   223
   O tratado Brasil-Japão de 1895   226
   O *funding loan*   241

VI Brasil-Argentina   251
   A missão Bocaiuva ao Prata   251
   Correrias nas fronteiras entre Brasil, Uruguai e Argentina   260
   Imigração e relações comerciais   266
   A disputa pelo mercado brasileiro de farinha   278
   Preocupação com os armamentos argentinos   286
   A troca de visitas entre Roca e Campos Sales   294

VII Observando as relações argentino-chilenas   303
   A suposta *entente* Brasil-Chile na imprensa portenha   313
   A visita da esquadra chilena   321
   Rumores de uma tríplice aliança   323
   A noção de equilíbrio   327
   Uma proposta fora de hora   340
   Restrições à II Conferência Pan-americana   342

VIII Bolívia – o início da questão do Acre   349
   Presença do Bolivian Syndicate   349
   Repercussão no Prata   355
   A discussão no Legislativo   358

Síntese conclusiva   365

Referências   373
   Fontes   373
   Bibliografia citada   376

Anexo   385
   Presidentes do Brasil e ministros das Relações Exteriores de 1889 a 1902   385
   Presidentes da República Argentina de 1880 a 1904   386
   Presidentes dos Estados Unidos da América de 1885 a 1909   386

Apresentação

O livro de Clodoaldo Bueno corresponde a um texto revisto e ampliado da primeira edição. Com muito cuidado e esmero, o autor aperfeiçoa e amplia sua pesquisa. Fez-me a honra de dedicar-me o novo livro. De fato, há décadas, somos amigos e nos reunimos muitas vezes para discutirmos as relações internacionais do Brasil. Devo dizer que aprendi com Clodoaldo, que dele recebi entusiasmo e foco acadêmico: vamos trabalhar a inserção internacional do Brasil, com metodologia moderna e espírito voltado à compreensão e à explicação das forças e dos comandos superiores da História, para poder assim abrigar o mundo todo e cotejá-lo com a realidade nacional. De onde vem progresso e atraso históricos? Como nações avançam e outras permanecem remando sem andar? Por que esmoleiros internacionais e investidores dominam o mundo? Belas questões! Nem todos os historiadores as levam em consideração. Clodoaldo, sim.

Nesta nova edição, o autor penetra a conjuntura da virada do século XIX para o XX, tanto interna quanto internacional, com o fim de embasar no realismo seu raciocínio; ademais, penetra a diplomacia da República, o novo regime político brasileiro. Esclarece as inovações desse novo regime, que substituiu a monarquia brasileira. Aprofunda as relações com os novos parceiros preferidos pelo regime: Estados Unidos, Argentina e Cone Sul ampliado. Ou seja, a República sacrifica o universalismo da monarquia e introduz o servilismo político diante dos Estados Unidos, que foram responsáveis pelo atraso estrutural histórico do Brasil. Apenas nos anos 1930, sob o governo de Getúlio Vargas, que lançou a industrialização, e, logo depois, com Juscelino Kubitschek, a nação dá os primeiros passos rumo ao progresso e ao desenvolvimento da sociedade.

As qualidades do novo texto de Clodoaldo Bueno reforçam seu mérito acadêmico. Historiador com "h" maiúsculo, por certo. Realista, objetivo, longe de teorias feitas de elocubrações infundadas. O autor segue os passos de rigorosa argumentação: a República procura a vizinhança, porém o Congresso Nacional abriga variedades intelectuais, o que dificulta elaboração e execução da política exterior. No âmago da inovação republicana está a base de uma sociedade agrária, à qual servem os parlamentares, plantadores e latifundiários, oriundos desse meio social. Café, antes de tudo. Ou seja, servem a interesses próprios, obstruindo o progresso e o desenvolvimento de uma sociedade complexa, a exemplo do que ensaiara a monarquia, sobretudo a exemplo do que se fazia nos Estados Unidos, que impulsionavam a inovação tecnológica. Progresso diante de atraso: eis a fotografia da evolução dessa sociedade internacional, incrustada na História do Brasil e do mundo dessa época.

Assim se consolidam o mérito e a qualidade metodológica de Clodoaldo Bueno. Sua nova edição de *A República e sua política exterior* corresponde a uma demonstração de talento que, por certo, o leitor – alunos ou veteranos profissionais – irá reconhecer e apreciar.

Amado Luiz Cervo
Professor emérito da Universidade de Brasília

Introdução

Entre os analistas das relações internacionais, há preferência por assuntos ligados aos desafios do nosso tempo. O visível progresso quantitativo e qualitativo torna ainda mais necessária a contribuição do historiador, sobretudo no referente às conexões que escapam das grandes linhas das relações interestatais e pertencem aos campos da economia, da cultura, das artes, do pensamento, dos movimentos migratórios e seus impactos internos sobre os países envolvidos. Mesmo no que se refere à política externa do Estado, o analista da área, ao construir sua síntese, ainda se ressente da falta de informações factuais seguras, isto é, do restabelecimento do concreto histórico resultante de estudos monográficos solidamente alicerçados em fontes passíveis de serem submetidas a controle; não basta a fonte ser autêntica, é preciso que seja veraz, isto é, se ela abriga mitos e falsas narrativas, conscientes ou não, pois nem sempre o autor do documento possui condições de estar bem informado. Afora isso tudo, o estudioso, ao construir sua interpretação, corre o sério risco de ceder à tentação de conduzir sua pesquisa a partir de uma concepção fechada sobre o devir histórico para, depois, sair à busca de fontes que se coadunem com o que concebera *a priori*. Ou, o que é pior, as forcejando. Norbert Elias[1] afirmou, há tempo, "que dogmas

---

1 Elias, 2000, p.45.

A REPÚBLICA E SUA POLÍTICA EXTERIOR (1889-1902)

preconcebidos tornam os pesquisadores cegos mesmo em relação a estruturas que são quase palpavelmente óbvias".

Na elaboração da primeira edição do presente livro, em 1995, nos servimos em grande parte do que apuramos nas fontes originais, secundariamente em textos de autores da época, e dialogando com os então poucos autores que nos precederam no estudo do período em tela. Nosso objetivo era e continua sendo a construção de um trabalho que proporcione um quadro do conjunto da política externa brasileira no difícil período pelo qual passou a República logo após sua instalação até à consolidação do quadro político-institucional nas presidências de Prudente de Morais e Campos Sales. Naquele ano e algum tempo depois, vieram à luz novas publicações monográficas, inclusive no exterior, de excelente qualidade. Surgiram também teses de doutorado e dissertações de mestrado de novos pesquisadores formados nos cursos de pós-graduação na área de relações internacionais, e de diplomatas do Itamaraty, aposentados e da ativa. O saber histórico a respeito do nosso assunto em particular não sofreu alterações de modo a provocar reviravoltas interpretativas, mas foi enriquecido com novas informações que permitiram clarificar ainda mais as linhas do quadro geral ora em observação. A presente edição foi, portanto, ampliada, revista e modificada em alguns pontos. Houve também redistribuição e renomeação de parte do concreto apresentado; não ficou longe de ser um novo livro.

Em nossos trabalhos, valorizamos o concreto histórico recuperado diretamente das fontes e pela leitura de autores cujos textos estão solidamente lastreados em dados empíricos. Isso não implica conceder primazia ao evento político, um "fato de curta duração" por natureza, encerrado nos limites de seu próprio tempo, mas um caminho que nos leva a perceber as camadas profundas da realidade, cujos movimentos são lentos – fatos de "longa duração", na linguagem de Braudel. O fato "curto" é visível, inquestionável caso sua materialidade esteja apoiada em fontes controladas e se o observador é frio o suficiente para vê-lo com isenção de espírito. Houve em um tempo, que ainda não vai longe, prestigiados historiadores profissionais que desprezavam a história política, pois a associavam à coleção de fatos políticos, cujos personagens não teriam autonomia nas suas decisões, uma vez que, quisessem ou não, seriam meros agentes de forças constringentes predeterminadas, conforme afirmou Krippendorff.[2] Posições dessa natureza fazem parte de mecanicismos teóricos que desvalorizam os eventos, vistos como um subproduto com pouco poder explicativo. O monismo leva à distorção do real a fim encaixá-lo em posições

---

2 Krippendorff, 1979, p.24.

INTRODUÇÃO

aprioristicas. Duroselle, depois de observar que, "para haver acontecimento, é necessária uma ligação com o homem", afirma, sem rebuços: "Não há história sem acontecimentos. A história trata de acontecimentos". E um pouco mais adiante, invocando a "antropologia simples", lembra que

> [...] grande parte [das atividades humanas] é dedicada a atividades não racionais. Ora o objeto de nosso estudo é o homem. Estudar um homem artificial que terá apenas a razão humana seria constituir uma ciência artificial, não correspondendo a nada. [...] Devemos, pois, estudar cientificamente o homem; este, porém, é uma mistura de racional e irracional".[3]

Young[4] ensina que "O trabalho empírico não é intentado apenas para verificar proposições estabelecidas – uma abordagem analítica precisa servir para guiar e tornar frutíferas as incursões no reino dos dados empíricos, e não meramente apresentar proposições testáveis". Não seguir este caminho é correr o risco de criar um hiato entre construções abstratas e o que de fato aconteceu ou está acontecendo. Nem sempre é fácil encontrar um ponto de equilíbrio, isto é, evitar o hiperfactualismo ingênuo e a teorização excessiva. Dito de outro modo, aquele pouco explica, e esta leva à criação de uma realidade que só existe nos textos. Apesar do truísmo, é bom lembrar que só depois de conhecer a realidade é possível explicá-la. A história fornece a matéria-prima para o estudo científico das relações internacionais, conforme Duroselle[5]. Para que isso dê frutos, é preciso ter a mente aberta. Apoiado em Aron, Medina[6] reitera que há "uma dialética constante entre 'teoria' e 'empiria', já que os esquemas teóricos têm que ser continuamente contrastados com os resultados da experiência". As sínteses interpretativas lastreadas na concretude histórica, isto é, restabelecida a partir de fontes confiáveis, resistem ao tempo, pois independem de modismos intelectuais, arrimam trabalhos posteriores, e não produzem polêmicas estéreis. Isso vale tanto para o cientista político quanto para o historiador. Faz parte do trabalho do historiador a busca da verdade, conforme afirmou, sem meias palavras, Duroselle[7], que arrematou: "Desconfiemos dos que explicam os fatos sem conhecê-los. Desconfiemos também dos compiladores que conhecem os fatos, mas não procuram compreendê-los. Nossa vocação é explicar".

---

3 Duroselle, 2000, p.20-21.
4 Young, 1970, p.98-122.
5 Duroselle, 2000, p.23.
6 Medina, 1973, p.60-61.
7 Duroselle, 1976. p.245.

14　　A REPÚBLICA E SUA POLÍTICA EXTERIOR (1889-1902)

Cumpre esclarecer que, no capítulo relativo aos contextos e ao corte republicano, não tivemos a pretensão de retomar, rever ou aprofundar o assunto já bem estudado pelos especialistas. Buscamos informações consensuais corroboradas pela documentação brasileira do período. A intenção não foi além de um encaixe da política externa brasileira no momento internacional e no contexto interno. A transição do Império para a República, apesar de já bem estudada, ainda comporta algumas perguntas nesse aspecto. Para esclarecer se ela provocou expressiva mudança na conduta internacional brasileira é preciso examinar como os novos donos do poder concebiam a inserção do país no sistema internacional e, sobretudo, como foram encaminhadas as relações com os Estados Unidos, então empenhados na formação de sua esfera de poder, em razão do que se deu destaque para o tratado firmado entre os dois países em 1891 e à Revolta da Armada (1893-1894), balizas do novo momento da política externa brasileira. Poupamos o leitor de detalhes factuais internos não relacionados com os objetivos do presente texto. Privilegiamos a face externa da luta que pôs em risco a manutenção das instituições então recentemente instaladas. Isso nos leva a perguntar se os estreantes no poder tinham um projeto detalhado de política externa ou agiram de improviso. Para tentar responder a essa questão, elaboramos um plano geral que obedeceu, em primeiro lugar, à busca no contexto internacional e nacional dos aspectos que vinham ao encontro dos nossos objetivos para, empós, acentuar a inflexão havida na política externa imediatamente após a mudança de regime, estabelecer as principais mudanças ocorridas no corpo diplomático e no estilo da diplomacia e analisar o posicionamento do Brasil em relação às nações do seu entorno geográfico, com a Argentina de modo especial, e, finalmente, examinar outros assuntos específicos com relevância suficiente que justificaram itens separados, como as negociações do *funding loan* e as reações às dificuldades colocadas pelo imperialismo, ou, mais precisamente, a ocupação da Ilha da Trindade e a presença do Bolivian Syndicate no Acre. Reservamos um item para os interesses ligados ao comércio e à imigração e, como complemento, um dedicado ao tratado Brasil-Japão (1895).

Pelo fato de existir bibliografia específica de boa qualidade sobre as questões de limites solucionadas durante o período em exame – a de Palmas/Missões com a Argentina e a do Amapá com a França –, elas não foram tratadas com a tecnicidade e detalhamento necessários em assuntos dessa natureza, mas subjazem ao texto.

***

INTRODUÇÃO

Cumpre-me consignar meus agradecimentos ao Leandro Rodrigues, editor adjunto da Editora Unesp, que conseguiu, com sua equipe, restabelecer os originais da primeira edição, sem o que esta não seria possível. À Sônia Álvares Mostácio, pela sua preciosa ajuda técnica na preparação dos originais, e à Graziela Helena Jackyman de Oliveira, bibliotecária do Instituto de Políticas Públicas e Relações Internacionais (IPPRI) da Universidade Estadual Paulista (Unesp), pela sua atenção e competência ao localizar e, inclusive, disponibilizar textos raros utilizados neste trabalho.

CAPÍTULO I

Os contextos

pós o período napoleônico, a economia global entrou em um período de crescimento centrado nos países da Europa ocidental, em especial na Grã-Bretanha, defensora e praticante do livre comércio internacional – inclusive porque possuía uma indústria manufatureira superior à dos países concorrentes. O apogeu da Europa deu-se entre os anos de 1871 e 1914. De 1880 a 1914, especificamente, houve considerável aumento na produção dos países capitalistas centrais, o que levou a um aumento expressivo do intercâmbio comercial, nomeadamente entre eles e os então chamados "países novos". A busca de novos mercados em países não industrializados ou "atrasados" foram os móveis da expansão dos países europeus e dos Estados Unidos. O crescimento do intercâmbio e o inter-relacionamento dos sistemas nacionais reforçaram o sistema econômico de escala mundial. A crescente necessidade de expansão e controle de novos mercados e de fontes de matérias-primas para sustentar o crescimento produziu exacerbação na concorrência e evoluiu para rivalidade entre as nações industrializadas, refletida nos seus objetivos geopolíticos. A parte do mundo sujeita à nova onda colonialista das grandes potências já fora "repartida"; a chegada de novos atores provocou acirrada disputa por uma nova partilha, a fim de abrir brecha à expansão dos países ingressantes no clube das grandes potências. A expansão externa, necessária para o crescimento da riqueza, fundiu-se com as noções de orgulho, prestígio e superioridade nacionais. O crescimento das atividades industriais,

A REPÚBLICA E SUA POLÍTICA EXTERIOR (1889-1902)

mercê do progresso técnico, das sociedades por ações, da organização bancária, entre outros fatores, fez com que as questões financeiras desde meados do século XIX ganhassem relevância nas relações entre os Estados. Desde o início da Era Moderna, os objetivos do Estado confundiam-se com os das categorias hegemônicas existentes no interior de cada sociedade, o que em parte explica o expansionismo e sua consequente repercussão nas relações internacionais atritantes entre as nações colonialistas, exacerbadas por razões financeiras, demográficas, geopolíticas e as que pertenciam ao "território da vida intelectual", conforme assinalou Renouvin. A América do Sul tornou-se "o campo predileto para a expansão europeia".[1]

Nos anos 90 do século XIX a Europa já dava sinais de declínio com o aumento do poder e presença dos Estados Unidos e da Rússia no concerto mundial, novas potências que entravam na disputa de mercados, caso dos Estados Unidos, e de territórios, caso do Império Russo.[2] Naquela década, os Estados Unidos, pela sua riqueza industrial e potência militar, ocupavam o segundo lugar entre as demais potências; ocupavam a mesma posição quando se tratava de número de habitantes, superados neste quesito apenas pela Rússia. Entre os novos atores incluía-se, também, o Japão, o que contribuía para a configuração de um universo multipolar.[3] Alemanha e Estados Unidos, ambos em rápido processo de industrialização, passaram a disputar os mercados que estavam sob o predomínio dos britânicos.[4] A produtividade da Grã-Bretanha no final do século XIX continuou a crescer, mas em um ritmo que não acompanhava o dos Estados Unidos e da Alemanha. Segundo Kennedy, em 1880 a Grã-Bretanha respondera por 22,9% da produção mundial de manufaturados, mas em 1913 esse percentual caiu para 13,6%. Declinou, também, sua participação no comércio mundial, superada por aqueles dois países.[5] O tipo de economia exportadora dos países periféricos e a predominância de alguns produtos primários influíram nas direções e na consolidação dos vínculos comerciais, atrás dos quais vinham vínculos de outra natureza, como os políticos e

---

1 Ver Kennedy, 1989, p.143; Renouvin, 1969, tomo II, v.1, p.327, 436-441, 562; Renouvin e Duroselle, 1967, p.77, 133. Apesar das diferenças de natureza teórica, há convergência factual entre autores de tendências distintas sobre os móveis da expansão. Vale ressaltar a síntese sobre capitalismo, economia de mercado, expansão do capitalismo e poder estatal feita por Arrighi, 1996, p.1-26.

2 Kennedy, 1989, p.192-197.

3 Barraclough, 1973, p.106; Duroselle, 1976, p.227.

4 Cf. Singer, 1977, p.348. Sobre a rivalidade germano-norte-americana manifestada após a guerra hispano-americana (1898), os planos navais alemães e as pretensões territoriais na América do Sul, cf. Spykman, p.85-86.

5 Cf. Kennedy, 1989, p.223; Arrighi, 1996, p.59.

OS CONTEXTOS

culturais. Os países da Europa, maiormente a Grã-Bretanha, seguida logo após pela Alemanha e Estados Unidos, eram os propulsores da economia dos países da América Latina. Os Estados Unidos de modo especial, em franca expansão ao longo do século XIX, mercê da forte imigração, da ocupação das terras do seu oeste, da industrialização e da popularização do uso do café, tornaram-se vitais para o funcionamento da economia brasileira, assentada basicamente na produção cafeeira,[6] seguida pela de açúcar, peles, couros, borracha (durante certo tempo), manganês e frutas. Desde 1865-1870 tornaram-se os maiores compradores do café brasileiro: em 1891, o Brasil vendeu 3.884.300 sacas de 60 quilos para os Estados Unidos; em 1897, 5.302.800, número superior ao vendido para a Europa inteira no mesmo ano: 5.085.900 sacas.[7]

Nas duas últimas décadas do século XIX, o acirramento da disputa interimperialista pela busca ou ampliação de áreas de influência e de mercado em países primário-exportadores tornou o contexto internacional agressivo. A primeira década da república brasileira situa-se em uma época de crescimento das dificuldades do quadro político mundial, pouco antes das "provas de força" entre as potências imperiais imediatamente anteriores à Grande Guerra de 1914 a 1918. A posição confortável da Grã-Bretanha na América Latina tem suas raízes na segunda metade do século XVIII. Não obstante os vínculos de seus países com suas metrópoles europeias, tornara-se colônia comercial da Grã-Bretanha. Após a independência das colônias, os ingleses desenvolveram um labor diplomático destinado a assegurar ou ampliar sua ascendência sobre as nações do Novo Mundo.[8] A América Latina nas primeiras décadas do século XIX estava para a Grã-Bretanha como estivera para a Espanha no início do século XVI. Nem mesmo faltaram planos para se estabelecer um protetorado britânico sobre a área.[9] Grã-Bretanha e Portugal mantiveram estreitas relações diplomáticas, completadas pelos vínculos comerciais, sobretudo depois de 1703 (Tratado de Methuen), de tal modo favorável à primeira que Portugal dela "se tornou vassalo econômico". Sob a

---

6 Glade, 2001, p.28, 45, 64. Furtado, 1976, p.55-56, 203. Esse tipo de vinculação caracterizava uma relação de dependência, conceito frequente na literatura econômica da década de 1970. Lafer e Peña, 1973, p.33, nota 9, o definem com precisão: "Entendemos por *dependência* como vinculações assimétricas de um país com o seu contexto internacional, que limitam em maior ou menor grau sua capacidade ou vontade para controlar efeitos internos de fatores externos e sua capacidade ou vontade para exercer influência real sobre o seu contexto externo".

7 *Relatório do Ministério da Fazenda*, 1898, p.350.

8 Mauro, 1964, p.145; 1973, p.136).

9 Cf. Rippy, 1967, p.102-103.

20 A REPÚBLICA E SUA POLÍTICA EXTERIOR (1889-1902)

proteção da Grã-Bretanha, a família real portuguesa, fugindo das tropas de Napoleão Bonaparte, refugiou-se no Brasil, que já era o mais importante mercado para as mercadorias inglesas. A diplomacia britânica atuou com sucesso de modo a transferir seus privilégios comerciais para a colônia brasileira, que logo após sua independência teve que bancar os ônus decorrentes de seu reconhecimento ao aceitar os termos do Tratado de Comércio de 1827, pelo qual os britânicos mantiveram seus privilégios. O novo país já nasceu como nação dependente da Inglaterra.[10] O secretário de Estado norte-americano Henry Clay, por ocasião do reconhecimento do Brasil, foi incisivo ao relacioná-lo com o comércio: "Grã-Bretanha tratará, sem dúvida, de assegurar-se com o novo governo, as mesmas vantagens extraordinárias que desfrutou seu comércio durante tanto tempo com Portugal, vantagens que colocaram este país quase na situação de uma colônia ou dependência da Grã-Bretanha".[11] Mesmo após o Brasil se libertar das amarras do Tratado de 1827, a Grã-Bretanha manteve sua posição durante todo o século XIX em razão do volume de seus empreendimentos no país e da qualidade das suas manufaturas.[12] Para levar avante suas pretensões no sentido de vincular ainda mais a América Latina à sua esfera de influência, era preciso se contrapor à presença política norte-americana almejada pelos presidentes James Monroe (1817-1824) e John Q. Adams (1825-1826).[13] Nas três primeiras décadas do século XIX, anglo-saxões de ambos os lados do Atlântico rivalizam-se. Não era no referente aos investimentos de capital, pois os Estados Unidos não possuíam excedentes suficientes para aplicá-los em toda a área latino-americana. Seus poucos investimentos eram colocados, principalmente, no México, Cuba e América Central. Nessa época, eles mesmos eram grandes recebedores de capitais.[14] Em termos de comércio, a Grã-Bretanha superava os Estados Unidos em toda a América Ibérica, com exceção de Cuba. O valor do comércio britânico com as nações de origem espanhola em 1830 era de aproximadamente 32 milhões de dólares, enquanto o dos Estados Unidos era de 20 milhões. Os britânicos colocavam na América Latina produtos manufaturados e bens de capital.[15] Os Estados Unidos,

---

10 Cf. Cervo, A conquista e o exercício da soberania..., in Cervo e Bueno, 2015, p.43.

11 Transcrito por Rippy, 1967, p.81-82; Renouvin, 1969, t.II, vol.I, p.70.

12 Cf. Manchester, 1973, p.193,245,254,287-289.

13 A mensagem do presidente James Monroe ao Congresso dos Estados Unidos em 2 de dezembro de 1823, na qual repeliu eventuais conquistas europeias no continente americano, não excluiu a possibilidade de ingerência norte-americana na América Latina (Lima, *Pan-Americanismo* (*Monroe-Bolívar-Roosevelt*), p.162 apud Bandeira, 1973, p.149).

14 Cf. Rippy, 1967, p.187; Whitaker, 1964, p.XIV; Caulfield, 1997, p.31-32.

15 Bethell, 2001, p.581.

OS CONTEXTOS

à época, quase só vendiam produtos agrícolas, pois a exportação ainda não era um setor básico da sua economia. Bastava-lhes seu mercado interno em constante expansão.[16] O mesmo não ocorria no tocante ao transporte comercial, setor em que havia disputa pela carga de mercadorias das novas nações que, recém-egressas do estatuto colonial, não possuíam marinha mercante própria.[17] Apesar de ser o comércio com o Brasil o mais importante que os Estados Unidos mantinham no hemisfério, era bem inferior em importância ao comércio Brasil-Grã-Bretanha.[18] O valor do comércio britânico com o Brasil, 20 milhões de dólares em 1825 elevou-se a quase 30 milhões em 1830. Em 1829, os banqueiros ingleses já haviam comprado 6 milhões de libras em bônus do governo brasileiro, além dos investimentos em mineração.[19] Por circunstâncias econômicas e políticas, no período que vai de 1808 (chegada da família real portuguesa) a 1830 (renovação das vantagens comerciais), o Império do Brasil tornou-se "um virtual protetorado" dos britânicos, sobre o qual tinham predominância econômica e política. Em 1845 o Império não cedeu às pressões britânicas e não renovou os privilégios especiais.[20] No ano anterior aprovara a Tarifa Alves Branco, que impôs pesadas tarifas sobre produtos importados que tinham similares nacionais. A nova lei alfandegária fora motivada por razões fiscais, mas os efeitos foram também protecionistas, embora não suficientes para o desenvolvimento da incipiente indústria nacional.[21] Todavia, não se pode perder de vista que a Grã-Bretanha foi, também, agente da modernização da América Latina. A demanda por produtos alimentícios e matérias-primas por parte dos países capitalistas centrais na virada dos séculos XIX e XX que favoreceram as exportações dos países da América Latina foi viabilizada pelas inovações dos ingleses, sobretudo nos transportes e comunicações, setores em que fizeram maciços investimentos. Os britânicos investiram, também, em telegrafia, construção e operação de ferrovias, transporte marítimo e fluvial, financiamentos públicos, minas, serviços públicos urbanos, fazendas e comércio de terras, e serviços bancários.

---

16 Wright, 1972, p.244.

17 Os Estados Unidos talvez constituam o único exemplo no continente que à época de sua independência já possuía expressiva indústria naval. Um terço da marinha britânica procedia dos estaleiros da Nova Inglaterra. Veja-se Faulkner, 1956.

18 Cf. Rippy, 1967, p.84.

19 Cf. Rippy, 1967, p.80-81; Wright, 1972, p.7.

20 Manchester, 1973, p.192-193; Pantaleão, 1970, p.364-365.

21 Veja-se o clássico de Nícia V. Luz, 1961.

22   A REPÚBLICA E SUA POLÍTICA EXTERIOR (1889-1902)

Os principais recebedores dos investimentos ingleses foram, pela ordem: Argentina, Brasil e México.[22]

A América Latina, mesmo não tendo sofrido amputações territoriais por parte de potências imperialistas, observava com atenção e receio as partilhas que elas faziam nas áreas atrasadas da África e da Ásia. No Brasil, embora sem unanimidade de vistas, esse dado era sempre invocado pelos que formavam opinião sobre as relações internacionais a partir de uma visão de conjunto. Para Joaquim Nabuco, por exemplo, a América Latina não corria risco de anexações territoriais, salvo se houvesse alteração no equilíbrio de forças do concerto europeu de tal modo que suas nações buscassem reconquistar parcelas da América para restabelecer o equilíbrio. Tal hipótese era muito remota, segundo Nabuco, que, ao observar as relações internacionais globalmente a partir da Europa, não vislumbrava, mesmo que houvesse prejuízos aos capitais investidos no Novo Mundo, risco de os europeus exigirem compensações territoriais, ou de estenderem sua área de influência no Atlântico. Os positivistas, por ocasião da institucionalização da República, igualmente não previam riscos à soberania nacional, pois consideravam materialmente inexequível às potências europeias qualquer tentativa contra a independência das nações da América em razão de eventuais complicações internas e internacionais que suscitariam entre si mesmas.[23]

Em oposição, havia manifestações de temor do imperialismo publicadas na imprensa e, nomeadamente, no Legislativo, não raro com um toque de xenofobia. O deputado Barbosa Lima, por exemplo, por ocasião da discussão do orçamento do Ministério das Relações Exteriores, referiu-se à situação dos imigrantes no país para manifestar temor de eventual ação imperialista europeia. Associava-se contingente imigratório expressivo de uma nacionalidade ao risco de intervenção da potência que permitira ou estimulara a emigração, sob o pretexto de estar protegendo seus nacionais mal acolhidos ou não integrados ao país que os recebera, fazendo, dessa forma, uso econômico da emigração. Barbosa Lima sentia-se "membro da colônia brasileira" na cidade do Rio de Janeiro em razão dos contingentes estrangeiros lá estabelecidos, o que se lhe afigurava "um convite feito aos apetites do imperialismo". Segundo o mesmo deputado, nas publicações francesas, alemãs, italianas e norte-americanas tomava corpo a doutrina segundo a qual as nações fracas

---

22 Cf. Bethell, 2001, p.581-598. Informa ainda este autor que a Argentina absorveu um terço, o Brasil um quarto, e o México um sexto do que foi aplicado pela Grã-Bretanha na América Latina. De todos os investimentos estrangeiros na América Latina, "quase 60 por cento" eram dos britânicos (p.590).

23 Nabuco, 1895, p.213; *Anais do Senado Federal* (ASF). Sessão de 13 dez. 1890.

OS CONTEXTOS

e incapazes de praticar o autogoverno deveriam submeter-se às nações mais fortes para melhor aproveitamento das riquezas das regiões tropicais que estavam nas mãos de povos mestiços. A América do Sul era vista como terra de terremotos, motins, lutas políticas e turbulências que requeriam tutela. O mesmo deputado, depois de referir-se à presença inglesa no Egito, aos problemas dos bôeres na África do Sul e de mencionar as *chartered companies*,[24] alertou seus pares para a ameaça à integridade nacional representada pela concentração de imigrantes estrangeiros em certas regiões do Brasil, e sobre o perigo do imperialismo alemão e o expansionismo norte-americano.[25] Como já dito, os países latino-americanos estavam atrelados a centros capitalistas desenvolvidos, dependiam dos empréstimos financeiros, dos investimentos em infraestrutura, imigrantes em geral e profissionais qualificados, fatores que contribuíram para as transformações econômicas ocorridas no período de 1850 a 1915 na área. Todavia, o vínculo econômico-financeiro assimétrico estimulou o nacionalismo exacerbado como subproduto daquelas transformações. Os nacionalistas punham-se em guarda tanto contra as nações extralatino-americanas quanto contra seus vizinhos. Além disso, o nacionalismo fomentou receio e rivalidade entre as nações do segmento sul do continente que ainda tinham questões lindeiras a resolver.[26]

O EXPANSIONISMO DOS ESTADOS UNIDOS:
A VIA DO PAN-AMERICANISMO

Simon Bolívar, no contexto das independências da América Latina, tomou a iniciativa de promover um congresso no Panamá, realizado entre 22 de junho e 15 de julho de 1826, destinado a constituir uma união, liga e confederação perpétua das jovens nações. Compareceram, além de observadores europeus, delegados de quatro países centro e sul-americanos na qualidade de plenipotenciários.[27] Já em 1815, por ocasião de sua permanência na Jamaica, Bolívar

---

24 *Chartered companies* eram organizadas por particulares que recebiam uma carta de concessão de um governo para exploração colonial de determinada área. Se necessário, dele teriam cobertura diplomática.

25 *Anais do Senado Federal* (ASF). Sessão de 13 dez. 1890.

26 Johnson, 1966, p.75, 77-78.

27 Cf. Instituto Interamericano de Estudios Jurídicos Internacionales1969, p.429-430. Apesar do pequeno número de países representados no Congresso (México, América Central, Colômbia e Peru), eles abrangiam então boa parte do território do continente, que mais tarde se dividiu em doze países independentes.

24 A REPÚBLICA E SUA POLÍTICA EXTERIOR (1889-1902)

sonhara ver a América Latina "governada como uma grande república", mas reconhecia que em termos práticos a pretensão seria prematura.[28] Do congresso deveriam participar apenas representantes dos governos latino-americanos, mas em fins de 1825 Bolívar convidou também os Estados Unidos, a Grã-Bretanha e a Holanda por estarem ligadas ao continente em razão do comércio, finanças e possessões territoriais.[29] Bolívar valorizava a amizade da Grã-Bretanha.

À frente do Foreign Office britânico estava Canning, que encarregou Edward J. Dawkins de observar a disposição dos Estados latino-americanos em aceitar a influência dos Estados Unidos, pois antevia a formação de uma federação sob sua liderança.[30] O Departamento de Estado norte-americano, igualmente, entre informações detalhadas, orientou seus delegados no sentido de neutralizar a ingerência britânica sobre as novas nações e lhes transmitir confiança nas instituições republicanas.[31] O presidente John Quincy Adams (1825-1829), que fora secretário de Estado do presidente James Monroe (1817-1825), seu antecessor, embora contrário a qualquer aliança, não era refratário no que dizia respeito à América Latina em razão dos interesses de seu país. Quincy Adams, ao mesmo tempo que evitava envolvimento político com a América Latina, desejava bloquear a Europa na sua tentativa de atraí-la para sua esfera de influência, e nomeou, para isso, dois delegados. Um deles faleceu durante a viagem, o outro nem chegou a partir em razão da suspensão das reuniões do Congresso em 15 de julho de 1826. Estas deveriam continuar na Vila de Tacubaya "em data oportuna".[32]

O representante do governo imperial brasileiro nem chegou a partir. O Congresso do Panamá terminou praticamente sem resultados práticos. Houve a assinatura de um vago "Tratado de União, Liga e Confederação Perpétua" pelos quatro Estados representados (México, América Central, Colômbia e Peru), que não chegou a ser ratificado por todos os signatários. O próprio Bolívar não compareceu. Em nenhuma das atas do encontro consta sua assinatura. Mesmo assim, o Congresso é considerado o marco inicial do

---

28 Fenwick, 1965, p.25-26.

29 Cf. Whitaker, 1964, p.424-425.

30 Cf. Rippy, 1967, p.95 a 99 e 147; Cf. também Whitaker, 1964, p.343; Rippy, 1967, p.71, 139 e 140; Wright, 1972, p.67.

31 Cf. Whitaker, 1964, p.425-426; Cf. Rippy, 1967, p.78-79.

32 Protocolo da décima conferência verbal em Aleixo, 2000, p.69-70; Fenwick, 1965, p.27-28. Veja-se, ainda, Whitaker, 1964, p.426-427, pormenores na p.433.

OS CONTEXTOS

pan-americanismo, precedente histórico para a convocação de novos congressos da mesma natureza.[33]

Após o período situado entre os anos 1800-1830, no qual se insere o Congresso do Panamá (1826), os Estados Unidos retraíram-se na América Latina porque seus comerciantes e industriais privilegiaram o mercado interno resguardado pelo protecionismo alfandegário, conforme afirmado. Os tratados bilaterais substituíram a política latino-americana de Jefferson e Monroe.[34] A partir do fim da guerra civil (1865) até a guerra contra a Espanha (1898), os Estados Unidos conheceram um crescimento espantoso no volume da produção agrícola, industrial, e na infraestrutura. Tornaram-se grandes produtores de trigo (crescimento de 256% no período), milho (222%), açúcar refinado (460%), extração de carvão (800%), trilhos ferroviários (523%), extensão de 567% nas ferrovias, além do progresso siderúrgico e industrial. Grupos originários da agricultura e da indústria passaram a pressionar os sucessivos governos no sentido de manter a expansão do mercado externo.[35] Esse quadro é o pano de fundo da volta do interesse norte-americano pela América Latina como um todo e consequente formulação de uma política exterior pan-americana informada claramente por objetivos econômicos.[36] Antes de terminar o século XIX, os Estados Unidos já haviam incorporado as terras do oeste até o Oceano Pacífico, completando a missão do "Destino manifesto".[37] O citado período corresponde

---

33 Fenwick, 1965, p.29-30; Whitaker, 1964, p.431-432; Ferreira, O. S., p.24-25, 71; Entre esses congressos destacam-se os de Lima, realizados em 1847 e 1864 (cf. Fenwick, 1965, p.46). Os únicos originais do Congresso do Panamá depois de um período de extravio foi parar no Arquivo Histórico do Itamaraty (Rio de Janeiro). Em 21 de junho de 1976, nas comemorações do sesquicentenário do Congresso, o presidente Geisel comunicou a decisão do governo brasileiro de "depositar, junto da República do Panamá, no monumento que, para tal fim será erigido naquele país, os únicos originais existentes das Atas daquele Congresso, conservado no Arquivo Histórico do Ministério das Relações Exteriores". Pelo Decreto de 9 de outubro de 2000, o vice-presidente em exercício, Marco Maciel, consolidou a decisão daquela data e cedeu, em depósito, ao governo panamenho as Atas para uso por prazo indeterminado (cf. Aleixo, 2000, p.9, 11, 13, 25, 30).

34 O primeiro tratado bilateral entre Brasil e Estados Unidos é de 1828, assinado por William Tudor, ex-cônsul daquele país em Lima, que na ocasião era o encarregado de negócios no Rio de Janeiro. (Cf. Whitaker, 1964, p.437).

35 Cf. Kennedy, 1989, p.237-239.

36 Whitaker, 1964, p.433-445; Loewenheim, 1969, p.42-43; Fenwick, 1965, p.46; Topik, 2009, p.83, 85, 88. Bueno, 1974-1975, p.22-27.

37 O progresso material dos Estados Unidos provocou a dilatação de suas fronteiras em direção ao Oceano Pacífico, e fez nascer entre os seus cidadãos a crença de que as terras situadas a oeste estavam, por predestinação geográfica, reservadas à expansão da sociedade norte-americana, que cumpria, desse modo, um destino manifesto (Bandeira, 1973, p.86).

26 A REPÚBLICA E SUA POLÍTICA EXTERIOR (1889-1902)

à "Idade Áurea da América", pois o país do norte tornou-se a primeira economia do planeta e passou a figurar no rol das grandes potências. Informada pelo comércio e a grande finança, sua política exterior considerava a América Latina, pela proximidade geográfica e passado colonial comum, como campo natural para sua expansão. Na América Latina, desde a metade do século XIX, era expressiva a presença dos capitais europeus, sobretudo britânicos. Uma área, portanto, a ser disputada. Os investimentos diretos norte-americanos na virada do século XIX para o XX restringiam-se ao México e a Cuba.[38]

A CONFERÊNCIA PAN-AMERICANA

Pelas razões já apontadas, o fator econômico-financeiro passou a ocupar posição proeminente no relacionamento entre os Estados. A diplomacia dos Estados Unidos, tal como ocorria no Velho Mundo, tornou-se ousada, a refletir um novo nacionalismo.

Os políticos norte-americanos alteraram, também, suas perspectivas sobre a América Latina. Se, no início do século XIX, parte do Congresso opusera-se à política pan-americanista do presidente Monroe, com o novo quadro mundial, foi o próprio Congresso que tomou a iniciativa de autorizar em maio de 1888 o presidente Cleveland a promover uma conferência pan-americana, em razão do que seu secretário de Estado Blaine convidou os governos das nações do continente[39] para uma conferência que teve lugar em Washington no período de 20 de outubro de 1889 a 19 de abril de 1890. A agenda do encontro, fixada pelo Senado e pela Câmara dos Representantes, mostra a intenção norte-americana em ampliar seu prestígio político e, mais ainda, o intercâmbio comercial com os países latinos do continente:

Cf. Pecequilo, 2005, p.55-58. A título de ilustração, as palavras de um senador norte--americano, ditas em 1875: "Aquilo que os interesses norte-americanos exigirem, deve considerar-se lei da terra; e as outras nações têm de aceitá-lo, pois as condições, limitações e restrições de outros tempos não podem prevalecer contra o manifesto destino de nosso país" (apud Lobo, 1939, p.16).

38 Link; Catton, 1965, v.1, p.24-26; Pépin, 1938, p.32-35; Fohlen, 1967, p.24; Thomson, 1973, p.28; Bosch, passim; Costa, J. F. da, p.178-183; Bandeira, 1973, p.125, 136; Ferreira, O. S., p.81; Loewenheim, 1969, p.42. Para mais aprofundamento, vejam-se Pecequilo, 2005, p.59-64; Bemis, 1943; Lafeber, 1960, p.107-108; Glade, 2001, v. IV, p.64-65; Topik fez uma excelente síntese sobre os móveis da expansão norte-americana na última década do século XIX em Topik, 2009, p.16-19.

39 As colônias europeias da América não foram abrangidas pelo convite dos Estados Unidos: Cuba, Martinica, Canadá e Jamaica (Topik, 2009, p.83).

OS CONTEXTOS

[...] medidas que visem conservar a paz e fomentar a prosperidade dos diversos Estados americanos, medidas tendentes à formação de uma união aduaneira americana [...], o estabelecimento de comunicações frequentes e regulares entre os portos de diferentes Estados americanos, a adoção pelos Estados independentes da América de um sistema uniforme de disposições aduaneiras [...], a adoção de um sistema uniforme de pesos e leis que protejam os direitos adquiridos mediante patentes ou privilégios de invenção, marcas de fábricas e propriedade literária [...], a adoção de uma moeda comum de prata [...], a confecção e recomendação de um plano definitivo de arbitragem para todas as questões, desinteligências e discórdias [...], e os demais assuntos que digam respeito à prosperidade dos diversos Estados presentes à Conferência e qualquer deles julgue oportuno submeter à sua apreciação.[40]

O Congresso fixou, também, o montante para acorrer aos gastos necessários para a realização do evento, bem como estabeleceu que, após acordo prévio com o Senado, o presidente nomearia dez delegados, "sem direito a qualquer retribuição, correndo, entretanto, seus gastos por conta do governo". Os governos dos demais países que se fizessem representar ficariam à vontade quanto ao número de seus representantes, mas cada Estado teria direito apenas a um voto.

O pan-americanismo, que dava título à Conferência, bem como as propostas de união aduaneira e da estrada de ferro continental estavam em consonância como o "espírito do tempo". Havia um movimento pangermanista e um pan-eslavista que, do mesmo modo que a Grã-Bretanha, possuíam grandes projetos ferroviários: Cairo-Cidade do Cabo, Berlin-Bagdá e Transiberiana. Os Estados Unidos, até então ausentes nos congressos americanos anteriores, passaram a tratar a América Latina em conjunto a fim de aprofundar sua penetração econômica no restante do hemisfério, objetivo confirmado pela qualificação dos representantes designados para a conferência – homens de negócios. Em contraste, os delegados latino-americanos foram figuras da política ou ligadas à cultura.[41] A Grã-Bretanha não reagiu à iniciativa dos Estados Unidos em razão do crescimento da rivalidade entre as nações europeias, cujo reflexo era a "política das alianças" e a "paz armada",[42] além do

---

40 Azevedo, 1971, p.187; Lobo, 1939, p.50-55; Rodrigues, J. H., p.100. Cf. Instituto Interamericano de Estudios Jurídicos Internacionales1969, p.432-433.

41 Topik, 2009, p.83, 85, 88, 92; Pépin, 1938, p.33. Renouvin; Duroselle, 1967, apreciam, em termos teóricos, a urdidura da diplomacia à política nos capítulos III-V.

42 Thomson, 1973, p.32. Vejam-se, ainda, Baumont, 1966, p.13; Renouvin; Préclin, 1947, livro IV, p.391-521. Os Estados Unidos não se envolveram na política das Alianças vigente no Velho Mundo (Kennedy, 1989, p.242).

que o intercâmbio comercial dos britânicos com os Estados Unidos adquirira tal importância que não lhes interessava alimentar qualquer rivalidade que pudesse significar interrupção, ou diminuição do seu fluxo. Ademais, a presença econômica pretendida pelos norte-americanos na América Latina não os excluía dessa área.[43]

Nas instruções passadas pelo Império do Brasil à missão especial junto à Conferência, composta por Lafaiete Rodrigues Pereira, Salvador de Mendonça e J.G. do Amaral Valente, chefiada pelo primeiro, faziam-se reservas a mais de uma das propostas constantes do temário do encontro,[44] sobretudo o referente ao arbitramento sobre o qual se observava que o governo norte-americano tendia desde "algum tempo a assumir uma espécie de protetorado sobre os Estados da América", em razão do que se deveria prevenir contra eventual intenção daquele governo de se tornar árbitro perpétuo.[45] O Império aceitava apenas o arbitramento facultativo, o que se coadunava com as restrições que fazia aos objetivos da conferência, nos quais se vislumbrava o desejo norte-americano de, ulteriormente, abranger o continente na forma de protetorado, e, por esta razão, procurava afastar os países americanos do concerto europeu:

> A Conferência é exclusivamente americana e o seu plano parece conduzir até certo ponto a uma limitação das relações políticas e comerciais dos Estados independentes da América com os da Europa, dando ao Governo Americano um começo de protetorado que poderá crescer em prejuízo dos outros Estados. É principalmente para isso que se deve atender. O Brasil não tem interesse em divorciar-se da Europa; bem ao contrário, convém-lhe conservar e desenvolver as suas relações com ela, quando mais não seja para estabelecer um equilíbrio pela necessidade de manter a sua forma atual de Governo.[46]

No referente ao desenvolvimento dos meios de comunicação para favorecer a circulação de mercadorias entre as nações americanas, o Império recomendava igualmente não envolver o país em compromissos internacionais,[47] e que se rejeitasse qualquer proposta que fosse feita no estilo da Zollverein alemã,[48] reiterando dessa forma a recusa de 1887 à proposta apresentada pelo

---

43 Cf. Rippy, 1967, p.193.
44 AHI. 273/3/5.
45 Azevedo, 1971, p.189.
46 Apud ibidem.
47 Ibidem, p.190.
48 União aduaneira que existira entre os estados alemães independentes, considerada fator decisivo para a formação da unidade alemã em 1870. Vejam-se Dreyfus, 1970, p.188-192; Renouvin; Duroselle, 1967, p.113; Niveau, 1969, p.104-106.

OS CONTEXTOS

presidente Grover Cleveland durante seu primeiro mandato.[49] O visconde de Ouro Preto, chefe do último gabinete da monarquia e nele ocupando o Ministério da Fazenda, ao instruir (julho de 1889) o chefe da missão especial brasileira na Conferência Pan-americana, observou-lhe que associações aduaneiras interessavam "mais particularmente aos países centrais rodeados por nações que dispunham de portos e rios navegáveis por onde se fazem a importação e exportações". E completava:

> Ainda assim, e serve de exemplo a extinta Zollverein, motivam controvérsias frequentes e difíceis de abater, porquanto, não sendo os povos confederados, têm política e aspirações diversas e raramente podem adotar idênticas medidas financeiras. [...]
>
> Não descubro, consequentemente, grande conveniência em entrar o Brasil em uma associação aduaneira, entretanto, para não deixar de ser agradável ao País que tão gentilmente reclama a nossa coadjuvação, penso que não deve haver dúvida em admitirem-se modificações que tendam a simplificar o serviço dos manifestos e despachos sem ofensa da fiscalização, e em consolidar ou reunir as taxas sem reduzir-lhes o produto [...]

Ouro Preto descartava, também, o referente à união monetária:

> A união monetária americana, sendo de prata a moeda comum, não se me afigura de utilidade para o Brasil, estando esse metal muito depreciado, e existindo nos cofres da Tesouraria dos Estados Unidos elevadas somas em *Bland-dollars*. [...]
>
> Assim parece-me de bom conselho que, por enquanto, se não anua à unificação da moeda de prata, e que a Missão, procedendo às investigações e estudos que entender convenientes, compare as vantagens que provirão ao Tesouro em cobrar os direitos em moeda dos Estados Unidos para, reexportando-as, comprar nas praças dessa República cambiais sobre Londres em lugar de obter nos mercados do Império letras diretamente sacadas sobre Londres ou Paris.

Interessado que estava na produção do açúcar nacional, Ouro Preto orientou a missão para tratar, fora da Conferência, as bases de um acordo comercial com os Estados Unidos:

---

49 AHI – documentos referentes à Primeira Conferência Internacional Americana; Bandeira, 1973, p.127, rodapé.

A REPÚBLICA E SUA POLÍTICA EXTERIOR (1889-1902)

O gênero de produção nacional que precisa mais de proteção é indubitavelmente o açúcar, no entretanto é ele um dos poucos que pagam direitos de entrada nas alfândegas dos Estados Unidos e tais direitos são pesados. [...]

Nessa conformidade é a Missão autorizada a entrar, ainda antes de reunir-se a Conferência, discutindo ou não as bases para o novo Tratado de Comércio, em um acordo com o Governo da República norte-americana que beneficie nosso açúcar.

E esse acordo pode ser feito nos seguintes termos:

O Governo brasileiro deixará de cobrar direitos de entrada do querosene de produção norte-americana, embarcado com destino ao Brasil em algum dos portos dos Estados Unidos, durante todo o tempo em que o açúcar de origem brasileira, embarcado em algum dos portos do Império com destino aos Estados Unidos, deixar de satisfazer direitos de entrada nas Alfândegas daquela República.[50]

A Conferência foi oficialmente aberta em 2 de outubro pelo secretário de Estado Blaine e Charles R. Flint, membro da delegação norte-americana eleito por unanimidade para presidir sua Secretaria Geral. Em seguida, os trabalhos foram interrompidos para que as delegações – exceto a da Argentina, que não aceitou o convite – excursionassem em um trem especial pelo interior dos Estados Unidos durante seis semanas a fim de conhecerem seu progresso. Um trabalho de divulgação e propaganda.[51] Dias antes de a Conferência retomar os trabalhos, foi proclamada a República no Brasil. Lafaiete Rodrigues Pereira, mesmo à insistência do novo governo em permanecer na chefia da missão,[52] por coerência política (era monarquista), pediu sua exoneração da chefia da missão especial.[53] Em seu lugar assumiu seu imediato, Salvador de Mendonça, republicano signatário do Manifesto de 1870 e então cônsul-geral do Brasil em Nova York. O Ministério das Relações Exteriores ficou a cargo de outro signatário do Manifesto, o jornalista Quintino Bocaiuva, que, ao ser indagado por Mendonça "se podia dar interpretação republicana às instruções monárquicas e notadamente se podia aceitar e trabalhar pelo arbitramento obrigatório", respondeu em 15 de janeiro de 1890: "[...] dê espírito

---

50 O documento encontra-se no AHI, nos maços de documentos referentes à I Conferência Internacional Americana. Foi transcrito na íntegra por Azevedo, 1971, p.151-153.

51 Pépin, 1938, p.33; Bethell, [s.d.].

52 Azevedo, 1971, p.193.

53 Ibidem, p.188-193; Bethell, fgv/verbetes/primeira república: 1-2. O Conselheiro Lafaiete, prestigioso integrante do partido Liberal, aderira ao Partido Republicano, assinou o Manifesto do partido de 1870, e depois debandou, mantendo-se monarquista.

OS CONTEXTOS

americano ressalvados interesses econômicos e aceite arbitragem obrigatória".[54] À vontade, o chefe da delegação deu ênfase à aproximação do Brasil aos
países do continente, especialmente aos Estados Unidos e Argentina, aban-
donando a atitude de cautela e não envolvimento que vinha sendo observada
pelo Império. Bocaiuva, no seu relatório ministerial, reiterou que aceitava o
arbitramento em caráter obrigatório, no entendimento de "que convinha dar
ao princípio [...] a mais extensa aplicação que fosse possível",[55] promovendo,
assim, guinada completa no entendimento do Império, que, embora aceitasse
o arbitramento como uma das instâncias para dirimir pendências internacionais, recusava qualquer tratado genérico sobre o assunto a fim de ter mãos livres para suas ações, no entorno geográfico sobretudo. Salvador de Mendonça
mudou o estilo e o conteúdo do entendimento com os Estados Unidos observado pela diplomacia imperial;[56] aproximou-se dos delegados argentinos (Roque Sáenz Peña e Manuel Quintana), e com eles logrou aprovar os projetos de
arbitramento obrigatório e a abolição da conquista com o apoio, afinal conseguido, dos Estados Unidos e com a abstenção do Chile. A conduta da delegação brasileira, ao longo do encontro, descontadas pequenas diferenças, foi de
perfeito entendimento com a delegação norte-americana, diferentemente dos
delegados argentinos, que no decorrer do evento assumiram atitude frontalmente de oposição às propostas dos delegados dos Estados Unidos. O ministro argentino em Washington, Vicente G. Quesada, até pediu licença do cargo
durante o período em que se realizou a conferência a fim de não ficar associado à oposição dos delegados de seu país aos Estados Unidos. Os principais
mercados para as exportações argentinas eram os da Europa. A Argentina,
neste aspecto, e apoiada no seu portentoso crescimento econômico, competia
com os Estados Unidos, e deles não dependia da mesma forma que os demais
países da América Latina.[57] Do Brasil, especificamente, os Estados Unidos recebiam mais da metade das suas exportações, conforme demonstrado mais
adiante. Outra dificuldade se referia ao projeto sobre o arbitramento obrigatório e à abolição da conquista do Direito Internacional Americano. Redigido
pelo argentino Manuel Quintana e Salvador de Mendonça, foi aprovado pela
Conferência em 18 de abril de 1890 "com pequenas modificações", segundo

---

54 Mendonça, S., 1913, p.136; Azevedo, 1971, p.195, nota de rodapé; Maior, 1993, p.334. So-
    bre o americanismo de Quintino Bocaiuva, veja-se Queiroz, S. R. R., 1986, p.107.

55 Trecho do *Relatório do Ministério das Relações Exteriores – 1891*, de Quintino Bocaiuva, apud
    Azevedo, 1971, p.203-204.

56 Carta de Salvador de Mendonça a Roque Sáenz Peña, Rio de Janeiro, 5 set. 1910, apud Aze-
    vedo, 1971, p.300-301; veja-se Bandeira, 1973, p.134.

57 Tulchin, 1990, p.77-78.

A REPÚBLICA E SUA POLÍTICA EXTERIOR (1889-1902)

este. Exigiu-se muita habilidade dos representantes brasileiros e argentinos. O Chile não aprovou nada que se referisse aos dois temas. O Brasil divergiu dos Estados Unidos no referente à abolição da conquista. A adesão do país anfitrião foi conseguida após Mendonça esclarecer ao secretário de Estado Blaine que a decisão da Conferência só valeria para os Estados signatários do projeto. Desse modo, os Estados Unidos continuariam com as mãos livres em relação a terceiros países, além do que conferência não era parlamento internacional. Do arbitramento obrigatório ficariam excluídas as contendas que comprometiam a independência, e só valeriam para as questões então pendentes e futuras, e não se aplicariam às questões já resolvidas em definitivo por meio de tratados.[58]

A Conferência aprovou várias resoluções, mas logrou poucos resultados práticos. As propostas de maior alcance foram descartadas pelos delegados latino-americanos. A união aduaneira seria vantajosa e eficaz para os Estados Unidos cativarem os mercados de países latino-americanos, pois superariam a concorrência dos britânicos e dos alemães. Já para os países agroexportadores da América Latina, a união aduaneira significava renunciar a sua principal fonte de receita: os impostos sobre a importação de produtos manufaturados. As perdas alcançariam, também, sua agropecuária, setor em que os norte-americanos já eram grandes exportadores. A Argentina, de modo especial. Além disso tudo, comprometer-se-iam os projetos de industrialização, conforme enfatizou o argentino Roque Sáenz Peña. Afora essas questões essenciais, havia outra de ordem prática: por quem e como seria fixada a tarifa aduaneira comum?[59] Os delegados latino-americanos descartaram também outra proposta de alcance: a de criação da moeda comum americana. Houve ainda outras divergências entre os latino-americanos e norte-americanos, como o referente ao projeto sobre a igualdade de direitos civis entre nacionais e estrangeiros, pela recusa dos delegados do país do norte em aceitar que as aplicações de capital, bem como seus cidadãos, se sujeitassem à soberania do Estado onde houve a inversão.

A criação mais duradoura do encontro dos países americanos foi a criação da União Internacional das Repúblicas Americanas, em 14 de abril de 1890,[60]

---

58 Azevedo, 1971, p.195-203. A posição do Chile derivava da anexação de territórios da Bolívia e do Peru após a Guerra do Pacífico (1879-1883). Os Estados Unidos, na sua expansão para o oeste, anexaram territórios do México. Em 1898 ficariam com o controle colonial sobre Porto Rico, Guam e Filipinas após a guerra contra a Espanha.

59 Gomez Robledo, 1958, p.167-168; Azevedo, 1971, p.300-301; vejam-se ainda: Bandeira, 1973, p.134; Mendonça, S., 1913, p.139, 141; Castañeda, 1958, p.10-11; Lobo, 1939, p.55-56.

60 Pépin, p.33.

OS CONTEXTOS

destinada a compilar e distribuir dados relativos ao comércio continental. Para isso, criou-se também o Bureau Comercial das Repúblicas Americanas, sediado em Washington, que tinha por finalidade fornecer aos fabricantes, exportadores, importadores, comerciantes e demais interessados em investir, informações precisas, por meio da edição de um boletim, com dados estatísticos, leis de concessões de minas, tarifas e regulamentos aduaneiros interessantes para o desenvolvimento do comércio entre os países representados.[61]

O setor de transportes na América Latina era então quase que exclusivamente dominado pelos britânicos. A segunda Conferência Internacional Americana, realizada em 1901-1902 na Cidade do México, acolheu o recomendado pela comissão da estrada de ferro pan-americana e, por meio de resolução, estabeleceu que se convidasse o governo norte-americano para enviar conhecedores do assunto aos diferentes países da América Latina a fim de dar a conhecer "os recursos de cada país, a situação e condições das estradas de ferro" então em exploração, bem como sobre como estavam o "comércio e as expectativas de tráfico para uma linha intercontinental", e quais concessões os governos estariam dispostos a fazer às empresas.[62] Para isso, o governo norte-americano comissionou Charles M. Pepper, que visitou Brasil, Uruguai, Argentina, Chile, Bolívia, Peru, Equador, Panamá, Costa Rica, Nicarágua, Honduras, Salvador, Guatemala e México, após o que redigiu minucioso relatório, datado de 12 de março de 1904, enviado ao então secretário de Estado John Hay.[63] O presidente Theodore Roosevelt o enviou ao Congresso. Várias cópias foram enviadas para a exposição de Saint Louis. Foi traduzido para o espanhol pelo Bureau das Repúblicas Americanas, que o publicou no seu boletim mensal, e apresentado à Terceira Conferência Internacional (Rio de Janeiro, 1906) no decorrer dos seus trabalhos, sendo objeto da Resolução 12ª, que, inclusive, manteve sua Comissão Permanente.[64] No seu longo relatório, Pepper, além de fazer um balanço do estado

---

61 A "união" frouxa e o modesto "bureau" teriam suas atribuições transformadas e ampliadas pelas conferências posteriores. A Organização dos Estados Americanos (OEA), criada por ocasião da IX Conferência Internacional Americana, realizada em Bogotá (30 de março a 2 de maio de 1948), como bloco regional da ONU, tem sua existência contada a partir de 1890 e 14 de abril passou a ser o dia do pan-americanismo. Fenwick, 1965, p.50; Bethell, [s.d.], fez uma breve síntese de todas as conferências pan-americanas; Gomez Robledo, 1958, p.168; Bueno, 1974-1975, p.40.

62 AHI – 3ª. Conferência, 273/3/12 – *Informe del señor Charles M. Pepper*, p.1.

63 A Comissão Permanente da Estrada de Ferro Pan-americana recebera informações dos representantes diplomáticos latino-americanos acreditados junto ao governo de Washington (3ª Conferência Internacional Americana, 273/3/12).

64 AHI – 3ª Conferência, 273/3/9; 273/3/12 – *Memorial da Delegação norte-americana*, p.3.

34 A REPÚBLICA E SUA POLÍTICA EXTERIOR (1889-1902)

em que então se encontrava a construção da ferrovia, apresentou exaustivo levantamento das modalidades de concessões ferroviárias, das condições geográficas, do mercado e expectativas para o comércio norte-americano na América Latina, citando até o papel desempenhado pelos grupos capitalistas europeus, país por país. Apesar de o boletim ser um órgão da União Pan-americana, que congregava os países do continente, a publicação do "informe" produz a impressão de que esta fora criada quase que exclusivamente para os Estados Unidos, o que é reforçado pelo fato de H.G. Davis e Andrew Carnegie – integrantes da citada Comissão Permanente da Estrada de Ferro Pan-americana – terem completado o fundo concedido pelo orçamento norte-americano para a missão de Pepper.[65]

O despertar do pan-americanismo no final da penúltima década do século XIX nos Estados Unidos fazia parte de uma nova política externa que então tomava corpo, adaptada à configuração que assumira o cenário internacional, e tinha em vista inserir o país no jogo das grandes potências e ocupar o espaço a que, segundo seus formuladores, tinha direito, a fim de não ser tolhido pelas potências europeias na sua expansão para fora, necessária ao crescimento da sua economia. A nova política externa estava em função dos grandes objetivos nacionais, coroados pela formação de sua esfera de influência, cujos marcos mais visíveis na América Latina seriam cravados em determinadas crises político-diplomáticas em que se envolveram. Na Revolta da Armada no Brasil (1893-1894), a intervenção norte-americana foi decisiva para a manutenção de Floriano Peixoto no poder e consolidar sua ascendência sobre a jovem república, como será visto mais adiante. Na questão anglo-venezuelana sobre fronteira, a nota do secretário de Estado Olney ao governo britânico "exigindo" que a controvérsia fosse submetida a arbitramento não provocou a reação esperada dos britânicos; atentos que estavam à sua rivalidade com a Alemanha, priorizaram a amizade dos Estados Unidos. Em dezembro de 1902 os britânicos e os alemães, aos quais se juntaram os italianos, bloquearam o porto de La Guayra, na Venezuela, para forçar a cobrança de dívidas e indenização, após estarem certos da neutralidade que seria observada pelos Estados Unidos, que deram seu "nada a opor", pois a intervenção não envolvia conquista de território. Segundo o presidente Theodore Roosevelt, a Doutrina Monroe não poderia ser invocada para proteger maus pagadores. No ano seguinte ao final da intervenção, em sua mensagem anual ao Congresso, Roosevelt retrabalhou o conceito da Doutrina para nela incluir o poder de polícia

---

65 Renouvin, 1969, t.II, v.I, p.496; Bueno (1977) transcreve, na íntegra, a versão espanhola do Relatório Pepper, às p.105-184.

OS CONTEXTOS

internacional: "[...] a adesão dos Estados Unidos à Doutrina Monroe pode forçá-los, embora relutantemente, em casos de flagrantes de descalabro ou impotência, ao exercício de um poder internacional".[66] Esta era a contrapartida da proteção dada pela Doutrina contra intervenções oriundas de outros continentes. O intervencionismo no estilo europeu cedeu lugar à tutela norte-americana.[67] Aos britânicos, envolvidos em outros problemas mais urgentes (como a segunda guerra dos bôeres entre 1899 e 1902) no seu vasto império, renunciavam à sua ingerência política em favor de seu comércio, investimentos e empréstimos financeiros estatais, que continuariam protegidos, mas pelos Estados Unidos.[68]

O QUADRO POLÍTICO INTERNO

O advento da República no Brasil decorreu de um golpe de Estado na sua expressão mais simples; longe de ser uma revolução nos termos descritos por Gianfranco Pasquino ou analisados por Arendt.[69] O golpe, perpetrado por uma parte das Forças Armadas, destinava-se à destituição do ministério liderado pelo visconde de Ouro Preto. O líder da revolta, marechal Deodoro da Fonseca, depois de destituir o ministério, doente, voltou para sua casa, deixando o país acéfalo. Sua intenção inicial não era implantar a República. Na Câmara Municipal do Rio de Janeiro, já na madrugada do dia seguinte, os republicanos lavraram a ata da Proclamação da República.[70] O golpe foi típico na forma, mas provocou transformações políticas e institucionais irreversíveis, embora sem alterar as estruturas econômicas e sociais do país.[71] A principal

---

66 Apud Fenwick, 1965, p.59; Perkins, 1964, p.200; Pecequilo, 2005, p.50-53; Bueno, 2003, p.43-47.

67 Cf. Donghi apud Stuart, 1989, p.67.

68 Smith, R.F., 2001, p.620.

69 Pasquino, "Revolução", in Bobbio; Matteucci; Pasquino, v.II, p.1121-1131; Arendt, 1988, p.17-46.

70 O depoimento de F. L. de Gusmão Lobo (controlado por outras fontes) em outra carta do mesmo dia (22 de novembro de 1889) ao barão do Rio Branco foi fechada nos seguintes termos: "[...] O Imperador deixou muitas saudades. O povo não o baniu; não foi parte nisso; presenciou atônito o espetáculo, cheio de surpresa. A revolução foi além do seu alvo, que era a deposição do Ministério. Deodoro não pensava em república, nem muitos oficiais ou soldados. Cederam ao ímpeto, não podendo contê-lo. Os *politicians* tomaram tudo de assalto pela audácia. Só eles fizeram uma revolução no ventre de outra" (*Cadernos do CHDD*, ano III, n.5, p.209, segundo sem. 2004).

71 Costa, E. V., 2002, p.759-760.

mudança nessas áreas, o fim da escravidão, fora decretada um ano antes pelo regime caído. A transição pacífica de um regime a outro (houve apenas um ferido, o ministro da Marinha, almirante barão de Ladário, após isolada e rápida troca de tiros)[72] produziu os efeitos desejados pelos propagandistas da República e pelos responsáveis pela movimentação nos quartéis. Os testemunhos dos observadores da época são unânimes em afirmar que o povo não participou nem reagiu à implantação do novo regime,[73] aceito quase sem contestação na maior parte do território nacional. A ausência de reação não se explica apenas pela apatia da população, na sua maioria massa informe, dispersa e com um percentual de 85,2% de analfabetos em 1890,[74] mas também porque atendia anseios de proprietários das novas áreas cafeiculturas situadas a oeste da capital da então província de São Paulo, bem como daqueles que viviam nos centros urbanos como profissionais liberais e outras categorias que possuíam certo nível de politização. Destes, nomeadamente, saíram os homens da propaganda. A saúde abalada do imperador – já sem quase nenhuma influência nos negócios públicos – mostrava a urgência de se ter um sucessor viável, e logo se levantou a tese da impossibilidade de um terceiro reinado: Isabel não era aceita, acusada de ser muito carola, e temia-se a eventual influência de seu marido no governo. Apesar de suas qualidades ele não tinha a simpatia dos brasileiros, que o designavam como "O Francês". Dizia-se que D. Pedro II estava mentalmente incapacitado; não mais governava.[75] O Império não resistiu a uma parada militar. Floriano Peixoto, ajudante general do Exército que tinha sob seu comando a tropa que garantia a proteção ao local em que se reunia o gabinete do Império, até então dissimulado e sem assumir posição, aderiu aos revoltosos. Ninguém defendeu os que estavam sendo apeados do poder. Nas palavras de Bello, os próprios monarquistas perderam o encanto pelo Império, sobretudo depois da abolição da escravatura (13 de maio de 1888), "formavam o vasto e perigoso partido dos derrotistas".[76] O próprio imperador, figura proba e respeitada pelo seu povo, acatou a nova

---

72 Martins, 1995, p.12. Veja-se também Bello, 1964, p.36-39.
73 F. L. de Gusmão Lobo, no mesmo dia 22, fechou assim sua carta ao barão de Rio Branco, que se encontrava na Europa: "[...] Tudo parece bem, tudo parece maravilhoso e sublime, só porque a ordem tem sido mantida nas ruas e o povo, indiferente, tomado de espanto e pânico, frívolo e ignorante, assiste a tudo isso com a alma atrofiada. Catástrofe e vergonha!" (*Cadernos do CHDD*, ano III, n.5, p.208, segundo sem. 2004).
74 IBGE, *Séries estatísticas retrospectivas*, p.13
75 Carta de Gusmão Lobo ao barão do Rio Branco, in *Cadernos do CHDD*, ano III, n.5, segundo sem. 2004.
76 Bello, 1939, p.29.

OS CONTEXTOS

ordem, magoado, mas sem resistência. A passagem de um regime a outro teve como causa imediata e decisiva a crise entre os poderes civil e militar, bem aproveitada pela militância republicana, o que contribuiu para a inclusão de políticos oriundos das camadas urbanas e de novas áreas progressistas do país. Havia então um clima reformista que vinha desde a década de 1870 em prol do fim da escravidão, da defesa da imigração europeia, do federalismo, da separação da Igreja do Estado que turbinava o republicanismo.[77] Uma das tarefas que se impôs aos homens do novo regime foi a busca de um sistema de poder (institucionalmente formalizado em fevereiro de 1891) que refletisse a nova realidade do país. A federação adotada pelos constituintes respeitou as diversidades dos interesses regionais e redesenhou o arcabouço político-institucional a fim de representar a nova correlação interna de forças. Após os governos militares de Deodoro e Floriano, os civis retomaram o poder com Prudente de Morais, que a duras penas conseguiu pacificar o país e o entregar a Campos Sales, que, por sua vez, saneou-lhe as finanças e criou a "política dos governadores", fórmula que conciliava os interesses regionais da jovem federação e corporificava a república oligárquica, da qual o coronelismo seria seu principal mantenedor.[78] As elites que assumiram o poder central eram da mesma extração social dos quadros do antigo regime. Monarquistas não tardaram em aceitar a ocupação de cargos políticos para prestação de serviços à República após constatarem que esta seria irreversível.[79] Na segunda presidência militar, politicamente atribulada, a representação do estado de São Paulo deu apoio a Floriano por ocasião da Revolta da Armada e da Revolução Federalista no Rio Grande do Sul, viabilizando a candidatura do seu líder político civil, Prudente de Morais.[80] Este, com calma e prudência, subsistiu às investidas dos jacobinos, o que deu início ao refluxo do militarismo. Domício da

---

77 Costa, E. V., 2002, p.705-706.

78 Cardoso, 1977, p.16, 36-50; Queiroz, S.R.R., 1986, p.11. Sobre a transição da Monarquia para a República não falta bibliografia de qualidade. Entre os clássicos, podem-se citar: Vianna, *O ocaso do Império*; Bello, 1964; Lyra,1964; Holanda,1972; Carvalho, J.M., 1977; Faoro,1975; Costa, E. V., 2001, p.759; Bethell, 2001, p.759. Para o coronelismo, Leal, V. N., *Coronelismo, enxada e voto*; Queiroz, M. I. P.,1975; Fausto, 2001, p.771, 773, 784, 794-796.

79 Johnson, 1966, p.194-195; Franco, A. A. M., 1973, p.73-74; Costa, E. V. da, p.254.

80 Mercadante, p.125-6. Sobre a aliança do grupo paulista e Floriano na transição do governo militar para o civil, vejam-se, ainda, Castro, p.76-95, 98,110 e 118; Janotti, p.65, 77; Faoro, v.2: 3-5; Costa, E. V., 2002, p.759-760; Fausto, 2001, p.795; Queiroz, S. R. R. (1986, p.26) informa que Prudente não era do agrado de Floriano, mas que este "termina por curvar-se às imposições de São Paulo que, enfim, divisava a possibilidade de assumir o poder pelo qual lutara".

Gama, observando do Rio de Janeiro em 1895, deu conta, em carta ao amigo barão do Rio Branco, de que o militarismo vinha sofrendo revezes e que estava sem programa, sem chefes e dividido.[81]

A primeira preocupação dos novos donos do poder era com a manutenção da ordem, da estabilidade e da integridade nacionais.[82] No referente à frente externa não se perdeu de vista que a diplomacia era um instrumento a serviço dos interesses comerciais, basicamente a defesa e ampliação do mercado para a agroexportação, como se fizera, aliás, durante o Império. País "novo", sem manufaturas e dependente de uma restrita pauta de exportações centrada no café, deveria, conforme entendeu, por exemplo, o senador Leite e Oiticica, procurar outras opções, pois sua produção vinha se avolumando e, conforme era sabido, atingindo um patamar situado acima do consumo mundial. Além do café, seria preciso considerar o açúcar, a borracha e o algodão.[83] Mas assuntos de outra natureza demandaram também esforço da diplomacia brasileira no período em exame: questões de limites, ingerências estrangeiras em questão interna nacional, ameaças à soberania, além dos cuidados naturais com o entorno geográfico.

REORIENTAÇÃO DA POLÍTICA EXTERNA

O número elevado de ministros que se sucederam na direção da pasta das Relações Exteriores no período de 1889 a 1902 dá a impressão de falta de uma diretriz na política externa. Foram onze titulares, sem contar os que a exerceram interinamente e sem considerar o fato de Carlos Augusto de Carvalho tê-la ocupado duas vezes. Não se contando as interinidades, o governo do Marechal Deodoro (1889-1891) teve dois ministros das Relações Exteriores (Quintino Bocaiuva e Justo Leite Chermont); o Marechal Floriano (1891-1894), sete (Fernando Lobo Leite Pereira, Serzedelo Corrêa, Antônio Francisco de Paula Sousa, Felisbelo Freire, João Felipe Pereira, Carlos Augusto de Carvalho e Cassiano do Nascimento; Prudente de Morais (1894-1898), dois (Carlos Augusto de Carvalho e Dionísio Evangelista de Castro Cerqueira). Campos Sales teve um único ministro na pasta (Olinto de Magalhães) durante todo o quatriênio (1898-1902).[84]

---

81 AHI. 34.6/1, maço 50, pasta 2. Domício da Gama ao barão do Rio Branco, 27 jul. 1895.
82 Freyre, 1962, tomo 1, p.5-8.
83 ASF. Sessão de 9 out. 1897.
84 Cf. Abranches, 1918, v.1, p.3-134.

OS CONTEXTOS

Segundo Rodrigues, o jornalista Bocaiuva era sem "conhecimento ou tirocínio", bem como seus sucessores, salvo as exceções de Carlos de Carvalho e Olinto de Magalhães.[85] No período imediato ao advento do novo regime, o governo e seus adeptos viveram verdadeira "festa" republicana, na ânsia de desfazer o rótulo que tinha o Brasil de ser o "diferente" da América em razão do regime monárquico mantido por quase todo o século XIX, e mais ligado ao concerto europeu do que às nações do continente. Adotou-se na política externa uma retórica tautológica que enfatizava a condição de ser o Brasil um país republicano.[86] É consensual que a República fortaleceu a aproximação aos Estados Unidos, mas a monarquia já mantinha com eles boas relações, turbinadas pela viagem bem-sucedida de D. Pedro II em 1876. Já no século XVIII, os inconfidentes mineiros se emularam na luta dos norte-americanos pela liberdade contra a metrópole britânica. Perto do final do século XIX o país do norte impressionava o mundo pelo seu progresso material, e era admirado no Brasil.[87] Em 1894, por ocasião da Revolta da Armada, os norte-americanos apoiaram e intervieram a favor da manutenção de Floriano no poder. O acordo aduaneiro e a intervenção na Revolta da Armada, vistos mais adiante, fazem parte da aceitação da preponderância norte-americana em nossos negócios exteriores. No período de 1889 a 1902 a vinculação do Brasil aos Estados Unidos se tornou o que hoje se denominaria parceria estratégica.

Os signatários do Manifesto Republicano de 1870 estavam compromissados com a alteração da política externa: "Somos da América e queremos ser americanos", pois a então forma de governo do país era "antinômica e hostil ao direito e aos interesses dos Estados Americanos", geradora de hostilidade e de guerra contra os países vizinhos. O Brasil estaria isolado tanto no mundo quanto na América. Na Europa era tido por "uma democracia monárquica que não inspira simpatia nem provoca adesões. Perante a América passamos por ser uma democracia monarquizada". Os signatários do Manifesto assinalaram ainda que se esforçariam para "suprimir este estado de coisas, pondo-nos em contato fraternal com todos os povos e em solidariedade democrática com o

---

85 Rodrigues; Seitenfus; Rodrigues, 1995, p.210.

86 José Honório Rodrigues afirmou que a República renegou quase totalmente os princípios fundamentais estabelecidos pela experiência histórica imperial e pela sabedoria de seus estadistas, "irrivalizados com raras exceções durante a República" (Rodrigues, J. H., 1966, p.183). Veja-se também: Rodrigues, J. H., 1966, p.183-184; Rodrigues, J. H. In Rodrigues, J.H.; Seitenfus, R. A. S., 1995, p.210.

87 Topik, 2009, p.118-119. Este autor afirmou que "a reorientação do Brasil aos Estados Unidos" foi formalizada "em nível institucional" pela República (p.104).

continente de que fazemos parte".[88] Adotar uma política francamente americana ou, mais precisamente, pan-americana, embora justificada por um sentimento elevado e sintetizada numa frase bem construída, demonstrava um tanto de romantismo e outro tanto de desconhecimento ou falseamento da realidade. José Honório Rodrigues observou que o isolamento do Brasil em relação à América hispânica, à exceção das nações do Prata, decorria de fatores geográficos e econômicos, não pelo fato de ter governo monárquico. A imensidão do território e sua baixa densidade demográfica concorriam para o ligar aos países da Europa e aos Estados Unidos. A América espanhola não tinha como fornecer os manufaturados importados pelo Brasil, nem de importar na escala que o Brasil exportava para aqueles citados. O mesmo autor ainda observou, apoiado em Pandiá Calógeras, que créditos públicos e internacionais afluíam para o Império, e que seu imperador gozava de bom conceito internacional, pois atuara como árbitro, e até como superárbitro em questões que envolveram países hispano-americanos e europeus.[89] A afirmação constante do Manifesto era genérica, adequada a um documento daquela natureza, mas foi interpretada literalmente pelos recém-chegados ao poder. O romantismo, no primeiro momento, teve tradução prática no encaminhamento da questão de limites com a Argentina.

Em 6 de dezembro de 1889, isto é, após três semanas da inauguração do novo regime, decreto do Governo Provisório, em retribuição à solenidade oficial do governo argentino, marcada para o dia 8 daquele mês para celebrar o advento da República no Brasil, determinou a realização de uma série de homenagens à bandeira da Argentina e a sua legação no Rio de Janeiro. Entre os "considerandos" do decreto, constavam a amizade e espírito americano manifestados pelo país vizinho e a "afirmação da solidariedade democrática dos países deste continente" como um "progresso alcançado para a glória comum dos dois povos e para a vitória do princípio republicano [...]". Nos termos do decreto, governo e povo brasileiros testemunhavam "por uma recíproca demonstração os sentimentos da fraternal amizade que nos inspiram o Governo e o Povo da República Argentina". No dia mencionado, em Buenos Aires, deu-se pomposamente a programada manifestação oficial do Exército e da Marinha, bem assim uma manifestação popular organizada pela imprensa.[90] O novo regime iniciava-se de maneira auspiciosa. O ideal do Manifesto estava se materializando. O Governo Provisório, ao

---

88 Manifesto Republicano de 1870.
89 Rodrigues; Seitenfus, 1995, p.207-208.
90 AHI. Ofício de Buenos Aires, 14 dez. 1889.

OS CONTEXTOS

reciprocar as homenagens prestadas pela Argentina, demonstrou a satisfação com que acolheu o aplauso do governo de sua rival tradicional. Enquanto os novos donos do poder festejavam, os monarquistas temiam justamente isso, pois acreditavam que o Brasil, com a República, transformar-se-ia em apenas "mais um" na América Latina e quiçá engrossaria a lista das repúblicas malgovernadas e turbulentas.[91]

Na visão dos republicanos, as instituições monárquicas prendiam o Brasil à Europa; logo as republicanas deveriam integrá-lo ao sistema continental. Segundo mensagem de Deodoro ao Congresso Nacional, o novo governo pretendia romper com a tradição e ampliar o círculo das amizades internacionais, mas sem abdicar da independência do país e da "missão que lhe incumbe desempenhar como potência do Novo Mundo".[92] Ilustrativo é o discurso radical feito em agosto de 1892 pelo republicano Aristides Maia na Câmara dos Deputados no qual reproduzia, embora com exageros, a corrente de opinião que diferenciava a política exterior do novo regime em relação à do Império. Mesmo reconhecendo a importância de se ficar de sobreaviso em relação aos nossos vizinhos, a República deveria pôr em prática uma política contrária à política de ódio que fora seguida pela Monarquia em relação a eles. Era preciso pôr-se em guarda e ao mesmo tempo procurar meios para que desaparecesse a desconfiança que eles dispensavam ao Brasil. A República tinha a obrigação "de criar a amizade de toda a América do Sul". O deputado almejava ver constituída uma confederação sul-americana, embora reconhecesse ser este um ideal difícil de ser atingido. Com referência à Europa, acolhia a opinião de seu colega Augusto Montenegro, que recomendou fazer guerra comercial. Aristides Maia propunha ainda um relacionamento mais altivo com a Europa do que o de costume, e sugeriu que se evitasse a assinatura de tratados com seus países. Dentro dessa perspectiva, o deputado inclinou-se pela supressão de legações naquele continente – legações que para ele eram verdadeiros luxos – em favor da criação de consulados pelo fato de serem principalmente comerciais os nossos interesses na Europa. As funções puramente diplomáticas, no entender do deputado, poderiam ser exercidas pelos próprios cônsules.[93]

---

91 AHI. Carta (incompleta) do barão do Rio Branco ao barão Homem de Melo. Londres, 13 set. 1889. Carta de Joaquim Nabuco ao barão do Rio Branco. Paquetá, 31 jul. 1890. Para os conservadores, republicanismo na América Latina tinha a conotação de turbulência revolucionária, caudilhismo e *pronunciamentos* (Freyre, 1962, t.1, p.11).

92 Mensagem do marechal Deodoro da Fonseca ao Congresso Nacional em 15 de novembro de 1890. In: ASF. Sessão de 15 nov. 1890.

93 ACD. Sessão de 2 ago. 1892.

42 A REPÚBLICA E SUA POLÍTICA EXTERIOR (1889-1902)

Romperam-se as reservas que os diplomatas do Império mantinham em relação aos países do continente, e inaugurou-se uma política de fraternidade americana "muito especial", segundo seus críticos. O Tratado das Missões (visto mais adiante), firmado com a Argentina no alvorecer do novo regime, foi o exemplo eloquente bem aproveitado pelos críticos da nova política externa, sobretudo pelos monarquistas.[94] Um pouco mais adiante no tempo, Carlos Augusto de Carvalho, ministro das Relações Exteriores de Prudente de Morais, ao iniciar sua gestão[95] em novembro de 1894, fez declaração – publicada no *El Diario* de Buenos Aires – amplamente pró-Argentina, dizendo que a diplomacia da República era americanista e que o patriotismo dos homens do velho regime era, na realidade, *chauvinisme patriotique*. O novo ministro prometeu seguir nas relações internacionais uma política ampla e franca, de maior aproximação com os países da área sul-americana. Depois de protestar estima e admiração pelos argentinos, prometeu estreitar ainda mais do que já estavam as relações, por meio de um tratado de comércio, visto por ele como a maneira mais segura de se vincular os povos.[96]

Logo após o 15 de Novembro, as congratulações pela adoção da forma republicana de governo vieram também do Congresso dos Estados Unidos, por meio de resolução conjunta aprovada pelo Senado e pela Câmara dos Representantes. O Congresso Nacional Constituinte respondeu, também por meio de resolução, expressando o reconhecimento pelos termos honrosos e amigáveis utilizados pelos congressistas.[97] A atitude do Legislativo dos Estados Unidos veio ao encontro da "americanização" defendida pelos republicanos que estavam no poder, pois aquela não se cingia aos países do entorno geográfico do Brasil, mas incluía nomeadamente os Estados Unidos, seus paradigmas. Os constituintes, admiradores da república do norte, e influenciados por Rui Barbosa, foram decisivos na organização das novas instituições. Ao mesmo tempo que se buscava com afã a aproximação com a nova potência continental, reagia-se à preeminência inglesa.[98] A favor da aproximação havia, ainda, pontos comuns entre os dois países: a abolição da escravatura,

---

94 ASF. Sessão de 17 ago. 1896.

95 A primeira gestão de Carlos Augusto de Carvalho no Ministério das Relações Exteriores durante a presidência do Marechal Floriano não durou um mês (de 7 a 26 de outubro de 1893).

96 "Política internacional – Relaciones argentino-brasileiras", *El Diario*, Buenos Aires, 29 nov. 1894.

97 *Anais do Congresso Nacional Constituinte*, 1891, v.2, p.336, 429.

98 Bandeira, 1973, p.134.

OS CONTEXTOS

a adoção do presidencialismo, além da condição de ambos serem ex-colônias de nações europeias.[99]

A IMAGEM DA REPÚBLICA NO EXTERIOR

Na Grã-Bretanha, centro do mundo capitalista de então e com a qual o Brasil mantinha fortes vínculos comerciais e financeiros, a implantação da República despertou preocupações entre os investidores e portadores de seus títulos, embora no plano diplomático não tenha havido solução de continuidade nas relações do Brasil com os demais países que nele mantinham representação, conforme informa o relatório apresentado pelo ministro das Relações Exteriores republicano Quintino Bocaiuva ao Governo Provisório.[100] O Foreign Office aceitou a República como fato consumado, continuou mantendo relações oficiosas, mas protelou o reconhecimento formal a fim de aguardar a estabilização do quadro político interno, adotando atitude legalista e ao mesmo tempo cautelosa, que recomendava observar a reunião do Congresso Constituinte e o desenvolvimento de seus trabalhos. A maneira pacífica com que se deu a queda da Monarquia impressionou favoravelmente o ministro de Sua Majestade britânica no Rio de Janeiro, Wyndham, que ,logo após os acontecimentos de novembro, informou ao Foreign Office a desnecessidade de o almirantado enviar navio de guerra para a capital da nova república para eventual proteção dos interesses ingleses, uma vez que a situação era de calma, mas não significava, na ótica do diplomata britânico, abandonar a atitude de atenção no que dizia respeito à salvaguarda de tais interesses. A intenção era evitar que entre os brasileiros se levantasse a suspeita de que a Grã-Bretanha quisesse interferir nos seus negócios internos. Wyndham, entretanto, afirmou que, no caso de os cidadãos e propriedades britânicas correrem qualquer risco, recorrer-se-ia ao auxílio naval. Mas não se lhe configurava a possibilidade de confirmação de tal hipótese.[101]

No primeiro aniversário do novo regime – que coincide com a primeira sessão do Congresso Constituinte – o primeiro-ministro britânico Salisbury determinou que os navios de guerra saudassem a bandeira do Brasil, o que, na prática, significava seu reconhecimento. O reconhecimento formal da República viria em maio do ano seguinte. A França retardou seu reconhecimento,

---

99 Cf. Singer, 1973, p.374.

100 *Relatório do Ministério das Relações Exteriores* – 1891, p.6.

101 Cf. Smith, *Illusions of conflict*, p.159-62. AHI. Ofício de Londres, 11 dez. 1889

44 A REPÚBLICA E SUA POLÍTICA EXTERIOR (1889-1902)

por escrúpulos políticos (evitava desagradar as monarquias europeias e não dar aos partidos republicanos de Portugal e Espanha ensejo para explorações), e porque aguardava esclarecimentos dos efeitos do decreto brasileiro de naturalização que abrangia todos os estrangeiros presentes no país à época da Proclamação e, nomeadamente, porque viu oportunidade para resolver de maneira rápida a questão de limites da Guiana Francesa. Em junho de 1890, a França reconheceu o novo Governo Provisório, após ter assegurada a retomada das negociações sobre a questão. Parte dos países da Europa (Alemanha, Inglaterra, Bélgica, Itália, Espanha e Portugal) aguardaram a realização de eleições, mas no geral a República não teve problemas para ser reconhecida pelas nações do Velho Mundo. A Rússia foi exceção, pois só a reconheceria em 26 de maio de 1892, após a morte de Dom Pedro II. As nações americanas acolheram com aplauso e solidariedade o novo regime. Uruguai e Argentina foram os primeiros países a reconhecê-lo; o primeiro em 20 e o segundo em 29 de novembro de 1889. O reconhecimento do Chile ocorreu logo depois, em 13 de dezembro.[102]

No seu aspecto formal, isto é, nas comunicações oficiais de Estado a Estado, o transcurso de um regime a outro marchou sem problemas. O mesmo não ocorreu em outros níveis. Quatro dias após a proclamação da República, a legação do Brasil em Londres informou ao ministro Quintino Bocaiuva que, à vista de rumores de eventual intervenção de outras potências nas questões internas do Brasil, havia procurado despertar apreensões no Foreign Office, valendo-se do argumento de que o Brasil estava ligado à Inglaterra por interesses comerciais e financeiros.[103] À época, a possibilidade de ocorrência de intervenção não era remota, pois havia precedentes de agressões à soberania perpetradas por potências fortes contra nações fracas, a título de cobrança de dívidas ou defesa de interesses particulares de seus respectivos nacionais ameaçados pela turbulência política. No final do mês de novembro de 1889, a representação do Brasil em Londres informou ao Ministério o restabelecimento da confiança nos créditos brasileiros depois que ela fizera publicar, por determinação do próprio Bocaiuva, notícias tranquilizadoras nos mais importantes jornais daquela capital. Tal providência fizera-se necessária porque estava havendo jogo na bolsa com a finalidade de desvalorizar os títulos do Brasil à custa de boatos, facilmente aumentados pela censura telegráfica exercida

---

102 AHI. Ofício de Londres, 13 dez. 1890; Smith, 1979, p.162; *Relatório do Ministério das Relações Exteriores* – 1891, p.5; Lyra, 1992, p.202; Mecham, 1965, p.440; Jorge, 1912, p.3-7, 9-41, 43-50; Araújo, 1993. Sobre a repercussão da República entre os políticos espanhóis e na imprensa de Madri, veja-se Brancato, 1985 e 1987.

103 AHI. Ofício de Londres, 19 nov. 1889.

OS CONTEXTOS

pelo Governo Provisório. A representação informou ainda que a opinião pública, em geral, confiava no futuro do Brasil sob as novas instituições.[104]

A relativa demora do Foreign Office em reconhecer formalmente a República trouxe certa apreensão, ditada pelo pragmatismo, a uma parte da opinião inglesa identificada com os investimentos nos "países novos". O correspondente do *The South American Journal* opinou que a Grã-Bretanha deveria, no caso brasileiro, orientar-se pelo exemplo que ela mesma fornecera quando da independência das repúblicas da América espanhola. Enquanto os Bourbons, na França, "franziam o cenho" por razões de parentesco e Monroe formulava sua doutrina, a Grã-Bretanha aproveitara a oportunidade e as reconhecera imediatamente. Feita a comparação, dizia que o fim da Monarquia no Brasil era uma situação de fato que não deveria ser lamentada. Tal conclusão foi precedida de análise realista da situação e da observação de que o governo dos Estados Unidos reconhecera oficialmente o Governo Provisório, que seu Senado se congratulara com o povo brasileiro, e que os norte-americanos desejavam manter relacionamento amigável com o Brasil, o que resultaria em vantagens para os comerciantes e industriais norte-americanos. Era preciso reconhecer, vistas as coisas por este lado, que os rivais norte-americanos foram hábeis e que era para se lastimar o fato de o governo inglês não ter tomado a dianteira, uma vez que os interesses dos seus nacionais no Brasil eram superiores aos dos norte-americanos (classificados como insignificantes, comparados aos britânicos). Para o correspondente, considerando o aspecto financeiro e comercial, o reconhecimento oficial deveria ser imediato, sem ponderações sobre a preferência pela forma monárquica de governo e sobre como se deu a queda do trono. O importante é que não havia dúvida quanto à aceitação da República pela nação. O sentimentalismo não poderia influir na "diplomacia de um povo poderoso e comerciante", mesmo porque não havia expectativa de retorno da monarquia, além do que postergar o reconhecimento poderia não agradar aos brasileiros. A impressão favorável que o Reino Unido produziria no Brasil caso se antecipasse às demais potências europeias seria benéfica aos seus empreendimentos.[105]

O *The Daily Telegraph*, na mesma época, transcreveu informações do cônsul britânico em São Paulo, Francis Henry Cowper, prestadas ao Foreign Office a respeito da política do Brasil após a Proclamação da República, observando que a situação no estado de São Paulo mantinha-se favorável aos

---

104 AHI. Ofício de Londres, 30 nov. 1889. Para mais informações sobre a repercussão da Proclamação da República no exterior, veja-se AHI. *Missões Diplomáticas Brasileiras* – 217/1/2.

105 "Official Recognition of the Brazilian Republic", *The South American Journal*, Londres, 15 fev. 1890.

46   A REPÚBLICA E SUA POLÍTICA EXTERIOR (1889-1902)

interesses ingleses e que o movimento no porto de Santos progredira em 1889. Um terço da importação efetuada por este porto, avaliada por ele em 3 milhões de libras, era de origem britânica, apesar da concorrência dos produtos alemães. O país era visto como jovem e promissor, sobretudo o estado paulista, e estava em condições de receber mais investimentos que prometiam retorno. O panorama favorável ao capital britânico estendia-se ao Paraná, cujos recursos naturais e climáticos bem como as possibilidades de aproveitamento agropecuário e exploração mineral eram minuciosamente descritos. A tudo isso precedia a recomendação para os capitalistas ingleses se anteciparem aos seus concorrentes.[106]

Em março de 1890 o *The South American Journal* publicou correspondência elogiosa de colaborador ocasional do jornal aprovando as medidas tomadas pelo Governo Provisório e afirmando que a República seria a solução para os problemas brasileiros. Descreveu os recursos naturais do Brasil, seu potencial agrícola e pastoril, entre outras coisas. A apreciação favorável foi deveras exagerada.[107] No mês seguinte, o mesmo jornal voltou a publicar correspondência de um certo A. M. Gibson extremamente favorável ao Brasil, na qual demonstrou amplo domínio dos seus assuntos internos. O excesso de elogios e a preocupação em dissipar a vacilação de investidores confirmam que eles se retraíram em relação ao Brasil. Gibson destacou as possibilidades do Brasil para os investimentos, notadamente na área de mineração, ainda não suficientemente explorada, embora conhecida desde o século XVIII. Era preciso, dizia, não olhar apenas para a África Negra quando o assunto fosse aplicação de capital. Os comentários acerca do advento da República foram feitos com razoável acuidade de observação, bem como os referentes aos principais traços do regime caído, realçando a figura do imperador pela sua probidade. Não poupou, todavia, críticas à administração imperial, que rotulou de corrupta. Disse ainda o autor da correspondência que o país permanecia estável e que os brasileiros, orgulhosos, acreditavam no seu destino e não iriam destruir seu futuro com antagonismos, pois eram avessos à guerra civil, cujo risco de ocorrência não existia, como não havia, também, possibilidade de seccionamento do país em várias repúblicas. O potencial oferecido pelas riquezas naturais do Brasil não escapou do relato minucioso, no qual se observou ainda que o clima não apresentava risco de degeneração para o europeu. As finanças, informava, estavam sólidas. Os títulos do Brasil em razão da troca de regime

---

106 The future of Brazil, *The Daily Telegraph*, Londres, 29 maio 1890.

107 Harold, Brazil: the Old and New Regime, *The South American Journal*, Londres, 1 mar. 1890.

OS CONTEXTOS

caíram menos do que cinco pontos, mesmo assim essa queda seria temporária. Afirmou ainda que os investidores internos tinham confiança no país, que a manutenção da ordem após o 15 de Novembro demonstrava capacidade de autogoverno, a forma pacífica da transformação revelava a aceitação do regime, e que o Governo Provisório (também elogiado) tomara rapidamente as medidas necessárias. O tom encomiástico permite que se levante a suspeita de que fora matéria encomendada.[108]

Pouco depois, ainda em 1890, o já citado cônsul inglês em Santos, F. H. Cowper, mudou o tom do seu relatório anterior, mas sem abandonar de todo o otimismo. Retomou informações sobre o comércio brasileiro – São Paulo em particular, com destaque para o porto de Santos –, sobre as possibilidades comerciais que se apresentavam aos ingleses nos recém-instalados estados de São Paulo, Paraná e Santa Catarina, reconheceu que houve liberalização na administração da coisa pública, mas recomendou aos comerciantes e eventuais investidores interessados no Brasil adotar uma atitude de cautela até que clareasse o quadro político e se consolidasse a nova situação.[109] A partir de então as severas observações sobre a situação geral do país e as críticas à administração pública – especialmente após a reforma financeira de Rui Barbosa – não cessaram até quase o governo de Campos Sales. As apreciações favoráveis sobre a República – não obstante certa reserva – surgidas imediatamente após sua proclamação desapareceram. A política financeira desencadeada por Rui Barbosa gerou uma situação qualificada, tanto no exterior quanto no interior do país, como descalabro. O decreto da reforma de 17 de janeiro de 1890 – que foi para o *Diário Oficial*, sem passar pelo crivo dos demais ministros, e apenas dois meses após a inauguração do novo regime – despertou severas e amplas restrições em observadores e analistas estrangeiros dos principais centros do Ocidente – Londres, Paris, Nova York, Berlim, Buenos Aires[110] –, como as do metalista Leroy-Beaulieu e as de Max Leclerc, redator do *Journal des Débats*. Leclerc, presente no Rio de Janeiro em dezembro de 1889, teve oportunidade de observar a reforma de Rui desde seu início e,

---

108 Gibson, The United States of Brazil, *The South American Journal*, Londres, 19 abr. 1890.

109 Brazilian Commerce, *The South American Journal*, Londres, 21 jun. 1890.

110 Oliveira, 1957, p.216; Bastos, 1949, p.126-127. Rodolfo Dantas, proprietário do *Jornal do Brasil* (do Rio de Janeiro), em carta pessoal ao barão do Rio Branco, em 8 de março de 1890, reitera as críticas dirigidas a Rui Barbosa e opina que ele estava "moralmente morto" e que se mantinha no cargo por causa da confiança do marechal, prevendo que "há de, ela mesma, faltar-lhe provavelmente afinal, tamanhos desazos está ele cometendo e tais desastres está ele preparando à nossa situação financeira e ao crédito público no interior e no estrangeiro". Apud *Cadernos do CHDD*, ano III, n.5, p.244-246, 2º sem. 2004.

48 A REPÚBLICA E SUA POLÍTICA EXTERIOR (1889-1902)

nas *Lettres du Brésil*, publicadas em 1890, fez rigorosa crítica ao sistema então implantado. Para Leclerc, Rui era um *polémiste brillant et incisif*, crítico do seu antecessor, mas sem "plano financeiro [...] um estadista de dois meses, que, sem ao menos reunir uma comissão de competentes, ousou esbarrondar, com um traço de pena, todo o sistema econômico do país, [colocando-o] inteiro em ações".[111] Nessa mesma linha de crítica, publicou-se em 1896, em Buenos Aires, estudo sob o título de *Brazilian Exchange – The Study of an Inconvertible Currency*, de J. P. Wileman, a respeito das finanças brasileiras, no qual se afirmou que estas sofreram verdadeira "degringolada" em razão da incompetência dos novos dirigentes, Rui em particular, e pela desconfiança da Europa para com o novo regime.[112]

Os banqueiros do governo brasileiro em Londres, os Rotschild, acompanharam de perto as reformas, chegando mesmo a enviar um agente para o Rio de Janeiro, onde permaneceu por dois meses observando as reformas de Rui, mas sem nelas influir.[113] As previsões dos analistas não falharam; o resultado foi a crise do encilhamento em 1891, exacerbada pelos sucessores de Rui, Tristão de Alencar Araripe e o barão de Lucena. Este chegou a receber reprimenda daqueles banqueiros, que consideraram "muito grave [a crise financeira] causada principalmente pelo receio de novas emissões de papel moeda, que seriam consideradas extremamente prejudiciais ao crédito do Brasil e a todo o país".[114] Os problemas gerados pela malsucedida decisão de Rui de criar bancos emissores regionais e um central – o Banco dos Estados Unidos do Brasil – não foram solucionados pelos seus sucessores imediatos, Alencar Araripe e o barão de Lucena.[115] A imagem do Brasil piorou quando a crise política interna se abriu em 1891. O tom era a comparação do novo regime com o anterior.

A IMPRENSA INGLESA

O Brasil monárquico gozava de conceito superior aos demais países da América Latina, considerados nas então chamadas "nações civilizadas" como um conjunto de "republiquetas" turbulentas. O apreço decorria da ordem,

---

111 Apud Oliveira, 1957, p.215-216, 211-212.

112 Cf. Freyre, 1962, t.2, p.387.

113 Cf. Calógeras, 1960, p.233-234; Prado, 1923, p.30-31. Faoro (1975, p.507-519) analisa e contextualiza a reforma financeira de Rui.

114 Apud Calógeras, 1960, p.233-234.

115 Cf. Franco, 1989, p.21-23

OS CONTEXTOS

unidade e estabilidade que a monarquia garantira ao país, bem como do seu comportamento político superior ao daquelas repúblicas. O modo tranquilo pelo qual se deu a passagem de um regime a outro impressionou positivamente no exterior, interpretado como sinal de amadurecimento político. Essa impressão foi dissipada quando o marechal Deodoro da Fonseca renunciou pressionado por um levante de parte da Armada que resultou na ascensão de outro marechal, Floriano Peixoto. As fórmulas políticas da "consolidação" da República mostravam semelhanças entre brasileiros e hispano-americanos.[116]

A crise política se exacerbou em razão do conflito entre o Congresso e Deodoro, acusado de autoritário, e de favorecimento em obra do governo federal. A tudo a imprensa londrina acompanhou atentamente. O *The Times*, na edição de 23 de janeiro, criticou a situação política brasileira, citando o autoritarismo de Deodoro e o favorecimento a amigos no então comentado contrato para a construção do porto de Torres (RS).[117] Na mesma edição, notícias dos correspondentes do Rio de Janeiro e de Lisboa relataram a crise ministerial, as desavenças entre Deodoro e Benjamin Constant, entre Quintino Bocaiuva e Rui, entre este e Wandenkolk, que o criticava abertamente. O assalto ao jornal *Tribuna* teria sido cometido por amigos de Deodoro. Confirmaram, também, os problemas relacionados ao contrato da ferrovia D. Pedro II e da construção do porto. Deodoro foi acusado novamente de favorecer amigos, sobretudo Viriato de Medeiros.[118]

O ministro plenipotenciário brasileiro em Londres, Souza Corrêa, fez divulgar no dia seguinte desmentido veemente contestando as acusações dirigidas a Deodoro sobre o favorecimento de amigos nos aludidos contratos, e justificando a necessidade da construção do porto de Torres.[119] No mês seguinte, voltou o *The Times* com matéria do correspondente de Lisboa, a publicar severas críticas à situação política brasileira no ensejo da formação do novo ministério de Deodoro, observando que Assis Brasil – referido como figura de respeitabilidade – teria recusado-se a participar do governo. Não deixou o jornal mais uma vez de ferir o assunto relativo ao contrato de Torres,

---

116 Freyre, 1962, t. l, p.34, 17; t.2, p.613.

117 Detalhes sobre a questão constam no livro-depoimento do republicano dissidente almirante Custódio José de Mello publicado postumamente, no qual informa que da falida e mal organizada Companhia Geral de Estradas de Ferro transformou-se em caso escandaloso, pior do que o do porto de Torres (Mello, C. J., 1938, v.1, p.35-46).

118 *The Times*, Londres, 23 jan. 1891. No dia 17 desse mês, dera-se a renúncia coletiva do ministério de Deodoro. O pretexto foi a concessão do porto de Torres (cf. Bello, 1964, p.82-83). Veja também Martins, 1995, p.30.

119 *The Times*, Londres, 24 jan. 1891.

50   A REPÚBLICA E SUA POLÍTICA EXTERIOR (1889-1902)

classificando-o de negociata, sem perder a oportunidade para relatar as decorrências do episódio do *Tribuna* e tecer críticas à política financeira de Rui. Desnecessário é assinalar que Deodoro, invariavelmente, era designado como ditador.[120]

Por ocasião da assinatura do convênio aduaneiro Brasil-Estados Unidos (visto mais adiante), o mesmo periódico publicou matéria assinada por um anônimo "Amigo do Brasil", datada de 11 de fevereiro de 1891, na qual atacou o ajuste alfandegário, ressaltando os prejuízos para as nascentes manufaturas brasileiras e para os interesses ingleses, pois desencorajava novos investimentos. Chegou a classificar de "política suicida" a que norteou o citado convênio. Não se conseguiu identificar o autor, provavelmente um monarquista brasileiro ou alguém ligado ao comércio de exportação, pois pedia que a Inglaterra protestasse energicamente, uma vez que a convenção prejudicava seus interesses.[121] Nos meses seguintes, a representação do Brasil na capital inglesa ainda teve muito o que fazer com a imprensa, que não descansava nas notícias desfavoráveis ao país, dando destaque para a má administração da coisa pública. O *The Times* sempre voltava à carga, fazendo uso de sua vasta rede de correspondentes. Em maio de 1891, os ministros plenipotenciários brasileiros em Londres e em Berlim empenharam-se e conseguiram a retificação da entrevista concedida pelo banqueiro alemão Bleichröder ao correspondente daquele jornal, para contestar que o Brasil não se incluía no rol das repúblicas sul-americanas insolventes.[122]

Em 10 de julho do mesmo ano foi o *The Globe* que publicou matéria enviada do Rio de Janeiro, destacando a existência de adulação e favoritismo – da mesma forma como existiram no Império –, a ineficiência da polícia, a preponderância do Exército, as taxas elevadas e a vacilação política do governo. Com referência à economia e às finanças o jornal foi menos rigoroso, acentuando que a excitação que se verificava nos negócios começara durante o Império e continuava na República.[123] O ano de 1891 foi difícil para a política brasileira.

---

120 The situation in Brazil. *The Times*, Londres, 17 fev. 1891. Joaquim Nabuco, nessa época vivendo em Londres, em carta pessoal a Rodolfo Dantas, proprietário do *Jornal do Brazil*, confirma o teor das críticas feitas à situação do Brasil pela imprensa daquela capital. "[...] Chegou o momento do descrédito na Europa das finanças de todas essas repúblicas e o Brasil hoje não tem mais nada que o diferencie dessas pátrias da anarquia [...]" (Nabuco a Rodolfo Dantas, Londres, 8 jan. 1891, apud *Cadernos do CHDD*, ano III, n.5, 2º sem. 2004, p.251-255).

121 *The Times*, Londres, 25 fev. 1891.

122 AHI. Ofício de Londres, 23 maio 1891.

123 AHI. Ofício de Londres, 13 jul. 1891.

OS CONTEXTOS

Em outubro circulou em Londres a notícia de que o presidente não estava bem de saúde, havia desordens no Rio e o país estava mal administrado. Os jornais, entre os quais o *Financial News* e o *Liverpool Post*, referiam-se ao Brasil de modo a provocar apreensões, pois destacavam as manifestações de monarquistas, o militarismo e a corrupção. À vista de tantas notícias negativas, os fundos brasileiros baixaram 2%. Imediatamente, o ministro das Relações Exteriores determinou ao plenipotenciário do Brasil em Londres desmentir tais boatos inventados, segundo ele, pelos especuladores de bolsa e pelos inimigos do regime. O ministro determinou ainda que fosse declarado que o país estava em situação econômica próspera e que o governo esperava "encerrar [o] exercício [com] saldo superior [a] trinta mil contos".[124] O desmentido e a informação sobre o orçamento fizeram com que os fundos, em parte, se recuperassem.[125]

O *The Times*, principal crítico da situação brasileira, não era acompanhado na sua veemência por todos os jornais ingleses. O *The Manchester Examiner*, em outubro do mesmo ano, comentou as convulsões políticas frequentes na América do Sul, geralmente sangrentas, para destacar a maneira incruenta com que foi feita a mudança de regime e, nesse sentido, elogiou o imperador deposto por a ter aceito pacificamente.[126] A dissolução do Congresso por Deodoro e a simultânea decretação do estado de sítio em 3 de novembro tiveram pouca repercussão nas comunicações de governo a governo, embora o Foreign Office tenha feito constar a Sousa Corrêa, plenipotenciário do Brasil em Londres, o fato de terem sido suprimidas três palavras do telegrama vindo da legação no Rio de Janeiro, pelo que o representante não descartou a possibilidade de eventual reclamação formal da Grã-Bretanha. No referido telegrama, o ministro de Sua Majestade no Rio de Janeiro, Wyndham, comunicara a Salisbury que a ordem pública estava mantida.[127] Na imprensa, todavia, a dissolução do congresso repercutiu de forma ampla e desfavorável, mormente em Londres e Paris.[128] O *The Times* comentou a má administração que a ditadura militar impôs às finanças e tomou a liberdade de recomendar prudência a Deodoro, a fim de se evitar graves desastres. Segundo o *Daily*

---

124 AHI. Ofício de Londres, 19 out. 1891.

125 Idem.

126 The South American Republics, *The Manchester Examiner*, 6 out. 1891.

127 O *The Globe* de 6 nov. 1891 noticiou, sem comentários, a dissolução do Congresso, o estado de sítio e as justificativas do presidente. O *The Times* de 21 dez. 1891 publicou matérias dos correspondentes de Santiago, Rio de Janeiro, Buenos Aires e Paris, dando notícia da agitação política em vários pontos do país (AHI. Ofício de Londres, 6 nov. 1891).

128 AHI. Missões Diplomáticas Brasileiras – Londres.

52 A REPÚBLICA E SUA POLÍTICA EXTERIOR (1889-1902)

News, Benjamin Constant (que falecera em 22 de janeiro de 1891) fazia falta pela sua moderação. O *Morning Post* observou que as instituições democráticas existiam apenas na aparência, pois o marechal Deodoro atribuíra a si próprio poderes iguais aos do imperador deposto. Para o *Financial News*, a crise brasileira advinha da divergência entre o presidente e o Congresso a respeito da crescente emissão de papel-moeda. Na opinião do *The Standard*, o Brasil era territorialmente muito extenso, pouco civilizado e pouco maduro para o autogoverno; consequentemente, a Constituição teria vida curta, até porque as condições geográficas ensejavam que os governadores agissem com relativa autonomia (fossem "mais ou menos independentes"). O *The Daily Telegraph* lamentou a perspectiva de repetição de desordens em razão do que o Brasil estava prestes a encerrar uma fase de prosperidade para entrar em uma de confusão, e observou que os interesses ingleses estavam em jogo. Finalmente, fazia votos para que o Brasil saísse logo do militarismo e ingressasse em um período de normalidade.[129]

Como que confirmando as severas apreciações da imprensa, no dia anterior (5 de novembro de 1891), circular assinada pelo novo ministro das Relações Exteriores, Justo Chermont, dirigida às legações europeias e às de Washington e Caracas comunicara a dissolução do Congresso Nacional no dia anterior pelo marechal Deodoro, e a convocação da "nação para eleger novos representantes em época que ele fixará". O Distrito Federal e Niterói foram colocados em estado de sítio por dois meses. A justificativa apresentada para tais atos eram o "procedimento do Congresso" e os "esforços que fazem [os] restauradores contra as instituições republicanas".[130]

A má acolhida das imprensas londrina e parisiense, focadas nos negócios públicos e financeiros do país, foi entendida por Sousa Corrêa como prevenção, pois os periódicos estariam se deixando influenciar por falsas notícias telegráficas oriundas de Nova York, Santiago e Buenos Aires. As minúcias sobre questões internas levavam o diplomata a não descartar a possibilidade de colaboração de monarquistas na redação dessas matérias antibrasileiras. Diante de toda essa onda, nada restava à legação senão a tarefa de desmentir e fazer comunicações aos consulados brasileiros a fim de desfazer ou pelo menos atenuar a má impressão que as notícias e os artigos de fundo produziam.[131] Nos despachos telegráficos emitidos pelo Ministério das Relações Exteriores às legações situadas nas principais capitais, determinava-se que elas

---

129 Cf. *Le Temps*, Paris, 6 nov.1891.
130 AHI 317/01/08, in *Cadernos do CHDD*, ano IV, n.6, p.33.
131 AHI. Ofícios de Londres, 6, 7 e 18 nov. 1891.

OS CONTEXTOS

transmitissem, entre outras recomendações, que o país estava tranquilo, à exceção do estado do Rio Grande do Sul em razão de conflitos locais; que contestassem os boatos relativos à secessão; que desmentissem haver congressistas asilados em legações estrangeiras; e que, finalmente, informassem que o governo não tomara "nenhuma medida violenta".[132]

Com a renúncia do marechal Deodoro, ponto culminante da crise, e a consequente ascensão do marechal Floriano, renovaram-se as visões sombrias sobre o futuro imediato do Brasil. O conde Paço d'Arcos, ministro de Portugal no Rio de Janeiro, na correspondência oficial fez previsões que coincidiam com aquelas dos demais observadores europeus: início de uma era de pronunciamentos, de exacerbação da crise financeira, com risco de conflagração generalizada e até de desmembramentos. Paço d' Arcos, todavia, esperava que o país, por ter vida e recursos, superaria, embora com muitas dificuldades, a fase difícil e continuaria "a ser grande e rico".[133] Mas, comparada à dissolução do Congresso por Deodoro, a solução de 23 de novembro de 1891 (renúncia de Deodoro e posse de Floriano, que suspendeu o estado de sítio no mesmo dia), por ter sido uma solução legal, não foi tão mal acolhida, descontados os indefectíveis exageros e os respectivos desmentidos.[134]

Com Floriano no poder a crise política tornou-se ainda mais severa do que já estava. Depôs os governadores de estados e os substituiu por pessoas de sua confiança. Em abril do ano seguinte Floriano reformou os treze generais de mar e terra que assinaram manifesto responsabilizando-o pelas deposições dos governadores e pediram a realização de eleições o quanto antes.[135] Em 1893 os distúrbios internos provocaram nova onda de críticas veementes contra o Brasil na imprensa londrina. Segundo Sousa Corrêa, os acontecimentos políticos no Rio Grande do Sul eram muito mal apreciados, o que o obrigava a enviar desmentidos por meio de cartas às redações. Já em janeiro informara ao ministério que providenciaria resposta a artigo anônimo

---

132 AHI. Cópias de telegramas, 14 nov. 1891.

133 "Parece pois inaugurada uma época de pronunciamentos; porque assim como estes, mais fortes ou mais audazes, derrubaram aqueles, nada mais assegura o país que outros ainda mais fortes e mais audazes não derrubem estes também. Não me atrevo a prever o que há-de-vir; mas não me acho longe de crer que a crise política continua, e se alargará, aumentada com a crise financeira, e que o Brasil, sujeito a um golpe de mão audacioso, poderá mudar radicalmente de sistema administrativo e político, ou desmembrar-se numa conflagração geral, retalhando-se em Estados independentes" (*Missão diplomática*, 1974, p.112-117. Costa, S. C., 2014, transcreve o mesmo trecho às p.226-227).

134 AHI. Ofícios de Londres, 3 e 26 nov. 1891.

135 AHI 317/01/09, in *Cadernos do CHDD*, ano IV, n.6, p.36-39.

A REPÚBLICA E SUA POLÍTICA EXTERIOR (1889-1902)

– assinado por "Un Englishman" – sob o título "Politics and Finance in Brazil", publicado na respeitável, como qualificou Sousa Corrêa, *Fortnightly Review*, por ser "sumamente infenso ao Brasil". No decorrer da Revolta da Armada, iniciada em 6 de setembro (vista mais adiante), eram frequentes as notícias publicadas na imprensa londrina, nem sempre corretas. Corrêa chegou a alertar Rosebery, então ministro do Foreign Office, sobre as "notícias inexatas" que estavam sendo remetidas do Rio de Janeiro pelo correspondente do *The Times*, pois lhe parecia que ele estava se deixando influenciar pelos boatos espalhados pelos partidários da Revolta da Armada que se iniciara em setembro. O ministro britânico assegurou ao representante brasileiro que não dava importância a tais notícias. Para refutar as observações do correspondente, Alcindo Guanabara dirigiu ao editor do *The Times* carta que, segundo Corrêa, surtira algum efeito.[136] Mesmo após o término da Revolta da Armada e já eleito Prudente de Morais, o citado *The Times*, na edição de 21 de maio de 1894, fez julgamento severo sobre o Brasil, demonstrando ceticismo quanto a sua tranquilidade política, prevendo a possibilidade de pronunciamento, afirmando que houvera agiotagem e peculato nas presidências de Deodoro e Floriano, e que a "política na era republicana tem sido uma grande contenda entre turmas rivais de especuladores [...]".[137]

REFLEXOS FINANCEIROS

Havia boatos, exageros e ataques especulativos em Londres, conforme reiterado. Ilustrativo é o ofício de 5 de fevereiro de 1890 enviado pela legação brasileira naquela capital ao ministro Quintino Bocaiuva, informando que, "em consequência das especulações concernentes à adoção do calendário positivista, os fundos brasileiros continuaram a baixar". Informou ainda que, após o reconhecimento da República pelos Estados Unidos, e após o representante brasileiro ter dado publicidade a este fato, melhorou a cotação daqueles fundos. A atividade da representação diplomática brasileira na capital inglesa era monopolizada pela necessidade de desmentir boatos a respeito da situação interna do Brasil. No começo de abril de 1890, por exemplo, a cotação caiu 1/4 em razão de notícias da agência Reuter segundo as quais havia descontentamento geral no país. Concomitantemente, em

---

136 AHI. Ofícios de Londres – 1893,273/2/3, sobretudo os de 11 jan., 28 mar., 1 e 15 dez. 1893.
137 Arquivo Nacional. Rio de Janeiro. Arquivo Particular de Floriano Peixoto (APFP), Cxa. 8L – 25, pacote 6 (ms).

OS CONTEXTOS

Paris circularam também rumores sobre "uma suposta conspiração contra o Governo Provisório". Depois dos desmentidos do chefe da legação, em cumprimento do que fora determinado pelo ministro Bocaiuva, os fundos recuperaram metade da baixa.[138] A cotação dos títulos brasileiros na praça de Londres era o termômetro que media a temperatura das crises internas brasileiras. A primeira notícia desfavorável, mesmo que fosse banal, provocava reflexo imediato na cotação.[139] O desarranjo que a reforma de Rui provocou nas finanças nacionais ensejou, sobretudo em Londres, o surgimento de boatos desfavoráveis ao Brasil, espalhados pelos especuladores de bolsa, que, via de regra, prejudicavam a cotação dos fundos.[140] Não se pode descartar a possibilidade de crises fabricadas pelos jornais, que possuíam para isso amplos recursos, uma vez que as principais fontes de notícias eram os telegramas por eles publicados.

Além do valor dos títulos, havia razões mais graves que punham em contínuo sobressalto os responsáveis pela condução dos negócios exteriores e lhes forneciam a dimensão da fragilidade do país. Rui Barbosa, o primeiro a chefiar o ministério da Fazenda no Governo Provisório, teve de enfrentar sérias ameaças e pressão dos bancos ingleses e franceses quando da sua reforma financeira. Aventou-se até a possibilidade de intervenção diplomática como recurso a ser usado por tais bancos.[141] Em 14 de maio de 1890, a legação brasileira em Londres informou, confidencialmente, aos ministros das Relações Exteriores e da Fazenda sobre a reação dos bancos estrangeiros que tinham filiais no Rio de Janeiro, pois estariam consultando advogados brasileiros na Europa com o objetivo de recorrer à ajuda de seus respectivos governos. Constava que os mencionados bancos fechariam suas portas, como protesto "e recurso para a intervenção diplomática". As informações foram transmitidas a partir de contatos que o representante brasileiro tinha na Europa, embora nada houvesse oficialmente.[142] Rui não se deixou intimidar. Em correspondência a Pedro d' Araújo Beltrão, então representando o Brasil em Londres, afirmou que o Governo Provisório não desejava hostilizar os bancos estrangeiros, mas não lhes daria "posição privilegiada, para, sem capitais no país, viverem de especulações constantes, em prejuízo do

---

138 AHI. Ofícios de Londres, 5 e 14 fev.; 2 abr. 1890.

139 AHI. Ofício de Londres, 28 abr. 1890.

140 AHI. Ofício de Londres, 16 dez. 1891.

141 Cf. Bastos, 1949, p.81. Sobre a desorganização das finanças, o jogo dos especuladores, e a incompetência do Banco dos Estados Unidos do Brasil, veja-se também o depoimento de Mello, C. J., 1938, v.1, p.31 e seguintes.

142 AHI. Ofício confidencial de Londres, 14 maio 1890.

56 A REPÚBLICA E SUA POLÍTICA EXTERIOR (1889-1902)

comércio, do tesouro e do crédito nacional. Se quiserem fechar não nos fazem falta".[143]

Os problemas financeiros apareciam enlaçados com os de natureza política, sobretudo durante os governos militares, provocando a impressão de uma única e generalizada crise prejudicial aos interesses estrangeiros estabelecidos. Os prejuízos de ordem econômica eram o corolário da instabilidade política. As apreensões, sobre o futuro da República derivavam da vultosa soma de capital inglês[144] (100 milhões de libras, segundo algumas estimativas) aplicada no país e sujeita ao destino das novas instituições que regeriam a ordem e o progresso material. Os investimentos no Brasil passaram a ser de alto risco, pois não se podia prever seu futuro político sob um regime popular. Punha-se em dúvida até a capacidade de o governo manter a integridade do território.[145]

Reconhecia-se no Rio de Janeiro que as severas apreciações feitas no exterior a respeito da situação política e financeira do Brasil não derivavam apenas da campanha de difamação movida pela imprensa. Tanto é assim que a posse de Campos Sales foi noticiada de modo favorável, não só pelo fato de significar a consolidação da normalidade constitucional, mas também porque o novo presidente prometera restabelecer a ordem nas finanças nacionais.[146] Embora o representante brasileiro em Londres, Sousa Corrêa, suspeitasse de colaboração de brasileiros adversários do regime vigente – que exerciam até influência sobre as agências noticiosas –[147] na difusão de boatos alarmistas com vistas a pôr em risco a credibilidade da nova república, o fato é que havia correspondência entre o teor das análises e a real situação interna. As lutas políticas e a quebra da legalidade produziam péssima impressão nas principais praças europeias.[148]

As críticas ao novo regime repercutiram nas duas casas do Legislativo. No Senado, o representante do Piauí, Eliseu Martins, por exemplo, ao discursar a respeito do fechamento de legações brasileiras no exterior proposto pela Câmara dos Deputados por razões de ordem orçamentária, comentou a visão

---

143 Apud Bastos, 1949, p.81.

144 Sobre os investimentos britânicos no Brasil, veja-se informação do cônsul em São Paulo, Francis Henry Cowper, apud The Future of Brazil, *The Daly Telegraph*, ed. citada.

145 Freyre, 1962, t.1, p.43.

146 AHI. Ofício de Londres, 19 nov. 1898.

147 AHI. Ofício reservado de Londres, 21 dez. 1891.

148 Em Buenos Aires, o ministro plenipotenciário brasileiro, Ciro de Azevedo, fez publicar, em 16 de outubro de 1891, no *La Prensa* e no *La Nación*, carta sobre a situação financeira e política do Brasil, procurando dar a mais bela imagem do país na capital argentina. AHI. Ofício de Buenos Aires, 20 out. 1891; *La Nación*, Buenos Aires, 16 out. 1891.

europeia a respeito da nova república brasileira, afirmando que era a Europa (nomeadamente a Inglaterra) que necessitava do Brasil, recebedor de seus produtos e capitais. O Brasil deveria estreitar suas relações com os Estados Unidos, de onde poderia vir o auxílio que a Europa prestava ao Brasil, sem o ônus que esta lhe impunha. Depois de lembrar que a República foi mal aceita pelas monarquias europeias e de entrever conspirações – mas sem as esclarecer – delas contra o Brasil, afirmou que o Governo Provisório deveria ter tido o cuidado de substituir o pessoal das legações brasileiras na Europa por outro de tal modo republicano a ponto de tomar como ataque pessoal as ofensas dirigidas ao país.[149] O senador, como vários de seus pares nas duas casas legislativas, atacava os efeitos e não as causas da má imagem produzida no exterior pela República. As críticas eram vistas como campanha de difamação contra a qual a representação diplomática do país não estaria despendendo esforço suficiente para neutralizá-la. Em 1893, o representante do estado do Ceará, Joaquim Catunda, crítico da situação política, reiterou no Senado que os diplomatas brasileiros na Europa não queriam ou não podiam contribuir para que o país – para ele então regido ditatorialmente – gozasse de conceito igual ao que desfrutara ao tempo da Monarquia. Segundo Catunda, a imprensa alemã referia-se ao Brasil com menosprezo; a França "ri-se desesperadamente ante o espetáculo que hoje desenrolamos ante o mundo civilizado".[150] Em 1896 – portanto, já no quatriênio de Prudente de Morais – outro exemplo é o do senador maranhense Gomes de Castro, que, ao falar sobre a indenização solicitada pela Itália pelos danos causados aos seus nacionais pelos movimentos armados, sobretudo a Revolução Federalista,[151] reforçou a informação de que a imprensa da Europa se referia ao Brasil com discriminação, como se fosse um país composto de selvagens refratários à civilização. O senador observou que a Itália, ao exigir a reparação, não media a energia da repulsa "pela gravidade da ofensa, mas pela fraqueza do suposto ou real ofensor". Gomes de Castro percebia que, se fosse outro o país envolvido, por exemplo, os Estados Unidos, a Suíça ou a França, teria sido outro o comportamento do governo italiano. O parlamentar sentia assim a fragilidade e a posição secundária de seu país num concerto internacional que distinguia nações fortes e "civilizadas" das fracas e "incultas", e que se caracterizava pelo desrespeito das primeiras para com as segundas.[152] Por tais razões, o Legislativo, nas dis-

---

149 ASF. Sessão de 16 out. 1891.

150 ASF. Sessão de 24 jul. 1893.

151 Mais informações sobre a questão Brasil-Itália, conhecida como "Protocolos Italianos", em particular a repercussão interna, em Queiroz, S.R.R., 1986, p.38-42.

152 ASF. Sessão de 21 set. 1896.

58　A REPÚBLICA E SUA POLÍTICA EXTERIOR (1889-1902)

cussões sobre as leis orçamentárias, aprovava as concessões de verbas para publicidade a favor do país na imprensa estrangeira, como fez, por exemplo, o Senado em setembro de 1892 ao aprovar a verba de 6:000$ para atender as despesas com publicidade em jornais de Paris, e igual quantia para o mesmo fim em Londres. A despesa foi justificada pelas campanhas de difamação no jornalismo, com o concurso, suspeitava-se, de brasileiros adeptos da monarquia.[153] Na sessão do dia anterior, o baiano Manuel Vitorino,[154] com o apoio de Quintino Bocaiuva, defendera a aprovação da verba de seis contos – que ele considerou pequena, pois a imprensa na Europa era muito cara – para ser alocada às legações. O alcance político justificava a despesa, pois o que estava em jogo eram a dignidade e o crédito do país.[155] Na Câmara dos Deputados, alguns de seus membros, ao aprovar despesas para o custeio da propaganda no exterior, inspiraram-se no sucesso da Argentina, que divulgava na Europa seus produtos agrícolas.[156]

A CRÍTICA DOS MONARQUISTAS

As apreciações dos observadores estrangeiros eram as mesmas dos monarquistas e dos saudosos do regime caído, mas que se conformaram com a república. O barão do Rio Branco, por exemplo, observando de Liverpool, onde era cônsul-geral do Brasil, receava que a república trouxesse a anarquia e equiparasse o Brasil às muitas chamadas repúblicas do mundo hispano-americano. Temia pela manutenção da ordem, da integridade, da prosperidade e pela consolidação da liberdade no país. Escrevendo imediatamente após o advento do novo regime, observou que o momento não era mais para se fazer opção entre monarquia e república, mas sim entre "República e Anarquia".[157] Para o visconde de Ouro Preto, o último chefe de gabinete da Monarquia, o Brasil corria perigo de desmembramento político e de ser presa

---

153 ASF. Sessão de 17 set. 1892.

154 Manuel Vitorino Pereira, baiano, professor de Medicina, foi eleito senador pelo seu estado em 1892. Em 1894 foi eleito vice-presidente da República (Abranches, 1918, v.1, p.100-101).

155 ASF. Sessão de 16 set. 1892.

156 Veja-se, por exemplo, na sessão de 3 out. 1891, a discussão do pedido, sem sucesso, de requerimento feito pelo representante de Sergipe, Fausto Cardoso, para a Câmara solicitar informações ao Executivo sobre a natureza das publicações, o quanto se gastava, e quem intermediava tais gastos financiados pelo governo (ACD. Sessões de 9 e 19 nov. 1900).

157 Carta de Rio Branco a Rui Barbosa, Liverpool, 28 dez. 1889, apud Lacombe, 1955, p.7-9.

OS CONTEXTOS

do expansionismo das grandes potências por causa do descalabro político e econômico do país. Impunha-se, segundo ele, reformar a estrutura política então recém-criada, caso contrário o país poderia sofrer um processo de retalhamento e mutilação da sua nacionalidade "que foi unida, forte, próspera e respeitada!". O país deveria retornar à monarquia para não sofrer fatal desmembramento em "meia dúzia de republiquetas, sem paz, sem liberdades, sem prestígio, ludíbrio das grandes potências, fáceis presas da ambiciosa política de expansão".[158] A aproximação do Brasil aos Estados Unidos ensejou também críticas,[159] como a de Eduardo Prado, em seu livro *A ilusão americana*, publicado em 4 de dezembro de 1893, no qual afirmou que a política exterior dos Estados Unidos não era benevolente para com o Brasil nem com a América Latina, da qual o secretário de Estado Blaine extorquia tratados vantajosos. Não havia a chamada fraternidade americana e seria um erro acreditar que os Estados Unidos tivessem simpatias pela América do Sul ou pelo Brasil, mesmo depois de implantadas as novas instituições.[160] O livro foi apreendido pelo governo, e Eduardo Prado, para escapar da prisão, refugiou-se em Portugal, onde publicou vários artigos, depois reunidos em *Fastos da dictadura militar no Brasil*, nos quais retomou as críticas, informando que a República provocara o descrédito na Europa, pois o governo militar então instalado levava desconfiança aos capitalistas. No quadro sombrio que traçou, a monarquia figurava como o regime "constitucional representativo" e a república como "absolutismo republicano". Prado confirmou o julgamento severo da imprensa norte-americana e francesa sobre o militarismo brasileiro. Revolução do povo, dizia, podia ser nobilitante, mas "uma revolução militar é, para os países civilizados e livres, uma monstruosidade".[161] O militarismo provocara o retraimento do crédito e a depreciação dos títulos da dívida externa em Londres; desde a instalação da República todos os títulos brasileiros valiam 90.883.916 libras, antes de 15 de novembro de 1889, e depois do "estabelecimento do absolutismo" este valor caíra para 75.069.620 libras. A queda dos títulos do Brasil era generalizada: os do governo, as ações e as obrigações das estradas de ferro, dos bancos, dos telégrafos, das companhias de água, de gás, de todas as empresas, sem exceção. Segundo Prado a depreciação decorria da quebra da legalidade, da falta de confiança no novo regime e da associação que lá se fazia com o militarismo político da América espanhola, causadora de

---

158 Ouro Preto; Guimarães, 1900, v.1, p.276-277.

159 Costa, E. V., 2002, p.253.

160 Prado, 1961, p.185, 164, 142, 155. Veja-se também Prado, 1923, p.174-175.

161 Prado, 1923, p.210-221. Janotti (1986, p.79-82), ao analisar *A ilusão americana*, mostra Eduardo Prado como defensor do capitalismo inglês e admirador da cultura europeia.

60 A REPÚBLICA E SUA POLÍTICA EXTERIOR (1889-1902)

prejuízo para seus credores. Em Bruxelas e Paris caíram, também, o valor dos títulos das companhias instaladas no Brasil. O capital francês, que vinha ampliando sua presença no período imediatamente anterior à República, interrompera suas aplicações, o que comprometia "o futuro industrial e financeiro do Brasil".[162] Para reforçar sua crítica à política financeira de Rui, o autor de *A ilusão americana* invocou a opinião do então prestigiado economista francês Paul Leroy-Beaulieu, já citado, que publicara em 22 e 29 de março de 1890, no *Économiste Française*, estudo no qual fizera sérias restrições à reforma financeira conduzida pelo Governo Provisório, pois fundavam-se bancos com capital muito elevado – alguns com mais de 300 milhões de francos, superiores às duas maiores instituições financeiras da França – que, em razão mesmo de suas próprias dimensões, não obteriam retorno por meio de operações tradicionalmente bancárias, levando-os a assumir tarefas de empresas "as mais diversas e as mais aleatórias; empreendem tudo ao mesmo tempo; tornam-se agricultores, industriais; e vão ao encontro das maiores dificuldades". Os estabelecimentos bancários estavam, pois, tomando o lugar de sociedades anônimas agrícolas, industriais e comerciais e, por conseguinte, assumindo riscos próprios de empresas desse gênero. Tudo isso, segundo o economista, complicava-se ainda mais por causa da crise política, que se lhe afigurava de tal modo danosa a ponto de ter afirmado que era necessário "que a ditadura cesse o mais depressa que for possível no Brasil".[163]

Outro monarquista de peso, Joaquim Nabuco, igualmente irritado e inconformado com o regime militar, escrevendo em 1895 e referindo-se à América Latina em geral, chamou a atenção para o fato de que a anarquia e o desgoverno permanente do continente acabariam por atrair a "atenção do mundo, como afinal a atraiu o desaproveitamento da África".[164] Os termos pelos quais se expressou Nabuco, embora não fossem dirigidos especificamente ao Brasil – até porque o país politicamente caminhava para a normalidade –, refletiam uma preocupação de certo modo generalizada entre os que resistiam em aceitar o novo regime: a quebra da ordem legal e a turbulência política assanhavam os apetites imperialistas e afugentavam o crédito estrangeiro, comprometendo, consequentemente, o progresso material do país. Daí a preocupação com a ordem e com a estabilidade nacionais que promoveriam a boa imagem do Brasil nos centros mais avançados do mundo capitalista. Nabuco já expressara sua opinião nada lisonjeira sobre as repúblicas

---

162 Prado, 1923, p.210-221.
163 Prado, 1923, p.210-221, 223-225.
164 Nabuco ao barão do Rio Branco, AHI. 34.6-XXVI, A-4, G-I, M-74; Nabuco, 1895, p.212.

OS CONTEXTOS

hispano-americanas na carta de 31 de julho de 1890 ao barão do Rio Branco, na qual mencionou os países da América espanhola como comparação para desqualificar o governo militar presidido por Deodoro da Fonseca: "Estamos sob um governo verdadeiramente paraguaio [...]. Nunca pensei ver o Brasil rebaixado a um Paraguai, Uruguai, Equador, Argentina ou o que quiserem". Tanto para ele como para Rio Branco, o estado crônico de convulsão da ordem pública era motivo de vergonha e desconsideração da América latina. O Chile seria a única exceção. Quando já estava em Washington, na condição de embaixador do Brasil, Nabuco manifestou seu desapontamento ao ver seu país equiparado, na hora das votações na Secretaria das Repúblicas Americanas (vista mais adiante), lá sediada, às menores repúblicas da área: a "ilha do Haiti vale mais do que o Brasil, anula nosso voto com suas duas republiquetas". Segundo ele, Rui Barbosa pensaria da mesma forma.[165] Admirador da Inglaterra e de suas instituições, Nabuco era mais afeito ao concerto europeu do que ao do hemisfério, mas, quando recebeu o laudo arbitral na questão dos limites com a Guiana, na qual foi advogado do Brasil, decepcionado, passou a enxergar a ameaça do imperialismo territorial inglês no continente, o que teria contribuído para torná-lo um adepto apaixonado do pan-americanismo e do monroísmo. [166]

A preocupação com o conceito do país no exterior não era observada apenas entre os monarquistas. Há depoimentos de personagens de outro matiz político que confirmam a opinião dos europeus que nos é fornecida pelos adeptos do regime caído, de modo a não deixar dúvidas sobre a visão desfavorável ao Brasil nos círculos políticos e financeiros do Velho Mundo. Segundo o jornalista e republicano radical Alcindo Guanabara, a América Latina era vista de maneira generalizada como um amontoado de republiquetas continuamente agitadas, com baixo índice de confiabilidade política para os investimentos. O Brasil, exceção durante o Império, caíra, segundo dizia-se, no rol dessas repúblicas. Para o europeu, os povos latino-americanos ainda não possuíam educação política suficiente para o autogoverno. A Revolta da Armada em 1893 reforçou na Europa essa convicção. O Brasil não era ainda uma nação regularmente constituída, sendo inapta para manter negociações internacionais seguras. Para Alcindo Guanabara, a Revolta de 1893, vista na Europa como tentativa de restauração monárquica, teve boa receptividade, já que a república era associada com má administração financeira e assalto

---

165 Carta de Nabuco a Rui Barbosa, 22 out. 1907, apud Viana Filho, 1959, p.85-86. Para a trajetória intelectual de Nabuco, veja-se Nogueira, 1984,, p.198-201.

166 Menck, 2009, p.401.

aos cofres públicos.[167] Campos Sales, por ocasião de sua viagem à Europa em 1892-1893, teve oportunidade de ver de perto a avaliação desfavorável que se fazia do Brasil como decorrência da agitação política iniciada logo após o advento da República.

---

167 Cf. Guanabara, 1902, p.57-57; Silva, G. P., [s.d.], p.30.

CAPÍTULO II

A republicanização da diplomacia

Os agentes das relações internacionais, segundo Duroselle, são "todos os que se ocupam ativamente do estrangeiro",[1] e podem ser agrupados em "duas categorias de importância diferentes: os que detêm o poder de decisão e os executores, ou, se preferirmos, os estratégicos e os táticos". Os principais executores são os diplomatas, os chefes militares, os financistas e homens de negócios, os propagandistas e os informadores. Conectam-se entre si, e os últimos conectam-se com todos os anteriores.[2] As decisões em política externa afetam, em maior ou menor grau, toda a comunidade nacional, e por isso elas devem emanar de órgãos que as representem. Já na primeira Constituição brasileira (1891) estabeleceu-se que ao Congresso Nacional, composto pelos representantes do povo na Câmara Federal e pelos representantes dos Estados no Senado Federal, competia privativamente aprovar os atos internacionais negociados pelo Poder Executivo. Esta disposição foi mantida nas Constituições posteriores. A decisão final é do Poder Legislativo, que representa o povo do país como um todo. Disso se conclui que não existe política exterior de governo independente da política exterior do Estado. Os governos são transitórios. Compete-lhes traçar as estratégias que

---

1 Duroselle (2000, p.100) exclui dessa categoria "os teóricos, historiadores, juristas internacionais e pesquisadores diversos que *especulam* sobre o estrangeiro".

2 Duroselle, 2000, p.101.

64   A REPÚBLICA E SUA POLÍTICA EXTERIOR (1889-1902)

julguem eficientes em favor dos objetivos nacionais permanentes; entre estes estão a defesa da sobrevivência da nação e da integridade do seu território, do patrimônio, da soberania, da honra e dos brios nacionais, bem como trabalhar em prol da riqueza do país, da manutenção da paz internacional, e pelos valores entranhados na sociedade nacional, como a defesa dos direitos humanos e do estado democrático de direito.[3] É sempre a política interna que deve determinar os rumos da política externa levada a efeito pelos detentores do poder, ou a eles associados. Duas faces de uma mesma realidade.[4] Reynolds alerta que, sem a institucionalização, a decisão tem "maiores probabilidades" de ser tomada a partir de uma visão "muito parcial da realidade". A decisão para atingir um nível satisfatório de eficiência depende da qualidade das informações transmitidas pelos citados agentes ao núcleo decisório. Entre aqueles ocupam o primeiro lugar os representantes diplomáticos, os membros do corpo consular e respectivos adidos. As informações derivadas deles têm peso expressivo sobre os que decidem. Aos ministros plenipotenciários e embaixadores cumpre observar, selecionar e conferir a veracidade das informações que devem ser passadas ao seu ministério. Ao fazer isso, o diplomata adota critérios pessoais que decorrem de sua formação, simpatias partidárias, admiração pela cultura e/ou governo do país em que esteja servindo. O teor, a veracidade, o nível de importância do que transmite ao seu superior dependem, em última instância, da perspicácia e das concepções do agente diplomático.[5] De acordo com a primeira Constituição republicana, a política externa era atribuição do Poder Executivo, ao qual competia, também, nomear os membros do corpo diplomático e os agentes consulares. Assim permaneceu nas constituições seguintes, o que variou foi o grau de autonomia do Executivo e o controle sobre este exercido pelo Poder Legislativo. Comparando-se com o regime imperial, o Executivo na República teve aumentada sua autonomia na gestão dos negócios exteriores, mas reservou ao Congresso Nacional a prerrogativa atrás citada. O Congresso não tinha poder de iniciativa, cumpria-lhe aprovar ou rejeitar, não obstante o Legislativo tivesse a possibilidade de influir indiretamente nos negócios externos quando da discussão da lei anual do orçamento geral da República, pois poderia apresentar emendas destinadas a diminuir ou até mesmo suprimir a verba destinada a determinada legação (o que, na prática, era o mesmo que cortar relações), consulado, ou para acorrer

---

3 Milza (1996, p.370-371) define como "injunções do 'tempo longo' [...] aquelas que determinam em profundidade as grandes orientações da política externa". Veja-se também Aron, 1979, p.102-106.

4 Milza, 1996, p.369.

5 Reynolds, 1977, p.168-188.

A REPUBLICANIZAÇÃO DO SERVIÇO DIPLOMÁTICO

às despesas com propaganda no exterior. Na Constituição de 1988 a política externa do Executivo passou a ter limites, pois deve-se pautar por princípios fundamentais expressamente definidos.[6]

A REFORMA DO SERVIÇO DIPLOMÁTICO NO LEGISLATIVO

Segundo demonstrado por Almeida, a República recebeu do Império 61 mil funcionários públicos, entre eles 109 pertencentes à Repartição dos Negócios Estrangeiros, o que era pouco, considerando-se a natureza do serviço. O corpo diplomático no exterior, em 1888, era composto de doze enviados extraordinários e ministros plenipotenciários nos principais Estados europeus, nos Estados Unidos, Argentina e Uruguai. O corpo consular, diferentemente, tinha agentes em portos de 24 países, considerando-se os enviados e os locais, isto é, cônsules honorários.[7]

O advento do novo regime em 1889 provocou alterações importantes nos corpos diplomático e consular a título de colocá-los em compasso com a nova situação política interna, isto é, "republicanizá-los". Houve trocas nas chefias das legações[8] situadas nas capitais dos países com os quais o Brasil mantinha relações relevantes, seja no aspecto geopolítico, financeiro ou comercial. Lafaiete Rodrigues Pereira, conforme relatado anteriormente, deixou a chefia da missão especial junto à Conferência Pan-americana. Em seu lugar foi designado Salvador de Mendonça, republicano histórico, cônsul-geral do Brasil em Nova York desde a Monarquia. Terminada a Conferência, tornou-se chefe

---

6 Na Constituição em vigor fez-se um acréscimo ao inciso I do Art. 49, que fixa as competências do Congresso Nacional no relativo à política externa do Estado. Está assim redigido: "resolver definitivamente sobre tratados, acordos ou atos internacionais que acarretem encargos ou compromissos gravosos ao patrimônio nacional". O que equivale a dizer que qualquer ato internacional (seja ou não um tratado) que importe custos ao Tesouro Nacional ou quaisquer outros gravames só têm valor depois de passar pelo crivo do Congresso Nacional. O Executivo ainda teve diminuída sua amplitude de atuação pelo Art. 4º da Carta, no qual se fixam os dez Princípios Fundamentais que regem as relações internacionais da República, e pelo inciso IV do Art. 52, que deu ao Senado Federal a competência exclusiva de aprovar previamente a escolha dos chefes de missões diplomáticas em caráter permanente, após arguição e voto secreto. Cf. Almeida, P. R., 1990, p.53-69; *Constituição da República dos Estados Unidos do Brasil – 1891*; *Constituição da República Federativa do Brasil – 1988*, artigos 4, 49 e 52.

7 Almeida, P. R., 1998, p.278-279, 274-275.

8 O Brasil ainda não possuía embaixadas no exterior. A primeira seria criada em 1905, na gestão do barão do Rio Branco no Ministério das Relações Exteriores.

da legação em Washington na qualidade de enviado extraordinário e ministro plenipotenciário. Em janeiro do ano seguinte, foram nomeados os republicanos Francisco Xavier da Cunha para a legação em Roma, Ciro de Azevedo para Santiago do Chile, Gabriel de Toledo Piza e Almeida para Berlim, Ramiro Barcelos para Montevidéu e Joaquim Francisco de Assis Brasil para Buenos Aires. Foram nomeados, também no correr desse ano, oito adidos ou secretários de legações, entre os quais estava Manoel de Oliveira Lima.[9] A republicanização não chegou a ser radical. José Maria da Silva Paranhos Júnior, monarquista e unitário, decepcionado com a atividade política depois de ter pertencido ao Parlamento do Império por duas legislaturas como representante da província de Mato Grosso, foi mantido na chefia do consulado geral do Brasil em Liverpool. Longe do país e da política partidária, conhecido pelos seus estudos históricos e geográficos, notadamente sobre as fronteiras do Brasil, foi nomeado por Floriano Peixoto para chefiar a missão especial encarregada de defender o direito do Brasil na questão de Palmas (ou Missões), na arbitragem a ser decidida pelo presidente dos Estados Unidos, depois do fracasso da missão Bocaiuva ao Prata.

Na procura dos reflexos da ruptura institucional de 1889 no serviço diplomático brasileiro, privilegiou-se a consulta das atas das sessões do Senado e da Câmara dos Deputados, nas quais se pode, também, medir parte do impacto da imagem deteriorada que se formou sobre o país, sobretudo na Europa, em decorrência da crise política e econômica subsequente à Proclamação da República. O momento foi aproveitado pelos membros do Legislativo para formularem críticas contra os membros do corpo diplomático e consular herdados pela República e pertencentes ao serviço público. Os radicais os viam até com desdém. Algumas das acusações levantadas pelos críticos mais veementes referiam-se ao fato de haver diplomatas que não conheciam seu próprio país – alguns deles mal falavam o português, e até sentiam vergonha de serem brasileiros nos países em que serviam. Acusações destas e de outra natureza eram argumentos para justificar a intenção, expressa por mais de um representante no Congresso Nacional, de se fazer uma reforma profunda no corpo diplomático nacional. A leitura das atas permite captar, também, qual era a visão internacional dos congressistas que ocupavam com mais frequência a tribuna.

Entre os críticos na Câmara dos Deputados, destacava-se Francisco Coelho Duarte Badaró, representante do estado de Minas Gerais, para quem a diplomacia brasileira não era das mais cultas e brilhantes como deveria e

---

9 Franco, A. C., 2006, v.1, p.9.

A REPUBLICANIZAÇÃO DO SERVIÇO DIPLOMÁTICO

poderia ser. Poucos se destacavam no meio de vulgares e presunçosos bacharéis: "O ser bacharel em direito, como quase toda gente o é hoje em dia, constitui presunção legal de saber: daí vem que, livres da obrigação dos exames, muita gente penetra na diplomacia, vazia de conhecimento e abarrotada de presunção". O deputado também estranhava o fato de brasileiros nascidos no estrangeiro, que lá permaneciam, representarem o país. Reiterava-se que alguns diplomatas (não citados nominalmente) não cumpriam os deveres inerentes ao exercício da função e desconheciam as coisas do Brasil. Para o deputado Antônio Francisco de Azeredo, de Mato Grosso, os diplomatas, então alvos de críticas, representavam antes o imperador deposto do que a pátria, que lhe deveria exigir mais atenção, dedicação e cumprimento do dever. No entender do deputado, faltava ao governo coragem para demissões e, em consequência, os ministros das legações no exterior conservavam-se nos seus postos, permitindo a campanha que se fazia contra a República, até mesmo dentro das próprias legações. As situadas na Europa eram, segundo ele, inúteis, ilegítimas, e ocupadas por quem desconhecia sua própria terra e língua. Salvo exceções – como a do ministro brasileiro em Paris, Gabriel de Piza –, os representantes brasileiros eram adversários da República, que deles não recebera o devido apoio quando mais se fizera necessário. Deveria, pois, o governo demitir ou aposentar os representantes do Brasil na Europa, salvo dois ou três. Referindo-se especificamente ao ministro do Brasil em Londres, o deputado dizia que Souza Corrêa mantinha relações íntimas com o banqueiro Rothschild e que este teria indicado sua nomeação. A arremetida do deputado não parava aí. Pediu supressão de legações pelo fato de vê-las como inúteis e não fazerem falta ao país. Com referência aos ministros responsáveis por elas, não foi menos severo: "Os nossos ministros nada valem, e têm antes servido para nos prejudicar com o seu silêncio do que para prestar serviços ao país".[10]

Aristides Lobo, no Senado, foi igualmente duro na crítica: o Congresso deveria autorizar o Executivo a proceder o exame do desempenho de cada um deles e – contrariando a opinião do senador Quintino Bocaiuva – substituir os que não apresentavam bom desempenho, processando-se, assim, profunda modificação no corpo diplomático. A conservação dos funcionários vindos da Monarquia explicava o silêncio deles diante dos ataques da imprensa da Europa ao novo regime, acarretando a diminuição do crédito do Brasil perante

---

10 ACD. Sessões de 2 set. 1891, 25 set. 1891, 3, 5 e 8 ago. 1892. Em 1897, à vista da observação de que havia diplomatas nascidos no estrangeiro que lá permaneciam, Barbosa Lima anunciou que iria apresentar emenda por ocasião de lei orçamentária, segundo a qual os diplomatas, a cada cinco anos, seriam obrigados a passar um no Brasil (sessão de 30 jun.).

os governos dos países do Velho Mundo. Tais funcionários, por incompetência ou desinteresse pela sorte do país, não dedicavam esforço suficiente para neutralizar a corrente de opinião adversa à República. O ponto de vista de Aristides Lobo coincidia com a informação contida na mensagem dirigida pelo presidente Floriano Peixoto ao Congresso Nacional, em maio de 1894, mal terminada a Revolta da Armada, na qual acusava alguns representantes do Brasil no exterior de não terem, por ocasião do movimento, "a solicitude que era de esperar, tratando-se dos vitais interesses da República". Olinto de Magalhães,[11] em 1891, em carta a Floriano, informou que tivera conhecimento dos bons serviços prestados ao país pela legação brasileira em Paris a cargo do ministro Piza, que inclusive fizera propaganda no *Temps*, *Figaro*, *Monde Économique* por meio de "vários artigos sobre as nossas finanças, rendas, indústrias, produções etc. etc.". À atuação do ministro Piza, Olinto contrapunha a dos *"restolhos* da Monarquia". E opinava que a "República teria em toda a Europa a melhor aceitação, se todos a amassem como o Dr. Piza, que é um velho lidador do partido, desde o tempo do Império". Vitorino Monteiro, ministro brasileiro em Montevidéu, deu testemunho parecido em correspondência a Floriano, a propósito da ação, que ele considerou traiçoeira, do ministro do Brasil no Paraguai, numa conjuntura política difícil para o país. Em determinado trecho afirmou: "Posso informar a V. Exa. que o seu protetor [do referido ministro] é o Visconde de Cabo Frio,[12] que quer conservar no quadro diplomático essas sagradas relíquias da monarquia".[13] Nas duas casas do Legislativo os integrantes do corpo diplomático e consular eram vistos como pertencentes a uma casta de privilegiados, apadrinhados do velho regime, e, reiterava-se, alguns deles mal falando português, tão distanciados estavam do país. Segundo seus críticos, existiriam verdadeiras dinastias de diplomatas: filhos de diplomatas nascidos no exterior e depois também diplomatas. Pode-se, todavia, inferir que os recém-chegados teriam seus próprios apadrinhados a serem agasalhados no serviço público. Há registro nesse sentido. O senador piauiense Joaquim Nogueira Paranaguá, crítico do ministro

---

11 Olinto Máximo de Magalhães, mineiro de Barbacena, médico com estudos complementares na Europa, foi nomeado 2º secretário da legação brasileira em Viena por Floriano Peixoto, em 1891. Fez carreira diplomática e foi titular do Ministério das Relações Exteriores no quatriênio de Campos Sales (cf. Abranches, 1918, v. l, p.133-134).

12 Joaquim Tomás do Amaral, diplomata do Império desde 1840. A partir de 1865, secretário-geral do Ministério. Permaneceu no cargo até seu falecimento em 1907.

13 ASF. Sessões de 24 jul. 1893; 7 maio 1894; AN – APFP. Cxa.8, L-14, pacote 3. Carta de Olinto de Magalhães a Floriano Peixoto. Ouro Preto, 23 out.1891; Cxa. 8L-25, pacote 6. Carta de Monteiro a Floriano Peixoto. Montevidéu, 19 jan.1894.

das Relações Exteriores Olinto de Magalhães, e faltando pouco mais de dois meses para o término da gestão do presidente Campos Sales, ao discursar sobre a inoportunidade para aumento de despesas, foi enfático ao observar que existiam "remoções fora de propósito, verdadeira contradança de ministros [plenipotenciários] para atender exclusivamente a interesses particulares [...] ficam V. Ex. e o Senado sabendo que no Ministério das Relações Exteriores existem dois corpos diplomáticos e dois corpos consulares, sendo um em atividade e outro em disponibilidade [...]".[14]

O corpo diplomático, todavia, contou com defensores tanto no Senado quanto na Câmara dos Deputados. Nesta, Pedro Américo[15] destacou os méritos dos representantes brasileiros e os serviços prestados pelo corpo consular para afirmar que eles vinham sendo "objeto de juízos injustos e temerários". A diplomacia pela natureza dos serviços que presta era "uma instituição essencialmente aristocrática". Como exemplo de bons serviços, referiu-se à atuação do barão de Itajubá quando do reconhecimento da República pela França.[16] Augusto Montenegro, representante do Pará e integrante do corpo diplomático, fez igualmente defesa veemente, embora sabendo que estava quase sozinho na luta contra o que qualificava de pré-julgamento e preconceito dispensados pela quase unanimidade da Câmara aos integrantes da diplomacia. Magoado com as acusações, pedia justiça absoluta a que todos têm direito, bem como "essa justiça relativa com que a Câmara e o país têm julgado todos os órgãos do seu funcionalismo".[17]

O projeto nº 39-A de 1894 da Câmara dos Deputados previa a discussão e a reorganização do corpo diplomático a fim de reduzir a despesa com a representação do país e ampliar a liberdade do governo na escolha dos ministros plenipotenciários no exterior, conforme previa o seu artigo 1º: "Formarão uma só classe os enviados extraordinários e ministros plenipotenciários com os vencimentos anuais de 10:000$, sendo 6:000$ de ordenado e 4:000$ de gratificação". Desaparecia a carreira. O artigo 8º, que fixava o pessoal das legações, deu a medida da importância que se atribuía a cada uma delas ao dispô-las em escala hierárquica. Além dos respectivos ministros plenipotenciários, as situadas na Inglaterra e na França seriam providas também por um primeiro e dois segundos secretários, e as localizadas nos Estados Unidos,

---

14 ASF. Sessão de 2 set. 1902.

15 Pedro Américo de Figueiredo, pintor, professor da Escola de Belas Artes do Rio Janeiro, doutor em Ciências Naturais pela Universidade Livre de Bruxelas, foi deputado pela Paraíba, seu estado natal.

16 ACD. Sessão de 5 ago. 1892.

17 ACD. Sessão de 8 ago. 1892.

70 A REPÚBLICA E SUA POLÍTICA EXTERIOR (1889-1902)

Argentina, Uruguai, Equador e Colômbia, Portugal, Alemanha e Itália teriam um primeiro e um segundo secretário. Nas legações dos países americanos não citados, um primeiro secretário; e, nas dos países europeus não citados, um segundo secretário. As controvérsias iniciaram-se já no seio das comissões que examinaram o projeto substitutivo de nº 59. Serzedelo Corrêa aprovou-o com restrições. Lauro Müller foi voto vencido por ser contrário à extinção da carreira prevista no art. 1º. Augusto Montenegro mostrou-se contrário pelo mesmo motivo, pois não via razão para a extinção da carreira. Via, sim, prevenção, "ojeriza" mesmo, contra os integrantes do corpo diplomático, pois o Executivo não seria tolhido pela existência da carreira, uma vez que, excluída a promoção por antiguidade, lhe era facultado (como já dizia a legislação) nomear ministros de primeira classe pessoas não pertencentes ao quadro diplomático. Montenegro ajuntou que a República tivera oportunidade, não perdida, de modificar o pessoal da diplomacia por meio de novas nomeações para, em seguida, perguntar por que modificar a então atual organização, que não impedia de o governo lhe dar a constituição que lhe fosse mais conveniente. O fato é que por trás do artigo 1º estava o desejo de atropelar o pessoal antigo em favor daquele mais identificado com o novo regime. A este argumento, Augusto Montenegro contrapunha que a nomeação dos ministros plenipotenciários não poderia se restringir à área da confiança do ministro das Relações Exteriores; havia outros critérios fora da opinião política para nortear as nomeações. Segundo ainda o mesmo deputado, a República tinha provocado modificações profundas na composição do quadro diplomático, pois quase todas as legações de primeira classe estavam providas por pessoas por ela nomeadas. Os ministros de 2ª classe, salvo "raras exceções", eram da confiança do governo, que podia nomear pelo critério do merecimento. Augusto Montenegro reiterava que a ação diplomática do governo não era tolhida pelo pessoal, pois este já passara por profundas modificações decorrentes da implantação da república, mencionando que o quadro de secretários, à exceção de cinco ou seis dos seus integrantes, fora nomeado pelo novo regime. Para Augusto Montenegro a diplomacia não era "uma corporação de vadios, de inúteis [...] brasileiros esquecidos de sua Pátria e de funcionários esquecidos de seus deveres", merecedores da malquerença do público. Se a defesa dos diplomatas não era feita de maneira aberta, isto se devia, segundo o deputado, ao fato de a natureza mesma do serviço ser de caráter reservado.[18]

Entre os que adotavam posição diversa estava Benedito Leite, representante do Maranhão, que não associava competência administrativa de um

---

18 ACD. Sessão de 23 ago. 1895.

funcionário de carreira com competência para o desempenho de um cargo eminentemente político como o de ministro plenipotenciário. Em defesa do substitutivo em discussão, argumentava que nada impedia de o governo nomear para ministro pessoa que pertencesse ao quadro. Mas, lembrava-se, os melhores diplomatas do país não tiveram proveniência do quadro, como Saraiva, Cotegipe, Otaviano e, exemplo maior, o barão do Rio Branco, defensor do Brasil na questão das Missões. Em favor de seu ponto de vista, opinou que, por ocasião da Revolta da Armada (1893-1894), o governo poderia ter tido ainda mais dificuldades do que teve caso não fossem de confiança seus representantes. Na mesma linha situava-se o senador pelo Rio Grande do Sul Ramiro Barcelos, que, após tecer críticas ao corpo diplomático, embora sem fundamentá-las, manifestou-se pela supressão da carreira pública que o organizava. O senador invocava o fato de as questões diplomáticas do Brasil terem sido resolvidas por pessoas estranhas ao quadro, reiterando a então recente questão das Missões com a Argentina. Dizia ainda que, por ocasião da Revolta Armada, só prestaram serviço ao país os diplomatas nomeados pela República. A carreira deveria, assim, ser extinta para que o corpo diplomático ficasse inteiramente dependente do Poder Executivo.[19]

O paraense Serzedelo Corrêa (eleito deputado pelo Distrito Federal em 1895) era igualmente favorável à aprovação da redação do art. 1º, mesmo adotando posição moderada ao opinar que o governo deveria ter certa liberdade na escolha dos ministros, mas deveria também atender, na medida do possível, o pessoal do quadro com vistas ao seu aproveitamento. Serzedelo Corrêa, como outros parlamentares, via o corpo diplomático ligado à Monarquia ou, mais precisamente, à pessoa do monarca, o que levava seus integrantes a não se sentirem intimamente identificados com as novas instituições. O novo regime poderia fazer as substituições paulatinamente, sem ferir direitos. O discutido artigo em votação era para ele suficiente para implementar tal política, sem fazer injustiças e aproveitando os homens mais preparados, imbuídos de novas ideias e conhecedores do meio brasileiro. Tal ponto de vista não implicava aceitar a formação de um corpo diplomático de "filhotes", nomeados em razão de politicagem e partidarismo. Dever-se-ia utilizar o critério da competência, mas – ressalvou mais de uma vez – sem "ferir interesses diretos", inclusive porque frequentemente os secretários já tinham o *savoir faire* e não raro eram os inspiradores de reputados ministros.[20] Serzedelo Corrêa conseguia defender o funcionário de carreira que se enquadrasse

---

19 Sessão de 27 ago. 1895.
20 ASF. Sessão de 29 ago. 1895.

no novo momento brasileiro e ao mesmo tempo advogar a importância de o Poder Executivo buscar ministros extraquadro. A posição do deputado nesse assunto era conciliatória, convincente e despida de radicalismo.

A reforma proposta em 1894 foi aprovada no ano seguinte.[21] Além do art. 1º destacado, foram aprovadas disposições das quais merece também referência o art. 6º, que fixava a obrigação de exame de habilitação para a primeira nomeação para 2º secretário, mas dispensava dessa prova os bacharéis em Direito.[22] Esse item da reforma, discutido em agosto de 1895, teve defensores e opositores acérrimos no Congresso. O âmago da questão estava no fato de se conceder o privilégio da dispensa de provas a um determinado tipo de graduado em curso superior. À época, vingava a associação entre Diplomacia e Direito,[23] o que demonstra o caráter jurídico que se atribuía à função do diplomata, embora alguns representantes vissem a necessidade de os diplomatas possuírem também outros atributos. A dispensa de exame de ingresso para os graduados em Direito, num país de bacharéis, e a extinção da carreira na forma preconizada no art. 1º deixavam ao arbítrio do Executivo a formação do quadro diplomático.

A dar crédito ao florianista Alcindo Guanabara, então deputado pelo Rio de Janeiro, apesar da autorização que o governo recebera pela lei acima mencionada, só foram nomeados diplomatas de carreira, critério que, afinal, acabou prevalecendo.[24] Guanabara – oposicionista e jacobino – renovava de maneira incisiva, ácida, as mesmas críticas feitas aos integrantes da diplomacia, pois seriam ineficientes e só se mantinham no serviço porque "a República tem-se esforçado por conservar todos esses *conservadores*". Acusava-os ainda de furtaram-se a afirmar uma opinião a favor do Brasil quando se fez necessário. Citava, como exemplo, o momento da Revolta da Armada quando, inundada a imprensa europeia de ataques a Floriano, com prejuízo, em última análise, ao crédito do país já em situação difícil, os diplomatas do Brasil não tomaram a iniciativa de fazer os desmentidos. A exceção foi o ministro em Londres, que, assim mesmo, só agira quando acionado pelo ministro das Relações Exteriores. No mais, ninguém ousava afirmar usando a responsabilidade do cargo, preferindo aguardar, para ver o lado que sairia vencedor da luta interna. Acentuava Alcindo Guanabara que, caso o governo entendesse que no Ministério das Relações Exteriores não devesse haver política nem política republicana, "seria melhor desguarnecer também as fronteiras,

---

21 ACD. Sessão de 17 set. 1895

22 ACD. Sessão de 21 out. 1895.

23 ACD. 1895, *passim*.

24 ACD. Sessão de 9 jul. 1897.

A REPUBLICANIZAÇÃO DO SERVIÇO DIPLOMÁTICO

extinguir o exército e deixar a República entregue a todos os seus inimigos". A diplomacia – arma em defesa do nome e do crédito do país – deveria ser integrada por "partidários calorosos". Não compreendia a manutenção nos seus quadros de elementos que não estivessem em compasso com os sentimentos e tendências da administração.[25]

A crítica de Guanabara, embora um tanto exagerada, corrobora que não houve alteração completa no quadro diplomático em razão do advento do novo regime. O discurso de Malaquias Gonçalves, representante de Pernambuco, pronunciado na mesma ocasião em que se discutia a supressão de legações, confirma essa observação ao registrar que havia diplomatas que se sentiam incomodados, humilhados até, por serem brasileiros, e tratavam logo de se adaptar aos costumes dos países nos quais serviam, "desprezando os nossos que diziam ser de selvagens, desacreditando-nos assim perante o estrangeiro". Malaquias Gonçalves, radicalizando o discurso, estranhou igualmente a manutenção de monarquistas a serviço da República. Deveria, pois, o governo "demitir o empregado que se diz monarquista, ou que pelos seus atos mostra sê-lo".[26]

O radical paulista Francisco Glicério tinha opinião idêntica. Ao ser discutida em 1897 a supressão de legações por ocasião da votação da lei do orçamento do Ministério das Relações Exteriores, declarou-se favorável às nomeações feitas à base da confiança política. À vista da intervenção do deputado fluminense Belisário de Sousa, que informou terem sido os funcionários respeitados pelos governos Deodoro e Floriano, e continuavam a ser pelo então presidente Prudente de Morais, Glicério posicionou-se contrariamente à diplomacia de carreira. As nomeações deveriam contemplar aqueles que se interessassem "pela consolidação, aperfeiçoamento e adoção definitiva das instituições republicanas, senão a demissão ser-lhes-ia oferecida...".[27] As acusações feitas de maneira generalizada por Glicério, líder da oposição, não ficaram sem uma resposta ponderada de Serzedelo Corrêa, que, depois de concordar com Glicério no concernente ao caráter político das nomeações, ressalvou que havia ministros que não podiam ser postos sob suspeita, como os de Paris, Madri, São Petersburgo e Vaticano, pois eram republicanos. Havia também ministros que, apesar de vindos da Monarquia, prestavam assinalados serviços às novas instituições, como Souza Corrêa em Londres e Itajubá em Berlim.[28]

---

25 ACD. Sessão de 5 jul. 1897.
26 ACD. Sessão de 9 jul. 1897.
27 ACD. Sessão de 2 set. 1897.
28 ACD. Sessão de 3 set. 1897.

74 A REPÚBLICA E SUA POLÍTICA EXTERIOR (1889-1902)

As críticas reforçam que afinal não houve alteração radical em termos de pessoal. A "geração" de diplomatas da República, conforme já afirmado, não deslocou totalmente os funcionários já existentes. Houve convivência entre novos e antigos, só se afastando definitivamente aqueles que não aceitaram as novas instituições. De qualquer forma, a República inaugurou uma nova dinâmica no serviço diplomático: já em dezembro de 1898 (início do governo Campos Sales) o Senado aprovou emenda à proposição da Câmara relativa ao orçamento do Ministério das Relações Exteriores para 1899, autorizando o governo, *ad referendum* do Congresso, "a reformar a Secretaria das Relações Exteriores e bem assim reorganizar o serviço diplomático e consular da República".[29]

O relatório do Ministério das Relações Exteriores relativo a 1902-1903 informa que, dos dezoito enviados extraordinários e ministros plenipotenciários que então constavam do quadro, sete ingressaram na diplomacia após o 15 de Novembro de 1889: os citados Xavier da Cunha, Ciro de Azevedo, Gabriel de Toledo Piza e Almeida, Joaquim Francisco de Assis Brasil, e Manoel de Oliveira Lima, Olinto Máximo de Magalhães e Bruno Gonçalves Chaves.[30] Não consta nesse relatório o nome do republicano Salvador de Mendonça, pelo fato de àquela data estar fora do serviço. Duas figuras de destaque na diplomacia republicana – Joaquim Nabuco e o barão do Rio Branco –, monarquistas que entraram na carreira durante o Império, só se tornaram enviados extraordinários e ministros plenipotenciários em 31 de dezembro de 1900, acreditados, respectivamente, junto aos governos da Grã-Bretanha e Império Alemão.[31] As principais legações do Brasil, como as situadas em Washington, Buenos Aires, Paris, Roma e Santiago, foram providas, logo após o advento da República, por pessoas que, se não ingressaram no quadro diplomático após o 15 de Novembro, eram identificadas com o novo regime. João Artur de Souza Corrêa, que assumiu a importante legação em Londres, onde chegou em 20 de julho de 1890, era diplomata vindo do Império.[32] Com referência

---

29 ASF. Sessão de 9 dez. 1898.

30 *Relatório do Ministro das Relações Exteriores* – 1902-1903, Anexo 2, p.21-39.

31 Cf. *Relatório do Ministro das Relações Exteriores* – 1902-1903, loc. cit. Sobre as táticas de Rio Branco e Nabuco sobre as relações do Brasil com os Estados Unidos, veja-se Pereira, 2006, cap. 4. Para a carreira intelectual de Nabuco e suas concepções cotejadas com as de Oliveira Lima, veja-se Silveira, 2003, cap. II e III. Uma síntese da atividade diplomática de Nabuco encontra-se em Leite, 2001, p.113-120.

32 ACD. Sessão de 3 set. 1897; Araújo, 1993, p.196. Assis Brasil e Ciro de Azevedo destacaram-se na propaganda republicana, respectivamente, nos estados do Rio Grande do Sul e Sergipe (cf. Castro, 1932, p.24).

A REPUBLICANIZAÇÃO DO SERVIÇO DIPLOMÁTICO

aos primeiros secretários, em agosto de 1903, dos treze então em exercício, oito ingressaram no serviço após o advento da República.[33] A reformulação da carreira diplomática, com as inevitáveis apreciações sobre os seus integrantes, foi debatida nas duas casas do Legislativo no contexto de uma ampla discussão referente às legações e consulados do Brasil no exterior. Os assuntos estavam de tal maneira urdidos que é até difícil separá-los.

LEGAÇÕES E CONSULADOS

Por meio de emendas ao orçamento da União, o Legislativo podia tanto suprimir um item que previa recursos a determinada representação no estrangeiro quanto autorizar o Executivo a estabelecer novas legações. O Legislativo procurava, embora sem muito sucesso, impor ao governo uma visão própria sobre questões específicas em matéria internacional, em geral mais arrojada, quando não romântica, do que o Executivo. Da instalação da República até o final da gestão Campos Sales, foram nomeados dezenove titulares para o Ministério das Relações Exteriores, conforme afirmado anteriormente. Não se impondo no ministério figuras de prestígio no trato de assuntos a ele afetos, os membros do Legislativo, ao receber a peça orçamentária para apreciação, não hesitavam em propor supressão, criação ou manutenção de legações e consulados, obedecendo a mais de um critério. Serzedelo Corrêa, na qualidade de relator do parecer da Comissão de Orçamento, ocupou a tribuna da Câmara dos Deputados em setembro de 1891 para justificar a supressão de várias legações do Brasil no exterior, como as localizadas na Suíça, Espanha, Paraguai, Bolívia e Rússia, esta porque ainda não reconhecera a República. Em razão da proximidade, o ministro plenipotenciário brasileiro na Alemanha poderia cuidar dos eventuais negócios do seu país que lá surgissem. O mesmo critério servia para a Espanha e Suíça. Igualmente no caso da Bolívia, pois o representante do Brasil no Chile ou Peru podia para lá se dirigir caso fosse necessário. A comissão, todavia, aceitava unir as legações do Peru à da Bolívia e a da Venezuela à do México. No referente à legação do Brasil no Paraguai, o deputado relator afirmou que o Brasil não cobraria a dívida desse país ou só a cobraria quando ele fosse mais próspero do que então, e, sendo a dívida decorrente da guerra, a principal questão pendente entre os dois países, não havia razão para manter uma legação em Assunção.[34] É possível perceber que os

---

33 *Relatório do Ministro das Relações Exteriores* – 1902-1903, Anexo 2, p.41-53.
34 ACD. Sessão de 24 set. 1891.

76 A REPÚBLICA E SUA POLÍTICA EXTERIOR (1889-1902)

pontos de vista sobre supressão e manutenção de representações no exterior eram os mais variados. Vejam-se uns exemplos.

Ao deputado gaúcho Homero Batista causava estranheza o fato de a Comissão de Orçamento, depois de propor a extinção de várias legações, manter a do Peru, de segunda classe. Segundo o parlamentar, melhor do que extinguir seria unir legações para se evitar a inconveniência de cortar relações diplomáticas com vários países. Concordava com a supressão da legação de São Petersburgo por entender que não havia então interesse de qualquer ordem que justificasse sua manutenção.[35] Francisco Coelho Duarte Badaró preferia os consulados às legações, sob o argumento de que países novos como o Brasil necessitavam fomentar suas relações econômicas. Cético quanto à eficiência da diplomacia, afirmou, recebendo "apoiados" de seus pares, que "nenhuma habilidade pode suprir o prestígio que a força dá".[36] Esse deputado era também favorável à regionalização das relações internacionais do Brasil, com ênfase para América do Sul.

> O orador [Badaró] entende porém que há na Europa mais economia a fazer do que na América. Deseja que o serviço não fique desorganizado na América do Sul, onde está nossa verdadeira política internacional e onde devem ficar os nossos diplomatas mais hábeis. Na Europa estão os grandes interesses de imigração, de comércio e de finanças, os quais incumbem de preferência aos cônsules, que ali devem ser de 1ª ordem, bem remunerados e escolhidos. O eixo da política internacional brasileira está na América do Sul, está nas repúblicas, que rodeiam o Brasil... Para o Brasil as repúblicas que se relacionam pelo Atlântico têm maior importância que as do Pacífico. O orador insiste em colocar a Bolívia entre as nações americanas, cuja saída mais natural é pelo Atlântico, à vista dos revezes que sofreu pelos lados do Pacífico, onde o seu predomínio é impossível [...][37]

Opinião parecida manifestou o senador por São Paulo Manoel Morais e Barros, que chegava ao extremo de afirmar a desnecessidade de o Brasil ter um corpo diplomático. Um país ter representação numerosa em outro, cheia de tradição e etiquetas, lhe parecia como algo próprio da velha e carcomida Europa, inadequado às repúblicas americanas. Não via por que manter legações na Suíça, Áustria, Rússia e Suécia, pois o Brasil não tinha negócio de qualquer espécie com esses países, fato que as configurava como verdadeiras sinecuras. Aceitava a existência de legações em Portugal, França, Inglaterra

---

35 ACD. Sessão de 21 set. 1892.
36 ACD. Sessão de 8 ago. 1892.
37 ACD. Sessão de 25 set. 1891.

A REPUBLICANIZAÇÃO DO SERVIÇO DIPLOMÁTICO

e nas repúblicas confinantes com o Brasil. Na hipótese de surgir algum problema com país no qual não houvesse representação, um enviado extraordinário seria incumbido de tratar do eventual assunto que, uma vez concluído, faria desaparecer também a respectiva despesa.[38]

O projeto de 1894, aprovado no ano seguinte, oriundo da Câmara dos Deputados e emendado pelo Senado, que reorganizava o corpo diplomático, mostra na sua redação final como o Legislativo federal via as relações do Brasil com o exterior, permitindo, inclusive, detectar quais as áreas que mereciam atenção prioritária. Confirmando o que já foi dito, as legações da Inglaterra e França teriam, além do ministro, um primeiro e dois segundos secretários, portanto quatro funcionários de carreira. Estados Unidos, Argentina, Uruguai, Equador, Colômbia, Portugal, Alemanha e Itália, um primeiro e um segundo secretário, isto é, três pessoas (incluindo-se o ministro) daquela categoria. As demais legações da América, um primeiro e as demais da Europa, um segundo secretário, portanto só dois funcionários, concedendo-se ligeira importância para as representações da América. Criavam-se legações na Colômbia e no Equador e suprimia-se a do México. Os consulados do Brasil em Baltimore, Nova Orleans, Rosário, Frankfurt, Bremen e Vigo foram reduzidos a vice-consulados. Em contrapartida, criaram-se consulados em Cardiff, Estocolmo, Georgetown, Vera Cruz e Posadas, e vice-consulados em São Tomé e Libres.[39] Ficava claro que as legações mais importantes continuavam a ser as da Inglaterra e França, seguidas pelas situadas nos Estados Unidos, Argentina, Uruguai, Portugal, Alemanha e Itália. As relações com os países da América do Sul ganharam ênfase por razões comerciais, questões de limites pendentes ou eventuais, e até mesmo romantismo, conforme reiterado. Com referência aos consulados, está óbvio que indicam correntes de comércio do Brasil com aqueles portos ou aduanas. A localização de um consulado não só mostra a existência de corrente comercial ou imigratória como também aponta a intenção de se incentivar o comércio com determinada área. Consulados estratégicos para o comércio do país, por exemplo, o de Liverpool, não sofreram qualquer alteração. Às reservas levantadas sobre o fato de as legações da América serem providas de um primeiro secretário, explicava-se que essas eram pouco procuradas pelos diplomatas e, uma vez sem o respectivo ministro, o secretário respondia por todo o serviço.[40]

---

38 ASF. Sessão de 18 out. 1895.
39 ACD. Sessão de 31 out, 1895.
40 ACD. Sessão de 27 ago. 1895.

78 A REPÚBLICA E SUA POLÍTICA EXTERIOR (1889-1902)

No ano de "vacas magras" de 1897, decorrente do aumento exagerado da dívida externa, era natural que surgissem propostas de cortes orçamentários, o que repunha no Congresso Nacional a discussão sobre a supressão de legações. Para o deputado pelo Distrito Federal, Manoel Timóteo da Costa, era o caso da legação situada em São Petersburgo, por reputá-la inútil e só mantida por razões de cortesia. Um consulado geral naquela cidade ou em Moscou ou consulados de primeira ou segunda classe nas principais cidades da Rússia seriam suficientes para o encaminhamento das relações comerciais do Brasil com aquele império. Argumentos semelhantes foram utilizados para demonstrar a inutilidade da representação no Império Austro-Húngaro. O trigo, a principal mercadoria importada por Trieste, não era suficiente para a manutenção da legação em Viena. Opinou, também, que era inútil manter a legação na Suíça e pediu a fusão das legações situadas em Roma, Madri e Lisboa em razão da corrente imigratória para o Brasil, oriunda dos países que tinham aquelas cidades por capitais. Inúteis também, para o deputado, eram as legações da Bélgica, Venezuela, Colômbia e Equador.[41]

Na mesma ocasião, Afonso Costa, deputado por Pernambuco, sustentou opinião parecida; divergiu apenas em relação às legações que deveriam ser suprimidas e à manutenção das localizadas na América do Sul. A Câmara estava nesse aspecto dividida. O deputado defendeu pura e simplesmente a supressão de legações, embora recomendando estudo prévio no referente a determinados países a fim de se evitar abalos nas relações externas do Brasil. Aceitou a manutenção do *status quo* proposto pela comissão respectiva, com respeito às legações e aos consulados situados nos países da América, pois com estes deveria o Brasil estreitar cada vez mais as relações de amizade. Quanto à Suíça, apesar de não ver por que manter legação que se lhe afigurava um luxo, aceitava, conjunturalmente, a sua existência por uma questão imperiosa do momento: o fato de ter sido o governo daquele país escolhido para arbitrar questão lindeira do Brasil. A manutenção das situadas na Inglaterra e França dispensava demonstração, destacando que com a primeira o país mantinha importantes relações comerciais das quais não se emanciparia "facilmente". Afonso Costa deu seu voto para a conservação das legações na Espanha e em Portugal, neste por motivos históricos, comerciais e de imigração. A imigração justificava também a necessidade de legações na Alemanha e na Itália. Não viu nenhuma razão para a existência de legação na Rússia. O mesmo valia para o Japão, pois naquele momento não se tinha em vista a imigração "amarela" (termo usado à época para designar os asiáticos) para o

---

41 ACD. Sessão de 2 jul. 1897.

A REPUBLICANIZAÇÃO DO SERVIÇO DIPLOMÁTICO

Brasil, única razão que poderia explicar a criação de representação brasileira naquele país. As legações brasileiras situadas na Santa Sé, Suíça, Japão e Rússia eram para o deputado "verdadeiras figuras de enfeite".[42]

Francisco Glicério manifestou-se, também, pela extinção das legações da Rússia e Áustria-Hungria, por não ver nelas qualquer vantagem prática. Em contrapartida, entendia que na América "temos interesses políticos da maior importância a zelar". Com referência à Rússia, à vista da intervenção de Cincinato Braga, também deputado por São Paulo, feita para constar ser esse país peça importante no concerto do poder europeu e que, "informada diplomaticamente, dirige a diplomacia europeia até certo ponto", Glicério respondeu:

> O que temos nós com isto? Em relação à política europeia, temos a legação de Paris, que é o centro de todo movimento civilizador da Europa, a de Londres, que é o centro dos nossos interesses comerciais, a da Itália, que é a fonte ordinária da imigração para o Brasil, a legação da Santa Sé, também na Itália, a qual interessa a quase totalidade da população católica do Brasil, a de Portugal, que entende com as nossas relações de sangue etc.[43]

Glicério registrou ainda que interesses de ordem pessoal dificultavam os cortes nas despesas do Ministério das Relações Exteriores; legações inúteis e dispendiosas eram mantidas. As solicitações eram frequentes.[44] A maioria da Comissão de Orçamento da Câmara atendia aos pedidos do pessoal diplomático, não obstante ter sido proposta a disponibilidade para os agentes diplomáticos e consulares que fossem atingidos pelas supressões.[45]

Um dos discursos mais veementes feitos naquele momento na Câmara dos Deputados foi o de Alexandre José Barbosa Lima, representante em 1897 do estado de Pernambuco, jacobino que fazia acérrima oposição a Prudente de Morais. Ao mesmo tempo que se mostrou um descrente da eficiência do direito internacional, investiu contra o corpo diplomático. Sobre os eventuais funcionários prejudicados pelos cortes então em discussão, foi incisivo: voltassem ao país para compartilhar das suas dificuldades (é bom lembrar

---

42 ACD. Sessão de 9 jul. 1897.

43 ACD. Sessão de 2 set. 1897.

44 "Quando se trata de fazer economias e principalmente quando estas economias se referem ao Ministério do Exterior, não faltam os cantares de sereia, as cartinhas mimosas dos chefes de legação, que se referem a adidos e secretários, de parentes e amigos particulares, que deixam de atender aos interesses públicos para atender a essas solicitações. Já estou informado que o ilustre *leader* da maioria está sendo assaltado" (ACD. Sessão de 4 set. 1897).

45 ACD. Sessões de 1 e 11 set. 1897.

que o discurso foi feito em um momento de sérias dificuldades nas finanças nacionais que levaram ao grande empréstimo de 1898), o que reduziria a representação diplomática às proporções adequadas a uma nação pobre e nos limites impostos pelos seus recursos. Propôs que a representação fosse reduzida a cônsules gerais, de carreira e agentes consulares. Exemplificava com a Suíça, república de onde, conforme se dizia, provinham todos os ensinamentos em matéria política, e que mantinha no Brasil apenas um cônsul geral. Barbosa Lima insistiu na desnecessidade da representação no exterior. Esta seria típica das monarquias e o deputado "republicanamente" não se sentia convencido "da necessidade de uma representação com exterioridades faustosas e luxuosas, figurando mesmo no orçamento sob a denominação que, nem sequer se disfarça – representação no exterior". Era pela supressão de legação na Rússia e Áustria; bastavam um consulado em Odessa e outro em Marselha, em razão de relações comerciais. Para Barbosa Lima, não tinha o Brasil motivos para manter "relações com cortes, que não podem ter absolutamente o desejo sincero de promover o fortalecimento e o avigoramento das instituições republicanas do Brasil". Insistiu na ideia de que era preciso republicanizar o Ministério das Relações Exteriores e reduzi-lo "ao que deve ser uma representação de uma república – cônsules". Essa republicanização reiteradamente pedida, além da vantagem da economia nos gastos públicos, tornaria, segundo o deputado, a representação consentânea com as instituições políticas do país. Para justificar parte de sua proposta, o parlamentar expôs sua concepção sobre as relações entre as nações: "o direito internacional se afere pelo número de canhões e pela velocidade e número dos cruzadores que o exército e a armada que cada potência tem".[46]

A republicanização das relações internacionais do Brasil equivalia também, na linguagem dos seus defensores, à sua regionalização, como se pode observar nos pronunciamentos de Francisco Glicério e de outros membros do Legislativo, que eivados de jacobinismo, tinham preconceito contra monarquias e contra países europeus em geral, mesmo em prejuízo de interesses nacionais. A supressão da legação do Brasil na República Federal Suíça, quando o Conselho Federal deste país era o árbitro da questão do Amapá, caso fosse atendida pelo Executivo seria, no mínimo, uma descortesia para

---

46 "Assim é que fez o Japão e que fazem todas as nações que precisam garantir-se contra a política do mercantilismo sistemático" (ACD. Sessão de 13 set. 1897). Barbosa Lima foi severo nas críticas aos diplomatas: "V. Exa. sabe, Sr. Presidente, que, no momento atual, em que se move a campanha contra o crédito da República, plenipotenciários nossos estão em vilegiaturas a dar bailes a *lordes* e *ladies* a manter as boas relações com representantes das diversas cortes europeias" (ibidem).

A REPUBLICANIZAÇÃO DO SERVIÇO DIPLOMÁTICO

com o governo que aceitara decidir a melindrosa controvérsia. A extinção das legações situadas na Rússia e no Japão, entre outras, era pedida sob a alegação de que o Brasil não tinha interesses nesses países. Não eram vistas, desse modo, todas as possibilidades que a diplomacia ensejava em favor dos interesses do país no referente à ampliação de mercados e ao favorecimento da imigração. Havia confusão entre ineficiência de serviço e sua desnecessidade. Ao se examinar as diversas opiniões, sente-se que, às vezes, sob o argumento de corte de despesas, visava-se atingir os funcionários vindos da Monarquia.

As posições moderadas

Nilo Peçanha, representante do estado do Rio de Janeiro na Câmara dos Deputados, considerava grave erro político extinguir missões diplomáticas, pois o Brasil não poderia se autoisolar, adotando uma postura destoante do estágio então atingido pela sociedade internacional. O cosmopolitismo era uma das marcas do discurso de Nilo Peçanha ao destacar o papel representado pela diplomacia nas relações entre os Estados como meio de dirimir contendas de ordem internacional. O direito internacional, observou, era um direito positivo que trazia exigências. O mais importante de sua fala era o argumento contrário à quebra de amizades e à desorganização do serviço diplomático por espírito de economia. Caso o corpo diplomático não estivesse em condições de desempenhar as suas funções, deveria o Poder Executivo substituí-lo, mas não fechar legações imprudentemente.[47] Na sessão do dia seguinte, Frederico Borges, do Ceará, após referir-se às informações segundo as quais parte dos integrantes daquela casa sentia-se constrangida pela maneira como se implantou a República no Brasil, vale dizer, por via de um golpe militar, notou que a Comissão do Orçamento, a título de contenção de despesas, brandia "golpe profundo na política externa" desatenta para a circunstância de esta ser tão importante quanto a política interna; a consequência seria o retraimento do Brasil, e seu "afastamento completo do convívio das nações cultas e adiantadas". O país deveria dispor de um corpo diplomático composto de pessoas preparadas, necessário para a consolidação das novas instituições, uma vez que a ele competiria desfazer as apreensões que se levantaram no exterior. Era de conveniência política conservar missões diplomáticas tanto na Europa quanto na América, pois o "Brasil instituiu a forma republicana pelo processo do dia 15 de novembro, por essa revolução que só se justifica neste

---

47 ACD. Sessão de 28 set. 1891.

país das especialidades, [o que] levantou na Europa a maior suspeição".[48] A República fora uma surpresa na Europa e provocara desconfiança, sobretudo por não ter havido um pronunciamento popular, e sim uma manifestação do militarismo. E este, na Europa, despertava prevenção, que competia à diplomacia desfazer. Nesse sentido estava convencido de que os representantes do Brasil faziam todo o possível. Afora esses aspectos de natureza política, havia outros ligados ao desenvolvimento econômico. Ao diplomata cabia atrair imigrantes, tão necessários à lavoura, e propalar as riquezas do país a fim de restabelecer a confiança necessária para ajustar o problema financeiro, que decorria em boa parte da descrença existente no exterior a respeito do futuro brasileiro. Tal como Peçanha, argumentou que, na hipótese de o funcionário no exterior não desempenhar a missão com o patriotismo que o momento exigia, cumpria substituí-lo, em vez de isolar o Brasil das demais nações extinguindo legações. Os abusos cometidos por aqueles que não exerciam a contento sua missão deveriam ser coibidos, sem prejuízo para relações "amistosas e fecundas".[49]

É preciso esclarecer que abolir as legações do Brasil no México, Venezuela, Bolívia, Suíça, Rússia e Áustria-Hungria, conforme foi proposto pela Comissão de Orçamento da Câmara dos Deputados, não era o mesmo que romper as relações do Brasil com esses países, pois estas passariam, segundo a mesma proposta, a serem encaminhadas pelos consulados.[50] O assunto era contraditório. Havia divergências mesmo entre as comissões da Câmara. Em 1891, 1895 e1897, esteve na ordem do dia. A posição de Frederico Borges em boa parte coincidia com a do representante paranaense Lamenha Lins, que notou não ter a Comissão de Diplomacia e Tratados dado às representações situadas na América o mesmo tratamento dispensado àquelas situadas na Europa, no referente às supressões. Não obstante contrário a qualquer extinção em geral, considerou inadmissível o fechamento de legações na América, pois o Brasil tinha lindes com os países dessa área, e não se podia descartar a possibilidade de atritos que exigiriam intervenção diplomática, como na então recente questão do Amapá. Enviar missão especial nesses casos não era a melhor alternativa, pois ao ministro era necessário ter prévio conhecimento dos hábitos, costumes e caráter nacional do país com o qual fosse tratar, e só era possível ter esse conhecimento prévio por meio de missões ordinárias. As considerações feitas pelo deputado revelavam perspicácia:

---

48 ACD. Sessão de 29 set. 1891.

49 Ibidem.

50 ACD. Sessão de 26 ago. 1895.

A REPUBLICANIZAÇÃO DO SERVIÇO DIPLOMÁTICO

O Brasil, tanto pela extensão de seus limites, quanto pela riqueza de seu solo e número de seus habitantes, tem direito a representar papel preponderante e exercer incontestável hegemonia nesta parte do contingente, e não pode por conseguinte renunciar a fiscalizar a evolução nos países sul-americanos; não pode retirar dali suas sentinelas avançadas, não pode ignorar quais são os caracteres e tendências importantes dos homens políticos que dirigem os destinos destas nações.[51]

Lamenha Lins não restringia o alcance do assunto ao âmbito sul-americano. Alargava o campo de observação para incluir, com realismo, as nações da Europa que estariam à espreita para explorar "a nossa fraqueza", conforme o então recente exemplo da Revolta da Armada (1893-1894). As questões do Amapá e da Ilha da Trindade aconselhavam fazer uma política americana. Ademais, não fazer, no entender do deputado, seria ir contra o sentimento geral da opinião brasileira.[52] Tomando-se o pronunciamento de Lamenha Lins como referência, conclui-se que parte da Câmara não atentava para a necessidade de o governo manter observadores permanentes junto a governos de países com os quais o Brasil pudesse ter qualquer tipo de interesse. Parte dos congressistas via com simplicidade o modo de resolver questões de natureza internacional dentro de uma lógica incoercível e no âmbito do direito internacional público, que, aliás, não era universalmente acatado.

O relativo à supressão de legações voltou ainda a figurar na discussão do orçamento para 1898. Alcindo Guanabara, não obstante ter sido severo crítico dos integrantes do corpo diplomático, manifestou-se favoravelmente à permanência das legações e à modificação do pessoal. Observou que algumas (como as de São Petersburgo, Suíça, Espanha e Bélgica) eram inúteis do ponto de vista material a curto prazo em razão das poucas relações do Brasil com tais países, mas eram úteis "como vantagem moral". Guanabara via seu país como "uma grande e poderosa nação da América do Sul que carecia de se afirmar junto de todas as potências americanas e europeias..."[53] No essencial, a opinião de Malaquias Gonçalves, representante de Pernambuco, era a mesma de Guanabara: o Brasil deveria apresentar-se perante as nações da Europa "como nação grande e poderosa". Se o pessoal não estava à altura das suas responsabilidades, esse era outro assunto. Mas a existência das legações fazia-se necessária à vista dos interesses do Brasil, pois ao diplomata competia acompanhar os negócios dos países nos quais estava acreditado, o que lhe

---

51 ACD. Sessão de 29 ago. 1895.

52 Ibidem.

53 ACD. Sessão de 5 jul. 1897.

84 A REPÚBLICA E SUA POLÍTICA EXTERIOR (1889-1902)

dava vantagem sobre um enviado extraordinário designado para resolver uma questão específica. Era pela manutenção de legação na Áustria-Hungria em razão de imigração, na Rússia pelo fato de ela representar papel importante no concerto europeu, na Bélgica por ser país industrial ligado ao Brasil por vários interesses, na Suíça para não se incorrer em descortesia. Era contra a união das legações na Espanha, Portugal e Itália pela mesma razão. Para melhor justificar o seu ponto de vista, o deputado fazia distinção entre economia e corte de despesas essenciais.[54] Na oportunidade, manifestaram-se ainda Coelho Cintra, de Pernambuco, favorável aos cortes de despesas com representação diplomática,[55] e Nilo Peçanha, contra, sob o argumento de que os cortes não solucionariam as dificuldades do país, além do que as legações eram necessárias para manter-lhe a dignidade no exterior.[56] A leitura dos discursos autoriza concluir que o Ministério das Relações Exteriores não gozava de muito prestígio no Legislativo. Além das propostas de fechamento e unificação de legações, se lhe destinava pequena dotação orçamentária. A referente ao exercício de 1892, por exemplo, foi ínfima; não atingiu 1% da receita.[57]

No Senado, Américo Lobo, representante de Minas Gerais, sem entrar em considerações sobre o gasto com as representações do Brasil a ser consignado no orçamento do Ministério das Relações Exteriores, reconhecidamente modesto, usou uma argumentação carregada de lirismo.[58] Invocou as figuras de Tiradentes e Benito Juárez para manifestar-se favoravelmente à conservação da legação do Brasil no México. Foi contrário à existência de legação na Rússia por entender que as relações desse império eram asiáticas, e que os consulados seriam suficientes para atender aos interesses comerciais do Brasil (exportação de café).[59] Não viu razões para entreter relações políticas com a Áustria-Hungria, uma vez que no Brasil não havia mais a dinastia de Bragança e os interesses ligados ao comércio e à imigração poderiam ficar, igualmente, a cargo dos consulados. Américo Lobo divergiu do seu colega Quintino Bocaiuva, favorável à manutenção das legações em Espanha e

---

54 ACD. Sessão de 9 jul. 1897.

55 ACD. Sessão de 1 set. 1897.

56 ACD. Sessão de 2 set. 1897.

57 ASF. Sessão de 17 out. 1891.

58 "[...] suponho que somos americanos, e que não devemos nunca inaugurar na América uma política de humilhação e de desprestígio. Temos uma grande dívida, temos que pagar ao México, onde rolou a cabeça de Maximiliano; o México foi afrontado pelo império; a República deve reagir contra essa afronta, para cobrir de consideração e estima aquela outra república" (ASF. Sessão de 17 out. 1891).

59 Em 1902, o Brasil exportou 17.819 sacas de café para a Rússia (IBGE, *Séries estatísticas retrospectivas*, 1986, v.2, t.2, p.102).

A REPUBLICANIZAÇÃO DO SERVIÇO DIPLOMÁTICO

Portugal separadas por cortesia, pois os dois países caminhavam para a união ibérica, além do que a distância entre Madri e Lisboa era pequena.[60] Bocaiuva era frontalmente contrário à abolição de representações diplomáticas da maneira proposta pela Câmara dos Deputados, fundamentada em razões de ordem orçamentária, contrapondo-se à corrente radical, ao afirmar que a supressão e unificação de legações, mesmo por razões de economia orçamentária, repercutiriam desfavoravelmente à República recém-inaugurada. Era também contrário à abolição de consulados, pois, país novo que era, o Brasil deveria promover a imigração para ocupação do seu território e desenvolver relações comerciais de modo a abrir mercados para os seus produtos agrícolas "e talvez das suas indústrias". Só quem não tivesse passado pelo Ministério das Relações Exteriores, dizia, podia ignorar certas normas diplomáticas quase que obrigatórias para os estados civilizados, e, consoante às mesmas, não percebia que a extinção de uma legação significava ato de má vontade para com o país que a recebera. Essa desatenção não refletiria as intenções da República e do governo. Afora esse aspecto, Bocaiuva considerava "erro grave da política internacional do país" não ter representação nas principais capitais da Europa, uma vez que o país não podia se "considerar isento de perigo de uma coligação ou de intrigas de ordem política que pudessem trazer, com caráter de imposição estranha, dificuldades ou complicações à política da República [...] e disto há exemplos todos os dias, de que as intrigas dinásticas e políticas, de mãos dadas com as financeiras", poderiam criar "uma atmosfera de descrédito para o país, e conceitos particulares infensos aos interesses gerais da República".[61] Segundo o senador fluminense, deixar de ter relações com as potências europeias contribuiria para incentivar a campanha de descrédito que havia contra o Brasil, pois daria a impressão de ter aquelas em desafeição, hostilidade ou desagrado, "fornecendo-lhes motivos de descontentamento, fomentando desta arte as intrigas e propiciando-lhes ensejo de mostrar-lhe também sua má vontade..."[62] Bocaiuva, em outubro de 1891, já se mostrava menos idealista após sua viagem ao Prata para firmar com a Argentina o malogrado Tratado de Montevidéu em janeiro do ano anterior.

As opiniões de Ramiro Barcelos e João Batista Lapér eram idênticas às de Bocaiuva. O primeiro lamentou o fato de a outra casa do Legislativo procurar restringir despesas em um ministério que já dispunha de pouca dotação orçamentária. Via incoerência do Congresso, que procurava suprimir legações

---

60 Ibidem.

61 ASF. Sessão de 16 out. 1891.

62 Ibidem.

86   A REPÚBLICA E SUA POLÍTICA EXTERIOR (1889-1902)

depois de ter estabelecido, ainda na condição de Congresso Constituinte, o princípio geral de arbitramento para dirimir questões internacionais. A adoção desse princípio requeria a conservação de representações no exterior. Para Ramiro Barcelos, era mau critério fazer rompimentos repentinos, isolar a República recém-inaugurada, de tal modo que pudesse significar quebra de normas de cortesia internacional, o que contribuiria para que as novas instituições fossem objeto de julgamento desfavorável no exterior. O bom nome da República compensava as despesas. Se da manutenção de legações não adviessem vantagens imediatas, com o passar do tempo estas seriam observáveis em decorrência da formação de relações, que, por sua vez, promoveriam a riqueza entre os países.[63] Lapér, de certo modo, repetia os argumentos de Bocaiuva e de outros senadores. Do ponto de vista político, deveria o Brasil mostrar-se "mais americano do que foi o império" e ao mesmo tempo se prevenir contra dificuldades que eventualmente pudessem aparecer em razão da adoção da forma republicana de governo. No aspecto comercial, via conveniência na manutenção de legações, pois a diplomacia era importante meio de fomentar relações dessa natureza. Referindo-se especificamente à Rússia, lembrava que, segundo informações estatísticas, era o país que menos consumia café, em razão do que era necessária a legação do Brasil para promover seu consumo. Segundo Lapér, o legislador deveria superar prevenções pessoais e atender aos interesses superiores do país. Competia à República escolher bem o seu pessoal diplomático para que desfrutasse de todas as vantagens que se poderiam esperar do seu serviço.[64]

O senador Mendonça Sobrinho, por ocasião da discussão do orçamento de 1898, portanto, num momento de grave crise financeira nacional, ao tratar do relativo à supressão de legações, levou em conta a importância que os diferentes países ocupavam no concerto internacional. Após fornecer dados comparativos do Império e da República, perguntava qual o critério adotado para se manter legações em países de pouca importância na América do Sul e suprimir as localizadas em potências como a Rússia e a Áustria. Nessa linha de raciocínio, era favorável à supressão das legações na Bélgica, na Suíça e na Espanha; as duas primeiras poderiam ser anexadas à da França e a última à de Portugal. Segundo o senador, as anexações não prejudicariam os interesses políticos do Brasil nos mencionados países, nem os dos seus nacionais que neles viviam. Finalizou sugerindo que no Japão, no lugar de um consulado de

---

63 Ibidem.
64 ASF. Sessão de 17 out. 1891.

segunda classe, fossem criados dois consulados simples, porque atenderiam melhor aos interesses do país e dos seus cidadãos lá residentes.[65]

A dotação orçamentária do Ministério das Relações Exteriores, considerada inexpressiva em 1891-1892, aumentou consideravelmente logo depois: 300%, segundo dados de 1897. No momento da mudança das instituições, o orçamento do ministério, que era de 775:306$666, subiu para 2.016:512$. No atinente ao número de legações, o aumento foi, também, expressivo. O Império mantivera três legações na América (Estados Unidos, Argentina e Uruguai) e nove na Europa. Com o advento da República, foram criadas mais duas legações na Europa e em todos os países da América, à exceção do México. Houve, também, aumento considerável nos vencimentos. Um ministro plenipotenciário, por exemplo, teve seus 3:200$ percebidos no fim do Império elevados para 6:000$ em 1897. O ordenado de um cônsul, no mesmo período, passou de 1:200$ para 4:000$ para os de primeira classe, para 3:000$ os de segunda e para 2:500$ os simples. Aumentou também o corpo consular. No Império, havia sete cônsules-gerais na América e nove na Europa. Em 1897, havia na América três consulados de primeira classe, três de segunda e três simples, num total de nove. Na Europa, seis de primeira classe, cinco de segunda e onze simples, num total de 22, portanto. Os vice-consulados, em 1889, eram nove na América e nenhum na Europa. Em 1897, onze na América e nove na Europa.[66] Mendonça Sobrinho – que apresentou esse quadro ao Senado – indagou qual critério fora adotado pelo governo para promover tal aumento. Logo após a Proclamação da República, reconheceu, houve necessidade de se estabelecer relações políticas e comerciais, mas, passado esse momento, haveria que se reduzir o corpo diplomático e consular tanto na Europa como na América, caso se desejasse, efetivamente, fazer corte nas despesas públicas. Opinou, ainda, que os vencimentos do pessoal no exterior deveriam ser iguais aos do tempo da Monarquia, pois ele recebia em ouro, ao câmbio de 27, não tendo sido atingido pela desvalorização do meio circulante no Brasil. Os salários dos funcionários que serviam na Europa estavam – no entender do senador – acima das possibilidades do Tesouro. Tais considerações levaram-no a concluir que, contrariamente ao que então era propalado, não se queria "levar a sério a redução das despesas".[67] Na mesma oportunidade, Severino

---

65 ASF. Sessão de 9 out. 1897.

66 Ibidem.

67 Com referência ao aumento dos vencimentos, o senador Leite e Oiticica, de Alagoas, rebateu observando que o Império pagava mal seus funcionários ("Os seus funcionários no estrangeiro viviam vida aperreada") e estes estavam "reduzidos à miséria [...] sem poder sustentar a dignidade dos cargos". Por isso, o Ministério das Relações Exteriores do

A REPÚBLICA E SUA POLÍTICA EXTERIOR (1889-1902)

Vieira, representante da Bahia, reforçou parte do alvitre de Mendonça Sobrinho ao pedir verba para a manutenção das legações na Rússia e Áustria-Hungria, por entender que não se poderia ficar sem representação nas duas potências que exerciam preponderância no continente europeu e, por isso mesmo, na política mundial.[68]

O corte orçamentário proposto pela Câmara dos Deputados para o exercício de 1898 previa também a supressão dos consulados de Estocolmo e de Copenhague. A Comissão de Finanças do Senado discordou e, após informar que ao tempo do Império havia um consulado com jurisdição sobre a Suécia e a Dinamarca que foi posteriormente separado, emitiu parecer favorável à manutenção de ambos, como já fora feito em 1889, para que o país não ficasse sem representação naquela região da Europa. A mesma comissão, após consultar o ministro das Relações Exteriores, e com ele concordar, manifestou-se favoravelmente à permanência de legações na Rússia, Áustria-Hungria, Suíça, Bélgica e Espanha, inclusive porque "o Poder Executivo estava mais ao corrente dos fatos e das relações existentes com os países amigos". No mesmo parecer propôs que fosse o Executivo autorizado a acreditar um enviado extraordinário e ministro plenipotenciário, mas sem criar uma legação, junto ao governo da Holanda, tendo em vista as negociações relativas aos limites do norte do país.[69]

Era a Câmara dos Deputados que, normalmente, investia contra o orçamento do Ministério das Relações Exteriores a título de contenção de despesas. O Senado, por sua vez, derrubava as emendas supressivas da Câmara e propunha outras, como acontecera em 1891, ocasião em que prevaleceu a ala de Quintino Bocaiuva, contrária aos cortes.[70] A cada ano, na oportunidade de se votar a lei orçamentária, repunha-se a discussão sobre a conveniência de se manter ou não determinada legação ou consulado, repisando-se os mesmos argumentos. O parecer da comissão de finanças do Senado, da qual Quintino Bocaiuva foi relator, datado de 2 de dezembro de 1898, portanto logo após a obtenção do *funding loan*, é ilustrativo. A comissão discordou dos cortes orçamentários propostos pela Câmara por ter entendido que não era no Ministério das Relações Exteriores que se deveria economizar, pois a pasta havia contribuído com a renda de 527:680$ em ouro recolhido aos cofres públicos em 1897, quantia que tendia a crescer em razão do aumento das taxas

---

Governo Provisório elevou a remuneração, consoante os países onde aqueles exerciam suas funções (ibidem).

68 Ibidem.

69 ASF. Sessão de 21 out. 1897. Parecer nº 128-1897 da Comissão de Finanças.

70 ASF. Sessão de 19 out. 1891.

A REPUBLICANIZAÇÃO DO SERVIÇO DIPLOMÁTICO

de emolumentos consulares. Em atenção "aos grandes interesses derivados da manutenção das relações internacionais", a comissão restabeleceu a verba para as legações na Rússia, Áustria-Hungria e Bélgica, suprimidas em emendas da Câmara. Em contrapartida, propôs a extinção da legação e dos consulados situados no Japão por ser o menos prejudicial, tanto do ponto de vista político quanto do comercial. O estabelecimento de relações com aquele império deveu-se a interesses ligados à imigração, e como não havia mais essa preocupação, nem a expectativa de vinda de imigrantes daquele país, não via o porquê da manutenção daqueles serviços.[71] A legação no Japão, todavia, voltou à discussão na Câmara dos Deputados em 1900, por ocasião da votação da lei orçamentária para o exercício seguinte, tendo sempre a imigração como principal argumento,[72] conforme será visto mais adiante. Nesse ano, o orçamento do Ministério das Relações Exteriores teve andamento tranquilo na Câmara dos Deputados, até porque já vigia a "política dos governadores" de Campos Sales. Segundo o deputado Pereira de Lira, de Pernambuco, a Casa dava "apoio completo e absoluto ao Governo da República [...] [e] a norma seguida [...] é a de apoiar a todo o transe, é a de apoiar seja como for, é de apoiar o Governo ainda mesmo que abdicando de nossas funções constitucionais".[73] No ano seguinte, e sempre no ensejo da discussão do orçamento, voltou o debate sobre a alocação de recursos para as diferentes legações no exterior.[74]

A LEGAÇÃO JUNTO À SANTA SÉ

A manutenção da legação brasileira junto ao Vaticano foi discutida praticamente em todo o período em análise nas duas casas do Legislativo por ocasião da votação da lei do orçamento do Ministério das Relações Exteriores. O assunto mereceu atenção especial do Congresso, conforme pode-se ver pelo espaço ocupado nos anais de ambos os ramos do Legislativo. A discussão em dados momentos tornou-se acre, beirando a irreverência, a reproduzir o embate que havia na Europa entre cientificismo e religião. O anticlericalismo que lá existia fazia eco no Brasil.[75] As divergências, entre alguns parlamentares, evoluíram para confrontos verbais. Em mais de uma oportunidade foram

---

71 ASF. Sessão de 3 dez. 1898. Parecer nº 200-1898 da Comissão de Finanças.

72 ACD. Sessão de 27 ago. 1900.

73 Ibidem. O Congresso cumpria, então, um papel que poderia ser designado por "poder homologador".

74 ASF. Sessão de 12 dez. 1901.

75 A propósito, veja-se Torres, 1968, p.156-173.

90 A REPÚBLICA E SUA POLÍTICA EXTERIOR (1889-1902)

apresentadas emendas às respectivas leis orçamentárias com o intuito de suprimir o item que destinava verba para a legação em apreço.[76] Já em 1891, a lei nº 26 de 30 de dezembro (parágrafo 1º do art. 52) extinguia a legação na Santa Sé, juntamente com as situadas na Rússia e Áustria-Hungria, no âmbito de modificação de maior alcance, que incluía a reunião das legações da Venezuela e México, Peru e Bolívia, Portugal e Espanha.[77]

A lei não foi colocada em vigor por Floriano Peixoto, que recorreu à obtenção de crédito suplementar para conservar o quadro das legações do modo em que estava. As tentativas de suprimir especificamente a situada junto à Santa Sé encontraram resistência no Executivo e em parte do Congresso, mas não abatia o estímulo para novas investidas.

Em 1896, emenda chegada à Mesa da Câmara, mas não lida em plenário, suprimia a verba destinada à legação junto à Santa Sé "por não ter esta a menor utilidade e ser inconstitucional, em face da lei de 7 de janeiro de 1890 e parágrafo 7º do art. 72 da Constituição".[78] Seis anos depois, a Comissão de Orçamento da Câmara dos Deputados rejeitou a emenda apresentada por Barbosa Lima por estar convencida "de que altíssimos interesses da grande maioria da população católica da República exigem a permanência de um representante do Brasil junto à Santa Sé, não provindo desse fato relações de dependência ou de alianças proibidas pela Constituição [...]", e eximia-se de maiores explanações sobre "um assunto muitas vezes debatido" e afirmava que seu intuito visava o "bem público, no sentido de evitar dispensáveis agitações, perniciosas à República".[79] A Comissão transcreveu parecer do ano anterior sobre emendas oferecidas com a mesma finalidade e liquidou o assunto, colocando-o nos seus devidos termos, conforme adiante se verá por meio do acompanhamento dos principais lances da discussão.

Os contrários

Nilo Peçanha entendia que a legação junto à Santa Sé deveria ser extinta, não por economia orçamentária, mas por razões de política interna, pois seria uma decorrência da independência do poder civil. Não via manifestação de

---

76 ACD, 1891 – projeto da Comissão de Diplomacia e Tratados; 1896 – sessão de 13 jul. 84; ACD. Sessão de 9 out. 1902. Parecer da Comissão de Orçamento.

77 ACD. Sessão de 9 out. 1902. Parecer da Comissão de Orçamento.

78 ACD. Sessão de 13 jul. 1896.

79 ACD. Sessão de 9 out. 1902. Assinaram o parecer, datado de 8 de outubro de 1902, os deputados Paula Guimarães (presidente da Comissão de Orçamento), Francisco Veiga, Nilo Peçanha, Serzedelo Corrêa, Cincinato Braga e Francisco de Paula Mayrink.

A REPUBLICANIZAÇÃO DO SERVIÇO DIPLOMÁTICO

radicalismo e intolerância na pretendida extinção, mas consequência lógica da separação da Igreja do Estado, em consonância com o "espírito e a letra" da então recentemente promulgada Constituição. Ademais, o papado não possuía soberania por não ter domínio territorial nem *imperium* jurídico, e, mesmo admitindo ser personalidade jurídica no direito público interno italiano, nas relações internacionais "pouco mais exprime que uma tradição que se vai apagando com a decomposição dos princípios católicos nos países mais cultos do globo".[80]

Homero Batista, igualmente, entendia que a separação da Igreja do Estado tornava a legação desnecessária. Caso contrário, por uma questão de lógica, deveria o governo manter legações junto aos chefes das demais religiões.[81] O senador Américo Lobo, de certo modo repetindo os mesmos argumentos, indagou sobre a soberania temporal do Vaticano e pediu aos seus pares coerência de atitudes: como poderiam decretar internamente a separação da Igreja e externamente postar-se "em Roma de joelhos ante o papa?" Além disso, o posto do Vaticano "não é das relações temporais; está no terreno da consciência e ninguém manda emissários para príncipes da consciência".[82] O deputado Aníbal Falcão (PE), advogado, ex-abolicionista, que fez campanha com Joaquim Nabuco e José Mariano, republicano ligado ao grupo de Silva Jardim e ex-secretário de Demétrio Ribeiro durante o Governo Provisório,[83] ao manifestar-se usou retórica claramente anticlerical. Após reportar-se à lógica que deveria ser seguida por causa da separação entre Igreja e Estado, argumentou que era mesmo incompatível a existência da legação com a disposição constitucional impeditiva de "quaisquer relações de dependência, proteção ou aliança entre o Estado e as Igrejas". A despesa lhe parecia inútil. Os que se opunham à proposta de Aníbal Falcão replicaram que havia países republicanos, a exemplo da França, e monárquicos que, mesmo sem ter população católica, mantinham legações no Vaticano. O exemplo dado por Jules Ferry[84] era invocado como um dos mais expressivos. Para Aníbal Falcão o estadista francês podia "considerar o Vaticano como o centro da intriga diplomática na Europa, o ninho onde se incubam todos os planos das modificações e transformações do equilíbrio continental. Mas que tem com tudo isso a República Brasileira...?" Considerava o Brasil a salvo dessas complicadas

---

80 ACD. Sessões de 27 ago. e 28 set. 1891; 2 ago. 1892.

81 ACD. Sessão de 21 set. 1891.

82 ASF. Sessão de 17 out. 1891.

83 Cf. Abranches, 1918, v.1, p.310.

84 Primeiro-ministro da França de 1880 a 1881 e de 1883 a 1885, cumulativamente ministro da Educação. Republicano radical e anticlerical. Laicizou o ensino do seu país.

92 A REPÚBLICA E SUA POLÍTICA EXTERIOR (1889-1902)

questões internacionais. Com respeito a um eventual conflito interno decorrente do fim da representação diplomática, conforme temiam os adeptos da sua permanência, era de parecer que a República não deveria alimentar esses receios e persistir na "obra de liberdade ou de libertação; [em matéria espiritual] mas não para que a Igreja Católica venha ainda a exercer na sociedade temporal um papel preponderante". E completava:

> o catolicismo expirante só poderá dignamente extinguir-se, renunciando à humilhante proteção do poder civil. Não, a Igreja Católica não brilha com o mesmo fulgor que cercava o sólio pontifical dos Hidelbrandos: longe vai a época em que os imperadores penitentes faziam a viagem a Canossa; vivemos o século em que Pio VII foi a Paris sagrar o corso infame.[85]

Demétrio Ribeiro e Aristides Lobo repetiram, no geral, os argumentos amparados na lógica constitucional. Lobo, sem entrar no mérito da afirmação então corrente, mas não aceita unanimemente, de que a maioria da população brasileira era católica, acrescentou que, na hipótese de a legação estar sendo mantida por causa do alegado espírito católico do país, este dado deveria ter sido razão suficiente para impedir que o temporal fosse separado do espiritual. A existência da legação, não lhe assaltavam dúvidas, era violação de preceito constitucional expresso em lei positiva. Embora reconhecesse haver relativa conveniência na manutenção de relações com o Vaticano, só as aceitava caso o representante brasileiro não ficasse lá inutilmente. Mas constara-lhe que "a Santa Sé nas questões de sua política (impropriamente chamada assim) [...] somente admite a comunicação depois dos atos consumados". Nestes termos, "não acreditaria um diplomata junto a um governo que reserva para si este direito. Seria uma inutilidade e até podia ser uma fonte de conflito".[86]

Timóteo da Costa, que pedira a supressão das legações localizadas na Rússia, Áustria-Hungria, Bélgica e Suíça, arrolou também a do Vaticano, por acarretar despesas inúteis. A do Vaticano, especificamente, seria também luxo descabido, espalhafato inconstitucional, não se justificando manter representação junto a um poder que só se manifesta no espiritual e sem existência no concerto internacional. No ensejo, investiu contra o clero brasileiro, segundo ele inimigo da República, patrocinando o concubinato ao desaconselhar o gasto com o registro civil do casamento para usá-lo na compra de velas

---

85 ACD. Sessão de 31 ago. 1891.

86 ACD. Sessão de 6 ago. 1892; ASF. Sessões de 17 ago. 1892 e 24 jul. 1893.

A REPUBLICANIZAÇÃO DO SERVIÇO DIPLOMÁTICO

e outras oferendas. Foi mais longe. Acusou-o de praticar a usura ao cobrar até 50$ por légua, citando o estado de Minas como exemplo, para a celebração de atos religiosos.[87] A investida contra a existência da legação engrossava o anticlericalismo de parte do Legislativo, da qual fazia parte o deputado fluminense Érico Coelho, que, em discursos veementes, aduzia, além das razões já citadas, o fato de o país possuir imigrantes de várias nacionalidades e de diferentes confissões religiosas, da mesma forma que brasileiros católicos e acatólicos, mas que, não obstante, eram todos contribuintes da receita da República. Perguntava: os acatólicos não teriam o direito de estranhar o fato de estarem contribuindo para prestigiar a Igreja de Roma, "em contrário à sua confissão religiosa?", e reiterava o argumento de parte de seus pares para constar que eram ociosas as relações diplomáticas da República com a Santa Sé, além do que a Constituição proibia estabelecer com esta qualquer tratado ou convenção. Na falta de "instrumentos jurídicos da diplomacia, que resultado colhemos com a nossa legação junto ao Vaticano? Conversas fiadas? Barretadas a custo de mais de cem contos anuais?" Pouco depois dessas considerações, o deputado, dizendo que o momento era de conciliação, propôs a redução das duas legações existentes na Itália a uma, para abranger "o serviço junto a S. M. Humberto I e Sua Santidade Leão XIII".[88] Para reforçar, afirmou que a falada maioria católica do Brasil era apenas presumida.[89] E, na hipótese de o papa Leão XIII não aceitar o representante que também o era junto à corte do rei Humberto, pelo menos seriam ressalvados "os escrúpulos religiosos" da Câmara dos Deputados. A manutenção de duas legações na Itália era despender com o luxo. Declarando-se anarquista teórico, Érico Coelho dizia que o país estava habitado por jesuítas e idiotas. Desalentado, disse que teria sido melhor não ter exilado Dom Pedro II a "fazer esta coisa sob o nome de República". A liberdade religiosa vinha sofrendo impedimentos desde o Governo Provisório, que burlava "o conceito primordial do regime republicano". A legação junto ao Vaticano se lhe afigurava como "pedra de escândalo da

---

87 ACD. Sessão de 2 jul. 1897. Emenda ao Projeto nº 29/1897.

88 ACD. Sessões de 30 jun., 8 jul. 1897 e 1º set. 1897.

89 Sobre essa "presumida" maioria católica, é interessante transcrever o que Lima Barreto escreveu sobre a religião em *Os bruzundangas*: "A religião. Segundo afirmam os compêndios de geografia do país, tanto os nacionais como os estrangeiros, a religião dominante é a católica apostólica romana; entretanto, é de admirar que, sendo assim, a sua população, atualmente já considerável, não seja capaz de fornecer os sacerdotes, quer regulares, quer seculares, exigidos pelas necessidades de seu culto. Há muitas igrejas e muitos conventos de frades e monjas que, em geral, são estrangeiros. Não há mais que dizer sobre tão relevante assunto" (Barreto, 1956, p.133).

República". E as relações diplomáticas com a Santa Sé, "o maior golpe dado na República". A supressão da legação não era para o parlamentar do estado do Rio uma questão partidária, pois havia opiniões divergentes a respeito tanto entre os deputados oposicionistas quanto entre os situacionistas. Informava que havia "padres eleitorais", aos quais os "politiqueiros" pediam favores. Com a solicitação do "apoio patriótico da padraria católica ou como quer que se denomine esse bando que qualifico de partido ultramontano, a República jamais será uma realidade, mas a mistificação que estamos vivendo". A supressão da legação – repetia – não era questão de natureza partidária; estaria relacionada à ordem constitucional. A República deveria ser imparcial em relação às confissões religiosas e não beneficiar de maneira exclusiva o "partido ultramontano, o maior inimigo do nosso regime, social e político [...] cuja cabeça está em Roma e cujos tentáculos, à maneira de um polvo, ameaçam de morte a nossa pátria".[90] Insistiu-se na transcrição de trechos do veemente discurso do deputado em questão, feito por ocasião da discussão do orçamento para o exercício de 1898, para ilustrar o nível da crítica formulada, não obstante ele estivesse um tanto isolado no seu radicalismo.

Na mesma linha, Afonso Costa repetiu argumentos de seus pares para declarar que a legação em exame violava o espírito da Constituição de 1891. Para Galeão Carvalhal (SP), a existência da legação significava reconhecer, embora de maneira disfarçada, que o país tinha uma religião oficial, mas, segundo ele, o "povo brasileiro em geral é indiferente à religião".[91] Havia, por parte de alguns deputados, receio de que o clero pudesse patrocinar o monarquismo atentatório às novas instituições, conforme se depreende do discurso de Barbosa Lima, embora ele mesmo não partilhasse desse temor. Aventou-se que, na contingência de uma conspiração do clero contra as novas instituições, um embaixador no Vaticano poderia conseguir a intervenção do papa em favor da República. A isso, Barbosa Lima respondeu que o papado não intervinha em questões internas com a finalidade de derrubar determinada forma de governo. A Igreja católica já não tinha "preferência sistemática pela monarquia do direito divino". A atitude do papado era então de expectativa em vista de conflitos internos, mas para ficar ao lado do vencedor. O parlamentar não via possibilidade de o clero se colocar à frente de qualquer campanha antirrepublicana. Em qualquer hipótese, o chefe da Igreja guardaria "respeitosa neutralidade e inteligente expectativa". Não via, assim, necessidade da existência de uma "estação diplomática" junto à Santa Sé, mesmo porque não era possível

---

90 ACD. Sessões de 1º e 11 set. 1897.
91 ACD. Sessão de 9 jul. 1897.

A REPUBLICANIZAÇÃO DO SERVIÇO DIPLOMÁTICO

firmar com ela qualquer tratado, seja de aliança, de saúde, socorros etc., ou promover qualquer tipo de convenção, por exemplo, de defesa de propriedade literária ou artística. Ademais, nos relatórios apresentados pelos ministros das Relações Exteriores, não encontrara o registro de qualquer serviço prestado pela legação em causa. Dispêndio inútil. À vista do argumento que preconizava a existência da legação, na expectativa da possibilidade de o papa atuar como árbitro em pendência em que o Brasil fosse parte e, neste caso, criar uma atmosfera favorável ao país, Barbosa Lima contrapôs que, ao atender tal critério, seria necessário ter "estação diplomática" junto a todos os chefes de Estados que tivessem possibilidade de arbitrar uma questão. Ademais, havia a possibilidade de se escolher como árbitros chefes de Estados de países onde o Brasil não tinha representação, por exemplo, o México de Porfírio Diaz, a Suécia e a Noruega.[92] Para rematar, Barbosa Lima afirmava que a legação levava a uma situação singular: "seria este o único ministro diplomático cuja nomeação tivesse sido aprovada pelo senado, e cujos atos praticados no exercício dessa função, nunca seriam submetidos ao conhecimento do Congresso Nacional, nos termos expressos do art. 48, § 16 da Constituição!"[93]

Favoráveis e moderados

O deputado cearense José Avelino Gurgel do Amaral, embora não conclusivo, opinou que a separação do Estado da Igreja não importava em eliminá-la da sociedade. Separação *do* não era o mesmo que separação *no* Estado, da mesma forma que a laicização do ensino não significava a exclusão da direção espiritual e das "normas reais e fundamentais que formam a consciência de um povo". Considerava que a Igreja e o Estado constituíam um consórcio, "sociedade íntima e perfeita". Em meio a outras considerações, destacava que o decreto da separação não significava ter o país ingressado num estágio "perfeito de relações e de independência..."[94] O pernambucano José Vicente Meira de Vasconcelos, embora favorável à completa separação da Igreja do Estado, consoante o "espírito do século", não via a necessidade de este se tornar inimigo do catolicismo, religião da maioria dos brasileiros. A separação não significava hostilizar o "princípio religioso".[95] O deputado Badaró analisou o assunto por mais de um ângulo. Do ponto de vista financeiro, a legação pesava pouco – 36 contos de réis por ano – em um orçamento que em dois anos havia

---

92 ACD. Sessão de 14 out. 1902.

93 Ibidem.

94 ACD. Sessão de 31 ago. 1891.

95 ACD. Sessão de 27 ago. 1891.

96 A REPÚBLICA E SUA POLÍTICA EXTERIOR (1889-1902)

crescido mais da metade. Em termos de política interna, o projeto supressivo, se aprovado, seria "um desastre", pois provocaria o radicalismo republicano contra os católicos quando competia ao Estado desempenhar missão pacificadora. Deveria o Congresso orientar-se consoante os sentimentos nacionais, sem "temer fantasmas de restauração". Com respeito à tão decantada "dedução lógica da reforma que separou a Igreja do Estado", Badaró preferia acompanhar a opinião de velhos chefes republicanos moderados, como Quintino Bocaiuva, a aceitar a dos jovens republicanos radicais. Profetizava que o radicalismo não teria futuro no novo regime, afirmando que "as tradições, as lembranças e as glórias do passado" eram um dos impulsos da sociedade brasileira.[96]

Aristides Augusto Mílton, da Bahia, discursando em 22 de agosto de 1891 contra emenda supressiva de dotação orçamentária para a legação em apreço, em meio a apartes contrários e favoráveis, denunciou a intolerância existente na Câmara com respeito ao catolicismo, não obstante todos os seus integrantes serem adeptos da liberdade de pensamento. O representante baiano não via conveniência política em aprovar a supressão. O fato de a Constituição admitir a liberdade de culto e não oficializar nenhuma religião não era suficiente para justificar rompimento de relações com o papado. A lógica – lembrada em aparte – não poderia se sobrepor às razões políticas e à diplomacia. Era preciso atentar para as razões do Estado e as ditadas pela ocasião. A prevalecer sempre a lógica constitucional, deveria a emenda em debate cortar, também, a dotação orçamentária para a legação brasileira na Rússia, pois esse império ainda (agosto de 1891) não havia reconhecido a República. Não se podia, também, desprezar o fato de a maioria brasileira ser católica,[97] o que impedia a ruptura dos laços que prendiam o país ao chefe da Igreja. Afora esse aspecto de política interna, havia razões de ordem prática, por exemplo, a destinação dos bens das ordens monásticas extintas e a criação de bispados. Esses assuntos poderiam ser geradores de divergências que exigiriam "para sua pacífica e prudente solução que as nossas relações diplomáticas com o chefe da igreja católica [fossem] as mais afetuosas possíveis". O deputado, ainda em abono da conveniência política interna, invocou os exemplos da Inglaterra, Rússia e Alemanha, nações não católicas, que mantinham legações junto à Sé de Roma.[98]

---

96 ACD. Sessões de 27 ago. 1891 e 8 ago. 1892.

97 Em aparte, Lopes Trovão indagava se o Brasil, de fato, era país católico: "Desejava perguntar a este país se efetivamente e com sinceridade ele é católico, apostólico, romano. É uma interrogativa que coloco sobre a consciência nacional" (ACD. Sessão de 22 ago. 1891).

98 ACD. Sessão de 22 ago. 1891.

A REPUBLICANIZAÇÃO DO SERVIÇO DIPLOMÁTICO

Serzedelo Corrêa, relator da Comissão de Orçamento da Câmara dos Deputados em 1891, era favorável pelas mesmas razões e porque conservá-la não queria "dizer o concordato entre a Igreja e o Estado; obedece a considerações de ordem política; a necessidade de cultivarmos relações com o chefe do catolicismo, que pelo seu prestígio na Europa e pela influência que exerce sobre a massa dos católicos brasileiros, podia ser inconveniente".[99] Por razões de conveniência política, também Frederico Borges votava pela não supressão da legação sem considerar a lógica decorrente do princípio constitucional em favor do destaque sobre o papel desempenhado por Leão XIII na política europeia. Chegava a ver perigo na cessação das relações com a Santa Sé, sobretudo porque a iniciativa seria de um país de maioria católica que recentemente decretara a separação entre Igreja e Estado.[100] Por razões políticas, mantinha-se, pois, a legação. O Poder Executivo também assim entendia, e contemporizava.[101] Alinhavam-se ainda contrariamente à ruptura de relações com a Santa Sé o senador Ubaldino do Amaral (PR)[102] e os deputados Pedro Américo[103] e Rodolfo Paixão (MG). Este não considerava inconstitucional a existência da legação e, diferentemente de boa parte de seus pares, sua argumentação era preponderantemente jurídica: o papado possuía um território, embora pequeno, e era pessoa jurídica internacional, reconhecido como soberano após a unificação da Itália. Ademais, o papado exercia influência sobre a humanidade – particularmente porque era ocupado por Leão XIII –, e poderia prestar bons ofícios em eventual pendência do Brasil com outro país católico.[104] Quintino Bocaiuva defendeu a manutenção da legação também por conveniência, pois o Papa "representa uma espécie de soberania espiritual que se exerce, quer queiramos quer não, quer a lei distinga ou não, sobre grande número de compatriotas".[105] Quintino deixava de observar o assunto consoante à "lógica republicana" em benefício do pragmatismo.

No que se referia à personalidade jurídica da Santa Sé, Paulino de Souza Júnior (RJ) lembrava a seus pares que o governo italiano fora "o primeiro a respeitar sua soberania". Aduziu ainda a importância então desempenhada pela Igreja na solução de problemas morais, religiosos, sociais, políticos, sua influência na formação do "homem moderno", e o papel então desempenhado

---

99 ACD. Sessão de 24 set. 1891.

100 ACD. Sessão de 29 set. 1891.

101 ASF. Sessão de 17 ago. 1892.

102 Ibidem

103 ACD. Sessão de 8 ago. 1892.

104 ACD. Sessão de 8 jul. 1897.

105 ASF. Sessão de 24 jul. 1897.

98 A REPÚBLICA E SUA POLÍTICA EXTERIOR (1889-1902)

na sociedade. Referiu-se, além de outras considerações, à influência da religião sobre a parte "mais profunda" do "espírito humano" e sobre as ideias sociais e políticas.[106] Ferreira Pires (MG), em discurso longo, erudito, cheio de apartes, no qual demonstrava perfeito domínio das teses dos que defendiam a extinção da missão diplomática em causa, afirmou que não havia "na letra, e talvez nem no espírito da Constituição", razões para a cessação de relações diplomáticas com o Vaticano, uma vez que a manutenção da legação não equivalia a uma subvenção oficial nem relações de dependência, mas sim relações diplomáticas. Reconhecia no papa autoridade universal, personalidade internacional, "juiz supremo" e diretor de milhões de consciências, mas fundamentava seu voto em razões de consciência e de política, pois [...] "Legislar em abstrato, filosoficamente, é coisa muito fácil; porém, legislar para um povo dado, é coisa muito difícil".[107] Os adeptos da supressão da legação junto ao Vaticano legislavam em abstrato ou afirmavam um sentimento acatólico, quando não anticlerical, num momento de laicização e em que o liberalismo e o positivismo faziam moda. Os simpatizantes da Igreja eram, para eles, obscurantistas.[108]

Finalmente, merece destaque a opinião do deputado Guedelha Mourão,[109] (fundador no Maranhão, em 1880, do jornal católico A *Civilização*) contrária à separação entre Igreja e Estado,[110] pois considerava a Santa Sé uma entidade internacional, o que permitiria lá manter uma representação diplomática, inclusive pela sua conveniência política, tal como entenderam os "mais corretos republicanos". A extinção da legação produziria na Europa, a seu ver, o entendimento de que houvera "rompimento positivo com a Igreja Romana", uma "espécie de injusta agressão". A conveniência alegada era exemplificada por nações que estiveram separadas da Santa Sé e, naquele momento, mantinham representantes junto a ela. Pediu atenção para problemas

---

106 ACD. Sessão de 5 jul. 1897.

107 ACD. Sessão de 31 jul. 1897.

108 "A tônica, portando, do período é a reação, ou seja, o reacionarismo. Sobre o período, escreveu João Camilo de Oliveira Torres: 'Os autores católicos mais conhecidos eram, quase sempre, pessoas ligadas a movimentos políticos reacionários. De modo que, no Brasil, como na maioria dos países, de cultura latina, parecia perfeitamente estabelecido que um intelectual 'esclarecido' não podia ser católico. Pertencer à Igreja Católica era receber um atestado de limitações intelectuais irremediáveis" (Rodrigues, A. M. M., *A Igreja na República*, p.11). Vejam-se também Rodrigues, A. M. M., Prefácio, in: Maria, 1981, p.2; Torres, 1968, p.156-173.

109 Clérigo, doutor em Cânones pela Universidade de Roma. Para mais detalhes sobre o Monsenhor Guedelha Mourão, veja-se Abranches, 1918, v.1, p.627-28.

110 Cf. Rodrigues, A. M. M., 1981, p.7-8.

A REPUBLICANIZAÇÃO DO SERVIÇO DIPLOMÁTICO

mais urgentes e graves, e que deixassem a Igreja em paz, evitando-se, assim, agitar a consciência dos católicos, que deveriam ser vencidos pela propaganda. Manter o elemento católico em paz era, para Guedelha Mourão, obra patriótica em razão da conjuntura nacional, e também por questão da oportunidade, reportando-se às posições de Quintino e Floriano, que não aceitaram a extinção da legação. A notícia da eventual supressão espalhar-se-ia por todo o país até os seus Estados mais distantes e seria recebida como "hostilidade ao elemento católico", que não merecia ser "hostilizado e perseguido". Seria motivo de golpe profundo na Igreja do Brasil, constituída, segundo sua estimativa, em cerca de nove milhões de adeptos. O fato de o Congresso Nacional repetidamente votar verba orçamentária para a manutenção da legação significava que a tinha por "legítima, como útil, conveniente, e [...] indispensável na fase política" que então se atravessava. Na mesma oportunidade (outubro de 1902), rebateu discurso de Barbosa Lima, que, no seu entender, colocara a Igreja católica e alguns representantes de sua hierarquia como inimigos da República. Argumentou inclusive com afirmação do próprio Barbosa Lima, segundo a qual o papa não era inimigo da República e que, com Leão XIII, não havia incompatibilidade entre a Igreja e qualquer regime político. Não se podia afirmar que o papado, pelo menos enquanto ocupado por Leão XIII, fosse "conscientemente" contrário ao regime republicano. Não havia, pois, incompatibilidade entre o catolicismo e as novas instituições. Guedelha Mourão reconhecia a existência de monarquistas que desejavam utilizar a Igreja com intenções de restauração e que, para isso, apontavam "preceitos legislativos" da República contrários aos "interesses religiosos", mas se esqueciam de que ao tempo do Império os atos da Santa Sé só vigiam no país após o *placet* do imperador, a quem inclusive se podia recorrer, numa "usurpação da jurisdição espiritual". Em contrapartida apontava que existia no país um pequeno número de republicanos "intransigentes", que viam incompatibilidade entre o ideal republicano e o catolicismo. "Os republicanos que se reputam *puros, intransigentes*, e que pretendem possuir o monopólio do ideal republicano, perseguindo a Igreja, direi com a maior franqueza: *Vós não sois o Brasil, não sois a República*" [grifos no original]. Na República haveria lugar para todos, sem necessidade de "exclusões odiosas".[111] Com referência às nomeações de dois bispos, conhecidos como monarquistas, para o Rio de Janeiro e Pernambuco, afirmava que eram atos meramente administrativos, sem significar hostilidade para com o regime. Essas nomeações não obedeceram a critérios políticos. Não se podia, a partir delas, acusar Leão XIII de ser favorável à

---

111 ACD. Sessão de 16 out. 1902.

A REPÚBLICA E SUA POLÍTICA EXTERIOR (1889-1902)

Monarquia e de se opor à República, mesmo porque nomeara outros bispos que eram, segundo ouvira dizer, republicanos. Negava a existência de prelados que estivessem fazendo propaganda contra a República. Da mesma maneira, negava que os eclesiásticos estivessem pregando contra o casamento civil, após deixar clara a posição da Igreja em face das uniões feitas apenas civilmente. Embora não adviessem, obviamente, das relações diplomáticas com a Sé Romana qualquer tratado de comércio ou interesses materiais de outra natureza, adviriam vantagens de ordem moral e espiritual, porque o Papa poderia, eventualmente, intervir de maneira benéfica em questões dessa ordem bem como nas de natureza social. E – indagava – não era o objetivo da diplomacia manter a paz, a harmonia e o bem-estar dos povos? No momento em que o socialismo e o anarquismo promoviam agitações, fazendo vítimas, o papa poderia "utilmente interferir para que a paz não [fosse] alterada, para que semelhantes seitas não [prosperassem] em países católicos e [fossem] afastados do nosso meio social". Para o representante do Maranhão, o papa possuía soberania espiritual com "virtualidade política", em razão do que nações cultas o consideravam "verdadeiro soberano", mantendo suas legações junto ao Vaticano.[112]

Por ocasião da discussão do orçamento relativo ao exercício de 1898, o assunto foi debatido na Câmara com mais intensidade por causa da crise financeira. Havia ainda entre os parlamentares uma posição diversa, dir-se-ia intermediária, mas que redundava na permanência da discutida representação diplomática. Malaquias Gonçalves (PE), por exemplo, apesar de ser contrário à manutenção da legação, não apoiou a pretendida supressão por ocasião da discussão do orçamento para o exercício de 1898, por não ver conveniência em desorganizar por via de lei orçamentária o que estava organizado por lei comum. O caminho deveria ser o inverso. Primeiro suprimir por lei comum o que estava estabelecido por lei comum, para depois suprimir o item do orçamento. Não adotar esse procedimento importaria em desorganização do serviço e nenhuma economia. Malaquias Gonçalves firmou teoricamente o seu ponto de vista, mas diferiu o assunto por meio de uma questão de ordem técnica.[113] Elias Fausto (SP), falando como relator do orçamento do Exterior em 1900, tinha opinião parecida: a supressão só poderia ocorrer por lei ordinária, pois a criação se dera por lei dessa natureza. Informou, ainda, que a Comissão de Orçamento deixara de apreciar o mérito do assunto por

---

112 ACD. Sessões de 2 e 3 jul. 1897 e 15 e 16 out. 1902.
113 ACD. Sessão de 9 jul. 1897.

A REPUBLICANIZAÇÃO DO SERVIÇO DIPLOMÁTICO **101**

não o considerar oportuno.[114] Por motivo semelhante ao de Malaquias Gonçalves em 1897, Nogueira Paranaguá (PI), em 1901, manifestou-se favoravelmente à manutenção da representação diplomática objeto de controvérsia. Constitucionalmente, a legação não se sustentava, mas não via oportunidade para sua supressão; dever-se-ia aguardar algum tempo a fim de que se consolidasse uma opinião a respeito e se patenteasse a inutilidade da missão diplomática, para ele simples ornamento da diplomacia nacional.[115] Fausto Cardoso (SE), respondendo na Câmara dos Deputados a um discurso de Barbosa Lima, que, entre outras coisas, voltou a insistir na inconstitucionalidade da legação, afirmou que "se alguma coisa pode determinar as relações do Estado do Brasil com uma seita qualquer é com a do Positivismo, que tem o lema de sua religião na bandeira do Estado". Nesta linha de ideias, a cumprir-se completamente a Constituição, não entendia como poderia figurar na bandeira o símbolo de uma filosofia, o que significava a subordinação do Estado a uma religião que, por mais digna que fosse, não era a de todos os brasileiros.[116]

Após tanta discussão no Legislativo federal, houve estreitamento nas relações entre o Brasil e o Vaticano no final do período em estudo. A mensagem presidencial de Campos Sales ao Congresso Nacional, enviada em maio de 1901, informa que Leão XIII restabelecera a categoria de nunciatura na legação do Vaticano no Rio de Janeiro, promovendo assim elevação funcional do seu representante junto ao governo do Brasil. Não muito depois do veemente debate entre Guedelha Mourão e Barbosa Lima, o barão do Rio Branco, titular das Relações Exteriores no dilatado período de 1902 a 1912, empenhou-se e conseguiu a criação (em 11 de dezembro de 1905), no Rio de Janeiro, do primeiro cardinalato latino-americano, aumentando ainda mais o nível do relacionamento entre o Vaticano e a República. A iniciativa de Rio Branco obedeceu a razões de prestígio do Brasil no contexto sul-americano, e, por isso mesmo, estava mais preso à realidade do que alguns parlamentares que legislavam para um Brasil ideal. Os parlamentares que se batiam pelo corte de relações com o Vaticano não desistiam. Em 1908, por ocasião da votação da lei do orçamento, tentaram suprimir a verba destinada à manutenção da legação, reiterando o argumento apoiado na lógica constitucional do Diploma de 1891. Os favoráveis à manutenção repetiam também seus próprios argumentos. Pandiá Calógeras, na Câmara, ao posicionar-se nessa linha, afirmou que

---

114 ACD. Sessão de 27 ago. 1900.
115 ASF. Sessão de 12 dez. 1901.
116 ACD. Sessão de 15 out. 1902.

A REPÚBLICA E SUA POLÍTICA EXTERIOR (1889-1902)

Erro é que frequentes vezes se comete, julgar que se governa um povo ideal em um país de sonho; quando a noção inspiradora deve surgir imediatamente, estreitamente, das contingências do meio. [...] Governar não é solver um problema de lógica, essencialmente abstrato. É lidar com homens, não com entes de razão. É adaptar as leis aos fatos concretos. É, pois, acima de tudo, uma questão de possibilidades. [...] é adotar um ponto de vista absolutamente agnóstico, obedecendo as decisões tomadas a motivos exclusivamente políticos.[117]

---

117 ASF-1901, p.7-18 (mensagem do presidente Campos Sales de 3 de maio de 1901 ao Congresso Nacional). O anticlericalismo presente nos discursos de vários congressistas eleitos para a Assembleia Constituinte contribui, acessoriamente, para se aquilatar o nível da não aceitação que atingira a perspectiva de um terceiro reinado com a princesa Isabel, vista então como adepta do ultramontanismo. (A propósito, veja-se Torres, 1968, p.157-159, 173). ACD. Sessão de 19 ago. 1908, v.VI, in Iglésias (Org.), 1987, p.279-281.

CAPÍTULO III

Brasil-Estados Unidos

O RECONHECIMENTO DA REPÚBLICA

Amaral Valente, chefe, por curto período, da legação do Brasil em Washington, em 20 de novembro de 1889, informou ao ministro das Relações Exteriores Quintino Bocaiuva que Blaine, secretário de Estado norte-americano, considerava a República fato consumado e manifestava a intenção de reconhecê-la imediatamente. Ao mesmo tempo, o secretário autorizou o representante norte-americano no Brasil, Robert Adams, a dar continuidade às relações diplomáticas com o Governo Provisório recém-instalado. Valente transmitiu, também, a boa vontade do governo norte-americano em manter o nível em que se encontravam as cordiais relações de amizade entre os dois países. Dois dias após, Valente completou a informação para significar que o advento da República teve boa acolhida na imprensa norte-americana pelo fato de uma mudança de tal alcance ter ocorrido sem derramamento de sangue. No dia 30 do mesmo mês, a legação informou que o reconhecimento dar-se-ia tão logo o novo regime obtivesse a adesão da maioria nacional. O presidente Harrison, todavia, adotou uma atitude cautelosa e legalista, o que não o impediu de informar, em mensagem ao Congresso de seu país, que as relações de amizade com o Brasil não foram afetadas com a instalação das novas instituições.[1] Mas o reconhecimento não foi imediato.

---

1 AHI. Ofícios de Washington, 22 e 30 nov., 11 dez. 1889; Smith, 1991, p.9.

104   A REPÚBLICA E SUA POLÍTICA EXTERIOR (1889-1902)

Salvador de Mendonça, cônsul-geral do Brasil em Nova York, membro e logo depois chefe da missão especial brasileira junto à Conferência Pan-Americana de 1889-1890, foi informado pelo secretário de Estado Blaine que, à vista da influente opinião do senador John Sherman, prócer do Partido Republicano, diminuíra "o primeiro entusiasmo com que fora a notícia recebida, e que o Presidente Harrison não o acompanhava [Blaine] no desejo que nutria de reconhecer formalmente o Governo Provisório". A hesitação decorria em parte da impressão favorável deixada por D. Pedro II junto ao povo norte-americano por ocasião de sua viagem aos Estados Unidos em 1876, e dos indícios de que o novo regime poderia evoluir para uma ditadura militar. A prudência aconselhava aguardar "a manifestação da opinião nacional" brasileira antes de formalizar o reconhecimento.[2]

Quintino Bocaiuva estranhou a atitude reservada do Poder Executivo norte-americano, conforme manifestou-se em entrevista concedida no Rio de Janeiro em 31 de dezembro de 1889 ao correspondente do *New York World*, John C. Klein, publicada no *The South American Journal* de Londres, na qual se declarou surpreso e sem entender o porquê da oposição que havia no congresso norte-americano. Entenderia caso os Estados Unidos estivessem prestigiando a instituição monárquica no Brasil. Às objeções levantadas sobre a forma como foi implantada a República, Quintino contrapôs que no Brasil a libertação dos escravos e a independência foram feitas praticamente sem derramamento de sangue, algo que naquele país não se havia conseguido. O correspondente observou-lhe que poderia haver receio de que o Governo Provisório quisesse se autoperpetuar no poder. Bocaiuva insistiu em lamentar o não pronto reconhecimento por parte dos Estados Unidos, país que ele considerava a "República Mãe". Sua expectativa fora de que, após darem o exemplo, eles "rejubilar-se-iam em ver-nos adotar uma forma republicana de governo, mas em vez disso [...] a queda da monarquia foi lamentada". Bocaiuva observou ainda que a República, contrariando a imprensa monarquista hostil à aproximação Brasil-Estados Unidos, mostrou-se disposta a discutir, no Congresso Pan-Americano, a questão das tarifas e da moeda comum no momento em que a Europa acusava os Estados Unidos de pretenderem açambarcar o comércio sul-americano. Não obstante tudo isso, os Estados Unidos retardavam o desejado e merecido reconhecimento. À indagação do correspondente sobre a razão da censura imposta ao serviço telegráfico logo após o 15 de Novembro, justificou que fora por precaução contra "despachos

---

2 Azevedo, 1971, p.179; Hill, 1970, p.264; Topik, 2009, p.122-123. Sobre a boa impressão deixada por Dom Pedro II nos Estados Unidos, veja-se Smith, 1991, p.5-6.

calculados para provocar desordens e incitar uma rebelião contra o novo governo", e observou que no mesmo dia 15 as mensagens dos homens de negócios estavam liberadas.[3]

Em Washington, Salvador de Mendonça, então na chefia da missão especial junto à Conferência Pan-americana, ao ser informado de que as potências europeias não precederiam os Estados Unidos no reconhecimento, deu andamento às gestões necessárias para consegui-lo, fazendo chegar ao Departamento de Estado, por meio de três dos integrantes da delegação norte-americana na citada conferência (Charles R. Flint, Thomas Jefferson Coolidge e Andrew Carnegie), sua posição sobre a "conveniência de serem os Estados Unidos os padrinhos do nosso batismo político", antecipando-se a qualquer potência europeia. Blaine, segundo o diplomata brasileiro, declarou--se convencido pelas observações que ele fizera aos aludidos delegados, e por isso tomara a resolução de reconhecimento imediato.[4] O relato de Mendonça, mesmo sumário, é suficiente para se concluir que a não antecipação por parte das potências da Europa equivalia ao reconhecimento de que a América Latina pertencia à esfera de influência norte-americana. Em dezembro de 1889, foi posta em votação a moção do senador Morgan recomendando o imediato reconhecimento formal da República brasileira. As opiniões dos congressistas norte-americanos ainda estavam divididas. Os contrários à aprovação argumentavam que o reconhecimento não poderia ser feito de maneira precipitada porque faltavam informações fidedignas sobre a situação política do Brasil, e seu congresso ainda não estava funcionando. Havia o receio de que a mudança de regime fosse decorrência de simples quartelada, sem o apoio da vontade nacional. Os que argumentavam a favor não levavam em conta razões dessa ordem, pois entendiam que o reconhecimento serviria para "obstar as maquinações europeias, que poriam em perigo o novo regime", segundo a narrativa do representante diplomático brasileiro em Washington,[5] e que a demora no reconhecimento alimentaria esperanças de restauração. A moção seria, portanto, para dar força ao Poder Executivo e mostrar ao mundo que a República da América do Norte "não hesitaria em tomar uma atitude

---

3 Klein, J. C., Senhor Bocayuva Interviewed, *The South American Journal*, Londres, 1º mar. 1890; AHI. Despacho reservado para Washington, 20 dez. 1890.

4 Mendonça, S., 1913, p.117-122. Vejam-se, ainda, Azevedo, 1971, p.179; Smith, 1991, p.10. Mais informações em Topik, 2009, às p.122-123, nas quais constam as posições da imprensa republicana e democrata dos Estados Unidos.

5 AHI. Ofício de Washington, 28 dez. 1889; Smith, 1991. Sobre a reação da imprensa norte--americana, dividida a respeito do reconhecimento da República brasileira, veja-se ainda Hill, 1970, p.265.

106 A REPÚBLICA E SUA POLÍTICA EXTERIOR (1889-1902)

favorável às repúblicas deste hemisfério contra as monarquias". Apesar da discrepância entre Legislativo e Executivo, em 29 de janeiro de 1890, o governo dos Estados Unidos reconheceu a República e, em 20 de fevereiro, foi aprovada unanimemente pelo Congresso a moção de congratulação ao povo brasileiro pela adoção da forma republicana de governo.[6] O Congresso Constituinte brasileiro, cuja primeira sessão deu-se em 15 de novembro de 1890, em retribuição, votou mensagem na forma de resolução conjunta para expressar o reconhecimento

> [...] do povo brasileiro ao povo dos Estados Unidos da América [...] pelos termos honrosos e amigáveis da Mensagem Congratulatória votada e adotada pelo Congresso dos mesmos Estados; afirmar ainda uma vez e por esta forma o sentimento da solidariedade que o liga ao povo americano no empenho de manter e de honrar a instituição do governo republicano procurando, com o bem-estar da comunhão nacional, a felicidade e a paz para todos os povos.[7]

Apesar da vacilação decorrente de escrúpulos políticos observada no Senado dos Estados Unidos e dos diferentes critérios de conduta dos chefes das duas missões que o Brasil mantinha naquele momento em Washington (Amaral Valente na missão ordinária e Salvador de Mendonça na missão especial junto à Conferência Pan-americana), o reconhecimento formal foi rápido se comparado ao das potências europeias.

O NOVO RELACIONAMENTO. SALVADOR DE MENDONÇA

Mendonça tornou-se ministro plenipotenciário em Washington em 20 de janeiro de 1891.[8] No mesmo mês recebeu do Ministério a incumbência de sondar a possibilidade de celebração de uma "aliança íntima" com o governo norte-americano. Este a condicionou a relações comerciais mais íntimas do

---

6 AHI. Ofício de Washington, 24 fev. 1890; Azevedo, 1971, p.180-181; Mecham, 1965, p.439; Hill, 1970, p.266.

7 AHI. Missões Diplomáticas Brasileiras – Washington, Despachos.

8 Terminada a conferência, no mesmo dia em que apresentou sua carta revocatória de chefe da missão especial, Salvador de Mendonça apresentou sua credencial de ministro plenipotenciário em Washington ao presidente Benjamin Harrison (1889-1893). Para mais informações sobre Salvador de Mendonça, veja-se Azevedo, 1971, p.205. Para detalhes, veja-se Mendonça, S., 1913, p.123-128.

BRASIL-ESTADOS UNIDOS

que as que já existiam.[9] Bocaiuva, na aludida entrevista concedida ao correspondente especial do *New York World*, esclarecera que, apesar de ver de modo favorável um tratado que fomentasse as relações comerciais Brasil-Estados Unidos, o que se buscava de modo especial era a "aliança ofensivo-defensiva" para mútua assistência contra potências estrangeiras. Manifestou ainda, na oportunidade, ser favorável à adoção de medidas tarifárias que beneficiassem os dois países e que Salvador de Mendonça receberia instruções e poderes para tratar com o governo norte-americano.[10]

O projeto de "aliança íntima" foi logo abandonado pelo Brasil[11] porque, fracassadas as tentativas de acordo direto com a Argentina na questão das Missões, um eventual tratado de aliança incompatibilizaria o presidente dos Estados Unidos para a função de árbitro, conforme já assentado em tratado pelos países litigantes. A intenção do governo ao aspirar uma aliança com os Estados Unidos repousava na intenção de aumentar o prestígio da nova república brasileira por meio de um ato internacional de repercussão, firmado com a nova potência mundial situada fora do concerto europeu. Esperava-se que a eventual aliança funcionasse como um antídoto contra tentativas de restauração monárquica patrocinada pelas cortes europeias. Por mais que isso possa parecer aos analistas de hoje como receio sem fundamento, à época o contexto internacional era agressivo o suficiente para pôr na mente de observadores brasileiros que era algo que estava nos limites das coisas possíveis.[12] Mendonça, que viveu nos Estados Unidos por mais de vinte anos, defendia a íntima aproximação com os Estados Unidos, porque via a expansão norte-americana rumo aos países latino-americanos como algo inelutável. Já não mais pertencendo ao serviço diplomático, em carta ao presidente Campos Sales expôs seu pensamento sobre esse encontro entre os dois povos. Seria por "infiltração" ou "inundação". Às repúblicas latinas da América caberia optar entre uma e outra. Sua proposta consistia em influir na expansão de modo a canalizá-la em proveito dos países situados ao sul da nova potência, a fim de evitar a influência por "inundação".

---

9 Azevedo, 1971, p.164-165; Costa, S. C., 1979, p.206; AHI. Ofício confidencial de Washington, 8 dez. 1891. Ofício reservado de Washington, 19 jun. 1891.

10 Senhor Bocayuva Interviewed, *The South American Journal*, Londres; AHI. Despacho reservado para Washington, 20 dez. 1890.

11 AHI. Despacho reservado para Washington, 20 dez. 1890. Antes de novembro de 1889, os republicanos brasileiros procuraram, secretamente, sondar o governo norte-americano sobre eventual apoio moral e material numa ação contra a Monarquia (cf. Hill, 1970, p.263).

12 Mendonça, S.1913, p.167-168; Costa, S. C., 1979, p.206; Topik, 2009, p.191.

A REPÚBLICA E SUA POLÍTICA EXTERIOR (1889-1902)

Se, porém, iniciarmos, ou melhor, prosseguirmos na obra de paz e boa harmonia, que durante nove anos mantive com a firmeza de convicção de estar prestando ao Brasil o melhor serviço que lhe podia prestar; se conseguirmos criar um tribunal arbitral americano, no qual cada nação do continente tenha voto igual e nele se dirimam todos os pleitos e se resolvam todas as diferenças, – tribunal que em futuro não remoto lançará as bases da grande Dieta Continental, onde só terão assento as nações sobreviventes; se, por tais processos, que não requerem exércitos ou armadas, mas diplomacia hábil, patriotismo esclarecido e muito senso prático, conseguirmos a grande obra de canalização, pela qual nos venham, em tempo próprio, capitais, braços, máquinas – e porque não dizê-lo? a boa lição republicana, o respeito à lei e prática de verdade democrática, o contato se dará sem abalo, gradualmente, reguladamente, e essa infiltração só nos pode ser benéfica.[13]

O APOIO POLÍTICO AO NOVO REGIME

Com Salvador de Mendonça na chefia da legação em Washington, o entendimento Brasil-Estados Unidos ficou ainda mais explícito, e atingiu outro nível. Por ocasião da crise política interna brasileira de novembro de 1891, exacerbada pelo fechamento do Congresso Nacional e decretação do estado de sítio pelo presidente Deodoro da Fonseca no dia 3 até a solução legal do dia 23 do mesmo mês (renúncia de Deodoro e posse de Floriano), movimentou-se Salvador de Mendonça, tomado de apreensões, em Washington em busca de apoio para as novas instituições. Acreditando "que o Governo Americano estaria disposto a auxiliar a manutenção das instituições constitucionais republicanas entre nós",[14] entrou em contato com o secretário de Estado Blaine para constar-lhe que havia a hipótese de os monarquistas darem um golpe no Rio de Janeiro com vistas à restauração. À indagação de Blaine se o "golpe de mão" colocaria em risco a República, Mendonça respondeu que a República não morreria e que, na hipótese de um golpe restaurador, o governo se refugiaria no interior. Falando ambos por hipótese, Blaine informou que a conduta do seu país em uma eventualidade dessa natureza seria a mesma que observara no México quando do reinado de Maximiliano de Áustria: o representante norte-americano acompanharia o governo republicano que fosse para o interior. No ensejo, Blaine lamentou o golpe de Estado de Deodoro, "que,

---

13 Trecho da carta de Salvador de Mendonça ao presidente Campos Sales, datada de Itaboraí em 21 abr. 1902, apud Mendonça, C. S., 1960, p.229-230).

14 AHI. Ofício confidencial de Washington, 27 nov. 1891.

BRASIL-ESTADOS UNIDOS

109

em sua opinião, dissolvendo o Congresso, tirava do Governo o seu mais poderoso sustentáculo contra as maquinações da restauração".[15] À vista da observação e temendo derramamento de sangue, Salvador de Mendonça sugeriu a Blaine que desse "um conselho de moderação, unido à promessa de apoio às instituições". Blaine aquiesceu, mas ponderando que "o apoio prometido era melhor que apenas figurasse na [...] correspondência [de Salvador], pois assim se evitaria, como bem pensava o Presidente, que se interpretasse um ato de boa amizade e política americana, como intervenção indébita em questões domésticas".[16] O governo norte-americano, de fato, significou ao do Brasil o interesse que lhe mereciam as instituições republicanas e, ao mesmo tempo, lhe aconselhou moderação.[17] Justo Leite Chermont, ministro das Relações Exteriores de Deodoro (27 de fevereiro a 23 de novembro de 1891), em 14 de novembro instruiu Mendonça por telegrama para expressar o "vivo interesse" do presidente do Brasil pelas novas instituições e que

> A moderação que ele aconselharia está na índole do povo brasileiro, nos sentimentos e na política do seu atual Presidente e tem sido praticada pelo seu governo. O Presidente vê com grande satisfação que nesse ponto, como em tantos outros, se acham as duas Repúblicas de perfeito acordo e pode dizer que o conselho do amigo encontraria acolhimento digno dele.[18]

No decorrer da crise, os telegramas enviados por Salvador de Mendonça foram categóricos no que concernia ao apoio dos Estados Unidos ao governo e na manutenção das instituições.[19] A leitura de tais telegramas e despachos não autoriza avançar qualquer ilação de eventual influência efetiva norte-americana durante a crise de novembro de 1891, mas fica patente que pelo menos parte dos republicanos temia a possibilidade de restauração monárquica, e tinha os Estados Unidos como guardiões das novas instituições. Isso poderia gerar contrapartidas. As relações com os Estados Unidos, nos termos da conduta inaugurada por Salvador de Mendonça, colocaria o Brasil na posição de caudatário, sem nenhum disfarce, da política exterior da potência do norte. O ofício confidencial de Washington de 18 de janeiro de 1892, por ele

---

15 Ibidem. Veja-se, ainda, Bandeira, 1973, p.141.

16 AHI. Ofício confidencial de Washington, 27 nov. 1891.

17 AHI. Cópia de telegramas – Washington.

18 AHI. Cópias de telegramas enviados para Washington e despacho para Washington, 16 nov. 1891. Veja-se, ainda, Azevedo, 1971, p.242.

19 Telegramas de 8 e 11 de novembro de 1891 ao ministro das Relações Exteriores, apud Azevedo, 1971, p.240-241.

110   A REPÚBLICA E SUA POLÍTICA EXTERIOR (1889-1902)

dirigido a Fernando Lobo Leite Pereira, ministro das Relações Exteriores (23 de novembro de 1891 a 10 de fevereiro de 1893) de Floriano Peixoto, relata contatos de monarquistas com a condessa D'Eu e informa que indagou o secretário de Estado Blaine sobre qual posição que assumiria o governo de seu país na hipótese de restauração. Segundo Mendonça, Blaine estava bem informado sobre a situação interna do Brasil e preocupado com as deposições de governadores, pois o desrespeito pelas constituições estaduais poderia abrir caminho para uma situação de anarquia quando, no estágio em que então se encontrava o Brasil, o mais aconselhável seria "uma organização republicana conservadora". Mendonça argumentou que, embora não desconhecesse os perigos da instabilidade, tais deposições indicavam certa vitalidade do "elemento Republicano Constitucional". No que se referia a uma tentativa de restauração, Blaine reiterou a opinião anteriormente exposta e manifestou disposição em apoiar o governo republicano, em razão do que pediu ao representante brasileiro sugestões "que julgasse necessárias e possíveis". À vista da oportunidade, Mendonça sugeriu que o presidente norte-americano levasse ao conhecimento do Congresso a mensagem de agradecimento votada pelo Congresso brasileiro em retribuição às congratulações recebidas do legislativo norte-americano pela instalação da República: "poderia achar oportunidade para referir-se à restauração da legalidade no Brasil, dando assim motivo a uma nova mensagem do Congresso Americano ao nosso aplaudindo a manutenção das nossas instituições republicanas".[20] Salvador de Mendonça, avaliando o jogo das grandes potências, continuou sem rebuços:

> Lembrei, também, que no caso de chegar ao seu conhecimento o embarque na Europa de algum pretendente ao trono brasileiro, teria inteiro cabimento uma nota às nações da Europa que de qualquer forma mostrassem interesse pela restauração do Brasil, declarando-lhes que semelhante atitude contrariava a doutrina de Monroe, sustentada pelo seu governo como princípio fundamental da política americana. Lembrei-lhe por fim que a presença de uma esquadra norte-americana nas águas do Brasil teria aos olhos dos restauradores significação inequívoca.[21]

Blaine informou que tinha condições de trabalhar no tocante à primeira e à terceira sugestão. Com referência à nota diplomática, era preciso haver primeiro o embarque de algum pretendente. Prometeu, todavia, que os

---

20 AHI. Ofício confidencial de Washington, 18 jan. 1892
21 AHI. Ofício confidencial de Washington, 18 jan. 1892

BRASIL-ESTADOS UNIDOS

agentes diplomáticos norte-americanos manter-se-iam vigilantes na Europa. Mendonça informou e pediu instruções de seu governo. Este apreciou o seu procedimento e ficaria aguardando oportunidade. Mendonça comunicou verbalmente ao secretário de Estado a resposta vinda do Rio de Janeiro, observando não ser necessário, "por ora", prosseguir com o assunto e que seu governo apreciava "as relevantes provas de boa amizade que este Governo se mostrava sempre pronto a dar-lhe".[22]

Em maio do mesmo ano (1892), Salvador de Mendonça manifestou, em ofício confidencial, sua opinião sobre como os norte-americanos viam a amizade brasileira. O secretário de Estado, segundo ele, tinha o Brasil, desde o advento do novo regime, como aliado natural tanto no aspecto comercial, pelo fato de ser exportador de café e borracha em larga escala e oferecer a expectativa de receber manufaturados que até então importava da Europa, quanto no aspecto político, por ser um país em organização e carente ainda do apoio que a Doutrina Monroe poderia oferecer. Era desejo dos norte-americanos ver firmada a república no Brasil para a "integração das instituições do continente", e porque era "a nação mais forte da América do Sul, com a qual desejam, antes de tudo, contar em qualquer questão internacional americana".[23] O Brasil, agroexportador e expressivo recebedor de produtos manufaturados, teria eventual apoio político em matéria internacional e, como contrapartida, desempenharia o papel de aliado natural no contexto sul-americano. O quadro, como concebia Blaine, estava debuxado. A República deu sequência ao bom relacionamento do Brasil que vinha desde o Império,[24] mas com traços novos, assinalando o início de uma fase que se prolongaria por toda a Primeira República, adaptada ao novo contexto internacional. Durante a gestão do barão do Rio Branco (1902-1912) no Ministério das Relações Exteriores a amizade com os Estados Unidos chegou a um ponto ótimo, mas altiva e pragmática, e usada a favor do Brasil em sua política de prestígio e de "mãos livres" no seu entorno geográfico. A continuidade, todavia, levou alguns espíritos à época a vê-la sem muita ou quase nenhuma matização, como o altivo Capistrano de Abreu, ao criticá-la em 1916, no contexto da Primeira Guerra Mundial.[25]

---

22 AHI. Ofício confidencial de Washington, 18 jan. 1892.

23 AHI. Ofício de Washington, 19 maio 1892.

24 Cf. Topik, 2009, p.104.

25 Em carta a Domício da Gama, afirmou: "Em diplomacia somos associados, não somos aliados; temos de formar ao lado dos Estados Unidos, entregar o nosso voto a Wilson. Não creio na amizade dos Estados Unidos, filho espúrio de Salvador de Mendonça, criado e chocado pelo Barão, pelo Nabuco, por V., talvez por Assis Brasil, que já tem a visão menos turva. O que vocês querem é colocar o Brasil relativamente aos Estados Unidos na relação

112 A REPÚBLICA E SUA POLÍTICA EXTERIOR (1889-1902)

O CONVÊNIO ADUANEIRO DE 1891 E AS REAÇÕES DE OUTROS PAÍSES

Ainda na Monarquia, João Alfredo, chefe do seu penúltimo gabinete, nomeara uma comissão encarregada de fazer estudos sobre as tarifas alfandegárias do Brasil com os Estados Unidos a fim de examinar a possibilidade de conceder a entrada livre de querosene ou petróleo. A isenção provocaria uma diminuição de Rs.1.835:000$ na renda geral, conforme estimado pela comissão em janeiro de 1889, mas compensaria pelo benefício de mais de 10.000:000$ que teria a indústria açucareira caso as exportações aumentassem da forma que se esperava. A minuta do acordo elaborado pela comissão arrolava, para entrada livre nos Estados Unidos, além do açúcar e do melado, os produtos que já eram isentos de direitos naquele país.[26] O assunto não prosperou, mas não morreu. Proclamada a República, o Governo Provisório, em 31 de janeiro de 1891, firmou um tratado comercial com o governo norte-americano conhecido também por Tratado de Reciprocidade ou acordo Blaine-Salvador Mendonça, e fazia parte do empenho dos Estados Unidos em ampliar sua presença no mercado internacional. O multilateralismo comercial dos Estados Unidos não excluía naquele momento convênios bilaterais.[27]

Conforme já firmado, o Império, tanto no âmbito da Conferência Pan-americana quanto bilateralmente, resistira a qualquer acordo geral sobre tarifas alfandegárias, só aceitando negociar sobre itens específicos. Salvador de Mendonça, nomeado pelo governo imperial cônsul em Baltimore em 1875 e, em 1876, cônsul-geral do Brasil em Nova York,[28] desde então interessava-se pelo incremento da exportação de café, tendo inclusive conseguido convencer D. Pedro II a subvencionar uma linha de vapores para fazer o percurso Brasil-Estados Unidos a fim de baratear o frete, o que tornaria o café mais acessível ao consumidor norte-americano.[29] As negociações do convênio correram paralelamente à realização da citada conferência. Salvador de Mendonça, novo chefe da missão especial, considerava a intensificação do intercâmbio comercial como necessária para consolidar as bases da amizade entre

---

de Portugal para com a Inglaterra. Imagino e desejo ambições menos modestas. O manual do Itamarati deve ser a *Ilusão Americana*. Tem um? Deve ter, mas é o livro de um homem" (apud Rodrigues, J. H., 1954, p.262).

26 Azevedo, 1971, p.149-151.

27 Bueno, 1974-1975, p.22-31; Azevedo, 1971, p.147.

28 Cf. Mendonça, C. S., 1960, p.217; e Azevedo, 1971, p.305.

29 Cf. Mendonça, C. S., 1960, p.218-219.

BRASIL-ESTADOS UNIDOS

as duas maiores repúblicas do continente.[30] Da mesma forma, a cúpula do novo governo brasileiro concebia o estreitamento dos laços comerciais com os Estados Unidos como instrumento para a consolidação das novas instituições. Bocaiuva e Mendonça faziam parte daqueles republicanos que temiam a agressividade das potências imperialistas europeias, que poderiam, segundo eles, até patrocinar uma tentativa de restauração da monarquia no Brasil, conforme já se viu. A sensação de fragilidade levou ao projeto de aliança com os Estados Unidos. Mendonça informou ao novo ministro das Relações Exteriores que a eventual aliança ficava condicionada ao aumento das relações comerciais, segundo lhe significara o governo daquele país. Quintino chegou a redigir e enviar ao ministro brasileiro em Washington as estipulações que conviriam constar no tratado de aliança que se tinha em vista:

1. Os Estados Unidos do Brasil e os Estados Unidos da América constituem-se em Aliança ofensiva e defensiva para a defesa da sua independência, soberania e integridade territorial.
2. Para que a Aliança se torne efetiva será necessária em cada caso uma requisição. Em ajuste especial e imediato definirá o auxílio, o qual será prestado pela parte requerida na medida de seus recursos e sem prejuízo da própria defesa.
3. O Governo do Brasil ressalva desde já o compromisso que contraiu aderindo aos princípios de direito marítimo adotados no Congresso de Paris, de 1856.
4. Este Tratado durará por 20 anos contados da troca de ratificações.[31]

Na contraproposta do secretário de Estado Blaine entregue a Mendonça constou que o eventual apoio político seria em troca de facilidades comerciais.[32]

Abandonada, pelas razões já expostas, a ideia de "aliança íntima", Mendonça insistiu na realização de um convênio aduaneiro mais abrangente do que o sugerido nas instruções passadas pela Monarquia à Comissão Especial junto à Conferência Pan-americana, restrito a dois produtos. Em carta a Rui Barbosa, ministro da Fazenda do Governo Provisório, ressaltou a conveniência de se ter um mercado então constituído por 65 milhões de habitantes aberto aos principais produtos brasileiros. Curiosa era a observação de que

---

30 Cf. Azevedo, 1971, p.290.
31 Apud Azevedo, 1971, p.290-291.
32 AHI. Ofício confidencial de Washington, 2 set. 1890, apud Azevedo, 1971, p.291-293. Sobre o papel das forças econômicas nas relações internacionais, veja-se Renouvin; Duroselle, 1967, p.72-178. Bagú (1961, p.45-46) menciona exemplos recentes de como o "econômico" foi utilizado como instrumento para alcançar fins políticos.

114 A REPÚBLICA E SUA POLÍTICA EXTERIOR (1889-1902)

os Estados Unidos já eram nossos melhores fregueses, o que fragilizava sua proposta se analisada no seu aspecto comercial, salvo se houvesse – o que não era o caso – risco de perda de mercado. Mas a meta principal de Mendonça era o incremento da exportação de açúcar para os Estados Unidos. Com referência a outros produtos – como o café e couros –, o Brasil, além de deter o quase monopólio no caso do primeiro, não deveria se preocupar com eventual imposição ou aumento de imposto alfandegário, porque em ambos os casos o principal prejudicado seria o consumidor norte-americano. O açúcar brasileiro sofria séria concorrência do açúcar originário das Antilhas, imbatível em razão da qualidade e do frete mais barato derivado da proximidade geográfica. Mendonça alimentava a expectativa de que o açúcar de seu país chegasse a desfrutar de um quase monopólio no mercado dos Estados Unidos com um tratado de reciprocidade, hipótese que se configuraria desde que o governo norte-americano não firmasse tratados semelhantes – do que tinha, aliás, convicção – com a Inglaterra e Espanha, detentoras das colônias de Jamaica e Trinidad, Cuba e Porto Rico, respectivamente, únicas áreas que poderiam sobrepujar o Brasil na concorrência. Para consolidar o tratado que projetava, e na perspectiva de mudança política nos Estados Unidos – ascensão do Partido Democrata –, o representante brasileiro sugeriu amarrá-lo ainda mais por meio da concessão da livre entrada da farinha de trigo ao mesmo tempo que o país auferisse os favores do tratado. Na hipótese de o preço do açúcar no mercado norte-americano não baixar como decorrência da falta de oferta do Brasil – que então supria apenas 1/10 do mercado desse produto –, argumentava que a produção brasileira, por causa das condições especiais, cresceria e provocaria, inevitavelmente, o rebaixamento do preço para o consumidor norte--americano. Continuando a raciocinar por hipótese, arrematava o argumento:

> Quem reclamará nesse caso será Cuba por ver perdido o seu melhor mercado, e os Estados Unidos esperarão pacientemente que as colônias espanholas das Antilhas percam a paciência e se proclamem independentes com o fito de se agregarem à Grande União. Isto está na mente do Governo americano e é a melhor garantia de continuação de um tratado que façamos com esta gente.[33]

---

33 Carta de Salvador de Mendonça a Rui Barbosa, datada de Adirondacks, Nova York, em 17 set. 1890, apud Azevedo, 1971, p.153-155. Raciocinando também por hipótese, pode-se observar que havia uma contradição nas previsões de Mendonça, pois a eventual anexação de Cuba e Porto Rico, produtores de açúcar, à União norte-americana anularia o interesse desta em manter um tratado preferencial que contemplasse o açúcar brasileiro.

BRASIL-ESTADOS UNIDOS

Ardoroso defensor do convênio, Mendonça em dezembro de 1890 apresentou no Rio de Janeiro informações ao Governo Provisório, ressaltando que os favores a serem concedidos pelo Brasil aos Estados Unidos sobre determinados produtos manufaturados não chegariam a desbancar a importação europeia. A perda real do Brasil em razão dos favores aduaneiros, já supondo um aumento dobrado da importação de bens norte-americanos, ele a calculava em 3.100:000$. Na sua estimativa, o acordo trocaria "favores de nossa parte na importância de 3.100:000$ por favores da parte dos norte-americanos que montam a 33.000:000$". Informou ainda que a tarifa McKinley[34] permaneceria em vigor pelo menos nos próximos seis anos e não tinha perspectiva de vir a ser modificada pelo fato de o Partido Republicano continuar em maioria no Senado. Na hipótese de os democratas modificarem a tarifa aduaneira em vigor, seria para estender os favores que o açúcar do Brasil desfrutaria no mercado norte-americano de maneira exclusiva. O acordo não teria prazo fixo; poderia ser denunciado na hipótese de haver modificação nos favores concedidos. Para reforçar a argumentação, Mendonça fez analogia com a exportação do café brasileiro para os Estados Unidos, observando que, em 1828, Cuba fornecia quase todo o café lá consumido e que "uma discriminação contra a Colônia espanhola nos deu esse mercado, onde depois não fomos suplantados". O representante brasileiro apresentou, na parte final do seu arrazoado, o aspecto que justificava a celebração do tratado que mais chamaria a atenção daqueles que seriam corresponsáveis pela conclusão do convênio então em discussão: o progresso dos estados nordestinos por meio do incremento da indústria açucareira.[35] Esperava-se, com excesso de otimismo, que a oferta de açúcar produzido naqueles estados respondesse prontamente ao estímulo externo para que em prazo exíguo – enquanto durassem os favores aduaneiros, que dependiam das oscilações da política interna norte-americana – atendesse toda a demanda e suplantasse os concorrentes na qualidade e nos custos baixos, de tal modo que, uma vez cessados os favores, continuasse a fornecer açúcar a preços competitivos, mesmo com a agravante do custo do frete, obviamente maior se comparado com o das colônias europeias do Caribe.

---

34 A tarifa McKinley, severamente protecionista, que vigorou de 1890 a 1894, munia o governo de poder de ameaça, com a qual Blaine conseguiu concessões de vários países, inclusive do Brasil (cf. Bemis, 1939, p.75). Veja-se ainda Hill, 1970, p.268. O protecionismo norte-americano foi mantido pela Tarifa Dingley (1897), que fixou em 57% o nível geral dos direitos alfandegários (Julien, 1970, p.172).

35 Apud Azevedo, 1971, p.157-158.

116 A REPÚBLICA E SUA POLÍTICA EXTERIOR (1889-1902)

O secretário de Estado Blaine viu a oportunidade para ampliar as relações comerciais entre os dois países, como já afirmado, e junto com estas o estreitamento de relações políticas. Tudo isso era parte de uma estratégia mais ampla.[36] Para incrementar aquelas, Blaine tinha como necessária a celebração de tratados comerciais com os países do centro e do sul do continente, ideia que normalmente encontrava resistência no Legislativo de seu país, de tendência protecionista. Em 1890, porém, mudou-se a tendência. Segundo a legação do Brasil em Washington, o *New York Herald* acolheu a ideia de Blaine na edição de 31 de março de 1890, fato que indicava alteração no espírito público em relação aos tratados de reciprocidade decorrente da necessidade de ampliação do mercado para a crescente produção da indústria manufatureira e dos produtos agrícolas dos Estados Unidos. Topik (2009) informa que, à época do tratado em exame, a agricultura norte-americana era capitalista e sofisticada. Não se pode também perder de vista que havia uma forte indústria moageira de trigo que absorvia os trigos em grãos e os semirrefinados, que depois do refino eram vendidos no mercado externo. E o governo brasileiro favoreceria a entrada da farinha de trigo refinada, mesmo depois de denunciado o tratado de 1891.[37] As nações latino-americanas eram vistas como naturalmente reservadas à expansão comercial do país, que já possuía a maior economia do planeta. A economia norte-americana não mais cabia nos limites das suas fronteiras nacionais.[38]

Amaral Valente, quando na chefia da legação do Brasil em Washington, conforme citado, manifestara posição diversa daquela de Salvador de Mendonça. Em novembro de 1890, ao fazer observações sobre as relações comerciais dos Estados Unidos com os países sul-americanos, informou sobre o andamento da campanha para as eleições que aconteceriam proximamente nos Estados Unidos, chamando a atenção para o fato de Blaine, em discursos proferidos em várias cidades, ter se declarado a favor do protecionismo alfandegário e, ao mesmo tempo, dos tratados de reciprocidade comercial, por meio dos quais – acreditava – aumentaria o comércio dos Estados Unidos com aqueles países, o Brasil de modo especial. Não escapou a Amaral Valente que a isenção dada ao café oriundo do Brasil, citada como exemplo, não obrigava medida idêntica com respeito à importação norte-americana, uma vez que visava favorecer o consumidor norte-americano, não se configurando, portanto, especial favor à produção brasileira, isto é, a isenção era concedida

---

36 Cf. Bastos, 1949, p.231; Smith, J., 1979, p.169; 1991, p.19; Topik, 2009, p.14-15.

37 Topik, 2009, p.60-61.

38 AHI. Ofício de Washington, 31 mar. 1890; Bagú, 1961, p.67; Topik, 2009, p.74-78 (para o expansionismo americano veja-se, especialmente, p.34-48).

BRASIL-ESTADOS UNIDOS

não porque o produto fosse proveniente do Brasil, mas sim para o produto em si, independentemente da procedência, em razão do que, reiterava, o Brasil não estava obrigado à reciprocidade aventada por Blaine em seus discursos de campanha eleitoral.[39]

O interesse pelo incremento das relações comerciais com a América do Sul constou também na mensagem presidencial por ocasião da abertura da segunda sessão do 51º Congresso Americano, na qual aparecia o interesse pelos tratados de reciprocidade, e recomendava subsidiar linhas de navegação,[40] refletindo o pensamento do pragmático Blaine. A ofensiva comercial em direção ao sul completar-se-ia com uma política pan-americana. Na mesma linha, Salvador de Mendonça chegou a aventar a formação de uma liga americana, cujo objetivo declarado seria fazer contraposição às eventuais agressões europeias à América Latina. No âmbito das preocupações de natureza comercial, incluía a defesa do arbitramento obrigatório, "porque só ele trará a paz entre todas as nações deste hemisfério, porque com a paz virá a prosperidade e com a prosperidade virão os mercados novos de que todos carecemos".[41]

O comércio com os Estados Unidos era assimétrico a favor do Brasil, conforme já dito. Em 3 de novembro de 1890 (a pouco mais de seis meses do término da Conferência Pan-americana), Blaine propôs concretamente a Mendonça a celebração de acordo bilateral, constando-lhe que o Congresso havia votado a nova lei de tarifas que isentava de direitos os açúcares e alguns de seus subprodutos, bem como café e couros, mas condicionada à reciprocidade dos países produtores, sendo que, na hipótese de não concederem os favores da reciprocidade, os citados artigos teriam os impostos alfandegários estipulados em seção especial. A intenção do governo dos Estados Unidos era manter relações comerciais "reciprocamente iguais" com o Brasil, em razão do que Blaine solicitou a Salvador de Mendonça informações sobre as concessões que o governo brasileiro estava disposto a oferecer em retribuição daquelas feitas na lei de tarifas norte-americana para, empós, propor um acordo sem prazo determinado para vigorar enquanto nenhuma das partes manifestasse o desejo de abandoná-lo.[42] De fato foi uma ameaça, verdadeira extorsão, ao governo brasileiro com a finalidade de obter concessões alfandegárias.

---

39 AHI. Ofício de Washington, 2 nov. 1890.

40 AHI. Ofício de Washington, 14 dez. 1890.

41 AHI. Ofício confidencial de Washington, 25 out. 1895, apud Azevedo, 1971, p.293. Veja-se também Smith, 1991, p.14-15.

42 Cf. Costa, S. C., 1979, p.198-199. Nota de James G. Blaine a Salvador de Mendonça, apud Azevedo, 1971, p.156.

118 A REPÚBLICA E SUA POLÍTICA EXTERIOR (1889-1902)

A resposta foi dada por nota passada por Salvador de Mendonça, na qual constou uma longa lista de artigos que o governo do Brasil, "como reciprocidade devida", autorizaria a entrar no país, a partir de 1º de abril de 1891, livre de direitos, desde que produzidos ou manufaturados nos Estados Unidos. A nota relacionava também os produtos que teriam redução de 25% nos direitos alfandegários.

Os produtos isentos seriam: trigo em grão; farinha de trigo; milho e manufatura de milho, incluindo farinha de milho e goma de milho (maisena); centeio e farinha de centeio, trigo mourisco e farinha de trigo mourisca, cevada; batatas inglesas, feijão e ervilha; feno e aveia; carne de porco salgada, incluindo carne de porco em salmoura e toucinho, exceto presunto; peixe salgado, seco ou em salmoura; óleo de semente de algodão; carvão de pedra, antracite e betuminoso; breu, alcatrão, pez e terebintina; ferramentas, instrumentos e máquinas para agricultura; ferramentas, instrumentos e máquinas para mineração e mecânica, incluindo máquinas a vapor estacionárias e portáteis, e todas as máquinas para manufaturas e indústria, exceto máquinas de costura; instrumentos e livros para artes e ciências; material de estrada de ferro.

Teriam redução de 25%: banha e substitutos de banha; presuntos; manteiga e queijo; carnes, peixe, frutas e legumes em latas e de conservas; manufaturas de algodão, inclusive roupa de algodão, manufaturas de ferro e aço, só ou misto, não incluídas na lista antecedente de artigos isentos de direitos; couro e manufaturas de couro, exceto calçado; tabuado; madeira e manufaturas de madeira, inclusive obras de tanoaria, mobília de todas as classes, carros, carroças e carruagens; manufaturas de borracha.[43]

O convênio foi assinado no último dia de janeiro de 1891 por Salvador de Mendonça. No dia 5 do mês seguinte, foi promulgado pelo presidente Deodoro da Fonseca, sem autorização do Congresso Constituinte, pelo Decreto nº 1338, do Governo Provisório, simultaneamente à proclamação do presidente dos Estados Unidos.[44] Era então ministro da Fazenda Tristão de Alencar Araripe, que exercia também, interinamente, o Ministério das Relações Exteriores. No dia seguinte foi publicado no *Diário Oficial*.[45] A ação do representante brasileiro em questão foi decisiva para que o Governo Provisório anuísse em

---

43 Transcrito da nota de Salvador de Mendonça a James G. Blaine, apud Azevedo, 1971, p.160-161. Vejam-se ainda Costa, S. C., 1979, p.198; Hill, 1970, p.268-269.

44 Cf. Azevedo, 1971, p.159. Sobre a discussão havida no Congresso Constituinte a respeito da autonomia do chefe do Governo Provisório para promulgar atos internacionais, veja-se Topik, 2009, p.169-170.

45 *Relatório do Ministério da Fazenda* – 1892, p.92-93; Azevedo, 1971, p.59.

BRASIL-ESTADOS UNIDOS

sua consecução, mesmo contrariando as objeções levantadas no Legislativo. Amigo que era de Blaine, Charles R. Flint contribuiu nas negociações do convênio, "'primogênito' da reciprocidade americana", conforme afirmou[46] em correspondência enviada para o secretário de Estado Blaine.[47]

Nos Estados Unidos o acordo comercial foi bem acolhido pela opinião e imprensa, visto como marco do início de uma nova era, pois vinha em seguida à Tarifa McKinley, aprovada em 1º de outubro do ano anterior, protecionista (havia produtos importados que pagariam direitos até quase 50%), beneficiando sobretudo as atividades industriais. A tarifa isentou as importações que não concorriam com as norte-americanas: café, açúcar, melaço, chá e peles. A isenção poderia ser suspensa pelo presidente caso o país que lhes vendia não fosse recíproco nas isenções. No Brasil o acordo foi mal acolhido no Congresso, na imprensa do Rio de Janeiro, e pelos produtores nacionais, pois a isenção concedida pelos Estados Unidos já existia e era para o açúcar cristalizado, matéria-prima a preço baixo para firmas norte-americanas fabricantes do açúcar refinado vendido no mercado interno. O Nordeste brasileiro não modernizara sua produção açucareira para enfrentar a concorrência de outras áreas, como as Antilhas. O tratado ainda cerceava a incipiente indústria manufatureira nacional, pois não tinha condições para concorrer com os manufaturados norte-americanos isentos de tarifas. Crítico veemente foi o ministro da Fazenda Rui Barbosa, que renunciou à pasta em 22 de janeiro de 1891, em parte por sua posição contrária à forma que ao final tomou o convênio firmado após nove dias da sua saída do ministério. Já se disse que o tratado foi "rumoroso", em razão de circunstâncias não suficientemente esclarecidas.[48]

Segundo Rui, o pacto comercial havia recebido o assentimento do Governo Provisório "subordinado a uma cláusula capital e soberana", que "consistia em criar, no mercado americano, para o nosso açúcar, uma situação privilegiada: era essencialmente imprescindível que os favores obtidos não se

---

46 Flint, amigo de Salvador de Mendonça, era forte comerciante de Nova York, importante exportador para o Brasil, foi um dos representantes dos Estados Unidos na Conferência Pan-americana (1889-1890). Flint reaparecerá na derrota da Revolta da Armada de 1893. Informações detalhadas sobre Flint estão em Topik, 2009, p.134, 159-160, 284.

47 Apud Azevedo, 1971, p.301-302. Veja-se ainda Bastos, 1949, p.237.

48 Topik (2009, p.14-15, 18-19, 34, 152, 159-161) fornece informações detalhadas sobre as condições em que foi negociado o convênio. Cf. Costa, S. C., 1979, p.196-198; Nota de Salvador de Mendonça a James G. Blaine, apud Azevedo, 1971, p.160-161; Smith, 1991, p.16; Bandeira, 1973, p.137; *Missão Diplomática...*, p.83-88; Bastos, 1949, p.245; nota de Salvador de Mendonça a James G. Blaine, apud Azevedo, 1971, p.160-16l; Fohlen, 1967, p.46.

120 A REPÚBLICA E SUA POLÍTICA EXTERIOR (1889-1902)

pudessem estender a outros Estados produtores".[49] A ausência dessa cláusula, no seu entender, deveria ter importado na suspensão das negociações, pois o acordo seria lesivo aos interesses comerciais brasileiros. O Brasil teria sido "traído" por não se ter tido a cautela de fazer constar no acordo a cláusula em questão. E arremetia:

> Abrindo mão dessa vantagem, que, para os interesses brasileiros, era a pedra angular do plano arquitetado na correspondência do nosso órgão diplomático perante os Estados Unidos, ele evidentemente exorbitou do seu mandato. O contrato, que subscreveu, não era o que estava habilitado a subscrever. Está, portanto, moralmente viciado na sua essência, por falta de poderes do procurador, que, em nosso nome, o assinou. Não cabe, pois, ao Governo brasileiro responder por esse convênio que ele não autorizou.[50]

O fato é que nada do que presumira Salvador de Mendonça foi dado por escrito. Nada impediu os Estados Unidos de assinarem acordos com outros produtores de açúcar. Três meses após assinar com o Brasil, assinaram com a Espanha e em seguida com a Grã-Bretanha para favorecer os produtores de açúcar de Cuba e Jamaica. O acordo aduaneiro com o Brasil foi usado por Blaine para facilitar o acesso dos produtos norte-americanos a outros países produtores de açúcar, como Cuba, Alemanha, Áustria-Hungria, firmando com esses tratados recíprocos em troca de livre acesso de açúcar nos Estados Unidos. Os países europeus produziam açúcar de beterraba. [51] Topik, a partir das evidências, afirma que Blaine não mentira a Mendonça.[52] Entre os republicanos do Brasil a reação partiu daqueles que viam as relações internacionais com realismo e condenavam atos motivados pela solidariedade internacional calcada na identidade de instituições. No momento em que se teve notícia de que os Estados Unidos firmariam com a Espanha (metrópole das ilhas de Cuba e Porto Rico) convênio semelhante ao que fora assinado com o Brasil, recrudesceram as críticas. A grita levantada foi tal que o ministro das Relações Exteriores, Justo Leite Chermont, determinou a Salvador de Mendonça

---

49 Apud Mendonça, C. S., 1960, p.157. Veja-se Bandeira, p.135.
50 Apud Mendonça, C. S., 1960, p.157. Topik (2009, p.156) afirma que "As evidências sugerem que, na realidade, Mendonça não fora enganado".
51 Cf. Topik, 2009, p.152-155.
52 Topik, 2009, p.154. Até hoje não estão esclarecidas suficientemente as razões que levaram Mendonça a assinar convênio naquelas circunstâncias. As evidências não são peremptórias. À época falou-se até em negociata. Falou-se também em falta de atenção e excesso de boa-fé, beirando a ingenuidade do negociador brasileiro.

BRASIL-ESTADOS UNIDOS

que obtivesse do governo norte-americano cláusula separada com a finalidade de assegurar que os favores aduaneiros ficassem adstritos aos açúcares do Brasil sob pena de denúncia prematura do convênio que então se acabara de firmar. Para reforçar, constou-lhe ainda, louvando-se em informações de Rui Barbosa e Cesário Alvim, que o Governo Provisório concordou em negociar o ajuste desde que o governo dos Estados Unidos não estendesse iguais favores ao açúcar antilhano.[53]

Nesse ambiente de condenação generalizada não podia faltar a palavra do monarquista Eduardo Prado. No seu livro *A ilusão americana* afirmou que o tratado não trouxe nenhuma vantagem ao país e serviu para demonstrar a deslealdade dos Estados Unidos. No que se referia ao café, reiterou a informação de que desde 1873 tinha livre entrada naquele país a fim de não o encarecer aos consumidores nacionais. Com ou sem a isenção de direitos, o café brasileiro para lá fluiria da mesma forma, uma vez que o Brasil possuía o monopólio virtual da produção mundial. Com referência ao açúcar, reconhecia que o tratado seria vantajoso para o Brasil, caso a isenção não se estendesse ao originário de outras áreas. Mesmo a entrada do açúcar das ilhas do Havaí, que já vinha se processando livremente, não seria prejudicial aos interesses brasileiros, se elas fossem as únicas concorrentes. De maneira irônica, Eduardo Prado feria o ponto ao afirmar que os Estados Unidos, ao celebrar tratado igual com a Espanha, dispensavam o mesmo tratamento fiscal tanto à jovem, "virente e fraternal novíssima república da América do Sul" quanto à "carunchosa e antipática monarquia da Europa decrépita", que mantinha ainda, à época, parte da América sob o estatuto colonial. E o governo norte-americano, além de ter dado livre entrada aos açúcares de Cuba e Porto Rico, concluíra outros tratados com a América Central, a Alemanha, a Holanda e a Venezuela. Aliás, o Congresso desta última nação rejeitou o que fora celebrado. Eduardo Prado insistia na tese do ludíbrio norte-americano. O governo da República brasileira confiara em uma promessa, em algo não escrito. A má-fé norte-americana prejudicaria tanto o erário nacional quanto as indústrias já estabelecidas, além do consumidor. Para Eduardo Prado, de nada adiantaram as queixas, as advertências.[54]

O acordo pode ser considerado o segundo grande, digamos assim, equívoco da República (o primeiro foi o fiasco da viagem de Quintino Bocaiuva

---

53 Cf. Freyre, 1962,tomo 2, p.422; Azevedo, 1971, p.164; Bandeira, 1973, p.136; Hill, 1970, p.270-271; Mendonça, C. S., 1960, p.158-159.

54 Prado, 1961, p.147-153. "Mandava quem podia, e o mal estava feito, sofresse embora o povo brasileiro, gemessem embora as nossas indústrias. Eis aí mais um benefício que recebemos dos Estados Unidos."

a Buenos Aires, que resultou em um acordo infeliz, rejeitado pelo Congresso Nacional Constituinte). Teve mais efeitos políticos do que econômicos, pois contribuiu para a aproximação Brasil-Estados Unidos, iniciando um alinhamento que acabou beneficiando o marechal Floriano, pois recebeu apoio decisivo do governo do país do norte para manter-se no poder quando da Revolta da Armada de 1893-1894. Em termos estritamente comerciais pouco alterou no fluxo e nas correntes de comércio brasileiros, conforme será visto mais adiante.

Em meio a tanta crítica interna, o Congresso Nacional Constituinte brasileiro bloqueou a execução do tratado até que fosse referendado pelo Legislativo ordinário.[55] Neste, os deputados Antão de Faria[56] e Leite e Oiticica, entre outros, atacaram o acordo porque não perceberam qualquer vantagem em sua assinatura; só anteviram efeitos negativos tanto para os estados do norte quanto para os do sul do país.[57] Antão de Faria, acompanhado por outros parlamentares, bateu no ponto ao repetir que econômica e politicamente os efeitos do convênio seriam nulos. As razões políticas lhe pareciam as que mais exerceram influência no ânimo do Governo Provisório, "a praticar um ato manifestamente contrário aos interesses nacionais". Referia-se ao prejuízo que provocaria ao desenvolvimento das indústrias nacionais, então em fase de nascente prosperidade. Segundo o deputado, o secretário de Estado Blaine fizera "sentir" a Salvador de Mendonça a necessidade de um acordo comercial como meio de "consolidar a solidariedade política entre as duas nações, o que no momento, segundo parece, muito interessava ao governo provisório". Blaine ainda teria assustado o representante brasileiro com a possibilidade de o seu país impor imposto de importação ao café, açúcar e couros de procedência brasileira. A impressão do parlamentar era a de que Salvador de Mendonça não interpretara corretamente o que fora dito por Blaine quando da negociação do acordo, o que o levara a supor que o benefício concedido ao açúcar seria exclusivo do Brasil. Sem querer censurar o diplomata, que acreditara na palavra de um estadista de nação amiga, parecia-lhe que o compromisso deveria ter sido lançado em documento de caráter oficial. Não havendo exclusividade para o Brasil, reiterou as críticas então correntes, inclusive a de que o convênio era desnecessário, até porque os Estados Unidos, segundo palavras do próprio Salvador de Mendonça, não teriam onde se suprir suficientemente

---

55 *Relatório do Ministério da Fazenda* – 1892, p.93; Castro, 1932, p.67-70.

56 Antão Gonçalves de Faria, republicano histórico e representante do Rio Grande do Sul, foi ministro da Agricultura de 3 de novembro de 1891 a 2 de junho de 1892. Cf. Abranches, 1918, v.1, p.89, 419.

57 ACD. Sessão de 26 jun. 1891.

BRASIL-ESTADOS UNIDOS

123

de tais produtos, à exceção do açúcar, a não ser no Brasil. Mendonça provavelmente estava mal informado e, não obstante ter opinado que a não celebração do convênio teria sido melhor para os interesses do país, não aconselhava sua denúncia pura e simples, em razão da situação de "máxima cordialidade de relações com os Estados Unidos da América do Norte", e não seria "prudente desfazer bruscamente o ajuste e sim procurar modificá-lo de modo a satisfazer os interesses dos dois povos".[58]

Salvador de Mendonça não se deixava abater pelas inúmeras críticas e repisava junto ao ministro das Relações Exteriores os argumentos em defesa do acordo.[59] Foi-lhe determinado que propusesse ao governo norte-americano uma alternativa que atendesse à grita interna, pois o sacrifício a que o país se impôs tinha em vista apenas o benefício da produção açucareira, e este fora anulado pelo acordo idêntico firmado pelos Estados Unidos e a Espanha, conforme então se repetia, à estafa. Mendonça, embora expressamente não manifestasse intenção de descumprir as ordens recebidas, respondeu, por telegrama:

> Antes de passar nota conversei com Foster e este com [o presidente] Harrisson, que declara que lei de tarifa que serviu de base negociação e cujos termos estão nas notas de Blaine obriga-o a negociar tratados com todos os países produtores açúcar café. Considerará falta de apoio Executivo ou de ratificação Congresso como atitude hostil a este país tão pronto em reconhecer nova República e oferecer-lhe mais cordial simpatia e apoio. Consequências só poderão ser funestas. Ratificado e experimentado, se desfavorável Brasil com perfeito direito pode denunciar, mas boa fé requer seja fielmente experimentado. Pergunto se devo passar nota.[60]

O ministro das Relações Exteriores respondeu determinando que esclarecesse verbalmente a Foster que o convênio não dependia de voto do Congresso e que estava sendo executado com "boa fé e lealmente". Transmitiu-lhe também as críticas do governo brasileiro, reiterando que o convênio fora assinado no convencimento de que o açúcar nacional teria um mercado privilegiado. Com o acordo hispano-norte-americano, o Brasil não teria condições de concorrer com Cuba. O açúcar brasileiro nos Estados Unidos estava, portanto, em situação idêntica à anterior ao convênio. E arrematou:

---

58 ACD. Sessão de 17 set. 1891.

59 AHI. Ofício reservado de Washington, 20 mar. 1891.

60 Apud Azevedo, 1971, p.166.; John W. Foster fora incumbido por James G. Blaine de negociar o convênio aduaneiro com Salvador de Mendonça (ibidem, p.154).

124   A REPÚBLICA E SUA POLÍTICA EXTERIOR (1889-1902)

"[...] nada ganhamos Convênio, antes perdemos simpatia todas as nações da Europa [...]".[61] Em ofício confidencial de dezembro, Mendonça procurou resguardar sua conduta informando que, ao discutir as bases do tratado de aliança proposto por Quintino Bocaiuva, chegara a um acordo com Blaine, segundo o qual os governos dos dois países não fariam tratado com nações europeias que possuíssem colônias na América e, consequentemente, qualquer eventual questão de limites só poderia ser tratada diretamente com as colônias, após emancipadas. Em seguida explicou que, por ocasião de sua estada no Brasil para tratar do assunto, em novembro do ano anterior, estava "convencido de que os propósitos de Blaine não se modificaram e que teríamos o quase monopólio do mercado deste país para os nossos açúcares, tendo os de Cuba e Porto Rico de ficar excluídos de favores idênticos".[62] Uma vez adiada a negociação do tratado de aliança por decisão de Quintino a fim de não incompatibilizar o presidente dos Estados Unidos com a função de árbitro na questão lindeira que o Brasil mantinha com a Argentina, Mendonça entendeu que:

> [...] ficou sem garantia escrita o arranjo feito com o Sr. Blaine para a exclusão da Espanha, ou outra potência europeia dos favores que íamos obter; pois só no caso de assinatura simultânea do Tratado de Aliança e do Acordo Aduaneiro com este país poderíamos ter obtido aquela vantagem. Dei, no entanto, como existente o propósito do Sr. Blaine em excluir dos favores da reciprocidade os países da Europa por não ter de sua parte nenhuma declaração em contrário.[63]

Salvador de Mendonça demonstrava falta de perspicácia e até ofendia o presidente que iria arbitrar a questão das Missões. Depois de historiar no mesmo ofício os vaivéns que levaram à assinatura do acordo, fez afirmações graves, pois punha em dúvida a lisura da arbitragem norte-americana, no propósito de justificar a sustentação do convênio por ele negociado:

> Hoje a situação é esta: podemos conseguir a revisão do nosso Acordo Aduaneiro em condições favoráveis. Mantidas as boas relações existentes não resta dúvida em meu espírito do reconhecimento do nosso direito na questão

---

61 Apud ibidem, loc. cit.
62 AHI. Ofício confidencial de Washington, 8 dez. 1891.
63 Ibidem. Nesta passagem, Mendonça deixa a entender que Blaine agira de má-fé. O assunto é polêmico: veja-se análise exaustiva de Topik na qual defende que não houve ludíbrio ou má-fé por parte do governo norte-americano.

Missões. Qualquer outro incidente de política externa que a organização da República no Brasil encontre em seu caminho será facilmente removido com o apoio que lhe dará a boa amizade deste país.[64]

Embora Salvador de Mendonça não duvidasse do direito do Brasil na questão lindeira com a Argentina, temia pelo seu não reconhecimento por parte do árbitro. A seu ver, o convênio só deveria ser denunciado após a liquidação da pendência.[65] Mendonça não estava sozinho. No ensejo da passagem da esquadra norte-americana por Buenos Aires, Assis Brasil, substituto de Ciro de Azevedo na legação do Brasil em Buenos Aires, manifestou preocupações semelhantes ao observar em ofício confidencial ao ministro das Relações Exteriores, Inocêncio Serzedelo Corrêa, que, "conhecendo o gênio mercantil e a falsa fé do Americano, o governo argentino acena neste momento ao de Washington com alguma coisa semelhante à Convenção que este conseguiu de nós".[66] O representante brasileiro via como natural que os norte-americanos, tendo já seguro o Brasil, procurassem ser mais agradáveis aos argentinos do que aos brasileiros. Observou que era "plausível que a Argentina se julgasse autorizada a pedir, senão apoio material, pelo menos a benevolência do Árbitro" na pendência que mantinha com o Brasil. Constava-lhe, ainda, que "o Ministro Zeballos insiste, por não deixar *escapar a glória de conquistar* o território das Missões, por qualquer preço".[67] Embora Assis Brasil considerasse tudo ainda como "meras possibilidades", não deixava de ver o assunto como revestido de gravidade, em razão do que tinha como necessário o Brasil, no referente à questão de limites, trabalhar pelo seu direito e não confiar apenas na força deste. Seria conveniente

[...] o nosso país, não somente pelo seu governo, mas também pela sua imprensa (que, ainda mesmo a adversária, não deixaria de receber uma sugestão de patriotismo), abster-se prudentemente de manifestar por enquanto qualquer desgosto pela *Convenção Aduaneira* com os Estados Unidos e muito menos a intenção de denunciá-la. Não esqueçamos que tratamos com os homens do interesse. Se fosse possível, devíamos aguçar a cobiça deles com promessa de mais

---

64 Ibidem. O conde Paço d'Arcos, representante de Portugal no Brasil, viu o acordo como um meio de "adoçar a boca do futuro juiz". cf. Costa, S. C., 1979, p.201).

65 Cf. Costa, S. C. (1979, p.201-202, 205), que se apoiou em trecho do ofício de Mendonça ao Rio de Janeiro, de 19 fev. 1892.

66 AHI. Ofício confidencial de Buenos Aires, 12 abr. 1892.

67 Ibidem.

126 A REPÚBLICA E SUA POLÍTICA EXTERIOR (1889-1902)

alguma coisa, das poucas que escaparam à rede da Convenção leonina. É também indispensável mandar gente muito competente a Washington.[68]

Não obstante todo esse receio e a insistência de atores e observadores da época em ligar o convênio com a questão de Palmas, o fato é que os dois assuntos correram separados. Rio Branco, nomeado mais tarde advogado do Brasil, fez questão de cuidar apenas do litígio.[69] As previsões de Salvador de Mendonça não se confirmaram. O Partido Democrata voltou ao poder com a reeleição de Cleveland (4 de abril de 1893 a 4 de março de 1897), reeleição que modificava a "situação republicana" sob a qual fora celebrado o acordo de 1891. O novo presidente tomou a iniciativa de revogar o discutido convênio em 1894 por não o considerar comercialmente vantajoso, e pelo fato de seu partido ter concepção diferente do Partido Republicano a respeito da função do comércio exterior na economia nacional, tanto é que logo em seguida desfez acordo idêntico firmado com a Espanha. Cleveland prolatou o laudo arbitral, reconhecendo o direito do Brasil na questão das Missões em fevereiro de 1895.[70] Cleveland denunciara o Convênio de 1891, a partir de sua concepção sobre relações comerciais internacionais, mas o fato de o fazer antes de julgar a questão das Missões demonstrou sua isenção ao reconhecer o direito incontestável do Brasil. Mendonça, todavia, nunca deixou de ter certeza de seu ponto de vista. Em 18 de abril de 1893, em cabograma ao ministro das Relações Exteriores, informou a remessa de dados oficiais da importação de açúcar de Pernambuco, que, segundo dizia, havia triplicado após o ajuste. Mesmo após duas décadas da celebração, o diplomata manteve inalterada sua opinião acerca das vantagens do convênio para o comércio exterior brasileiro. O fato de os Estados Unidos terem tomado a iniciativa de denunciar o convênio era o principal argumento de que se servia para insistir em que aquele fora mais favorável ao Brasil do que à república do norte. A denúncia norte-americana seria, assim, a "melhor prova" disso.[71] Mas a denúncia foi decorrência das concepções dos membros do Partido Democrata, como a de que o

---

68 Ibidem. No ensejo, Assis Brasil fez ao ministro uma sugestão de nome: "Entre as pessoas capazes para essa delicada missão, eu ousaria lembrar o cidadão José Carlos Rodrigues, Diretor do *Jornal do Commercio*, conhecedor como ninguém do caráter americano e suficientemente ilustrado na questão".

69 Veja-se carta de Rio Branco a Salvador de Mendonça, de 16 jun. 1893, apud Azevedo, 1971, p.222-223.

70 Veja-se Costa, S. C., 1979, p.202; Smith, J., 1991, p.26-27.

71 Azevedo, 1971, p.166-167; Mendonça, S., 1913, p.187-90,195-197; Sobre as razões norte-americanas da denúncia do convênio veja-se Smith, J., 1991, p.26.

governo não deveria participar do incentivo ao comércio. Mendonça provavelmente ignorara ou não levara a sério as posições de Cleveland, defensor, já nas eleições de 1888 (vencida por Harrison), da diminuição da arrecadação e do rebaixamento das tarifas, e contrário ao protecionismo, pois geraria retração econômica. O excedente da produção dos Estados Unidos é que deveria ser colocado no mercado externo. Os democratas não eram protecionistas.[72] Mendonça deveria estar ciente disso tudo, pois, quando defendera a celebração do convênio, enfatizou que era necessário "aproveitar" a então administração republicana. Segundo Topik, o Brasil nunca vendeu mais de 5% do total do açúcar importado pelos Estados Unidos, cujo mercado era suprido por Cuba, Havaí e o estado da Lousiana. Nos anos de vigência do convênio cresceram as vendas brasileiras de café e borracha por razões ditadas pelo mercado; o café já era isento antes do convênio, e assim continuou depois dele, e a borracha não fora contemplada pelo convênio.[73]

Tão logo firmado o ajuste comercial, países da Europa, Canadá e Chile pleitearam favores iguais por entenderem que seus interesses comerciais ficariam prejudicados no já importante mercado brasileiro.[74] A farinha de trigo saída de Trieste e Fiume constituía-se no principal item das exportações da Áustria-Hungria para o Brasil, o que deu a esse império justificativa para solicitar favores iguais aos concedidos aos norte-americanos, ou pelo menos redução nos direitos de importação de farinha em geral. A resposta brasileira foi negativa. Portugal chegou a enviar um ministro extraordinário em missão especial para tentar obter tratado igual ao de 1891. O Domínio do Canadá tentou sob o argumento de que os produtos brasileiros favorecidos pelos Estados Unidos eram lá admitidos com isenção de direitos, e, no que dizia respeito ao tabaco, o ministro britânico informou que os direitos cobrados eram inferiores àqueles que eram gravados pelos norte-americanos. A recusa brasileira fundamentou-se no fato de não se conhecerem ainda os efeitos do acordo de 1891; seria, pois, prematuro negociar outros tratados idênticos. Ademais, disse o ministro das Relações Exteriores, tais acordos internacionais não se convencionavam de maneira simples, pois careciam de autorização do Legislativo. O Chile propôs, sem êxito, em troca da livre entrada de café e demais produtos do Brasil, a livre entrada de seus vinhos. França e Alemanha pleitearam também, mas sequer tiveram suas propostas

---

72 Cf. Topik, 2009, p.49-51, 54-55,193-194, 210-212.

73 Topik, 2009, p.322-327.

74 *Relatório do Ministério das Relações Exteriores* – 1891, p.6.

128 A REPÚBLICA E SUA POLÍTICA EXTERIOR (1889-1902)

examinadas.[75] O governo brasileiro, ainda mal refeito do susto provocado pela crítica interna contra o acordo de 31 de janeiro de 1891, não tinha mais qualquer interesse em celebrar acordos dessa natureza, e estava ciente de que atender a todas as solicitações significaria para um país agroexportador renunciar à sua principal fonte de receita. Em Londres o convênio despertou vivo interesse pelo fato de a Grã-Bretanha figurar em primeiro lugar na lista de tudo que era importado pelo Brasil.[76] Considerava-se que o ajuste comercial contemplava uma faixa maior de produtos do que a efetivamente abrangida pelo rol dos produtos norte-americanos que entravam livremente nos portos brasileiros. O *The Times* ocupou-se atentamente do assunto, e até publicou o teor do tratado sete dias após sua assinatura. Na sessão do dia 9 do mesmo mês, o governo britânico foi interpelado na Câmara dos Comuns para esclarecer se o país teria direito às mesmas vantagens obtidas pelos Estados Unidos. O subsecretário dos negócios estrangeiros, James Ferguson, informou que não havia nenhum tratado de comércio com o Brasil, o que retirava do governo britânico qualquer justificativa para fundamentar uma reclamação e reivindicar as mesmas vantagens contidas no convênio que então viera a público.[77] O convênio causou preocupação também aos comerciantes brasileiros ligados aos interesses ingleses. Segundo telegrama da Agência Reuter, publicado em Londres, o Brasil não podia se prender a compromissos internacionais sem que antes fosse votada a nova constituição e, quando isso ocorresse, o tratado, em razão da reação contrária, seria rejeitado. Informou ainda que a comunidade mercantil no Brasil via o ajuste "com o maior desprazer".[78]

De Filadélfia (Estados Unidos), o correspondente do *The Times* transmitia informações sobre boatos que corriam no Brasil, como o de que o governo não ratificaria o convênio, sobre a preparação de três vapores com carregamento de manufaturados, e que numerosos agentes comerciais dos fabricantes americanos seguiriam para o Brasil na confiança de que teriam a presença

---

75 Cf. Costa, S. C., 1979, p.209-210, 212-216. Sobre as reações negativas do tratado por parte de nações do Velho Mundo, bem como dos números comerciantes estrangeiros estabelecidos no Brasil, veja-se também Topik, 2009, p.168-169.

76 AHI. Missões Diplomáticas Brasileiras, Ofícios de Londres – 217/2/1.

77 AHI. Ofícios de Londres, 10 e 26 fev., 5 mar. 1891.

78 Dizia ainda o telegrama que "negociantes ingleses residentes e os representantes de casas comerciais de Londres envidam todos os seus esforços para induzir a Grã-Bretanha a socorrê-los, e se estão redigindo protestos contra o tratado proposto para serem transmitidos a Lord Salisbury" (AHI. Ofício de Londres, 18 fev. 1891).

comercial ampliada em razão do acordo.[79] A pressão exercida pelos setores ligados à exportação levou o Foreign Office a instruir seu ministro no Rio de Janeiro no sentido de sugerir ao Governo Provisório a negociação de tratado idêntico com a Grã-Bretanha, como, aliás, esta vinha sugerindo ao Brasil desde o tempo do Império, que sempre o recusara. As câmaras de comércio de Londres, Glasgow, Manchester, Middlesbrough, Blackburn e Wolverhampton, temerosas pela sorte de suas exportações, significaram ao Foreign Office suas apreensões, sugerindo-lhe a livre entrada de café na Grã-Bretanha, como meio de solicitar compensações aduaneiras do Brasil, e, inclusive, a restrição do fluxo de capitais como meio de exercer pressão. Ao governo britânico, à falta de meios legais para fundamentar uma reclamação formal, restou o recurso de fazer sentir ao governo brasileiro que o tratado desagradava seus comerciantes, lembrando-lhe que produtos brasileiros entravam na Grã-Bretanha isentos de direitos alfandegários e que o Brasil sempre fora recebedor de capital inglês. A República não deu atenção a tais insinuações, respondendo com evasivas e observando que não havia intenção de prejudicar o comércio britânico, mas sim a de proteger seus próprios interesses. Reiterou que estender aos produtos ingleses as vantagens do convênio implicaria drástica redução das rendas geradas pelas alfândegas – os britânicos eram os principais vendedores para o Brasil – de tal modo a comprometer a importante fonte de receita da União. No que dizia respeito à insinuação de restrição dos créditos, o Brasil fez constar que isso poderia levá-lo à condição de insolvente, fato que se reverteria contra a própria Inglaterra, seu principal país credor. Nada podendo fazer efetivamente, o Foreign Office encerrou sua tentativa e adotou atitude de observação.[80]

Denunciado o convênio pelo governo norte-americano, o brasileiro também o fez em 22 de setembro de 1894 por meio de nota do ministro das Relações Exteriores ao chefe da legação norte-americana no Rio de Janeiro, constando que o acordo continuaria a ser executado até o último dia daquele ano. Segundo o ministro da Fazenda, a extensão do prazo até 31 de dezembro fora para "manter a fé contratual" derivada do convênio e para "garantir os interesses comerciais das duas nações". O governo brasileiro resguardava-se,

---

79 Ibidem.

80 Cf. Smith, J., 1979, p.163-166. Informa este autor, apoiado na documentação diplomática britânica, que Wyndham, representante britânico no Rio de Janeiro, opinava que o convênio em questão não era tão prejudicial ao comércio inglês quanto a concorrência dos produtos de procedência alemã.

130 A REPÚBLICA E SUA POLÍTICA EXTERIOR (1889-1902)

assim, de eventuais reclamações de importadores.[81] A denúncia brasileira fundamentou-se no fato de o governo norte-americano ter aplicado o imposto de 40% *ad valorem* ao açúcar de procedência brasileira, em cumprimento do decreto de tarifas de 28 de agosto de 1894, já mencionado. O governo norte-americano suspendera, assim, sem aviso prévio, todas as cláusulas do convênio que gerara tantas críticas no Brasil, mas que, não obstante, vinham sendo executadas. O mesmo governo não se sentiu, todavia, constrangido para propor novamente ao brasileiro a negociação de um tratado de reciprocidade comercial, no contexto da Tarifa Dingley de 1897, decorrente da volta dos republicanos ao poder com a eleição de McKinley à presidência (4 de abril de 1897 a 14 de setembro de 1901). A proposta foi recusada em março de 1898 pelo fato de que a conjuntura difícil que o país atravessava não permitia redução nas rendas geradas pelas alfândegas da União.[82]

FLUXO E DIREÇÕES DO COMÉRCIO EXTERIOR BRASILEIRO

Cabe indagar qual teria sido o efeito do acordo durante sua vigência sobre os termos do comércio Brasil-Estados Unidos. A documentação estatística relativa às trocas comerciais entre ambos nos períodos imediatamente anterior e posterior ao convênio é carente, conforme consta no Relatório do Ministério da Fazenda relativo a 1890, no qual o ministro Rui Barbosa observou que não havia dados gerados por repartições oficiais necessários ao comércio e à agricultura e, em razão disso, criou em 22 de fevereiro de 1890, pelo Decreto nº 216-C, as seções de estatística comercial para funcionar junto às associações comerciais com a finalidade de se dispor de "um sistema regular e sério de estatística comercial".[83] A queixa a respeito da falta de dados estatísticos persistiu apesar da providência de Rui. Mesmo assim os relatórios do Ministério da Fazenda são fontes indispensáveis para o estudo do assunto. O ajuste comercial de 1891, neste aspecto, foi positivo, pois forçou a coleta, mesmo incompleta, de dados gerados pelas alfândegas e analisados pelas repartições federais.

Na ocasião em que se discutia a possibilidade de revisão do acordo imediatamente após sua assinatura, o ministro das Relações Exteriores solicitou

---

81 *Relatório do Ministério da Fazenda* – 1895, p.122-123. Vejam-se Azevedo, 1971, p.168; Bandeira, 1973, p.137.

82 AHI. Despacho para Washington, 23 mar. 1898. Mensagem apresentada ao Congresso Nacional por Prudente de Moraes em 3 de maio de 1898, in ASF. 1898, v.1, p.13-14; Bandeira, 1973, p.138-139.

83 *Relatório do Ministério da Fazenda* – 1890, p.344-345.

BRASIL-ESTADOS UNIDOS

ao colega da Fazenda a elaboração de estudo sobre os resultados já então obtidos. O diretor interino das rendas públicas do Tesouro (Francisco José da Rocha) e o inspetor da alfândega do Rio de Janeiro (Alexandre A. R. Satamini) manifestaram-se em pareceres separados. Os esclarecimentos prestados em 1892 não forneceram dados firmes para estudo, segundo o ministro. O diretor geral das rendas públicas informou (em 21 de março de 1892) que sem dados estatísticos não era possível firmar opinião segura. Pelo alcance e pela importância do assunto, solicitou das alfândegas da União quadros sobre o movimento comercial entre o Brasil e os Estados Unidos. Mesmo a alfândega da capital não dispunha de informações seguras; o material indispensável só seria fornecido por volta do início de abril. Informou ainda que os estudos efetuados pelos comissários especiais, quando da negociação, ficaram subordinados às estatísticas norte-americanas. Sobre estas, pois, é que se desenvolveram os estudos que culminaram no Decreto nº 1338 de 5 de fevereiro de 1891 que aplicou o convênio recém-celebrado. Na falta de dados seguros, o diretor-geral sugeriu que o Brasil não se apressasse em denunciar o acordo.[84] O inspetor da alfândega do Rio de Janeiro concluiu da mesma forma, mas de modo incisivo, em parecer de 10 de março de 1892: o momento não era oportuno para restabelecer negociações definitivas a respeito da continuação ou rescisão do ajuste. Isto é, as coisas deveriam ficar como estavam. O inspetor, que fora um dos poucos defensores do convênio quando se agudizaram as críticas na imprensa, sugeriu que o mais conveniente, naquela altura, seria definir se a manutenção do ajuste atendia aos interesses comerciais do país ou, ao contrário, denunciá-lo, mas no momento apropriado. O inspetor afirmou nutrir prevenções contra tais ajustes feitos a partir das considerações que lhes serviram de fundamento. Depois de sintetizar as razões imediatas que levaram à sua negociação, razões que, em última análise, resumiam-se às facilidades que os açúcares do Brasil obteriam no mercado norte-americano, na suposição de que a Espanha não entrasse em ajustes semelhantes com os Estados Unidos. Afirmou, com perspicácia, que lhe parecia ter sido esquecida "a circunstância, aliás ponderosa, de que não sendo a produção brasileira suficiente para fornecer o enorme suprimento deste gênero, de que precisam anualmente os Estados Unidos", os açúcares das possessões espanholas não desapareceriam do mercado daquele país.[85] Segundo ainda o inspetor, a produção brasileira de açúcar não era suficiente sequer para abastecer o mercado interno, tanto

---

84 *Relatório do Ministério da Fazenda* – 1892, p.94-96.

85 *Relatório do Ministério da Fazenda* – 1892. Parecer do Inspetor da Alfândega do Rio de janeiro, 10 mar. 1892, p.96-99.

era assim que nos últimos seis meses o seu preço havia dobrado. Mesmo que a Espanha, como em vão se esperara, não concedesse favores aduaneiros aos Estados Unidos em troca de idênticos favores para seu açúcar no mercado norte-americano, a posição do produtor brasileiro não era tão ruim de modo a justificar renunciar à renda auferida pelas alfândegas, como vinha ocorrendo em razão das isenções concedidas. O inspetor reiterava a óbvia constatação, já então corrente: o ajuste Espanha-Estados Unidos deixava o açúcar brasileiro na mesma situação anterior ao convênio, com o agravante de ter provocado prejuízo na arrecadação do imposto de importação. Quanto ao café, mesmo que sobre ele viesse a incidir imposto de importação nos Estados Unidos, seria por tempo determinado, pois o principal prejudicado seria o consumidor norte-americano, como, aliás, já observara o próprio Salvador de Mendonça. O responsável pelo parecer foi taxativo: "Em tese não há dúvida que estamos prejudicados". A falta de informações estatísticas nem sequer permitia avaliar se o volume de comércio entre os dois países crescera de forma que compensasse, pelo aumento dos valores de importação, "o aparente prejuízo dos favores da reciprocidade". Conviria manter a situação tal como se achava, por prudência e porque "a lealdade e deveres de cortesia para com uma Nação amiga aconselham que nada se faça por ora".[86]

No relatório do Ministério da Fazenda relativo a 1893 persiste a informação de que ainda não existiam elementos suficientes para uma apreciação segura sobre os efeitos do discutido acordo. Todavia, à luz de dados fornecidos pela alfândega do Rio de Janeiro e de dados incompletos fornecidos pelo Tesouro, o ministério comparou as transações comerciais entre Brasil e Estados Unidos no ano imediatamente anterior ao convênio e no ano em que começou a vigorar, conforme se vê nas tabelas a seguir:

1890	
Brasil-Estados Unidos	
Valor da importação no Rio de Janeiro	15.242:916$467
Direitos arrecadados	4.121:703$905
Expediente de 5%	41:424$600
Valor das mercadorias livres de direitos pela tarifa	1.295:847$540
Exportação para os Estados Unidos	73.631:417$160

Fonte: *Relatório do Ministério da Fazenda* – 1893, p.120.

---

86 Idem, loc. cit.

BRASIL-ESTADOS UNIDOS **133**

1891	
Brasil-Estados Unidos	
Valor da importação no Rio de Janeiro	16.924:156$123
Direitos arrecadados	3.118:392$640
Expediente de 5%	359:912$102
Valor das mercadorias livres de direitos pela tarifa	2.571:721$300
Valor das mercadorias livres pelo Convênio	5.461:223$140
Valor das despachadas com abatimento de 25%	3.135:373$125
Exportação para os Estados Unidos	92.682:736$463

Fonte: Extraída do *Relatório do Ministério da Fazenda* – 1893, p.121.

Soma dos valores oficiais dos produtos exportados para os Estados Unidos	
Unidades da Federação: AL, AM, BA, CE, ES, RN, PE, SC, SE	
Anos	Valor
1889	19.981:200$000
1890	52.005:000$000
1891	26.439:810$000

Fonte: *Relatório do Ministério da Fazenda* – 1893, p.122.

Soma dos valores oficiais dos produtos importados dos Estados Unidos	
Unidades da Federação: AL, AM, BA, CE, ES, PE, RN, SC, SE	
Anos	Valor
1889	9.126:606$000
1890	5.821:364$000
1891	8.426:855$000

Fonte: *Relatório do Ministério da Fazenda* – 1893 p.122.

Mesmo com as falhas importantes referentes às unidades do Rio de Janeiro e de São Paulo, os dados expostos permitem concluir que: a) a cifra da importação teve pequeno aumento, não se configurando alteração de destaque, uma vez que fora maior em anos anteriores; b) a diferença na arrecadação de direitos foi pequena; c) o valor da exportação para os Estados Unidos de 1890 para 1891 teve um aumento de 19.051:319$303; e d) mantinha-se a assimetria favorável ao Brasil entre a importação e a exportação.

Os números referentes a 1892 são seguros apenas em relação ao valor das mercadorias livres de direitos nos termos do ajuste do ano anterior. Tais mercadorias deveriam ter proporcionado a arrecadação de 1.407:438$551, mas em razão do convênio arrecadou-se 294:365$523, o que se traduzia em uma redução de 1.113:073$028, isto é, o que se deixou de arrecadar. Cumpria ainda somar a essa diferença o que deixaria de ser arrecadado em razão do abatimento de 25% aplicado às mercadorias indicadas no item 2º do

134   A REPÚBLICA E SUA POLÍTICA EXTERIOR (1889-1902)

citado convênio. A perda do Tesouro, por conta desse item, foi em 1891 de 316:690$900. Para 1892 estimava-se importância semelhante. Apesar de se dispor apenas de dados parciais, o relatório informa que, independentemente do convênio, as trocas entre os dois países eram expressivas e que seus algarismos apresentavam sempre os mesmos resultados. Era, pois, prematuro, àquela altura, afirmar que o acordo bilateral fosse prejudicial ao comércio e à indústria nacionais. Por outro lado, o acordo contribuíra para atenuar a carestia dos principais gêneros de consumo, como as carnes, farinha de trigo e banha.[87]

A exportação de café para os Estados Unidos no período de 1891 a 1897, portanto na vigência do convênio, apresentou aumento contínuo, confirmando as previsões de observadores da época. A tendência de alta manteve-se nos anos posteriores. Os quadros a seguir mostram as tendências e as posições ocupadas pelos principais parceiros comerciais do Brasil no período ora analisado.

Nos anos da vigência do convênio, o café brasileiro importado pelo mercado norte-americano equivalia, *grosso modo*, à soma, no mesmo período, dos seis principais compradores do Brasil na Europa: Alemanha, França, Áustria-Hungria, Inglaterra, Bélgica e Suíça. Essa diferença, todavia, não tinha relação com o convênio; a isenção de direitos sobre o café era anterior ao ajuste comercial e persistiu depois que ele foi denunciado por ambas as partes.

Café fornecido para os mercados da Europa	
Anos	**Sacas de 60 quilos**
1891	4.662.598
1892	4.609.431
1893	4.520.966
1894	4.538.181
1895	4.607.248
1896	4.625.665
1897	5.085.900

Fonte: *Relatório do Ministério da Fazenda* – 1898, p.350.

Após a cessação dos efeitos do convênio de 1891, a importação do café brasileiro para os Estados Unidos manteve a tendência de alta.

---

87 *Relatório do Ministério da Fazenda* – 1893, p.121-122.

BRASIL-ESTADOS UNIDOS

1901-1902
Venda de café brasileiro para os Estados Unidos comparada com outros países

	Sacas	Valor em1$000 papel
Estados Unidos		
1901	6.874.421	233.666:356$000
1902	5.448.247	166.888:386$000
Alemanha		
1901	2.239.308	77.831:654$000
1902	2.382.249	76.636:844$000
França		
1901	2.183.870	77.597:859$000
1902	1.719.027	54.089:795$000
Áustria		
1901	689.944	24.022:826$000
1902	679.272	24.403:659$000
Grã-Bretanha		
1901	180.568	6.435:884$000
1902	366.883	11.590:337$000
Argentina		
1901	92.941	3.048:703$000
1902	95.304	2.803:561$000

Fonte: *Relatório do Ministério da Fazenda do Brasil* – 1904.

Em 1899 – um ano após a cessação do convênio –, os Estados Unidos continuavam a ocupar a quarta posição no total das importações brasileiras, depois da Grã-Bretanha, Alemanha e Argentina:

1899
Valor oficial da importação direta pelas alfândegas da União

Países	Valor
Grã-Bretanha	139.504:275$000
Alemanha	50.501:735$000
Argentina	35.130:145$000
Estados Unidos	32.484:474$000
França	32.414:346$000
Uruguai	23.734:537$000
Portugal	19.803:195$000
Itália	16.359:650$000
Bélgica	13.836:368$000
Espanha	4.243:777$000
Chile	1.600:705$000
Áustria	411:098$000
Suécia	205:670$000

136 A REPÚBLICA E SUA POLÍTICA EXTERIOR (1889-1902)

1899	
Valor oficial da importação direta pelas alfândegas da União	
Países	Valor
Suíça	162:845$000
Japão	10:839$000
Dinamarca	3:662$000
Outros	2.617:864$000
Total	374.468:282$000

Fonte: *Relatório do Ministério da Fazenda* – 1900.

Em 1900 e 1901, os Estados Unidos continuaram a ocupar a mesma posição na importação brasileira, mesmo com o declínio observado em 1901 em relação a 1900:

1900	
Valor oficial da importação direta pelas alfândegas da União	
Países	Valor
Grã-Bretanha	138.463:191$000
Alemanha	68.795:795$000
Argentina	52.021: 190$000
Estados Unidos	47.460:797$000
Uruguai	41.409:816$000
França	33.930:862$000
Portugal	32.385:317$000
Itália	14.786:038$000
Bélgica	12.720: 805$000
Espanha	4.204:736$000
Áustria	2.093:325$000
Holanda	356:933$000
Outros	2.796:698$000
Total	451.425:483$000

Fonte: *Relatório do Ministério da Fazenda* – 1902

1901	
Valor oficial da importação direta pelas alfândegas da União	
Países	Valor
Grã-Bretanha	147.028:301$000
Alemanha	66.037:694$000
Argentina	57.227:515$000
Estados Unidos	42.595:202$000
França	33.838:693$000
Portugal	30.153:404$000
Uruguai	26.397:529$000

BRASIL-ESTADOS UNIDOS

1901	
Valor oficial da importação direta pelas alfândegas da União	
Países	Valor
Itália	17.239:593$000
Bélgica	12.302:352$000
Espanha	4.421:614$000
Áustria	3.460:740$000
Holanda	254:751$000
Diversos	2.623:570$000
Total	443.580:965$000

Fonte: *Relatório do Ministério da Fazenda* – 1902.

As pequenas oscilações não afetavam a cômoda posição da Grã-Bretanha no primeiro lugar como país vendedor, com expressiva diferença em relação ao segundo colocado, a Alemanha. Em 1902, quatro anos após o fim da vigência do convênio, os Estados Unidos suplantaram a Alemanha e a Argentina, e ocuparam o segundo lugar na nossa importação direta.[88] Inversamente, os Estados Unidos eram nossos principais compradores de café. Observando-se o período correspondente aos anos de 1900, 1901 e 1902, do qual já se tem dados precisos, constata-se que o Brasil ocupou cômodo primeiro lugar como fornecedor, e que as exportações para aquele país tendiam a crescer. Os Estados Unidos receberam do Brasil, em quilogramas, respectivamente, 276.558.907, 389.592.844 e 347.537.254. Em igual período, receberam do seu segundo fornecedor, o México, respectivamente, 13.641.660, 10.407.896 e 13.963.545 quilogramas.[89] A documentação sobre o açúcar brasileiro entrado nos Estados Unidos, em relação a outros fornecedores, é carente de modo a não permitir comparações. Todavia, pelo que já foi dito, conclui-se que sua presença naquele mercado estava distante de ocupar a posição cômoda desfrutada pelo café, sobretudo em razão da concorrência antilhana, mas era um dos principais itens da exportação brasileira para aquele país, juntamente com o café e a borracha.[90]

As relações comerciais do Brasil com os Estados Unidos, em 1902, apresentam dados que merecem destaque. Em termos de importação, o Brasil recebeu em 1$000, ouro, dos Estados Unidos, 25.348:824$000, figurando em segundo lugar depois da Grã-Bretanha, que forneceu 58.247:208$000. Em seguida, vem a Alemanha, com 23.677:020$000, Argentina, com

---

88 *Relatório do Ministério da Fazenda* – 1904, p.395.

89 Ibidem, p.196.

90 Ibidem, p.399-401.

138 A REPÚBLICA E SUA POLÍTICA EXTERIOR (1889-1902)

18.524:448$000, França, com 18.174:328$000, e Áustria, com 3.818;715$000. O país, portanto, importou dos Estados Unidos praticamente a metade do que importou da Grã-Bretanha.[91] Os principais itens dessa importação foram:

1902		
Principais artigos importados pelo Brasil		
Artigos	Quantidades em quilos	Valor a bordo, no Brasil, em 1$000
Bacalhau	28.186.035	6.261:189$000
Banha	4.206.756	2.259:264$000
Farinha de trigo	105.590.991	10.563:838$000
Gasolina, querosene e petróleo	62.239.652	4.416:126$000
Leite condensado	1.284.148	497:331$000
Toucinho	769.266	8.863:089$000

Fonte: *Relatório do Ministério da Fazenda* – 1904, p.395.

Dos artigos discriminados, os norte-americanos figuram como primeiros fornecedores de bacalhau, banha, querosene e toucinho. Eram também o principal fornecedor de farinha de trigo, pois vendiam quase tanto quanto a Grã-Bretanha, Áustria, Argentina, França e Alemanha reunidas. Com referência ao leite condensado, ocupavam os Estados Unidos o quarto lugar. Além dos artigos mencionados, figuram ainda como principais os artigos importados pelo Brasil dos Estados Unidos: madeiras de construção, manufaturas de algodão, objetos de eletricidade e óleo de caroço de algodão.[92] O comércio Brasil-Estados Unidos tomava cada vez mais importância. Os dados relativos ao café são assaz ilustrativos. Enquanto Alemanha, França, Áustria, Grã-Bretanha e Argentina importaram, respectivamente, em 1902, em 1$000, papel, 76.636:844$000, 54.089:795$000, 24.403:659$000, 11.590:337$000 e 2.803:561$000, os Estados Unidos importaram 166.888:386$000.[93] Estes importavam – livre de direitos – quase que a soma dos demais principais consumidores do café brasileiro.

---

91 *Relatório do Ministério da Fazenda*, p.395.
92 *Relatório do Ministério da Fazenda* – 1904, p.399.
93 *Relatório do Ministério da Fazenda* – 1904, p.397-398.

BRASIL-ESTADOS UNIDOS

1900-1901-1902		
Quantidade e valor dos principais gêneros importados do Brasil pelos Estados Unidos		
	Quilogramas	**Valor em réis**
Café		
1900	276.558.907	76.760:382$120
1901	389.592.844	93.224:740$230
1902	347.572.254	86.018:167$290
Borracha		
1900	13.896.218	30.960:827$550
1901	15.337.140	31.337:187$180
1902	12.865.485	27.833:009$850
Açúcar		
1900	56.146.393	4.246:529$640
1901	167.394.085	11.789:440$110
1902	112.829.868	6.078:639$630
Courinhos		
1900	1.137.602	2.393:328$900
1901	1.241.740	2.873:196$990
1902	1.308.449	3.023:840$760
Cacau		
1900	3.419.329	1.861:937$160
1901	4.275.091	2.108:355$810
1902	4.782.022	2.383:562$190
Couros		
1900	2.390.703	1.509:623$730
1901	1.296.798	714:274$620
1902	1.361.012	714:254$490
Manganês		
1900	43.078.706	730:764$750
1901	48.893.220	841:843$920
1902	98.910.938	1.670:149$500
Peles		
1900	425.968	551:199$660
1901	389.450	422:601$900
1902	337.605	379:047$900
Frutas e nozes		
1900	–	111:412$230
1901	–	312:994$050
1902	–	704:694$570

Fonte: *Relatório do Ministério da Fazenda* – 1904, p.397-398.

140 A REPÚBLICA E SUA POLÍTICA EXTERIOR (1889-1902)

A Grã-Bretanha ocupava folgadamente o primeiro lugar nas importações, mas como recebedora de produtos do Brasil não ocupava posição nem de longe correspondente à sua presença no mercado brasileiro. Com os Estados Unidos, a assimetria era inversa: eram o primeiro comprador do principal item da agroexportação brasileira (café), além de outros produtos primários. Os dados relativos à importação-exportação entre o Brasil e os Estados Unidos mostram que o convênio aduaneiro teve pouca significação no referente ao volume e à tendência das relações comerciais entre os dois países. Não se mencionou a importação de capital, mas é conhecida a preeminência dos ingleses nesse período.

Considerando-se o constante crescimento e as excelentes expectativas do mercado dos Estados Unidos em razão da popularização do consumo de café e do rápido crescimento da sua população, a tendência da economia brasileira era manter a especialização e reforçar o estreitamento de suas relações comerciais com aquele país. O aumento das vendas de café não se fazia em detrimento de outros produtos provenientes de áreas não cafeicultoras. As vendas de couro, peles, borracha e, sobretudo, açúcar não colidiam com os interesses das novas áreas cafeiculturas e as antigas da agroexportação. O convênio aduaneiro Brasil-Estados Unidos de 1891, com os argumentos que o sustentaram e os prejuízos que causou ao tesouro nacional, é eloquente na demonstração de que a República não se fez exclusivamente em favor dos cafeicultores. Topik demonstra, apoiado em sólido embasamento empírico, que a aproximação do Brasil aos Estados Unidos baseada na reciprocidade não se deu por pressão dos plantadores e exportadores de café. A aproximação atendia interesses da industrialização, da modernização e os dos barões do açúcar. Os estadistas da República, portanto, ao defender a aproximação dos dois países, "não estavam atuando como representantes dos plantadores de café".[94] Pelo fato de o café e outros produtos brasileiros já entrarem nos Estados Unidos livres de direitos alfandegários, o tratado de 1891 foi desnecessário. Para o Brasil, em termos comerciais, "serviu" apenas para, sem contrapartidas, baixar ou isentar de direitos um rol extenso de importações norte-americanas. De qualquer modo, não se pode perder de vista que o presidente dos Estados Unidos poderia em qualquer momento, servindo-se da liberdade que lhe dera o Congresso, aplicar tarifas máximas ou mínimas a determinados países, bem como retirar produtos da lista dos isentos de taxas alfandegárias. No caso brasileiro o risco era mais teórico do que real, mas impressionara Salvador de Mendonça. Quando os democratas voltaram ao poder, em março de 1893,

---

94 Topik, 2009, p.104-105.

não tardaram em denunciar o tratado assinado com o Brasil em 1891, conforme dito anteriormente. O fato de a denúncia ter partido do governo norte-americano foi usado por Mendonça, conforme já afirmado, para reiterar aos seus críticos que o tratado era vantajoso para o Brasil. O fato é que as exportações brasileiras para os Estados Unidos antes, durante e logo após o tratado mantiveram o volume e tendências, conforme constam nos gráficos já vistos.

Para os Estados Unidos os efeitos positivos do tratado de 1891 foram limitados. Os exportadores de farinha de trigo frustraram-se com o mercado brasileiro. Além da forte concorrência da Argentina, que figurava em primeiro lugar como fornecedora, a indústria moageira brasileira fazia crescer sua presença no mercado nacional. Nos anos de vigência do acordo houve melhora, embora não expressiva, para os exportadores de manufaturados de ferro, aço e tecidos de algodão. Dado importante foi o aumento no valor das tarifas de importação imposto pelo governo brasileiro por razões fiscais e protecionistas. Para os produtos isentos criou uma taxa de expediente. Itens importantes da pauta de importações, como trilhos, locomotivas e vagões, mantiveram-se isentos independentemente da origem.[95] Havia concorrência acirrada entre Estados Unidos e Inglaterra no referente à importação de material ferroviário.

A GRANDE NATURALIZAÇÃO

O Governo Provisório, trinta dias após a Proclamação da República, decretou que eram brasileiros todos os estrangeiros presentes no território nacional no dia 15 de Novembro de 1889, independentemente de qualquer formalidade. O governo norte-americano objetou, dando origem à nota de 6 de março de 1890 do secretário de Estado James Blaine, entregue ao ministro plenipotenciário brasileiro em Washington Amaral Valente, alegando que não se podia impor a naturalização a um estrangeiro, e retirar a espontaneidade do interessado que, consoante o decreto, tinha que tomar iniciativas, caso quisesse conservar sua nacionalidade. Antes de responder, Amaral Valente esclareceu pessoalmente a Blaine que o decreto em questão fora inspirado por sentimentos de generosidade para com os estrangeiros, que teriam, assim, facilitada sua naturalização. Tanto era assim que aqueles que não desejassem adquiri-la não teriam dificuldades para conservar a anterior, como comprovavam as listas de pessoas que assim se expressaram. À vista de pedido, Valente apresentou tais listas a Blaine e, no ensejo, significou-lhe que a atitude

---

95 Topik, 2009, p.327-330; 353-354.

142 A REPÚBLICA E SUA POLÍTICA EXTERIOR (1889-1902)

dos Estados Unidos "seria mui sensível ao Governo do Brasil, porque poderia parecer ter ela sido devida à influência de Gabinetes europeus, que como era sabido, tratavam de criar toda espécie de embaraços à boa marcha da República". Valente concluiu manifestando esperança na desistência da reclamação por parte de Blaine, o que seria mais uma demonstração de simpatia para com o governo brasileiro. O Secretário de Estado informou que não tomara iniciativa em razão de convite de governos europeus, mas sim em atenção a queixas vindas do Rio de Janeiro. Todavia, em atenção ao que lhe fora exposto, suspendia-se em ambos os lados o andamento da questão. Blaine constou ainda "que se achava possuído dos melhores desejos de auxiliar o Governo do Brasil na sua espinhosa missão, e que a sua nota só tinha tido por fim ressalvar os direitos dos cidadãos americanos". Em entrevista posterior, Blaine declarou que seu governo, tomando em conta o que lhe fora exposto, não insistiria na reclamação, tornando a nota sem efeito.

A reclamação norte-americana, segundo o ministro das Relações Exteriores Quintino Bocaiuva, não fora retirada, o que a tornava subsistente, e poderia ser invocada a qualquer tempo. Bocaiuva aprovou o procedimento do representante brasileiro e, mesmo não acreditando que o governo norte-americano fosse tocar novamente nesse assunto, achou conveniente que Blaine, em conferência, tivesse conhecimento do contramemorando brasileiro.[96]

Itália, Espanha, Portugal, Grã-Bretanha, Áustria-Hungria e França protestaram contra o decreto de naturalização, pedindo sua revogação ou modificação. O governo francês, segundo narrou Bocaiuva, levantou duas situações hipotéticas que mereciam esclarecimentos do Governo Provisório: como este reagiria caso um francês que não se manifestara no prazo previsto na lei de naturalização reivindicasse sua nacionalidade de origem; e se um francês considerado brasileiro retornasse ao seu país e, ainda em débito com seu serviço militar, "buscasse o apoio da legação do Brasil para protestar contra a qualificação de desertor que a lei francesa poderia aplicar-lhe". Bocaiuva esclareceu em circular às legações brasileiras que no primeiro caso a reivindicação seria acolhida "favoravelmente", e a respeito do segundo esclareceu que "A naturalização não pode subtrair o nacionalizado às obrigações por ele contraídas no país de origem antes da sua desnacionalização".[97] A reação negativa à lei de naturalização, embora não veemente, não ficou adstrita às chancelarias. O decreto do Governo Provisório, concebido como um ato de liberalidade,

---

96 AHI. Despacho confidencial para Washington, 2 ago. 1890; *Relatório do MRE-1893*, p.79.

97 Ibidem. Para mais detalhes, vejam-se AHI 317/01/08, in *Cadernos do CHDD*, ano IV, n. 6, p.20-22; AHI. Ofício de Londres, 23 jun. 1890. Sobre a reação da Itália, veja-se Cervo, 1992, p.37-39. No que se refere a Portugal, *Missão Diplomática...*, p.67-78.

BRASIL-ESTADOS UNIDOS

provocou impressão contrária, entendido como imposição. Para dissipar dúvidas, Bocaiuva esclareceu para a imprensa estrangeira os propósitos do governo em beneficiar estrangeiros residentes no Brasil. Àqueles que não desejassem ter a cidadania brasileira, bastava manifestarem-se junto à autoridade competente.[98] O protesto norte-americano e a maneira como a legação do Brasil em Washington reagiu demonstram o nível e a forma de entendimento que se estabelecera entre os dois governos. A chancelaria brasileira esperava que a aprovação do governo norte-americano produzisse efeito positivo no ânimo dos governos dos países europeus que também protestaram.[99] Do relativo à naturalização restaram apenas detalhes de ordem técnica; o assunto praticamente desaparece na documentação bilateral. Só quando do início da Guerra da Independência Cubana (1895), na Câmara dos Deputados, em meio às manifestações de simpatia pelos rebeldes (falou-se até favoravelmente ao reconhecimento deles como beligerantes), houve protesto contra o alistamento de espanhóis residentes no Brasil feito pelo consulado, pois entre eles poderiam estar brasileiros abrangidos pela grande naturalização que se consubstanciou no item 4º do art. 69 da Constituição de 1891.[100]

O BRASIL E A GUERRA
HISPANO-NORTE-AMERICANA DE 1898

Durante a Guerra Hispano-Norte-Americana de 1898 o governo adotou posição de "rigorosa neutralidade", conforme informa o Relatório do Ministério das Relações Exteriores, mas foi o único país da América Latina a demonstrar simpatia pelos Estados Unidos, e lhes vendeu navios:[101] o *Amazonas* e o

---

98 Klein, John C., Senhor Bocayuva interviewed, *The South American Journal*, Londres, 1º mar. 1890.

99 O *Relatório do Ministério das Relações Exteriores* (1893, p.79) informa que Portugal, Itália, Espanha, Grã-Bretanha e Áustria-Hungria mantinham até aquela data o protesto contra o Decreto de 14 de dezembro de 1889.

100 Por tal razão, Medeiros e Albuquerque apresentou à Câmara o seguinte requerimento: "Requeiro que o Poder Executivo informe se entre os prófugos e desertores que o consulado espanhol está alistando contra Cuba, estão cidadãos que por força das leis do governo provisório e do art. 69 da Constituição, o Brasil considera nacionalizados definitivamente" (ACD. Sessão de 14 out. 1895).

101 *Relatório do Ministério das Relações Exteriores* – 1898, v.1:13; AHI. Ofício de Londres, 1 jun. 1898 e Ofício reservado de Narragansett-Pier, 3 jul. 1902; mensagem apresentada ao Congresso Nacional por Prudente de Moraes em 3 de maio de 1898, cit. Vejam-se também Hill, 1970, p.284; Bandeira, 1973, p.150; Smith, J., 1991, p.27.

144   A REPÚBLICA E SUA POLÍTICA EXTERIOR (1889-1902)

Almirante Abreu, que ainda se encontravam nos estaleiros ingleses. A operação foi acertada em março de 1898 pelo ministro brasileiro em Londres, João Artur de Sousa Corrêa, assistido pelo almirante João Cândido Brasil, e o encarregado norte-americano de negócios naquela capital, Henry White, após longa troca de correspondência e contatos que envolveram, além do ministro das Relações Exteriores, Dionísio Evangelista de Castro Cerqueira, os representantes norte-americanos no Rio e em Londres. O governo brasileiro insistiu na venda de ambos os cruzadores, equipados com armamento pesado de tiro rápido, e dispondo de geradores elétricos,[102] e descartou a venda isolada de um deles, como em certo momento pretenderam os negociadores norte-americanos. Procurou as melhores condições de venda possíveis, mas decidiu que daria preferência aos Estados Unidos na hipótese de oferta igual à da Espanha. O desfecho das negociações desagradou os agentes do governo espanhol em Londres, pois haviam tentado comprar os navios nas mesmas condições.[103]

O ministro Cerqueira mostrou-se zeloso na observação da neutralidade. Tanto é assim que após Salvador de Mendonça ter pronunciado, em 18 de maio de 1898, o discurso para a entrega da carta que dava por finda sua missão junto ao governo dos Estados Unidos, recebeu reprimenda de Cerqueira em razão de três pontos:

> [...] o primeiro é este: – mas amigos não se separam no momento solene em que a Nação é chamada às armas, com fórmulas diplomáticas somente. Essa alusão à guerra com a Espanha pode ser interpretada como expressão de simpatia contrária à neutralidade adotada pelo seu governo, sobretudo combinada com o terceiro ponto, que é o seguinte: Aonde quer que o meu dever para com a Pátria me chame, posso assegurar-vos que meu coração e simpatia estarão com o vosso nobre povo e com o Porta-Estandarte da América Republicana que está estendendo os postos avançados da liberdade humana até dentro das últimas trincheiras do passado... V. Exa. dividiu o seu discurso em duas partes e na segunda falou como particular. Essa distinção não diminuiu o alcance de suas palavras em assuntos que dependem de iniciativa e resolução do Governo Federal e sobre as quais convém que seus agentes se abstenham de enunciar juízo, sobretudo nas condições em que V. Exa. se achava, porque, se já não era ministro em Washington, estava aceito pelo governo português e nomeado para Lisboa...[104]

---

102 *The Daily Graphic*, Londres, 18 mar. 1898.

103 AHI. Ofícios reservados de Londres, 26 fev., 18 mar., 22 abr., 14 jul. 1898.

104 AHI. Despacho para Washington, 22 jun. 1898. Salvador de Mendonça, posteriormente, ao relatar e transcrever na íntegra o discurso que pronunciou na ocasião, bem como a resposta do presidente MacKinley, não fez qualquer menção às restrições feitas pelo ministro

Apesar da cautela do ministro das Relações Exteriores, não foi possível esconder a simpatia brasileira pelos Estados Unidos. Simpatia observada, também, entre os jacobinos brasileiros,[105] noticiada até na imprensa de Paris com a informação de que o *Paiz*, principal órgão dos jacobinos, afirmara que eles estavam "com os Estados Unidos que dão à Europa o exemplo audacioso do sacrifício pela liberdade de um povo". Informou ainda que a simpatia do partido exaltado se mantinha "fiel à memória e à política do Marechal Floriano" em razão "da intervenção dos Estados Unidos contra a revolta da Armada em 1893-1894 que, a partir de certo momento, tomou caráter de um movimento monárquico".[106]

Em 1902, o sucessor imediato de Salvador de Mendonça em Washington, Assis Brasil, reiteraria a David H. Hill, subsecretário de Estado, em conferência sobre a questão do Acre, que na "guerra com a Espanha, foi o Brasil o único país latino que teve real simpatia pelo êxito favorável aos Estados Unidos, como a única nação do mundo que lhes vendeu navios de guerra nas vésperas do conflito".[107] A venda foi oportuna para o Brasil, pois a transação foi concluída no momento em que o país passava por sérias dificuldades financeiras, sem condições de manter em dia o serviço da dívida externa, o que levaria Campos Sales, presidente eleito, a negociar e concluir em junho o citado *funding loan* mediante o compromisso de executar rígida política de austeridade financeira durante seu quatriênio presidencial.[108]

ASSIS BRASIL EM WASHINGTON

Joaquim Francisco de Assis Brasil, republicano do Rio Grande do Sul, fora nomeado em 1890 ministro plenipotenciário por Floriano Peixoto para

---

das Relações Exteriores. O assunto poderia ser mais bem elucidado se Mendonça tivesse aproveitado o ensejo para defender-se (Mendonça, S., 1913, p.219-25). Bandeira (1973) tratou do assunto à p.150.

105 A posição dos "jacobinos" brasileiros favorável aos Estados Unidos, manifestada no *Paiz*, foi noticiada na imprensa de Paris (AHI. Ofício de Londres, 27 abr. 1898).

106 AHI. Ofício de Londres, 27 abr. 1898.

107 AHI. Ofício reservado de Narragansett-Pier, 3 jul. 1902.

108 Campos Sales, em carta de 1º de junho de 1899, solicitou apoio a José Carlos Rodrigues, diretor do *Jornal do Commercio*, diante da campanha de Rui Barbosa a favor da reorganização da defesa nacional, argumentando que " a ideia de *cuidar de nossa defesa* já vai criando algumas dificuldades sérias ao meu Governo. Há quem pense que o Tesouro já pode despender milhões em navios, fortificações, armamentos etc. Ninguém lembra mais que *há apenas um ano* vendíamos navios para tapar bicos" (apud Debes, 1978, p.495-496).

146   A REPÚBLICA E SUA POLÍTICA EXTERIOR (1889-1902)

chefiar a legação em Buenos Aires, onde permaneceu pouco tempo (8 de outubro a 26 de novembro), pois voltou ao país a fim de integrar a Assembleia Nacional Constituinte no Rio de Janeiro. Retornou ao mesmo posto em 1892, no qual permaneceu até julho de 1893. Em março de 1895 foi nomeado para chefiar a legação em Lisboa, em maio de 1898, e de lá foi diretamente para Washington a fim de assumir a legação brasileira. Em junho apresentou suas credenciais ao presidente McKinley. Em Washington, teve ação destacada na questão gerada pelo arrendamento do Acre à Bolívia.[109]

Assis Brasil tinha capacidade de observação, perspicácia, e senso do dever, qualidades que o levavam a escrever de próprio punho longas cartas reservadas ao ministro das Relações Exteriores nas quais abarcava as condições gerais do país em que estava a serviço do Brasil, sobre o contexto internacional que lhe era dado observar, e sobre aspectos do seu povo. Como outros de sua época, percebia a relevância das relações dos Estados Unidos para o Brasil, tanto no aspecto econômico quanto no político, mas, proprietário rural que era, atentou para outro aspecto dessas relações até então negligenciado pelos seus antecessores republicanos: o que o Brasil poderia aproveitar dessas relações em prol do seu progresso agrícola. A partir da observação de que os Estados Unidos eram os maiores produtores do mundo, ressaltou que "a sua colheita em milho no ano passado [1897] representava um valor 10 vezes maior do que a do nosso café no mesmo ano, calculadas ambas aos preços do Brasil". A magnitude da agricultura norte-americana era tal que despertava interesse até na Europa. A Alemanha mantinha um adido agrônomo e florestal na sua embaixada nos Estados Unidos, apesar de não ter tanto a aprender nessa matéria quanto o Brasil. Interessado no que a médio e a longo prazo poderia beneficiar o progresso econômico brasileiro, solicitou o envio de um agrônomo para juntar-se ao pessoal da legação com a finalidade de adquirir conhecimentos que poderiam ser aplicados no país. Embora sua sugestão tenha sido reconhecida como conveniente, não foi atendida por falta de verba no orçamento do Ministério dos Negócios da Indústria, Viação e Obras Públicas. Assis Brasil voltaria ao assunto quase dois anos depois, quando manifestou, com ênfase, sua opinião sobre a crescente relevância das relações com os Estados Unidos, ressaltando que estes eram nosso "melhor freguês" (compravam mais do que nos vendiam) e ocupavam lugar preeminente no hemisfério. O diplomata lembrava ainda que era o país cujas instituições

---

109 Cf. Franco, A. C., 2006, p.7-17; Na sessão de 12 dez. 1901, o senador Nogueira Paranaguá ressaltou que, entre os ministros novos, "um dos que mais trabalham, que maior atividade no cumprimento dos seus deveres teem prestado à sua pátria no posto que ocupam, incontestavelmente é o Sr. Dr. Assis Brasil" (ASF, 1901).

procurávamos imitar. Por tais razões justificava a necessidade de a legação do Brasil em Washington contar, também, com um adido ou funcionário para observar, estudar e relatar o referente à defesa, à construção de navios mercantes e de guerra, organização de milícias estaduais, defesa das costas, afora outros assuntos. Reiterou a importância de se ter dois adidos na legação, um para cuidar do relativo à agricultura e outro para a indústria. Os Estados Unidos dispunham de muitas publicações oficiais de fácil acesso sobre sua produção e temas correlatos, além de outras que mereciam ser analisadas e relatadas. O pessoal da legação não tinha condições de atender a tais solicitações, absorvido que estava pela rotina diplomática. Assis Brasil pedia também verba para a aquisição de imóvel para a legação brasileira a fim de dotá-la de melhores instalações, pois assim pedia a dignidade do Brasil.[110]

Depois de dois anos e meio em Washington, enviou longo ofício reservado ao ministro das Relações Exteriores do presidente Campos Sales, Olinto de Magalhães, no qual desenhou um quadro dos contextos mundial e regional, e traçou os contornos de um projeto diplomático sintonizado com outras providências destinas a sanar ou minorar as deficiências internas do Brasil. Depois de reconhecer a força das ideias nos resultados definitivos da evolução do mundo, afirmou que "no conflito dos interesses nacionais a decisão de fato tem sido sempre dada pela força, ou apoiada nela". Observou que

> Sempre houve umas nações mais fortes do que outras, mas nunca a desigualdade foi profunda como no atual momento histórico [...] Ao mesmo tempo que as nações agressivas dispõem de elementos ofensivos mais eficazes, as nações fracas tornam-se mais vulneráveis, tendo criado, com sua entrada no concerto da civilização, exigências e necessidades em desproporção com os seus meios de defesa.

E opinou que, apesar de o Brasil possuir extenso território e "cerca da metade" da população da América do Sul, era "eminentemente vulnerável". Observou que "O insulto que as grandes potências mais comumente, e mais a seu salvo, oferecem às débeis é o ataque, ou pelo menos a ameaça, por mar. Ora, a nossa costa de 1.200 léguas de extensão é atualmente pouco mais que indefesa. [...] a nossa situação está longe de ser satisfatória". Mencionou a falta de educação e disciplina do povo, a dificuldade de mobilização, a deficiência de transporte interno e fez um alerta sobre "os serviços nessa

---

110 AHI. Ofícios de Washington, 27 jun. 1898, 2 fev. 1898; despacho para Washington, 27 jun. 1898.

148   A REPÚBLICA E SUA POLÍTICA EXTERIOR (1889-1902)

situação", e no caso "de alguma violenta dificuldade com alguma nação poderosa – que é como dizer 'pouco escrupulosa' – pode resultar que fiquemos como a Espanha em frente dos Estados Unidos, há cerca de um ano".

Para o diplomata brasileiro, o Brasil era mal conhecido em razão do que era "reputado ainda muito inferior ao que ele realmente é". Embora considerasse "remotamente provável, uma agressão direta", esta não era "impossível. Pelo menos parece que tal hipótese tem estado nos cálculos de alguns homens de Estado. E mesmo de algum governo". Não receava os Estados Unidos, pois, "neste país de governos mutáveis de curtos intervalos, não existe a suficiente continuidade deliberada de plano político para resoluções destinadas a serem aplicadas em mui distante futuro [...]"[111]. O mesmo não se poderia dizer de países saturados de população que buscavam territórios para expandir a pátria. Não era o caso dos Estados Unidos, mas "certamente o da Alemanha". Em abono do seu ponto de vista trouxe a posição do semanário britânico *The Spectator*, segundo o qual o plano de engrandecimento naval da Alemanha era motivado para "obstar a doutrina de Monroe". Para Assis Brasil "o melhor remédio para o perigo em questão é fazermo-nos fortes também nós". Para o Brasil conservar o que já possuía, propôs metas a serem alcançadas nos planos interno e externo destinadas ao aumento da riqueza nacional e da sua presença internacional. As primeiras seriam relativas à infraestrutura, como portos, navegação, transporte, produção no país dos meios de subsistência, educação cívica dos cidadãos, e preparo no manejo de armas. No plano externo sugeriu cultivar com o Chile, Argentina e Uruguai "uma espécie de aliança", inicialmente não escrita, tendo em vista a abolição gradual das respectivas alfândegas, o arbitramento, a combinação no que dizia respeito às fortificações costeiras e ao efetivo das forças de terra e mar, e o estabelecimento de uma confederação dos quatro países para fins pacíficos e intercâmbio de produtos, pois estes "se compensam e se completam". Além dessas propostas, sugeriu que se deveria "cultivar sistematicamente a boa amizade" dos Estados Unidos a fim de aprender o que seria necessário ao "nosso progresso" e conhecer "os milagres da liberdade de comércio", e prestigiar a doutrina Monroe, independentemente de qual fosse "o íntimo sentimento com que este povo [a] tem conservado". Sua convicção era de "que sem ela o perigo da nossa tranquilidade, senão a certeza da nossa ruína, seria evidente". Era a favor de uma *entente* entre Argentina, Brasil, Chile, não para fazer contraposição aos Estados Unidos, mas sim atuar em linha com eles. Seu pensamento ficava completo ao defender a multipolarização da

---

111 AHI. Ofício de Washington, reservado, 31 jan. 1900.

Doutrina Monroe, "sem subserviência ao protetor". A *entente* do Brasil com as três repúblicas hispano-americanas "nos daria prestígio e faria a nossa amizade mais preciosa, como uma garantia de que tal *entente* não se transformaria em coalisão contra este país. Com essa política nós alargaríamos o caráter da doutrina Monroe: os Estados Unidos não seriam já os garantes exclusivos da sua efetividade".

Para arrematar seu longo ofício, Assis Brasil afirmou que:

> [...] o Brasil podia ter muito mais peso de que tem na balança internacional. Somos em muitas feições morais o perfeito contraste deste povo: temos em excesso de timidez e pessimismo o que a esta gente sobra e sobrou sempre em ousadia e otimismo. Isso faz com que se nos julgue ainda muito abaixo do que realmente somos e valemos. A minha experiência diz que, não só na Europa, mas aqui e na nossa própria América, a crença é geral de que nós somos a quarta ou quinta nação americana. Não se mudam por decreto os caracteres essenciais do povo; mas está na sabedoria e patriotismo da administração aproveitar e desenvolver as suas boas qualidades e reprimir a preponderância das más.[112]

Ao observar de Washington, Assis Brasil notava com clareza os contornos que assumia a divisão do poder mundial. Quando a Venezuela estava prestes a sofrer bloqueio naval pela Alemanha, Inglaterra e Itália, a título de cobrança de dívidas, oficiou ao barão do Rio Branco – que inaugurara há apenas alguns dias sua gestão no Itamaraty – manifestando sua previsão de que os Estados Unidos não se envolveriam seriamente em qualquer "dificuldade" com a Alemanha nem com a Grã-Bretanha "ou qualquer outra nação, a propósito da doutrina de Monroe".[113] De fato. No dia 9 de dezembro de 1902 os portos da Venezuela foram bloqueados, e sua flotilha foi afundada pelos navios britânicos e alemães, aos quais se uniram cruzadores italianos, a título de cobrança de dívidas.[114] Não houve protesto dos Estados Unidos, cujo governo,

---

112 AHI – 234/01/01, in Funag, 2006, v.1, p.248-254. (Assis Brasil a Olinto de Magalhães, 31 jan. 1900 – reservado).

113 "A massa enorme de interesses que representa cada uma das três nações referidas é a maior garantia contra o desejo de colidir com qualquer potência que possa oferecer sombra de perigo no êxito final. A covardia da riqueza continuará a ser o mais sólido esteio da paz entre os povos ricos e fortes e, infelizmente, o mais terrível fantasma para a segurança dos pobres e fracos" (AHI. Ofício reservado de Washington, 18 dez. 1902).

114 Foram bombardeados e ocupados os portos de La Guayra e Cabello pelos britânicos e alemães. A partir de 20 de dezembro de 1902 toda a costa venezuelana foi bloqueada para navios de outras bandeiras, inclusive a dos Estados Unidos, e ainda apreenderam os precários navios de guerra venezuelanos. Cf. Stuart, 1989, p.2-17.

presidido por Theodore Roosevelt, previamente consultado pelas potências, deu sinal verde. Assis Brasil sugeriu a Rio Branco que o Brasil permanecesse fora da questão. Rio Branco concordou plenamente.

Assis Brasil exerceria atividade relevante no acompanhamento e na atuação junto ao Departamento de Estado, e em sintonia com Rio Branco, quando o Bolivian Syndicate, associação de capitalistas ingleses e norte-americanos, arrendou da Bolívia a exploração do Acre, conforme tratado em outro capítulo. O pensamento de Rio Branco coincidia com o de Assis Brasil também no referente ao projeto do ABC (Argentina, Brasil e Chile) lançado pelo chanceler brasileiro e apoiado pelo Chile. A propósito da necessidade de o Brasil recompor sua Marinha de Guerra, ambos tinham o mesmo entendimento sobre a necessidade de fortalecer o Exército e cuidar das vias internas de comunicação.

CAPÍTULO IV

A diplomacia da Consolidação

O Congresso Constituinte, ao terminar seus trabalhos com a aprovação da Constituição em 24 de fevereiro de 1891, tornou-se congresso ordinário e elegeu, de acordo com as disposições transitórias, pelo voto indireto, os marechais Deodoro da Fonseca e Floriano Peixoto para exercerem, respectivamente, a presidência e a vice-presidência da República. Empossados, não tardaram a surgir os embates entre os que fizeram ou apoiaram o novo regime, desfazendo a ideia de que o país transitaria de um regime a outro de modo tranquilo, tal como ocorrera no dia 15 de novembro. O acirramento das rivalidades e a polarização política substituíram a alternância de poder entre os Partidos Liberal e Conservador administrada com bom senso pelo poder moderador exercido por D. Pedro II, considerando-se as características do sistema eleitoral do Império. As desavenças entre Deodoro e o Congresso não tardaram. Sobre o presidente recaiu a acusação de autoritário, e de ter autorizado favorecimentos para a construção do porto de Torres no Rio Grande do Sul.[1] Logo seus opositores passaram a conspirar com vistas ao seu afastamento do cargo. Acirradas as posições, Deodoro determinou o fechamento do Congresso e decretou o estado de sítio em 3 de novembro de 1891.

---

1 Custódio de Mello, que apeou Deodoro do poder, forneceu detalhes sobre a questão do Porto de Torres. Cf. Mello, 1938, v.1, p.43 e seguintes).

152   A REPÚBLICA E SUA POLÍTICA EXTERIOR (1889-1902)

No caldo da rivalidade que existia entre a Marinha e o Exército surgiu a conspiração, cujos integrantes tinham na casa do vice-presidente Floriano Peixoto seu ponto de encontro. Entre estes pontificava o almirante Custódio José de Melo, que, após rebelar boa parte dos comandantes dos navios de guerra, concluiu sua ação ao assestar as baterias do encouraçado *Riachuelo* em direção à sede do governo e exigir a renúncia de Deodoro. Não houve resistência. Uma das descargas de metralhadora, ao atingir, por causa de erro de pontaria, a cúpula da igreja da Candelária na cidade do Rio de Janeiro, foi o suficiente para a população entrar em pânico.[2] Para evitar uma guerra civil, e já com a saúde abalada, Deodoro renunciou (23 de novembro de 1891). O marechal corajoso e impulsivo,[3] mas sem traquejo político, deu lugar, conforme previa a Constituição, a Floriano Peixoto, outro marechal, este frio, calculista, desconfiado e de pouco falar; uma esfinge, conforme a caracterização feita por Euclides da Cunha. Uma vez no poder, Floriano, com o aval de Custódio, guindado ao ministério da Marinha pelo próprio marechal, e ocupando posição proeminente entre os demais colegas do ministério, promoveu a derrubada dos governadores e nomeou pessoas da sua confiança, criando um ambiente geral de revolta no país. Autorizado pelo Congresso Nacional, Floriano revogou o estado de sítio decretado por Deodoro, mas reagiu com severidade.[4] Os republicanos jacobinos se eletrizaram em apoio a Floriano, que acabaria ganhando o epíteto de Marechal de Ferro. A oposição questionou sua posse invocando o artigo 42 da Constituição, que determinava a realização de novas eleições caso vagassem a presidência ou a vice-presidência nos primeiros dois anos de mandato. Floriano argumentou que essa disposição só valeria para os próximos presidentes e vices saídos das eleições diretas previstas para os quatriênios seguintes. Obteve nesse sentido parecer favorável do Supremo Tribunal Federal, e o apoio da maioria da Câmara Federal. Em abril do ano seguinte (1892) decretou o estado de sítio. A permanência do Marechal de Ferro no poder, somada à queda dos governadores, gerou uma crise revolucionária nos estados, na qual não faltaram "pronunciamentos", a exemplo do que ocorreu na cidade do Rio de Janeiro, típicos do caudilhismo latino-americano, formando um ambiente político no qual vicejou entre os jovens militares positivistas a crença de que

---

2   Cf. *Jornal do Commercio* do Rio de Janeiro, apud Mello, C. J., 1938, v.1, p.112.

3   Segundo testemunho do almirante Custódio de Mello, o marechal Deodoro era "homem de magnânimo coração [...] educado no rigoroso cumprimento do dever", patriota, bravo guerreiro, era "alheio completamente aos movimentos políticos do País", e sem "conhecimento dos homens, com quem entrava na árdua, difícil e ingente tarefa de organização e consolidação do novo regime" (Mello, C. J., 1938, v.1, p.28).

4   Cf. Martins, 1995, p.40-44.

A DIPLOMACIA DA CONSOLIDAÇÃO

eram necessárias ditaduras purificadoras da sociedade nacional. Não houve reação dos conservadores oriundos do Império no sentido de formar um partido político; recolheram-se "a um absenteísmo entre comodista e derrotista, ou tentavam [...] aglutinar-se em torno de representantes da força armada".[5] Floriano parecia-lhes como alternativa à anarquia e ao militarismo. O estado de sítio foi sucessivamente renovado. A forma de Floriano governar foi sendo adaptada à medida que se tornava mais grave a oposição ao seu governo. Da moderação do início de sua gestão chegou à reação implacável à Revolta da Armada e à Revolução Federalista do Sul.

A REVOLTA DA ARMADA (1893-1894)

Em um período da história que teve como marca distintiva o imperialismo com suas decorrentes violações de soberania pelas potências do Ocidente contra países então ditos atrasados e militarmente fracos, o Brasil manteve-se praticamente indene. A ressalva vai por conta da intervenção das potências europeias juntamente com os Estados Unidos a favor do governo do marechal Floriano Peixoto (1891-1894), cuja legitimidade de mandato foi contestada pelo seu ex-ministro contra-almirante Custódio José de Melo, que, animado pelo sucesso fácil na derrubada de Deodoro, pela expectativa de assumir a presidência, e pelo anseio da Marinha em aumentar sua presença no mando político nacional, içou a bandeira branca da Revolta em 6 de setembro de 1893, à frente de parte da Armada nacional, exigindo a renúncia de Floriano e a realização de eleições.[6] O palco foi a Baía de Guanabara.

A revolta era resultado da grave crise interna que recrudescera e se generalizara no ano anterior. Grupos ideológicos radicais, nomeadamente na capital da República, carregavam ainda mais o ambiente político. O jacobinismo, durante a Revolta da Armada, atingiu seu ponto mais alto.[7] A divisão entre monarquistas, liberais conservadores e republicanos radicais atingira também as duas forças armadas e propiciou o pano de fundo para a eclosão do movimento. Essa interpretação surgiu já à época, defendida nas suas linhas gerais por dois analistas da Revolta de tendências opostas: o monarquista Joaquim Nabuco[8] e o republicano Felisbelo Freire, ex-integrante do ministério

---

5 Bello, 1964, p.118-119.
6 Bello, 1964, p.99-147; Martins, 1995, p.39-40.
7 Veja-se Queiroz, S.R.R., 1986, p.18-19.
8 Nabuco, 1932, p.205. (Utilizamos a edição de 1932).

154   A REPÚBLICA E SUA POLÍTICA EXTERIOR (1889-1902)

do Marechal de Ferro.[9] Análises posteriores mantiveram essa interpretação, como Sertório de Castro, que enxergou na Revolta da Armada o "fruto do militarismo que dominou o país nos primeiros tempos da República", pois a rivalidade entre as duas armas fora um dos fatores da "intranquilidade reinante" no início da gestão de Floriano. A rivalidade vinha de longe; decorria, inclusive, da diferença de extração social dos integrantes da oficialidade de ambas as armas, e da formação diferenciada que recebiam. Os da Marinha provinham de tradicionais famílias e, em razão da natureza própria de seu trabalho, completavam sua formação em contato com outras culturas. Os do Exército, em geral, tinham origem social modesta, não raro filhos de militares, que tinham na carreira um meio de ascensão social e aquisição gratuita de boa formação.[10]

A Marinha, praticamente uma espectadora dos eventos do Rio de Janeiro que resultaram na República, reivindicaria o lugar a que entendia ter direito no novo quadro político. Monarquistas inconformados e republicanos radicais organizavam-se tanto na Capital Federal quanto nas antigas províncias do Império, transformadas em estados. Esse cenário político evoluiu para um período de confrontos que dava aos observadores, estrangeiros sobretudo, a impressão de que o Brasil seguiria o destino comum das nações latino-americanas, malgovernadas e turbulentas. Segundo Martins, a "causa direta, imediata da Revolta, foi mesmo o desagravo da 'honra da Marinha', o que só poderia ser obtido, confundindo-se com reclamos de brio pessoal, pela queda de Floriano".[11]

Joaquim Nabuco ao iniciar seu livro sobre a Revolta, reportou-se à fórmula adotada pelo Governo Provisório no preâmbulo dos seus decretos: "O Marechal Manoel Deodoro da Fonseca, chefe do Governo Provisório constituído pelo Exército e Armada em nome da Nação..." para afirmar que a República surgira como "uma sociedade formada pelo Exército com a Armada". Votada a Constituição de 1891, teoricamente cessavam os poderes do Exército e o da Marinha, que se submeteriam ao novo regime que eles mesmos instituíram. No plano dos fatos não foi o que aconteceu; o Exército adquiriu proeminência na administração do país. A Revolta teria sido uma

---

9 Felisbelo Firmo de Oliveira Freire, sergipano, médico pela Faculdade da Bahia, republicano, primeiro governador de Sergipe após a República, deputado federal. Ocupou o ministério de Floriano de 22 de abril de 1892 a 18 de agosto de 1894. Foi titular do Ministério das Relações Exteriores e da Fazenda. Cf. Abranches, 1918, v.1, p.76-78, 85.

10 Cf. Castro, 1932, p.91-92, 103; Carvalho, J. M., 1977, p.77, 189, 225. Veja-se ainda Johnson, 1966, p.195-196; Bello, 1964, p.134-136.

11 Martins, 1995, p.84.

A DIPLOMACIA DA CONSOLIDAÇÃO

reclamação da Marinha, aquela em "que o sócio sacrificado faz ao sócio gerente do seu dividendo político de 15 de Novembro, da sua parte de influência, prestígio e domínio".[12]

Para Felisbelo Freire, o Exército, contrariamente à Marinha, vinha praticando intervenções na vida política desde o declínio do Império, fato que lhe dera a preponderância na administração da República que ele implantou e assumiu, de maneira predominante, inclusive em níveis locais em alguns casos. A Marinha manteve-se relativamente retraída. Apoiou a República, mas foi o elemento passivo até a crise de novembro de 1891. Entre os oponentes de Deodoro, além de Floriano Peixoto, estavam os almirantes Wandenkolk e Custódio José de Melo, que preparou a reação armada. A crise e a ascensão de Floriano ao poder projetaram politicamente o almirante Custódio de Melo de tal modo que, uma vez elevado a titular do Ministério da Marinha, passou a administrá-lo de maneira autônoma. A crise de novembro contribuiu para "acentuar ainda mais as linhas divisórias nas classes armadas".[13]

A Armada não estava de todo envolvida na revolta, além do que apenas cinco unidades navais estavam em condições de auto movimento: o encouraçado *Aquidabã*, o cruzador *República*, o navio de madeira Trajano, e as torpedeiras Marcílio Dias e Araguari. As demais não tinham poder de fogo ou eram antigas, como a Amazonas, que atuara na Guerra do Paraguai. Juntaram-se a essas unidades dezoito navios mercantes e rebocadores apoderados pelos revoltosos.[14] Dos 597 oficiais da Marinha, apenas 2/5 revoltaram-se, segundo Martins. O governo do estado do Rio ficou ao lado de Floriano. Da mesma forma o Senado, que autorizou o Poder Executivo a decretar o estado de sítio onde fosse necessário. Vários deputados manifestaram apoio a Custódio, mas houve também manifestações populares em apoio a Floriano, bem como favoráveis de governos estaduais. Com a derrubada de governadores levada a efeito por Floriano, em favor de pessoas republicanas e florianistas, não poderia ser outra a posição de tais governadores. Segundo Martins, o planejamento da revolta, tanto no aspecto estratégico quanto tático, foi elaborado por Custódio, inspirado na atuação da esquadra chilena comandada pelo capitão Montt, que derrubou Balmaceda, e previa o desembarque e ocupação de Santos (SP), a posse da cidade de São Paulo, onde se instalaria um governo provisório contando com ajuda de adeptos paulistas, greve na estrada de ferro que a ligava ao Rio a fim de impedir a chegada de reforços, desembarque em

---

12 Nabuco, 1932, p.205.

13 Freire, 1896, p.67-69. Vejam-se ainda Bello, 1964, p.93-98; Johnson, 1966, p.195.

14 Cf. Martins, 1995, v.5, t. IA, p.88. Veja-se, também, Costa, S. C., 1979, p.31.

156   A REPÚBLICA E SUA POLÍTICA EXTERIOR (1889-1902)

Sepetiba, e o isolamento de Floriano na Capital sem poder contar com a ajuda do interior do país. Os federalistas dominariam o sul e haveria sublevações no norte. Todo esse planejamento era para ser executado em quatro meses. Todavia, faltavam os acordos prévios explícitos e detalhados; apoios esperados não se concretizaram. Sem respaldo de políticos de peso, sem apoio no Legislativo, sem a adesão do prestigioso almirante Luís Felipe Saldanha da Gama, comandante da Escola Naval, que optou pela neutralidade,[15] Custódio apostou na audácia sem avaliar o destemor de oponente.

Relevante também para se compreender o desenrolar da Revolta de 1893-1894 é o trecho do manifesto do almirante Saldanha da Gama publicado em 7 de dezembro de 1893, quando abandonou a neutralidade e assumiu o comando do movimento na Baía de Guanabara:

> A lógica assim como a justiça dos fatos autorizaria que se procurasse, à força das armas, repor o governo do Brasil onde estava a 15 de novembro de 1889, quando no momento de surpresa e estupefação nacional, ele foi conquistado por uma sedição militar, de que o atual governo não é senão uma continuação. O respeito, porém, que se deve à vontade nacional livremente manifestada, aconselha que ela mesma escolha solenemente e sob sua responsabilidade a forma de instituições, sob que deseja envolver os seus gloriosos destinos.[16]

A Revolta, a partir de então, adquiriu caráter restaurador. Para Felisbelo Freire, sua eventual vitória importaria o fim das instituições republicanas, pois os revoltosos originais, não obstante serem fiéis republicanos, não teriam como deter a restauração em razão da direção que tomariam os acontecimentos. Uma vez estabelecida a conexão do movimento da Baía de Guanabara com o dos revolucionários federalistas do Rio Grande do Sul, cujo principal líder era o parlamentarista Gaspar Silveira Martins, Custódio, republicano convicto, desceu a um segundo plano no cenário da luta interna, o que favorecia os restauradores. Freire ressalvou, cautelosamente, que tal interpretação fundava-se em conjecturas que não puderam ser testadas, pela óbvia razão da derrota dos revoltosos. Mas, dizia, se ela não tinha apoio nos fatos, o tinha na lógica.[17] A aliança da Armada com outros revolucionários – com Silveira Martins em especial – retirava, a seu ver, o caráter republicano do movimento e ao mesmo tempo punha em dúvida sua capacidade de impor uma solução circunscrita aos limites da constituição então recentemente

---

15   Martins, 1995, p.84-85, 91.
16   Apud Freire, 1896, p.106-107.
17   Cf. ibidem, p.104, 108.

A DIPLOMACIA DA CONSOLIDAÇÃO

promulgada.[18] As mudanças de curso pelas quais passou a Revolta atraíram adeptos de diferentes convicções no referente à forma da organização nacional, o que concorria para se pôr em dúvida seu objetivo declarado de restaurar a constituição sob o regime republicano. Freire acreditava nas convicções republicanas de Custódio José de Melo, mas suspeitava das adesões recebidas no decorrer do movimento.[19]

O monarquismo embutido no Manifesto de Saldanha da Gama provocou decepção, inclusive entre os revoltosos, muitos dos quais abandonaram a luta. Gama, ao sentir o golpe, procurou remediar a situação publicando novo manifesto treze dias após (20 de dezembro), no qual alegou que o anterior fora falsificado, esclarecendo que o aventado plebiscito repousava na mesma ideia que dele tinham os revolucionários gaúchos, e que consistia em "consultar a nação sobre qual dos sistemas de *governo republicano* ela prefere envolver os seus gloriosos destinos". Defendeu a instituição de um governo republicano civil e repeliu o jacobinismo.[20]

De acordo com Freire, o segundo manifesto fora retratação e demonstração de "uma fraqueza moral" de Saldanha da Gama. Transcreveu, em apoio do seu ponto de vista, palavras do comandante das forças navais portuguesas então surtas no Rio de Janeiro, segundo as quais os dois manifestos seriam igualmente autênticos. A divergência política entre as duas manifestações decorria de mudança no pensamento do seu signatário ao "ver que as suas ideias monarquistas não conciliavam as opiniões e adesões da população brasileira, e que antes havia levantado uma geral e clamorosa indignação contra ele".[21] De

---

18 "Ninguém punha mais em dúvida os intuitos restauradores do Sr. Silveira Martins. O regime plebiscitário com que iniciaria o governo, depois que a nação, por seus delegados constituintes, já tinha sancionado a obra de 15 de Novembro e promulgado o código da República, não era mais do que um programa disfarçado de restauração monárquica" (ibidem, p.155-156.)

19 Cf. ibidem, p.102.

20 Apud ibidem, loc. cit. O Manifesto de Saldanha da Gama de 7 de dezembro de 1893, encontra-se transcrito também em Villalba, 1897, p.117-8. Igualmente o Manifesto de 20 de dezembro de 1893, no qual diz que o anterior fora falsificado "na sua publicação impressa", encontra-se na mesma obra às p.120-121. Carone (1969, p.28-29) transcreve o Manifesto de 7 de dezembro de 1893, retirado de Villalba, 1897; Martins (1995, p.142) fez estudo exaustivo do assunto, no qual abriu a possibilidade de o segundo manifesto ser falso.

21 Apud Freire, 1896, p.106-107. A autenticidade do segundo manifesto de Saldanha da Gama não é algo que transitou em julgado. Martins (1995) transcreve parte do trecho em que Abranches, em *A Revolta da Armada e a Revolução Federalista*, de 1914, afirma: "[...] não só por conhecimento de causa, como pelo meticuloso exame e aquisição dos autógrafos em que baseamos nosso trabalho [...] podemos afirmar que o documento [...] é inteiramente apócrifo" (Abranches, 1914).

158 A REPÚBLICA E SUA POLÍTICA EXTERIOR (1889-1902)

qualquer forma, o fato é que a Revolta, a partir de 7 de dezembro de 1893, passou a ser associada, interna e externamente, a ideias restauradoras. Joaquim Nabuco reconheceu a simpatia dos monarquistas pela Revolta, e que eles viram com simpatia a solução legal de 23 de novembro de 1891, pois viviam "na esperança de um Thermidor que amortecesse o espírito revolucionário e eliminasse os terroristas". A simpatia de Nabuco pela Revolta não implicou atribuir a esta objetivos restauradores. A República periclitou, mas o risco não foi de um torna trás, foi o de "esfacelamento militar pelo rompimento entre as duas classes que *em nome* da nação fizeram o 15 de Novembro, segundo a fórmula do Governo Provisório". Para ele, o governo Floriano era um típico despotismo sul-americano.[22]

Epaminondas Villalba,[23] contemporâneo dos acontecimentos, classificou sem ressalvas o movimento como restaurador a partir do manifesto de Saldanha da Gama, por isso recebido com "franca e geral oposição", comprovada pelo retraimento de republicanos que combateram contra o governo legal, e de antigos monarquistas. Em apoio a essa afirmação transcreveu correspondência enviada à imprensa por alguns republicanos que haviam combatido pela Revolta, a fim de tornarem públicas suas deserções do movimento. Ainda segundo Villalba, Custódio buscara o concurso dos federalistas do Sul por ter previsto a dificuldade da vitória, contrariando suas previsões iniciais. Pela mesma razão, buscou o auxílio do prestigioso almirante Luís Felipe Saldanha da Gama, comandante da Escola Naval, na expectativa de que atrairia monarquistas e conseguiria o ansiado reconhecimento do estado de beligerância por parte das potências europeias. O almirante Melo, assim, no afã do triunfo, permitiu que a Revolta fugisse dos seus rumos originais, fato que acabou por produzir efeito contrário ao esperado[24] e, de quebra, ao passar o comando das operações no Rio a Saldanha da Gama para juntar-se aos federalistas do Sul, nacionalizou o conflito até então circunscrito às águas da Guanabara. É verdade que o desvirtuamento da Revolta afastou republicanos, mas atraiu novos adeptos. A severa censura imposta à imprensa impedia que manifestos favoráveis à Revolta fossem publicados. Os transcritos por Villalba eram d'*O Paiz*, órgão ligado ao florianismo.[25] O caráter restaurador da Revolta foi também imputado oficialmente por Prudente de Morais no manifesto dirigido à

---

22 Nabuco, 1932, p.141, 159, 162, 163.
23 Pseudônimo de Raul Villa-Lobos, bibliotecário, pai do maestro Heitor Villa-Lobos.
24 Villalba, 1897, p.1-2, 105-106, 108-109, 116.
25 Ibidem, p.359-60; Nabuco, 1932, p.179-184.

nação no dia de sua posse, em 15 de novembro de 1894, mal terminada a luta que se iniciara em setembro do ano anterior.[26]

A luta no Rio limitou-se às Forças Armadas. Houve apenas manifestações contra ou a favor entre "homens e mulheres de todas as posições", segundo o testemunho do representante diplomático de Portugal no Rio de Janeiro, Paço d'Arcos, que ainda viu, "principalmente" entre os que pertenciam às "classes mais elevadas", manifestações *de palavra* abertamente e sem rebuços uns absolutamente pelo Almirante, outros (e mais geralmente pode dizer-se) pela necessidade de uma mudança radical".[27] Os populares passaram por momentos de pavor no início do movimento, quando se intensificava o canhoneio ou havia ameaças de desembarques, mas estavam alheios à luta que se feria apenas entre grupos militares. No livro *Triste fim de Policarpo Quaresma*, Lima Barreto registra que a população suburbana, mesmo dividida entre monarquistas e florianistas, embora ciente dos prejuízos acarretados ao comércio em decorrência do fechamento do porto, acabou perdendo o interesse pelo confronto na baía em razão da sua monotonia.[28]

Na chefia do Ministério das Relações Exteriores durante o período Floriano houve várias trocas de ministros, mas não se impôs nenhuma figura de reconhecido prestígio em assuntos internacionais, conforme já afirmado. O

---

26 "[...] Iniciado sob o pretexto de defender a Constituição da República e de libertar a Pátria do jugo de uma suposta ditadura militar, reuniu sob a sua bandeira todos os elementos adversos à ordem e à paz pública, concluindo por caracterizar-se em um movimento formidável de ataques às instituições nacionais, arvorando o estandarte da restauração monárquica" (apud Villalba, 1897. A íntegra do Manifesto encontra-se às p.349-353). Sobre os efeitos da adesão de Saldanha da Gama, veja-se também Carone, 1969, p.28-29).

27 *Missão diplomática...*, 1974, p.270, 297; Costa, S. C., 1979, p.257.

28 O livro de Lima Barreto, reeditado pela Brasiliense em 1959, mostra como os acontecimentos políticos – a Revolta, principalmente – repercutiam sobre as pessoas situadas fora do poder, nas camadas inferiores da população. Pela sua leitura depreende-se que choveram interesseiros a dar apoio a Floriano, e que para o homem simples ela só significou problemas, como o recrutamento, do qual se procurava fugir. Muitos não tinham qualquer entusiasmo pelo movimento (Ricardo Coração dos Outros combateu contra sua vontade; Felizardo embrenhou-se nas matas para escapar de possível recrutamento). Da mesma forma, havia revoltosos derrotados; homens simples que serviram de "bucha de canhão" para a Marinha. É verdade, também, que havia fanáticos e jacobinos. O livro mostra, enfim, brasileiros divididos, poucos por convicção, e um país sem muita saída: as desilusões de Policarpo, que acabou fuzilado pelo governo mesmo após ter combatido contra a Revolta. A carta que enviou a Floriano protestando contra as execuções sumárias no Boqueirão selou sua sorte. Policarpo Quaresma, como afirmou Oliveira Lima, é, com justiça, o "Dom Quixote" nacional. Vejam-se também os efeitos do estado policial de Floriano sobre o cotidiano das pessoas em *O morto*, de Coelho Netto, editado pela terceira vez em 1924.

160   A REPÚBLICA E SUA POLÍTICA EXTERIOR (1889-1902)

processo de escolha adotado por Floriano para chegar ao nome de João Felipe Pereira merece ser relatado pelo que representa de ilustração. Segundo a exposição de Sérgio Corrêa da Costa, que informa tê-la recebido do próprio ex-ministro, Floriano desejava entregar a pasta a um nortista. Depois de consultar Lauro Sodré, governador do Pará, dirigiu-se ao governador do Ceará, que lhe indicou o engenheiro João Felipe.[29] Mesmo após ter recusado o convite-surpresa, recebeu bilhete redigido pelo próprio Marechal reiterando o chamado quando já circulava a edição do *Diário Oficial* na qual constava sua nomeação. Numa época em que se valorizava a formação jurídica e se associava a função diplomática com o Direito, o Marechal procurou uma solução fora do círculo dos bacharéis,[30] provavelmente porque queria apenas um cumpridor de suas ordens. Esta interpretação combina com o fato de não ter havido vaivéns na política exterior durante a Revolta. A rotatividade dos titulares não se traduziu em falta de continuidade nas ações do Ministério.

A AÇÃO CONJUNTA DAS ESQUADRAS ESTRANGEIRAS

Ao se iniciar a Revolta em 6 de setembro de 1893, Floriano Peixoto sentiu, de imediato, que havia risco de não ter a cidade do Rio de Janeiro sob o seu controle na hipótese de ser atacada, em face do que determinou ao tenente da Marinha Henrique Sadok de Sá que se dirigisse aos representantes diplomáticos das potências estrangeiras que possuíam força naval no Rio de Janeiro[31] e os convidasse para uma conferência no palácio do governo com vistas a lhes pedir apoio a fim de impedir o bombardeio da capital e evitar prejuízos aos estrangeiros. Paralelamente, o chefe do Estado-Maior da Armada fiel ao governo, vice-almirante Coelho Neto, foi incumbido de ir a bordo dos navios

---

29 Cearense de Inhamuns era formado em Engenharia Civil pela Escola Politécnica do Rio de Janeiro. Cf. Abranches, 1914, p.85.

30 "Ao novo auxiliar, Floriano ofereceu o 'Tratado do Direito Internacional', de Calvo. Achava-o claro, conciso, cheio de ensinamentos práticos. Que João Felipe o compulsasse nos momentos difíceis. Não sabia de melhor guia para um ministro do Exterior" (Costa, S. C., 1979, p.171-172).

31 Naquele momento, estavam surtos na Baía de Guanabara navios da França (cruzador *Arethuse*), Inglaterra (canhoneiras *Beagle* e *Racer*), Itália (cruzadores *Giovanni Bauzan* e *Dogali*) e Portugal (corveta *Mindelo* e, mais adiante, a *Afonso de Albuquerque*). Posteriormente chegaram navios norte-americanos e alemães. Em 20 de outubro de 1893 o cruzador norte-americano *Newark*, três dias depois o cruzador italiano *Etna*. Holanda e Áustria se fizeram representar. O número de belonaves estrangeiras na Baía de Guanabara chegou a quinze. (cf. Martins, 1995, p.100,109, 124).

A DIPLOMACIA DA CONSOLIDAÇÃO

dos comandantes estrangeiros para avisá-los sobre a insurgência, bem como lhes participar que o governo não tinha condições de se responsabilizar pelo que viesse a ocorrer nas águas territoriais. Os representantes diplomáticos recusaram o apoio pedido; sequer compareceram à conferência, sob o argumento de que iriam manter estrita neutralidade.[32] Da mesma forma, a comunicação levada por Coelho Neto provocou a reunião de todos os comandantes estrangeiros, da qual resultou a conclusão de que se absteriam de qualquer envolvimento na luta.[33] Nabuco, amparando-se em documento do Ministério de Estrangeiros da Itália, reafirmou que Coelho Neto não fora até aos navios estrangeiros apenas para comunicar o levante, mas também para solicitar o apoio moral da esquadra estrangeira na hipótese de a cidade vir a ser alvo de bombardeio.[34] O fato de o convite para a conferência ter se restringido aos representantes diplomáticos de potências que tinham forças navais estacionadas no Rio deu-lhes o convencimento de que Floriano buscava, de fato, segundo palavras do ministro italiano Tugini, "o apoio moral contra a esquadra rebelde".[35]

Com o agravamento da tensão em decorrência das operações bélicas, verificou-se o primeiro ensaio de intervenção efetiva das potências estrangeiras. O ministro representante da Grã-Bretanha e o encarregado de negócios da França mandaram afixar (30 de setembro) boletins nos consulados de ambos os países, informando aos seus nacionais que "as forças reunidas estrangeiras já tomaram as necessárias medidas para proteger todos os estrangeiros, se a cidade for entregue à anarquia e ao saque. Em tal caso deverão procurar o Largo do Paço, onde serão protegidos pelas forças reunidas da esquadra estrangeira".[36] Os comandantes planejaram o desembarque de uma brigada internacional, que seria comandada pelo capitão de fragata português Augusto de Castilho (composta por 750 homens e 13 bocas de fogo, e o eventual apoio do fogo dos navios ancorados em frente ao cais), destinada a retirar os estrangeiros que quisessem deixar a Capital.[37] Nos boletins informava-se também

---

32 Sobre a recusa de Wyndham, ministro plenipotenciário da Grã-Bretanha, e outros membros do corpo diplomático estrangeiro em comparecer à reunião, vejam-se Smith, J., 1979, p.174; *Missão diplomática...*, 1974, p.255-257, p.260-264.

33 Cf. Villalba, 1897, p.40.

34 "'Mais tarde Delibero me telegrafou que o Chefe do Estado-Maior da Armada federal tinha ido a bordo do Bausan pedir da parte do Governo apoio moral no caso de bombardeamento da cidade'. Ofício do Ministro italiano Tugini ao Ministério de Estrangeiros em Roma. *Documenti Diplomatici – 1894, Brasile Guerra Civile*" (Nabuco, 1932, p.175-6).

35 Nabuco, 1932, p.198-200; Smith, J., 1991, p.21.

36 Apud Villalba, 1897, p.71-73.

37 Cf. Martins, 1995, p.102. A propósito, vejam-se Caldas, 1895, p.116; Barbosa, p.363-364.

162 A REPÚBLICA E SUA POLÍTICA EXTERIOR (1889-1902)

a respeito de um iminente bombardeio sobre Santa Cruz, à vista do que se recomendava aos súditos ingleses a retirada para lugares seguros.[38] Tal recomendação do representante inglês, à qual aderira o francês, além de irregular, provocou pânico na população, o que levou o governo a fazer circular boletim garantindo a manutenção da ordem e advertindo que seriam punidos com fuzilamento os que atentassem contra a propriedade privada.[39] Não houve desembarque, mas até os franceses residentes no Rio de Janeiro estranharam o procedimento do seu representante diplomático.

Os chefes das legações sul-americanas foram excluídos dos entendimentos entre os citados representantes. Para se resguardarem de qualquer eventual responsabilidade, os ministros plenipotenciários G. A. Seoane (Peru), Agustin Arroyo (Argentina), Máximo R. Lira (Chile), Isaac Tamayo (Bolívia) e J. Vasquez Sagastume (Uruguai) fizeram circular, dias depois (4 de outubro) declaração na qual constaram:

> [...] que não tiveram participação alguma nos acordos, conferências etc., que a imprensa e os rumores públicos dão como celebrados pelo corpo diplomático; 2º que do acordo especial a que se refere o aviso que deram aos estrangeiros os Srs. ministro plenipotenciário da Inglaterra e o encarregado de negócios da França oferecendo-lhes proteção prestada por força da esquadra estrangeira no Largo do Paço, se ocorressem os casos de anarquia ou saque, apenas tiveram conhecimento pelos jornais; 3º que de outros acordos relacionados com a atual situação política do Brasil só têm tido notícia por um ato de especial deferência de S. Ex. o Sr. Ministro da Inglaterra.[40]

As potências europeias, ao deixarem os representantes sul-americanos alheios às suas resoluções, e ao terem cogitado no desembarque de uma brigada internacional para dar proteção aos seus nacionais, demonstraram intenção de dispensar ao Brasil o mesmo tratamento que era então era dado às nações afro-asiáticas quando convulsões internas ou tribais prejudicavam os

---

38 Villalba, 1897, p.71-73; Freire, 1896, p.141-3; Costa, S. C., 1979, p.35-7; *Missão Diplomática*, 1974, p.287.

39 Costa, S. C., 1979, p.36, 37. A narrativa amplamente divulgada de que Floriano, ao ser indagado sobre como receberia a brigada internacional, teria dito "à bala", é lendária, segundo Martins, que também informa não haver documento que confirme a disposição de Custódio de combater junto com o Governo para repelir o desembarque, conforme ele próprio narrou em seu livro (Martins, 1995, p.102).

40 Apud Villalba, 1897, p.71-73; Freire, 1896, p.114.

interesses europeus. Tal procedimento, mesmo sem desdobramentos, por si só representou um atentado à soberania brasileira.

No fim do mês, lorde Rosebery, ministro do Exterior da Grã-Bretanha, propôs aos governos dos outros países que tinham embarcações fundeadas no Rio o uso da força, caso fosse necessário, para preservar vidas e propriedades estrangeiras. A iniciativa britânica foi acolhida pelas demais potências, à exceção da Alemanha, que considerou a questão estritamente doméstica, não obstante fosse numerosa a colônia alemã estabelecida no Brasil. Autorizados pelos respectivos governos, em 1º de outubro os comandantes estrangeiros informaram ao líder da Revolta "que resistiriam pela força a qualquer ataque contra a cidade". Essa "intimação", segundo a qualificação de Nabuco, foi dada a conhecer ao corpo diplomático, que, por sua vez, levou ao conhecimento do ministro do Exterior brasileiro. "Essa intervenção foi acolhida no Itamaraty com o maior contentamento". [41]

Custódio de Melo respondeu "que não atacaria a cidade por razões de humanidade", embora tivesse esse direito, pois ela se tornara praça de guerra. Prevendo tal atitude do chefe da revolta, os comandantes estrangeiros obtiveram do governo o compromisso de desarmar a cidade. Em 5 de outubro de 1893, estabeleceu-se um acordo entre a Armada rebelada e Floriano, sob a supervisão dos comandantes estrangeiros, a fim de que "a Capital Federal fosse considerada cidade aberta". Tal acordo passou a regular as operações de guerra na baía, estabelecendo-se, assim, uma "espécie de *controle* naval estrangeiro".[42]

A iniciativa do marechal Floriano de procurar contato com os representantes diplomáticos e comandantes navais estrangeiros foi interpretada de modo categórico, como fez Baptista Pereira, como pedido de proteção à esquadra estrangeira. Da mesma forma já interpretara Joaquim Nabuco, apoiado no testemunho do comandante português Augusto de Castilho, que afirmou ter o vice-almirante Coelho Neto subido a bordo de cada um dos navios em que estavam os comandantes estrangeiros para "participar

---

41 Nabuco, 1932, p.97-101. O Palácio do Itamaraty era, à época, a sede do governo. Mais tarde, em 1897, Manuel Vitorino Pereira, vice no exercício da presidência durante o afastamento de Prudente de Morais para tratamento de saúde, transferiu a sede do Executivo para o Catete, liberando, em junho, o Itamaraty para o Ministério das Relações Exteriores, que o ocupou efetivamente em março de 1899 na gestão do ministro das Relações Exteriores Olinto de Magalhães (Barroso, 1968, p.67).

42 Nabuco, 1932. Veja-se também a narrativa do ministro de Portugal no Brasil, conde Paço d'Arcos, sobre as gestões dos representantes diplomáticos estrangeiros junto a Floriano e ao almirante Melo em *Missão diplomática...*, 1974, p.268-276, 279-282.

164 A REPÚBLICA E SUA POLÍTICA EXTERIOR (1889-1902)

oficialmente o que se passava e perguntar se o Governo podia contar com o apoio moral de cada um para que fosse evitado o bombardeamento da cidade e os consequentes grandíssimos prejuízos para o comércio, propriedade e vidas de numerosíssimos estrangeiros e nacionais que a habitam".[43]

Felisbelo Freire contestou a interpretação de que Floriano recorrera à proteção da esquadra estrangeira, pois no convite esclareceu-se que os comandantes resolvessem livre e espontaneamente o que entendessem.[44] Segundo Freire, o chefe do Estado-Maior fora a bordo das naus estrangeiras apenas para comunicar a revolta a fim de prevenir os comandantes para que tomassem "providências no intuito de acautelar e garantir suas comunicações com a terra e a propriedade privada da apreensão". Com referência ao convite feito ao corpo diplomático, explicou que "o Governo não quis ocultar-lhe que não dispunha de elementos materiais para exercer os direitos de soberania no porto do Rio de Janeiro e que, por conseguinte, eximia-se da responsabilidade de qualquer prejuízo em cidadão ou propriedade estrangeira".[45] O marechal Floriano deixou os representantes diplomáticos e os comandantes estrangeiros em um dilema: aceitar as perdas decorrentes da luta armada na baía e deixar o cenário navegando para alto-mar, ou tomar outra atitude em favor da proteção da vida e bens dos seus respectivos nacionais.

A recusa do corpo diplomático em comparecer à conferência pedida significou para Felisbelo Freire uma atitude de indiferença das representações, o que equivalia a simpatia das potências estrangeiras para com a Revolta. Para confirmar, observou que a esquadra estrangeira aceitou ordem de Custódio de Melo, em 12 de setembro, para se retirar de uma zona marítima para outra, reconhecendo-lhe, portanto, autoridade sobre as águas da baía. Tal fato dera ânimo à Revolta e ao mesmo tempo provocara preocupação ao governo. Ainda segundo Freire, a neutralidade era respeitada pela esquadra estrangeira só em relação ao governo. No período de 6 a 14 de setembro (data da proposta do acordo feita pelos comandantes estrangeiros), ela só entrava em conversações com os revolucionários, que, assim, adquiriam autoridade derivada da revolução.[46]

---

43 Nabuco, 1932, p.13-14; Baptista Pereira, prefácio em Barbosa, 1929, p.113.

44 Apud Costa, S. C., 1979, p.247; *Missão diplomática...*, 1974, p.260-264.

45 Freire, 1896, p.188-189. Às mesmas páginas encontra-se transcrição da carta do ministro das Relações Exteriores, João Felipe Pereira, convidando os representantes estrangeiros para a reunião no Itamaraty, então sede do governo.

46 "O que, porém, é verdade, é que a escusa do corpo diplomático ao convite do governo é um fato único na história diplomática. Os mais rudimentares deveres da delicadeza pessoal

A DIPLOMACIA DA CONSOLIDAÇÃO

A atitude dos representantes da Inglaterra e da França e a "intimação" feita em 1º de outubro às partes em confronto evidenciaram que as potências não agiram segundo critérios de preferência por uma das partes em conflito, mas sim pelo desejo de se evitar, de qualquer modo, o bombardeio da cidade do Rio e os consequentes prejuízos ao comércio. Conseguiram o bloqueio parcial das ações bélicas de modo a pôr a cidade a salvo do canhoneio. A nota dos comandantes, datada a bordo do *Aréthouse* em 1º de outubro de 1893, mesmo vazada em termos arrogantes e arranhando os brios nacionais,[47] não recebeu do governo brasileiro uma resposta no mesmo tom e por isso mereceu reparos, tendo sido até rotulada de humilhante.[48] Dizia-se na nota de 3 de outubro:

> [...] o Sr. Vice-Presidente da República dos Estados Unidos do Brasil vê com satisfação que os Srs. Comandantes das forças navais inglesas, italianas, americanas, portuguesas e francesas declararam ao Contra-almirante Custódio José de Mello que se for necessário oporão pela força a todas as suas empresas contra a cidade do Rio de Janeiro. Os Srs. representantes da Inglaterra, Portugal, Itália, Estados Unidos da América e França podem estar certos de que aquela intimação não será prejudicada por ato do Governo Brasileiro, o qual há de tirar ao dito Contra-almirante todo pretexto para hostilizar a mesma cidade.[49]

Pelo acordo do dia 5 de outubro, já citado, as forças navais estrangeiras passaram a supervisionar as condições de fogo a fim de garantir o movimento de barcos mercantes no embarque e desembarque de mercadorias.[50]

---

obrigavam-no a aceitar o convite, já não falando nos princípios do direito internacional e nas relações de nações amigas" (Freire, 1896, p.190-194, 200, 201).

47 Cf. Costa, S. C. 1979, p.38, 252-253; Nabuco, 1932, p.21-26. Felisbelo Freire (1896, p.206-207), não obstante defensor da ação do governo, falou em "processos lesivos à soberania nacional".

48 "A imparcialidade com que temos apreciado os acontecimentos de parte a parte impele-nos a um oportuno protesto, erguido em nome da soberania nacional, contra a atitude humilhante que assumiu o nosso governo diante das arrogantes formas imperativas que contém a nota dos representantes diplomáticos" (Villalba, 1897, p.79). O representante de Portugal, Paço d'Arcos, informa: "O Ministro [João Felipe Pereira] fez d'alguma forma entrever em suas respostas que o Governo poderia estar perdido sem essa intervenção; e ajuntou claramente: 'Se as praxes diplomáticas o permitem agradeço desde já *em meu nome* às potências a sua magnânima intervenção, que já tão necessária se fazia" (*Missão diplomática...*, 1974, p.289-290).

49 Apud Nabuco, 1932, p.31-32. Augusto de Castilho, comandante das forças navais portuguesas, confirma a informação de Paço d'Arcos a respeito da satisfação e do agradecimento do ministro de Floriano pela enérgica intervenção das cinco potências (Nabuco, 1932).

50 Smith, J., 2000, p.121; Freire, 1896, p.147; *Missão diplomática...*, 1974, p.296.

Os combates foram regulamentados, pois só podiam ocorrer em períodos predeterminados do dia. Esse acordo, um tanto bizarro, retardou o término da luta e a levou ao impasse. Já na primeira fase do conflito, os comandantes estrangeiros haviam solicitado aos seus respectivos agentes diplomáticos empenho em conseguir, junto ao governo brasileiro, armistício diário para os necessários movimentos dos navios mercantes. Os mesmos comandantes pediram igualmente a Custódio que lhes fosse dado aviso prévio das operações bélicas e se estabelecesse a cada dia o horário em que os navios pudessem entrar e sair da baía em segurança. O chefe da Revolta prometera atender à solicitação, mas ressalvou lhe seria impossível fixar prazo na forma solicitada por razões inerentes à própria luta, uma vez que o fogo sobre a esquadra vinha de terra, sem provocação. Entre os "considerandos" do pedido dos comandantes ao almirante revoltado, feito em 14 de setembro, sobrelevaram os relativos ao movimento dos navios estrangeiros, pois causavam "um transtorno grave e constante para o comércio e os interesses dos estrangeiros estabelecidos na cidade – situação que não pode prolongar".[51] O acordo de 5 de outubro, consolidou e regulamentou o que já ocorria na prática. Ao aceitá-lo, os revoltosos caíram em uma verdadeira ratoeira: sujeitos à supervisão direta dos comandantes estrangeiros, não podiam fazer, a qualquer hora, qualquer ataque à cidade, não podiam cercear o movimento do porto, não tinham como reparar as eventuais avarias em suas embarcações e, dessa forma, não tardaram a ter problemas com o abastecimento, pois para saírem da baía teriam que escapar do fogo da barra. Floriano, ao contrário, por trás dos morros artilhava os pontos estratégicos em torno da baía, fora das vistas dos comandantes. O plano geral da Revolta elaborado por Custódio estava mal estruturado, sobretudo porque não havia acordo prévio com as forças que, esperava, juntar-se-iam aos revoltosos. Faltou conectar imediatamente a Revolta com os revolucionários do Rio Grande do Sul, e formar com eles um governo provisório para fundamentar o reconhecimento do estado de beligerância por outras nações. Falhou também

---

51 Os comandantes pediram especificamente a Custódio José de Melo: "1º Que se sirva dar--lhe a conhecer as operações que, intentadas por ele ulteriormente na baía do Rio de Janeiro, possam afetar os interesses do comércio e a segurança dos estrangeiros; 2º Que queira fixar para cada dia um período suficiente para que os navios que desejem entrar na baía, ou sair, possam fazê-lo com toda a segurança". A resposta do contra-almirante datada de bordo do *Aquidabã* em 15 de setembro de 1893 resumia-se em dois itens: "Que, não deixará de dar-lhes [aos comandantes] a conhecer as operações de guerra nesta baía, as quais possam afetar os interesses do comércio e a segurança dos estrangeiros; 2º Que, desgraçadamente, em consequência das razões que exporá mais adiante, lhe é impossível fixar a cada dia um período suficiente para que os navios que desejem entrar ou sair..." (Villalba, 1897, p.62-64).

A DIPLOMACIA DA CONSOLIDAÇÃO

ao não atacar Niterói, a fim de firmar uma base de operações em terra. Faltou, também, apoio dos políticos, mais atentos à paz no seu ambiente.

A supervisão dos termos do acordo era exercida pelo corpo diplomático, que o promovera. Os comandantes estrangeiros e os agentes diplomáticos adquiriram assim a função de intermediários e árbitros entre o governo e a esquadra rebelada no que dizia respeito às operações de guerra e à movimentação de navios na baía. Atos que eventualmente contrariassem o *modus vivendi* seriam apreciados pelo conjunto dos comandantes. Uma vez resguardada a cidade, Floriano ganhou tempo para artilhar toda a baía – embora isso não lhe fosse permitido pelo acordo.[52] A "intimação" de 1º de outubro, além de ferir o moral da Revolta ao retirar-lhe a necessária liberdade de movimentos,[53] ainda propiciou a Floriano tempo para organizar a esquadra legal. O acordo vigorou até 1º de janeiro de 1894, quando os comandantes estrangeiros o consideraram nulo em razão das violações levadas a efeito pelo governo. Por quase três meses as operações de guerra na baía ficaram sujeitas a uma "espécie de *controle* naval estrangeiro", ao qual Floriano se dirigia "para conseguir que se modificasse a severidade de qualquer ação da esquadra capaz de produzir pânico em terra, ou embaraçar os seus trabalhos ocultos de fortificação".[54]

Em novembro do ano anterior a Grã-Bretanha, na defesa dos seus interesses materiais, vislumbrara a ampliação da intervenção como um caminho para pôr fim rápido à crise interna brasileira. Nessa linha, o embaixador inglês nos Estados Unidos, Julian Pauncefote, prometeu ao governo norte-americano "apoio tácito", caso quisesse pôr fim à luta, tratando os revoltosos da armada como piratas.[55] O governo norte-americano aceitou o alvitre, mas ressalvou que não desenvolveria qualquer ação em águas territoriais

---

52 Cf. Nabuco, 1932, p.49-50. Veja-se Queiroz, S. R. R., 1986, p.21.

53 "De fato, foi na Câmara do *Aréthouse* que se decidiu a sorte da Revolta. Tudo que se vai seguir até à desfeita do almirante Benham, à proposta de capitulação, e ao pânico de 13 de março, e a fez subitamente decair perante o estrangeiro, perante o inimigo, perante o país e, pior do que tudo, perante o seu próprio chefe e cada um dos seus auxiliares" (Nabuco, 1932, p.48-49). A opinião de Sergio Corrêa da Costa no que diz respeito ao aspecto militar da intervenção coincide com a de Nabuco: "Ao aceitar a imposição estrangeira de não hostilizar a cidade, a Revolução perdeu o seu 'ferrão'. E virtualmente assegurou a vitória ao seu governo" (Costa, S. C., 1979, p.7).

54 Cf. Nabuco, 1932, p.97-101. Veja-se também narrativa do ministro de Portugal no Brasil, conde Paço d'Arcos, sobre as gestões dos representantes diplomáticos junto a Floriano e ao almirante Melo em *Missão Diplomática...*, 1974, p.268-276, p.279-282.

55 Costa, S. C., 1979, p.125-6; Azevedo, 1971, p.272. Pelo decreto nº 1560 de 10 de outubro de 1893, o governo declarara os navios revoltosos excluídos da proteção da bandeira nacional, "piratas" portanto. (Cf. Ouro Preto; Guimarães, 1900, v.5, p.174-178.) Três dias

168   A REPÚBLICA E SUA POLÍTICA EXTERIOR (1889-1902)

brasileiras sem prévia autorização de Floriano. Em 4 de novembro, o ministro brasileiro em Washington, Salvador de Mendonça, consultou o Rio de Janeiro, por telegrama: "Se aceitais bons ofícios Governo Americano para intimar Melo a render-se, e, caso ele recuse, consentir que esquadra Americana, com apoio tácito inglês trate Melo como pirata em nossas águas territoriais autorizai-me tratar aqui. Este governo em qualquer caso há de pedir garantia vida seus prisioneiros. Respondei Washington".[56]

Floriano não respondeu.[57]

Custódio de Melo, ao dirigir-se para o sul a fim de juntar-se aos revolucionários federalistas, transferiu o comando da Revolta ao almirante Saldanha da Gama, que logo em seguida recebeu dos comandantes navais estrangeiros a renovação (25 de dezembro de 1893) da "intimação" de 1º de outubro, bem como cópia dela para demonstrar que a situação deveria permanecer inalterada, pois havia a eventualidade de bombardeio da capital em razão de divergência de interpretação do *modus vivendi* convencionado, do qual foram os patrocinadores e eram os mantenedores.[58]

Os móveis da intervenção estrangeira, àquela altura, já estavam plenamente configurados; restringiam-se à salvaguarda da vida e da propriedade de seus respectivos nacionais. O posicionamento conciso do *The Times* de Londres transcrito por Nabuco não deixava margem para dúvidas: "Todas as potências que intervêm, e mais particularmente a Inglaterra, têm interesses mais ou menos consideráveis na cidade do Rio, e seria intolerável que esses interesses fossem levianamente sacrificados somente para um político brasileiro poder exercer pressão sobre outro".[59] A cidade e o porto do Rio de Janeiro eram importantes para a Grã-Bretanha não só por ser a principal porta de entrada para o mercado brasileiro, mas também pela sua posição geográfica no Atlântico Sul para a logística do seu comércio internacional.[60] Aos ingleses e aos demais interventores não importavam as lutas internas dos países nos quais tinham interesses, mas sim a proteção do comércio e dos capitais investidos, não obstante, como sói acontecer nos discursos politicamente corretos, acima de tudo pairavam os "interesses superiores da humanidade". Nem mesmo um idealista e homem de boa-fé como Nabuco

---

depois, o decreto nº 1566 "regulou a entrada de estrangeiros no território nacional e sua expulsão" (Caldas, 1895, p.137-139).

56 Cf. apud Costa, S. C., 1979, p.126.

57 Ibidem, loc. cit.

58 Cf. Nabuco, 1932, p.60-61.

59 Apud ibidem, p.123-125.

60 Smith, J., 2000, p.119.

A DIPLOMACIA DA CONSOLIDAÇÃO

aceitou essa explicação, pois não viu preocupação específica com a cidade do Rio de Janeiro, arrolando, novamente, em abono de sua interpretação, o *The Times*, que afirmou: "A humanidade não é todavia o terreno em que se baseia a intervenção".[61] Essa interpretação é corroborada pelo fato de Niterói ter ficado excluída do acordo e, portanto, sujeita ao ataque da armada revoltada, como de fato ocorreu já na parte final da luta. Niterói quase nada representava para o comércio internacional e por isso não foi agasalhada pelas razões superiores da humanidade.[62] Salientou Nabuco: os "interesses superiores da humanidade" não foram invocados quando Floriano, após longo período de desgaste, se dispôs a atacar a Armada. A intervenção permitiu que Floriano mantivesse imune o Rio de Janeiro, que, embora com embaraços, não teve seu movimento comercial interrompido, nem impedido o funcionamento da alfândega. Os movimentos dos navios ficaram efetivamente difíceis após Saldanha da Gama assumir o comando da Revolta e pôr em prática uma nova estratégia que consistia em dificultar o trânsito de mercadorias e, assim, provocar o declínio nas rendas alfandegárias. Os revoltosos chegaram mesmo a fazer apreensão, como a do carregamento de uma lancha que transportava carvão oriundo de embarcação inglesa, sob a alegação de ser contrabando de guerra. O embaraço criado pela Revolta atingiu, também, o comércio de cabotagem, prejudicando seriamente os negócios gerais na cidade do Rio.[63] É no quadro dessas dificuldades que se situa a ação do contra-almirante norte-americano Benham contra a esquadra rebelde. Antes de prosseguir, é necessário examinar mais um pouco a reação britânica.

GRÃ-BRETANHA E A REVOLTA

A posição do ministro dos negócios estrangeiros da Grã-Bretanha Rosebery (18 de agosto de 1892 a 10 de março de 1894) foi decisiva para a conclusão do acordo de 5 de outubro. O representante de Sua Majestade britânica no Rio, Hugh Wyndham, conseguiu incluir, atendendo à solicitação de Floriano, a fortaleza de Villegaignon no âmbito do acordo quando ela aderiu à Revolta, pois criaria dificuldades para o governo no desenrolar das operações militares na Baía de Guanabara. A atuação da representação inglesa destinada a proteger o comércio e os interesses dos seus nacionais resultou em ajuda

---

61 Nabuco, 1932, p.123-125.
62 A propósito, veja-se Freire, 1896, p.164-165.
63 Nabuco, 1932, p.74-75, 135-136, 202; Freire, 1896, p.7-8, 296, 308-309, 317, 314.

170   A REPÚBLICA E SUA POLÍTICA EXTERIOR (1889-1902)

efetiva a Floriano, conforme, aliás, lhe lembraria o Foreign Office em 1894. No decorrer do conflito Wyndham e a esquadra inglesa assumiram atitudes simpáticas à Revolta, que, segundo o governo brasileiro, chegara a receber auxílio, embora inexpressivo, de súditos ingleses. Nas relações entre as chancelarias, a posição da Grã-Bretanha foi de neutralidade, reiterada em outubro ao negar que Whyndham, bem como a esquadra estacionada no porto da capital, fossem simpáticos à Armada. A orientação dada, segundo Rosebery, era a de se observar estrita neutralidade e cuidar apenas dos súditos e das propriedades inglesas.[64]

No dia seguinte ao acordo, o governo brasileiro determinou ao seu ministro plenipotenciário em Londres, João Artur de Sousa Corrêa, que fizesse os esforços necessários para a aquisição de torpedos.[65] O Foreign Office deu o devido andamento à solicitação, bem como a recomendou, mas encontrou obstáculo no Almirantado por razões ligadas ao serviço e aos regulamentos da Marinha. Sousa Corrêa entendeu a recusa, reconhecendo que não seria conveniente que torpedos do calibre solicitado caíssem em mãos de estrangeiros. No ensejo de transmitir essas informações, Corrêa acrescentou não ter conhecimento da orientação dada pelo Almirantado aos comandantes no Rio de Janeiro. Não insistiu na obtenção dessa informação, até porque nada lhe fora expressamente determinado nesse sentido.

Ainda em outubro, em cumprimento ao despacho telegráfico do dia 13, Sousa Corrêa informou que passara nota a Rosebery, acompanhada de cópia do decreto de Floriano de 10 de outubro de 1893, chamando atenção para "os princípios de não intervenção que o Governo da República esperava fossem estritamente aplicados ao Brasil de conformidade com os precedentes estabelecidos". Rosebery, igualmente por nota, assegurou-lhe o cumprimento por parte da Grã-Bretanha "de todas as suas obrigações internacionais em relação ao Brasil". Sousa Corrêa reforçou a informação ao retransmiti-la ao Rio de Janeiro observando que nas suas entrevistas com Rosebery nunca percebera qualquer intenção de intervir no conflito interno brasileiro.[66] Essa posição foi-lhe reiterada em novembro em nova entrevista com o representante brasileiro, a quem apresentou seus votos pelo restabelecimento da ordem no Brasil, assegurando-lhe "que o Governo Inglês não tinha a menor ideia de intervir" no que se passava no Rio de Janeiro, "que só tinha em mente

---

64 Costa, S. C., 1979, p.144-5. AHI. Telegrama do Rio de Janeiro, 6 out. 1894; Telegrama de Londres, 6 out. 1893; Ofício de Londres, 13 out. 1893; Lafeber, 1960, p.108.

65 AHI. Telegrama do Rio de Janeiro, 6 out. 1893; Ofício de Londres, 13 out. 1893. Veja-se ainda Azevedo, 1971, p.248.

66 AHI. Ofício de Londres, 25 out. 1893, e suas notas anexas.

A DIPLOMACIA DA CONSOLIDAÇÃO

proteger os interesses de seus súditos" lá residentes, e seguindo essa orientação expedira instruções a Wyndham e ao comandante da estação naval.[67] Em 23 do mês seguinte o governo britânico, ao ser interpelado no Parlamento a respeito do bombardeio iminente do Rio de Janeiro, declarou nada saber sobre o assunto, mas assegurou que seus navios continuariam, juntamente com os de outras bandeiras, a proteger vidas e propriedades de estrangeiros. Rosebery reiterou a Sousa Corrêa a manutenção da neutralidade, pois a Inglaterra tinha em vista apenas a proteção da "vida e propriedade inglesas em países estrangeiros onde possa perigar a paz pública".[68] A manifesta posição de neutralidade por parte da chancelaria não repercutiu nos círculos não oficiais. A imprensa manifestou simpatia pela Revolta. O *The Times* chegou a sugerir a restauração com um soberano eleito, mas não pertencente à Casa de Bragança, como saída para livrar o Brasil da grave crise política em que estava mergulhado. O jornal, conforme já dito, foi ainda mais longe, a ponto de aventar a possibilidade de intervenção, em razão das obrigações financeiras do Brasil para com os países da Europa.[69] O correspondente do *The Times* londrino no Rio de Janeiro, Charles Akers, foi acusado de ter oferecido auxílio à Revolta depois de conseguir, com o concurso de Wyndham, autorização para socorrer sob a proteção da bandeira da Cruz Vermelha os feridos da Marinha. Felisbelo Freire informa que o correspondente, uma vez em contato com os revoltosos, pôs recursos financeiros à disposição de Custódio José de Melo, que confirmou a narrativa mais tarde, com o acréscimo de que recusara o oferecimento para não macular sua fé republicana, conforme o manifesto que publicou em Buenos Aires (24 de maio de 1894) após o término do movimento.[70] Charles Akers, por seu turno, contestou a versão do almirante Melo. O fato é que o episódio do oferecimento foi exagerado pelos dois lados. O testemunho invocado por Felisbelo Freire, o de Belford Guimarães – secretário de Custódio quando este fora ministro –, publicado em 1º de junho de 1894 no *La Prensa* de Buenos Aires, confirma o oferecimento.[71] Para o governo, a ajuda

---

67 AHI. Ofício de Londres, 10 nov. 1893.

68 AHI. Ofício de Londres, 25 nov. 1893.

69 Cf. Costa, S. C., 1979, p.146.

70 "Fato de ter eu, desanimado por não conseguir recursos pecuniários, sem dúvida por causa do meu manifesto, dos que me prometiam fundos, repelido *in limine* a proposta que me fez o Sr, [sic] correspondente do *Times*, de proporcionar-me todo o dinheiro de que precisava e até navios se eu fizesse a restauração monárquica, proposta de que fiz logo sabedores os oficiais do Aquidaban, onde nos encontrávamos" (apud Freire, 1896, p.345-346).

71 "Nesta ocasião disse-me o Sr. Akers, entre outras coisas, que no dia em que arvorassem a bandeira da restauração não faltaria quem viesse em nosso auxílio, tanto dentro como fora do país. Perguntando-lhe em que consistiam esses recursos, respondeu-me que em

172 A REPÚBLICA E SUA POLÍTICA EXTERIOR (1889-1902)

de Akers aos feridos de ambos os lados era suspeita, pois a recusou por nota do ministro das relações exteriores, Cassiano do Nascimento, ao ministro inglês no Brasil Wyndham, passada em 16 de dezembro de 1893.[72]

Em novembro Rothschild também entrou em cena. Preocupado, por razões óbvias, com a demora no término da luta interna, tentou encaminhar e, eventualmente, servir de intermediário, proposta de mediação a ser apresentada pelos Estados Unidos. Após os contatos preliminares procurou em Londres o ministro plenipotenciário Sousa Corrêa, que, por sua vez, consultou seu governo pelo telegrama de 25 de novembro de 1893, e informou que o banqueiro comunicava, confidencialmente, a disposição dos Estados Unidos em oferecer seus bons ofícios, caso Floriano os aceitasse. Sousa Corrêa era de opinião que Rothschild conseguiria do governo norte-americano uma "oferta positiva". Na oportunidade, deu sua opinião pessoal, para significar que a mediação norte-americana "não seria indecorosa", além de que garantiria "no futuro instituições constitucionais. Caso Governo possa vencer breve, mediação seria desprezada. Vitória completa Governo se, demorada, importará sempre pesados sacrifícios no porvir, grandes ódios no país, profunda dissenção entre o Exército e a Marinha". A resposta do Rio de Janeiro servia tanto para Rothschild como para Sousa Corrêa: "O Governo do Brasil não entretém relações com os Snrs. N. M. Rothschild & Sons senão como devedores em face dos credores".[73]

Para a Grã-Bretanha, pouco envolvida no conflito interno brasileiro, a vitória de Floriano poderia não ser a solução ótima, mas a principal preocupação dos britânicos era a manutenção das atividades comerciais, não lhes interessando o reconhecimento do estado de beligerância aos revoltosos porque causaria ainda mais prejuízo ao seu próprio comércio no Rio de Janeiro. A preocupação era com a estabilidade e não com restauração por razões de princípio, até porque não havia possibilidade de retorno dos Bragança. Toda a atenção de Wyndham estava voltada para a segurança dos comerciantes compatriotas. O referente ao interesse britânico na queda de Floriano ainda é, todavia, controverso segundo Topik.[74]

---

dinheiro e até em navios, e que disso me daria provas cabais logo que se acentuasse o movimento restaurador" (apud Freire, 1896, p.345-346).

72 Apud Nabuco, 1932, p.198.

73 Telegrama, apud Costa, S. C. 1979, p.136.

74 Topik, 2009, p.258-260; AHI. Ofício de Londres, 21 dez. 1893; Smith, 1979, p.180; Villalba, 1897, p.81. O então secretário de Estado Gresham (7 de março de 1893 a 28 de maio de 1895) mostraria preocupação com possível ajuda "clandestina" da Grã-Bretanha aos insurgentes da Armada (Lafeber, 1960, p.108).

A DIPLOMACIA DA CONSOLIDAÇÃO

A AÇÃO NORTE-AMERICANA. ORGANIZAÇÃO DA ESQUADRA LEGAL

O apoio do governo norte-americano à manutenção das instituições republicanas no Brasil é anterior à Revolta da Armada, conforme já visto. Ao receber a comunicação de que em 3 de novembro (1891) Deodoro dissolvera o Congresso Nacional, o ministro plenipotenciário brasileiro em Washington Salvador de Mendonça conferenciou com o secretário de Estado Blaine, e em seguida informou seu ministro das Relações Exteriores Justo Leite Chermont (27 de fevereiro a 23 de novembro de 1891) que o governo dos Estados Unidos assegurara apoio ao governo republicano do Brasil. Três dias depois, Mendonça reiterou a Chermont que o governo daquele país auxiliaria na "manutenção [das] nossas instituições".[75] Em 10 de janeiro, o secretário de Estado Blaine, à vista de informações segundo as quais as cortes da Europa estariam envolvidas em eventual tentativa de restauração monárquica, informou a Mendonça sobre a disposição de seu governo em impedir o sucesso daquela suposta tentativa. Da entrevista entre Blaine e Salvador de Mendonça resultou o telegrama que este passou ao Rio de Janeiro, em 11 de janeiro de 1892, vazado em termos peremptórios: "Quereis apoio deste Governo contra manejos restauradores, quereis nova mensagem Congresso Americano ao nosso, quereis nota monroísta à Europa, quereis esquadra daqui para portos Brasil ordenai posso obtê-lo".[76] O telegrama mostra tanto a decisão inequívoca de Blaine quanto o entusiasmo e a noção peculiar de soberania de Mendonça. Na resposta, o novo ministro das Relações Exteriores Fernando Lobo Leite Pereira (23 de novembro de 1891 a 10 de fevereiro de 1892), após consultar Floriano, não descartou de vez a eventual colaboração: "Governo muito apreciou vosso telegrama aguarda oportunidade".[77]

Embora a esquadra norte-americana por ocasião da eclosão da Revolta tenha atuado conjuntamente com as forças navais das nações europeias, o governo brasileiro procurou amparar-se no seu relacionamento com os Estados Unidos. Nestes houve manifestações contrárias ao apoio oficial, pois os insurgentes, na hipótese de vitória, poderiam prejudicar os interesses norte-americanos caso alterassem os termos das relações comerciais entre os dois países regulados pelo convênio comercial de 1891.[78] Houve, todavia, na imprensa campanha favorável ao apoio. Empresários influentes escreveram ao secretário de Estado Gresham (7/3/1893 - 28/5/1895) pedindo a intervenção

---

75 Apud Azevedo, 1971, p.240-241.

76 Apud Azevedo, 1971, p.242. Cf. também Costa, S. C. 1979, p.229.

77 Azevedo, 1971, p.242.

78 Lafeber, p.107-108; Costa, S. C., 1979, p.196-197.

174   A REPÚBLICA E SUA POLÍTICA EXTERIOR (1889-1902)

naval. Enquanto isso a diplomacia de Floriano fazia constar nos Estados Unidos que a Europa estava a favor da restauração.[79] Nessa altura, os Estados Unidos ampliavam sua presença naval no Rio de Janeiro à medida que evoluíam os acontecimentos. Na fase final do conflito tinham cinco belonaves no porto da capital brasileira.[80] Mendonça, além de atuar junto ao Departamento de Estado, abriu mais duas frentes de trabalho: montagem de uma esquadra para se contrapor à revoltada, e desenvolvimento de uma atividade de propaganda por meio de entrevistas e artigos em semanários a fim de influenciar a opinião pública norte-americana no sentido de mostrar que as instituições republicanas do Brasil não estavam em risco.

Logo após o início da Revolta, Mendonça tentou adquirir para seu governo um dos navios de guerra norte-americanos então surtos no Rio de Janeiro, o *Charleston* ou o *Newark*, atendendo a orientação do Ministério das Relações Exteriores em telegrama de 2 de outubro de 1893, isto é, um dia após a "intimação" dos comandantes estrangeiros ao almirante Custódio de Melo. O secretário de Estado Gresham recusou o pedido sob o argumento de que seu governo não podia efetuar qualquer venda sem autorização legislativa. E, mesmo que o presidente Cleveland a solicitasse, dificilmente a teria, pois naquele momento a opinião pública exercia pressão em favor do aumento da Armada nacional. Diante da insistência de Mendonça a respeito do risco que corriam as instituições recém-inauguradas, Gresham disse-lhe não poder vender navios da Armada, mas "podia fazer melhor do que isso, pondo-os ao lado do Governo do Brasil", acrescentando "que as principais nações europeias estavam prontas a cooperar com ele numa intervenção que poria termo à revolta da Marinha". Bastaria apenas o consentimento do governo brasileiro. Ainda segundo Mendonça, Gresham conferenciou com Cleveland, "cuja solicitude pela República brasileira lhe sugerira o projeto de iniciar essa intervenção antes que os europeus nô-la impusessem à mão armada e com maior desprestígio nosso". A oferta de bons ofícios foi posta de lado porque importaria reconhecer o estado de beligerância aos revoltosos. A intervenção seria feita em nome da proteção da marinha mercante estrangeira, pois as nações europeias desejavam apenas "o restabelecimento da ordem" e, ao que tudo

---

79 Cf. Nabuco, 1932, p.153; Topik, 2009, p.262-264.

80 "Ao *Charleston*, ao *Newark* e ao *Detroit* tinham vindo juntar-se mais dois grandes cruzadores, o *San Francisco* e o *New York*, formando em nosso porto uma grande esquadra branca. Era visivelmente uma demonstração, devida talvez à desconfiança ou ao receio de preponderância europeia no Brasil" (Nabuco, 1932, p.70). Vejam-se Bandeira, 1973, p.142143; Smith, J., 1991, p.23; Topik (2009, p.251) informa que estavam no Rio "cinco sextos de toda a esquadra americana do Atlântico Sul".

A DIPLOMACIA DA CONSOLIDAÇÃO

175

indicava, não tinham qualquer plano definido a respeito. Mendonça ponderou ao secretário de Estado que, por razões de soberania, dificilmente seu governo assentiria a uma intervenção. Mesmo assim, consultou seu ministro das Relações Exteriores. Sequer obteve resposta.[81]

Ainda em outubro, na falta de meios para vencer a Revolta pelo mar, o ministro das Relações Exteriores Carlos de Carvalho (na gestão Floriano Peixoto ocupou a pasta durante vinte dias apenas) tentou, sem sucesso, obter da Argentina a cessão de um ou dois navios de guerra, então recentemente incorporados à sua armada. Agustin Arroyo, ministro argentino no Rio de Janeiro, informou-lhe que a cessão dos barcos poderia ser considerada intromissão nos assuntos internos brasileiros, além do que ela só seria possível mediante lei expressa do congresso de seu país. Na oportunidade, Carvalho se referiu à hostilidade "não encoberta" do almirante Custódio de Melo contra o vizinho país platino e, para reforçar seu pedido, observou ao diplomata argentino que, na hipótese de triunfo da revolta, o almirante, uma vez no poder e para aplacar as resistências internas, provocaria a Argentina "a uma guerra injustificável". A vitória da Revolta seria, portanto, uma ameaça à paz na América do Sul, segundo Carvalho.[82]

Mendonça manteve contatos frequentes com Gresham, que, além do apoio moral a Floriano que vinha desde setembro,[83] aventou, em 16 de outubro de 1893, a oportunidade de passar "nota circular às cortes da Europa, declarando que qualquer intervenção nas lutas domésticas do Brasil seria pelo Governo dos Estados Unidos considerada como uma violação da doutrina de Monroe". O presidente Cleveland não a considerou oportuna, mas não a descartou, reservando seu uso no caso de as potências europeias fornecerem algum motivo que a justificasse. Haveria ainda outra tentativa de intervenção, já relatada. O embaixador de Sua Majestade em Washington, Julian Pauncefote, prometeu o apoio tácito da Grã-Bretanha, caso os Estados Unidos resolvessem intervir a favor de Floriano, dispensando ao então chefe da Revolta, Custódio José de Melo, o tratamento de "pirata". Todavia, pelo fato de precisar atuar em águas territoriais do Brasil, a intervenção não se daria sem o prévio assentimento do seu governo. Consultado a respeito por Mendonça, por meio

---

81 Cf. Ofício confidencial de Washington, 23 dez. 1894 (Mendonça a Carlos de Carvalho), apud Azevedo, 1971, p.270.

82 Arquivo do Ministério das Relações Exteriores e Culto – Argentina. Ofício confidencial da legação da República Argentina no Brasil, 22 out. 1893. Caixa 516 (cópia do doc. cit. gentilmente cedida pelo Prof. Dr. Francisco Doratioto, a quem agradeço).

83 Mendonça, S., 1913, p.201-202; Lafeber, 1960, p.107.

176 A REPÚBLICA E SUA POLÍTICA EXTERIOR (1889-1902)

do telegrama de 4 do mês seguinte, o governo brasileiro, como na consulta anterior, não respondeu. O plano anglo-norte-americano não prosperou.[84]

Mendonça tinha contatos com diplomatas e homens de negócios, e era recebido com frequência pelo secretário de Estado Gresham, o que lhe facilitava acompanhar com sintonia fina as disposições dos Estados Unidos e dos governos europeus em relação à revolta naval brasileira que, efetivamente, punha em jogo o mandato de Floriano e, o que mais se temia, o retorno das instituições monárquicas. No início de dezembro Mendonça sentiu que a diplomacia europeia exercia influência sobre o governo norte-americano, pois Gresham, até então solícito, adotara atitude reservada. Logo depois, August Belmont [Júnior], representante dos Rothschild em Nova York, procurou Mendonça para lhe informar que recebera carta deles indagando-lhe qual seria a reação norte-americana no caso de a restauração ser levada a efeito pelos próprios brasileiros, e observando que na Europa não havia qualquer país interessado em se envolver numa aventura dessa natureza, mas estavam "desejosos de ver restabelecida a paz no Brasil e com ela a corrente usual de comércio, veriam então com prazer a volta do Governo que por tantos anos fôra garantia da ordem nesse país, onde os interesses norte-americanos eram em tudo análogos aos interesses europeus".[85] Mendonça logo depois teve conhecimento de que Belmont, que tinha influência sobre o Partido Democrata, conferenciara com Gresham, o que lhe significou a confirmação de que o governo norte-americano tendia a alterar sua orientação em relação à crise brasileira. Segundo as palavras do diplomata, a situação estava se tornando "perigosa", o que o levou a concluir "que só a opinião pública neste país podia ajudar-me a ter mão no seu Governo e chamá-lo de novo a uma política sinceramente americana".[86] Em seguida procurou infundir confiança na opinião pública norte-americana sobre a firmeza da República, concedendo entrevistas à imprensa e publicando artigos por ele redigidos. Do Rio de Janeiro, chegou-lhe informação direta do ministro das Relações Exteriores de que o chefe da legação dos Estados Unidos no Rio de Janeiro estava se deixando influenciar pelo representante de Sua Majestade: "Thompson não procede [como] simples expectador, é levado a reboque pelo inglês. Ainda agora seu nome na nota verbal que mais que anteriores revela simpatia pelos revoltosos [...]".[87] A adesão de Saldanha da Gama ao movimento revoltoso e seu subsequente manifesto provocaram em Mendonça o receio de que tanto nos Estados Unidos

---

84 Ofício confidencial de Washington, 23 dez. 1894, cit., apud Azevedo, 1971, p.273.
85 Apud Azevedo, 1971, p.272-273.
86 Ofício confidencial de Washington, 23 dez. 1894, cit., apud Azevedo, 1971, p.273.
87 Ibidem, p.255.

A DIPLOMACIA DA CONSOLIDAÇÃO

quanto na Europa punha-se em dúvida a vitória de Floriano. Embora em 10 de dezembro Gama tivesse declarado aceitar e respeitar o que fora convencionado pelo então chefe da Revolta, Custódio de Melo, e os comandantes estrangeiros, o governo complicou a situação ao designar um novo ancoradouro no fundo da Baía de Guanabara, provocando embaraços às operações de embarque e desembarque de mercadorias. Os comandantes estrangeiros não aceitavam o novo lugar, no entendimento de que o Governo desejava, de fato, usar os navios mercantes como escudos para se proteger do fogo dos rebeldes.[88] Em Washington, o secretário de Estado Gresham levou a reclamação a Mendonça, que reconheceu as dificuldades sofridas pelo comércio, mas a justificou, pois o objetivo era o resguardo das embarcações do fogo de artilharia. Gresham não se satisfez, mas aceitou esperar alguns dias para a definição de outro embarcadouro.[89] Mendonça, ao retornar (22 de dezembro) à Secretaria de Estado para continuar o assunto, ouviu do secretário que seu governo queria evitar a repetição do erro que cometera no Chile, onde ficara a favor dos derrotados.[90] Ao sentir que os norte-americanos estavam prestes a retirar o apoio que vinham dando a Floriano, Mendonça observou, de modo direto, ao secretário de Estado que ele estava se deixando cair "num laço armado arteiramente pelos ingleses" em um jogo de cartas marcadas. O "laço" seria o reconhecimento dos revoltosos como beligerantes pelos Estados Unidos. A diplomacia europeia fazia constar a disposição de reconhecer os revoltosos como beligerantes – o que acarretaria eventual vitória da Armada –, com a ressalva de que isso não implicaria apoiar a restauração monárquica. O

---

88 Martins, 1995, p.146-147.

89 No longo ofício confidencial de 23 de dezembro de 1894, Salvador de Mendonça, ao relatar seu decisivo encontro com Gresham no dia anterior, a certa altura informa que: "Ao entrar na sua sala de trabalho e antes mesmo que nos sentássemos disse-me o Sr. Secretário de Estado as seguintes palavras: – 'Aquele Peixoto dos senhores perdeu a cabeça'. – Ao que lhe respondi imediatamente 'que isso de perder a cabeça parecia epidemia de governos'..." (apud Azevedo, 1971, p.274).

90 Referência ao presidente chileno José Manuel Emiliano Balmaceda Fernández (1886-1891), que, apesar do apoio norte-americano, foi derrotado e deposto na guerra civil vencida pelas tropas parlamentares. Suicidou-se na legação diplomática argentina em Santiago. Topik (2009, p.146) informa que possivelmente os opositores de Balmaceda receberam ajuda dos ingleses. Veja-se, também, Lafeber, 1960, p.112. Joaquim Nabuco publicou vários artigos no *Jornal do Commercio* do Rio de Janeiro sobre o livro de Julio Bañados Espinosa, homem de confiança de Balmaceda, sobre seu governo e a Revolução de 1891, reunidos depois no livro *Balmaceda*, publicado em 1895. Nabuco esclareceu que não fez um estudo crítico: "é propriamente um resumo dessa obra, concluindo, todavia, pela tese contrária". (Nabuco, 1895, prefácio).

178   A REPÚBLICA E SUA POLÍTICA EXTERIOR (1889-1902)

governo dos Estados Unidos, até então comprometido com Floriano, estava vacilando, até porque não estava seguro a respeito dos projetos restauradores de Saldanha da Gama. Mendonça lançou o que ele mesmo designou como "cartada decisiva" ao observar a Gresham que a vitória da Revolta, apoiada pelos europeus, importaria para os Estados Unidos ficarem ao lado do perdedor. Quando Gresham observou que, para os ministros europeus, não se "tratava de mudança de regime" no Brasil, Mendonça lhe apresentou e comentou o manifesto do novo líder da Revolta, no qual propunha, como se viu, a realização de um plebiscito para definir o regime político preferido pelos brasileiros. Gresham, assim, obteve de Mendonça a confirmação do que lhe informara Thompson, ministro dos Estados Unidos no Rio de Janeiro, sobre a ajuda da Grã-Bretanha a Gama na expectativa de estabelecimento da monarquia no Brasil.[91] Convencido Gresham de que os europeus o iludiam, Mendonça foi explícito ao lhe sugerir:

> Quer V. Exa. saber como ganharia a partida? Ordenando ao Sr. Picking [então no comando das forças navais norte-americanas no Rio] que rompesse esse bloqueio com que os rebeldes pretendem embaraçar o Governo e que efetivamente se está tornando sério. Os ingleses não podem senão seguir o seu exemplo porque se o não fizerem e quiserem assistir de braços cruzados a que só os norte-americanos descarreguem e carreguem livremente os seus navios no porto do Rio de Janeiro, a indignação dos armadores e comércio ingleses há de levantar tamanha grita na Inglaterra que há de forçar a mão ao Sr. Roseberry [sic]. Por outro lado, se V. Exa. aceda às sugestões de Thompson [ministro norte-americano no Rio] e Picking, o mais que pode fazer é colaborar na tentativa de mais uma restauração monárquica.[92]

Logo depois, e ainda no mesmo dia, Gresham, comunicou a Mendonça que o presidente Cleveland recusara o reconhecimento de beligerante pedido por Gama e que o contra-almirante Benham – então estacionado na Ilha Trinidad – seria instruído a substituir Picking no comando das forças navais norte-americanas estacionadas no Rio de Janeiro, e romper à força o bloqueio que vinha sendo imposto pelos rebeldes a fim de, decidir a sorte da luta. O representante norte-americano no Brasil, Thompson, deveria deixar Petrópolis, ir para o Rio a fim de se distanciar dos diplomatas europeus e ficar

---

91 Lafeber, 1960, p.112; Smith, J., 2000, p.130.

92 Salvador de Mendonça referia-se à restauração monárquica no Havaí, fato que provocou vários ataques na imprensa contra o governo norte-americano (Ofício confidencial de Washington, 23 dez. 1894, apud Azevedo, 1971, p.275).

A DIPLOMACIA DA CONSOLIDAÇÃO

próximo do governo brasileiro,[93] saindo, assim, da influência do ministro inglês. Em janeiro de 1894 chegaram ao Rio o *San Francisco* e o *New York*, que se juntaram à força naval norte-americana lá estacionada. Em um dos cruzadores chegou Benham, o novo comandante das forças navais do Atlântico Sul. Houve um contato inicial, no *San Francisco*, entre Saldanha e Benham, que lhe indagou sobre a possibilidade de término da luta com anistia aos rebeldes. Gama recusou, pois tinha como preliminar a qualquer negociação a renúncia de Floriano.[94]

No dia 28 Benham escreveu a Saldanha da Gama informando que desconhecia sua autoridade para fazer busca em navios neutros ou apreender mercadorias a título de contrabando de guerra. Qualquer ato nesse sentido seria por ele considerado como pirataria, uma vez que os revoltosos não foram reconhecidos como beligerantes. Os termos da comunicação foram claros e arrogantes:

> [...] Há outro ponto sobre o qual é melhor falar agora: até que os direitos de beligerantes vos sejam reconhecidos, não tendes direito de exercer a menor autoridade sobre navios ou propriedade americana de nenhuma espécie. Não tendes o direito de busca em navios neutros nem o de apressar parte alguma da carga, mesmo que seja da que seria claramente definida como contrabando de guerra nas hostilidades entre dois governos independentes. A tomada a força de qualquer desses artigos por pessoas sob o vosso comando seria, na vossa atual condição, um ato de pirataria. Sentindo ter que vos falar com esta franqueza etc.[95]

Saldanha da Gama preferiu pagar para ver. Quando os revoltosos mostraram a intenção de impedir a atracação de três barcos nas docas da Gamboa, Benham constou ao almirante brasileiro que iria empregar a força na proteção do movimento de desembarque e, ao mesmo tempo, informou o ministro da Guerra de Floriano sobre a eventualidade de ter que atacar a Ilha das Cobras, à vista do que seria preciso prevenir a tempo a população próxima. No momento em que um navio da Revolta (o *Trajano*) tentou impedir a movimentação de navios mercantes norte-americanos, Benham reagiu com tiro real e disposição para o combate. O comandante da revolta cedeu. Era 29 de janeiro de 1894. Embora Benham tenha se limitado a restabelecer o trânsito de navios mercantes de seu país no porto do Rio de Janeiro,

---

93 Mendonça, S., 1913, p.208. Veja-se ainda Ofício confidencial de Washington, 23 dez. 1894, apud Azevedo, 1971, p.269-276.

94 Martins, 1995, p.157-158.

95 Apud Nabuco, 1932, p.200-201. Vejam-se ainda Costa, S. C., 1979, p.50; Freire, 1896, p.327; Bandeira, 1973, p.142-143; Smith, J., 1991, p.23.

180   A REPÚBLICA E SUA POLÍTICA EXTERIOR (1889-1902)

contribuiu de modo eficaz para a derrota da Revolta. Os norte-americanos, àquela altura, já haviam constatado o desinteresse da população pela Revolta[96] e não desejavam se envolver no conflito interno, até porque não viam com bons olhos o rumo que estava tomando a República brasileira. Gama, reconhecendo não ter condições de reagir à iniciativa da esquadra norte-americana, estendeu, por equidade, a liberdade de trânsito para os navios das demais nacionalidades. O término do problema referente ao desembarque de mercadoria dos neutros abateu o moral da Revolta, pois o bloqueio era, na prática, o único meio de que ela dispunha para coagir o governo. A Grã-Bretanha aprovou tacitamente o procedimento de Benham, pois seus nacionais possuíam maior número de navios mercantes no porto do que os norte-americanos.[97] Todavia, o modo de atuar de Benham mereceu reparo do comandante do navio britânico *Racer*, ao informar ao Foreign Office que ele ofendera os insurretos de tal forma que recebera crítica até dos florianistas. Da mesma forma o ministro de Sua Majestade no Rio, simpático à Revolta, desaprovou o modo de agir de Benham, bem como referiu-se à presença frequente de Thompson (ministro representante dos Estados Unidos) no Ministério das Relações Exteriores brasileiro. Benham foi recebido e homenageado em palácio. O apoio dos norte-americanos a Floriano ficou explícito e era exclusivamente deles.[98] O apoio dos Estados Unidos a Floriano já fora entrevisto pela imprensa norte-americana em outubro do ano anterior quando o almirante Oscar F. Sthanton, ao chegar à Baía de Guanabara no comando do cruzador *Newark*, dera as salvas regulamentares a Custódio de Melo e fizera visitas a ele e a Saldanha da Gama. Em Washington, Salvador de Mendonça protestou, pois era o mesmo que reconhecer o estado de beligerância aos revoltosos. Sthanton foi demitido.[99]

A imprensa florianista acolheu bem a ação de Benham, que ficou, inclusive, popular entre os adeptos do governismo. Sem o reconhecimento do estado de beligerância,[100] e terminado para outras nações o problema relativo à

---

96 As informações oriundas do Rio de Janeiro deram a Gresham segurança sobre a indiferença da população do Rio pelo que ocorria na Baía de Guanabara (cf. Smith, 1979, p.182).

97 Descrição detalhada da atuação de Benham encontra-se em Topik, 2009, p.267-273; Smith, J., 1979, p.180, 182-183; Freire, 1896, p.323-324; Martins, 1995, p.153-158.Vejam-se ainda Hill, 1970, p.279; Costa, S. C., 1979, p.197; Villalba, 1897, p.157.

98 Cf. Martins, 1995, p.158.

99 Smith, J., 2000, p.126; Martins (1995, p.109) observa que Sthanton cometeu uma "ingenuidade" ao cumprimentar Custódio com salvas e fazer visitas oficiais aos líderes dos revoltosos.

100 Dois dias depois (31 de janeiro de 1894), Saldanha da Gama, a bordo do cruzador *Liberdade*, por meio do comandante das forças navais portuguesas, enviou nota ao representante

A DIPLOMACIA DA CONSOLIDAÇÃO

entrada e à saída de mercadorias criado por Saldanha da Gama, os eventos dos últimos dias de janeiro praticamente liquidaram a Revolta.[101]

Pode-se especular que a tática de Saldanha da Gama ao determinar o bloqueio do porto teria sido eficiente se não fosse o decidido apoio dos Estados Unidos a Floriano, pois os ministros representantes da Inglaterra, Bélgica, França, Itália e Portugal já haviam concluído ser melhor reconhecer o estado de beligerância aos revoltosos do que usar a força contra eles. A decisão de Saldanha colocara a Revolta numa disjuntiva: ter status de beligerante e, por consequência, receber armas do exterior e prejudicar as finanças do país com a queda da renda da alfandega, ou ser derrotado mais cedo. Era o tudo ou nada. Sem um serviço de informações atuando em Londres nem em Washington,[102] capitais onde se jogavam as principais cartas, os líderes da Revolta ignoravam os hábeis movimentos e contatos de Mendonça junto ao Departamento de Estado e na organização da esquadra que estava sendo montada por Charles Flint. O fato de a Revolta não ter o controle efetivo do porto nem organizado um governo provisório foram os argumentos do presidente Cleveland para negar o reconhecimento do estado de beligerância.[103] Sem dinheiro, sem o apoio firme de Custódio, que estava no Sul, e sem o principal navio da esquadra revolucionária, o *Aquidabã*, que lá também estava em função da Revolução Federalista, Saldanha ficou isolado na Baía de Guanabara. No fim de janeiro recebeu informação de que as potências que patrocinaram o acordo de 5 de outubro não mais garantiriam seu cumprimento.[104]

Logo após o início da Revolta, Floriano decidira reorganizar o que restava da esquadra legal, reforçando-a com a aquisição de novas unidades, recorrendo, para isso, ao almirante Jerônimo Antônio Gonçalves, que aceitou a tarefa, embora já retirado do serviço ativo. Em 12 de outubro de 1893 foi nomeado "Comandante Chefe da esquadra em operações entre o Rio de

---

diplomático do rei de Portugal no Brasil, na qual, após breve informação do estado em que se encontravam os acontecimentos nos quais participava, observou que tudo parecia "indicar estarem amadurecidas as condições que todas as potências costumam considerar como indispensáveis nas lutas civis para reconhecer como beligerantes as formas revolucionárias de qualquer país". Gama não obteve sucesso. (Cópia da nota está em Abranches, 1914, nota M do apêndice, p.222).

101 Nabuco, 1932, p.108-109,133-135, 189-190.

102 Na Europa, Eduardo Prado seria o plenipotenciário dos revoltosos da Armada, mas não se tem conhecimento de que Prado tenha atuado nesse sentido ou contribuído para obter fundos para os insurgentes. Cf. Hahner, 1975, p.110.

103 Costa, S. C., 1979, p.265; Hahner, 1975, p.110; Azevedo, 1971, p.259; Nabuco, 1932, p.131-132.

104 Carvalho, C. D., 1998, p.175-176.

182   A REPÚBLICA E SUA POLÍTICA EXTERIOR (1889-1902)

Janeiro e o Rio da Prata". Gonçalves procurou reunir unidades navais cujos comandantes não aderiram à Revolta, a fim de incorporá-las à esquadra legal. Requisitou, inclusive, navios que atuavam em águas fluviais. Entre estes, o encouraçado *Bahia*, estacionado no Rio Paraguai, o cruzador *Tiradentes*, em reparo, a flotilha do Alto Uruguai sediada em Itaqui (RS), e dois navios mercantes – *Santos* e *Desterro*.[105] Aguardar-se-iam as aquisições que viriam da Europa e, sobretudo, dos Estados Unidos, nos portos de Recife e Salvador. As unidades brasileiras estavam em mau estado, algumas mal tripuladas, outras obsoletas. As mais modernas e com maior poder de fogo estavam com os rebeldes – o *Aquidabã* e o *República*. As aquisições que provocaram mais expectativas foram as unidades compradas por Salvador de Mendonça nos Estados Unidos e incorporadas à esquadra legal.[106]

Segundo os críticos de Floriano, a frota proveniente dos Estados Unidos era constituída de material imprestável e tripulada por mercenários desordeiros e bêbados, "risível simulacro de vasos de guerra".[107] Incorporada à esquadra legal, passou a ser designada por "Esquadra de Papelão", pois sua força seria mais pela visibilidade do que por efetivo poder de fogo. Tal esquadra é nomeada também pelos historiadores como esquadra mercenária. Topik, que estudou pormenorizadamente o assunto, prefere designá-la como Esquadra de Flint, pelo fato de que Charles Flint, figura de prestígio em Nova York, próximo do governo, comerciante internacional, inclusive de armas, com ligações com mercenários, a organizou autorizado por Salvador de Mendonça,[108] de quem era amigo desde as negociações do Tratado Recíproco de 1891, já visto. As unidades da esquadra estavam em péssimo estado e carentes de reparos. Estes foram feitos às pressas (em dois meses) por Flint e custeado pelo governo brasileiro.[109] Em janeiro de 1894 as aquisições navais provenientes dos Estados Unidos e cinco torpedeiras alemãs começaram a chegar a Recife e

---

105 Cf. Martins, 1995, p.111.

106 Telegramas de Salvador de Mendonça enviados ao Ministério das Relações Exteriores em outubro de 1893 dão conta das aquisições para a formação da Esquadra Legal (apud Azevedo, 1971, p.246-251). Cf. Bandeira, 1973, p.144; Bento, p.250-260; Vinhosa, p.285.

107 Cf. Nabuco, 1932, p.112; Barbosa,1929, p.258; Topik, 2009, p.305-307. Segundo José Honório Rodrigues (in Rodrigues; Seitenfus, 1995, p.220), o cônsul americano em Pernambuco, William Burke, escrevera ao Departamento de Estado observando que a expedição era "uma vergonha, um escândalo e uma desgraça para nossa bandeira, nosso país e para os cidadãos americanos que aqui residem".

108 Informações bem fundamentadas constam em Topik (2009, p.28-29, 281-320). Para mais informações que contribuem para avaliar a natureza do projeto Flint-Salvador de Mendonça, com detalhes sobre a atuação do diplomata brasileiro, veja-se a nota 76, às p.447-448.

109 Topik, 2009, p.296-297, 304-305, 311, 313-314, 317.

A DIPLOMACIA DA CONSOLIDAÇÃO

Salvador. A elas juntaram-se unidades navais brasileiras velhas e desgastadas. Foi incorporado também um navio mercante. A esquadra legal tinha pouco poder de fogo e poderia ser derrotada pelos dois navios bem armados, o *Aquidabã* e o *República*, segundo Hélio Leôncio Martins (1995). De Salvador, em 1º de março a esquadra legal unificada fez-se ao mar em direção ao sul. Em 2 de março o *Diário Oficial* publicou a Lei Marcial de 29 de fevereiro, a qual, entre outras disposições, previa a pena de morte nos casos de guerra externa e rebelião interna em andamento.[110]

A Revolta estava no seu estertor: os pontos altos ao redor da Baía de Guanabara estavam artilhados. Em 10 de março o almirante Jerônimo Gonçalves, no comando de sua esquadra, estacionou na parte externa da Praia Vermelha e ficou no aguardo da ordem para avançar sobre as águas da baía. Floriano, em 11 de março, deu o ultimato à esquadra rebelde, fixando o prazo de 48 horas, após o qual iniciaria o combate. No mesmo dia, Saldanha fez chegar a Floriano, por meio do Conde de Paraty, representante do governo português no Rio de Janeiro, uma proposta por ele assinada das condições para a deposição das armas:

> Os oficiais da facção da Esquadra Libertadora, surta neste porto, desejosos de pôr termo à luta que há mais de seis meses ensanguenta o País estão resolvidos a depor as armas sob as seguintes condições:
> 1. retirada para o estrangeiro dos oficiais, assim como dos que com eles privam, sob a garantia e guarda da Nação Portuguesa;
> 2. garantia de vida para os inferiores e praças e bem assim para os voluntários que lhes estão assimilados;
> 3. entrega das fortalezas, navios e mais material no pé em que se acham;
> 4. restituição dos prisioneiros, exceto aqueles oficiais prisioneiros que queiram ou prefiram partilhar a sorte com os oficiais da Esquadra.[111]

Floriano recusou a proposta no dia seguinte.[112]

Havia dúvidas sobre a eficiência da esquadra legal organizada às pressas,[113] mas, de qualquer forma, temia-se o poder de fogo do Zalinski, canhão de tiro pneumático, algo novo e desconhecido, comprado de Flint por

---

110 Martins, 1995, p.111-113, 162-163, 175-176. Este autor afirma que a esquadra legal merecia ser chamada "de papelão", tal era sua fraqueza. Veja-se também Nabuco, 1932, p.110; Barbosa, 1929, p.254.
111 Apud Azevedo, 1971, p.261-262.
112 Ibidem, loc. cit.
113 Cf. Barbosa, 1929, p.254.

184   A REPÚBLICA E SUA POLÍTICA EXTERIOR (1889-1902)

Salvador de Mendonça. Sequer foi utilizado. Instalado no *Niteroy*, já havia falhado no tiro de teste.[114] A esquadra acabou não sendo posta à prova porque os rebeldes não se aprestaram para o combate, refugiando-se nas duas corvetas portuguesas, *Mindelo* e *Afonso de Albuquerque*, comandadas por Augusto de Castilho. Semanas depois, a esquadra legal seguiu em direção à Nossa Senhora do Desterro (atual Florianópolis), então em poder dos federalistas.[115]

A derrota dos revoltosos da Armada deveu-se, sobretudo, às muitas falhas estratégicas, táticas e falta de comunicação entre seus líderes, e entre estes e os revoltosos de Santa Catarina e Rio Grande do Sul. Mas, decisiva foi a ação do contra-almirante Benham na Baía de Guanabara para liberar o trânsito de navios mercantes norte-americanos (concessão que Gama estendeu aos navios de todas as bandeiras) e, logo após, a chegada da esquadra legal. Decisivo também foi o apoio norte-americano, tanto do governo quanto de particulares, representados pelos fabricantes e vendedores de armamentos, que tiveram no governo brasileiro ótimo comprador. Nem mesmo faltaram rumores de negociata. O Governo Provisório organizado em Desterro (Santa Catarina) e a Revolução Federalista no Rio Grande do Sul eram movimentos paralelos pouco ou mal coordenados, sem ou quase nenhuma relação entre eles e os revoltosos do Rio. Faltou-lhes também contingente e, sobretudo, recursos pecuniários para os revolucionários gaúchos.[116]

O asilo concedido aos rebeldes da Armada representou para uma parte dos observadores da época a confirmação da simpatia das esquadras estrangeiras pela Revolta.[117] Nabuco estabeleceu nexo diferente. Augusto de Castilho fora encarregado de levar a "intimação" das esquadras estrangeiras a Custódio José de Melo a fim de impedir o bombardeio da cidade do Rio, e, por uma questão de coerência, o mesmo comandante acolheu os revoltosos. Os comandantes estrangeiros ao limitarem a ação da esquadra rebelde, não poderiam permitir que ela fosse fustigada pela artilharia das fortificações de terra, erigidas em flagrante violação do acordo que eles promoveram e lhes cumpria fazer observar. Os comandantes estrangeiros, portanto, estavam obrigados a conceder asilo na hora do desastre final, pois eles tolheram as ações da Armada na fase em que, militarmente, era superior às forças do governo.[118]

As corvetas, embarcações de pequeno porte, recolheram cerca de quinhentos revoltosos. Após cinco dias dirigiram-se para alto-mar. Reapareceram

---

114 Topik, 2009, p.313; Martins, 1995, p.163.
115 Topik, 2009, p.317.
116 Martins, 1995, p.132-134; Abranches, 1914, v.2, p.26; Costa, S. C., 1979, p.8.
117 Veja-se Freire, 1896, p.337-338.
118 Nabuco, 1932, p.7-8.

A DIPLOMACIA DA CONSOLIDAÇÃO

em Montevidéu.[119] A prevista travessia do Atlântico foi protelada por causa das precárias condições dos embarcados e de um incidente que levaria à ruptura de relações diplomáticas entre Brasil e Portugal. Em 15 de março de 1894, o ministro das relações exteriores brasileiro Cassiano do Nascimento, ao responder à nota do conde de Paraty,[120] encarregado de negócios de Portugal no Rio de Janeiro, na qual comunicava a concessão do asilo, reclamou a entrega dos revoltosos, no entendimento de que a eles não cabia a proteção reservada aos réus de crime político.[121] A alegação de que Saldanha da Gama e seus comandados não eram presos políticos, e sim criminosos comuns – ou "piratas", conforme decreto anterior de Floriano –, além de esdrúxula, contrariava a tradição diplomática brasileira.[122]

O conde de Paraty, segundo informou o presidente do Conselho de Portugal ao ministro plenipotenciário brasileiro em Lisboa, J. P. da Costa Mota, determinara a saída da *Mindelo* e da *Afonso de Albuquerque* do Rio de Janeiro e que navegassem em direção ao Prata, a fim de aguardar as determinações da chancelaria portuguesa, uma vez que seu representante se comprometera com o governo brasileiro a "não desembarcar os asilados em território estrangeiro e de conservá-los a bordo até a solução da reclamação diplomática [...]". O presidente do Conselho não acolheu as considerações segundo as quais se imputava aos refugiados a condição de réus de crime comum e, além de negar a entrega, solicitou ao governo brasileiro que desistisse da reclamação, assegurando-lhe que não permitiria o desembarque em território estrangeiro: "seriam transportados para terras portuguesas em navios portugueses, internados em estabelecimentos militares, vigiados e fiscalizados de modo a não voltarem ao Brasil a perturbar sua ordem interna".[123] Todavia, a travessia do Atlântico para interná-los na África tornou-se impossível naquele momento. Havia sobrecarga absoluta e falta de higiene. Aguardar-se-ia a chegada de outra embarcação portuguesa para auxiliar no transporte dos refugiados. Nesse ínterim, Saldanha da Gama e parte dos demais revoltosos fugiram e se internaram no Uruguai. Em Montevidéu, foi bem recebido e colocado "sob o

---

119 Cf. Villalba, 1897, p.220.

120 O governo português atendera, em novembro de 1893, pedido do governo brasileiro para a retirada do conde Paço d'Arcos, feito sob a alegação de que ele estava se envolvendo nos negócios internos brasileiros e por isso se tornara incompatível com Floriano (*Missão diplomática...*, 1974, p.XIII-XIV).

121 Villalba, 1897, p.221-222.

122 Costa, S. C. 1979, p.158-165.

123 Apud Villalba, 1897, p.222, 228-230.

186   A REPÚBLICA E SUA POLÍTICA EXTERIOR (1889-1902)

amparo e proteção das leis da República".[124] A essa altura, a simpatia do governo oriental pelos revolucionários do Rio Grande do Sul transformara-se em proteção.[125] Saldanha da Gama pôde, assim, facilmente engajar-se na luta armada que ainda havia em terra. A diplomacia de Floriano atuou com sucesso junto ao governo oriental, que determinou aos asilados que permanecessem a trinta léguas de distância da fronteira.[126]

O governo de Floriano, todavia, instruiu o plenipotenciário brasileiro em Londres para solicitar a colaboração da Grã-Bretanha junto ao governo de Portugal a fim de obter a entrega dos refugiados. Negou-se o Foreign Office a atender ao pedido e, no ensejo, acrescentou considerações que, na opinião de Nabuco, eram uma lição que a chancelaria brasileira, já detentora de tradição, poderia ter evitado receber. O ministro inglês no Brasil, Hugh Wyndham, instruído por Kimberley, sucessor de Rosebery, passou nota a Cassiano do Nascimento em 21 de março de 1894 informando que o governo britânico se negava a interceder porque, em situação semelhante, não faria igualmente a entrega dos refugiados, e acrescentou:

> [...] que seria excessivamente impolítico da parte do governo federal insistir na exigência feita ao de Sua Majestade Fidelíssima, porque isso envolveria o Governo da República em complicada discussão, não só com o de Sua Majestade Britânica, mas também com os das outras Potências. O conde de Kimberley também manda-me dizer que o Governo de Sua Majestade pode razoavelmente esperar que o Governo Federal ouça o conselho amigável que tenho ordem de oferecer-lhe, à vista do fato de haver ele impedido o bombardeamento da Capital, ajudando assim materialmente ao Governo Federal.[127]

As potências europeias foram unânimes em acompanhar a Grã-Bretanha no impedimento do bombardeio do Rio de Janeiro pela Armada, e continuariam a acompanhar a conduta britânica no caso dos refugiados. Rothschild tomou a iniciativa de telegrafar a Felisbelo Freire, nessa altura já ministro da Fazenda, solicitando-lhe que usasse sua influência junto ao governo, pois a questão estava "cortada" desde o momento da partida dos navios portugueses. O banqueiro acrescentou, finalmente, que tomava essa liberdade "porque

---

124   Cf. Costa, S. C., 1979, p.110.

125   Cf. ibidem, p.115.

126   Cf. Costa, S. C., 1979, p.116.

127   Apud Nabuco, 1932, p.89-90. Felisbelo Freire viu audácia no documento e "estranha exibição de força [...] incompatível com as relações de nações amigas" (Freire, 1896, p.244-245).

A DIPLOMACIA DA CONSOLIDAÇÃO

a questão é da maior importância e se não for cortada brevemente no sentido indicado, pode trazer as mais sérias complicações". Freire, ao encaminhar o telegrama ao marechal Floriano, observou que a mensagem era "expressão [...] de uma ameaça sem limites e tanto mais grave, quanto nada se telegrafou a este banqueiro". Rothschild ficou sem resposta.[128]

O governo norte-americano evitou se envolver na questão. O secretário de Estado Gresham entendeu que seria inconveniente aos Estados Unidos intervirem no assunto pelo fato de terem dado apoio ao governo brasileiro junto aos países europeus no decorrer do conflito.[129] Quando a Grã-Bretanha e a Itália solicitaram o apoio diplomático dos Estados Unidos a Portugal, Gresham o recusou sob o argumento de que o asilo concedido em águas territoriais ofendera a soberania brasileira.[130]

Portugal, ao recusar a entrega dos asilados, provocou um impasse. O fato de o conde de Paraty ter assegurado ao governo brasileiro que eles estavam impedidos de desembarcar em território estrangeiro[131] transformou as duas corvetas, na prática, em prisões das quais não podiam sair nem mesmo enfermos e feridos. Tal situação levou Saldanha da Gama a protestar junto ao representante de Portugal no Prata, responsabilizando seu governo pelas consequências que adviriam de tal situação e se eximindo de responsabilidade por eventuais atitudes de seus comandados em razão das más condições a que estavam sujeitos, pondo em risco até a subsistência do grupo.[132] Saldanha parecia estar prevenindo aquele representante sobre a fuga, que acabou ocorrendo, em razão do que o Brasil rompeu relações diplomáticas com Portugal, por meio de nota de 13 de maio de 1894 do ministro das Relações Exteriores Cassiano do Nascimento ao conde de Paraty, encarregado de negócios portugueses no Brasil, na qual afirmou que, à exceção dos 239 refugiados que embarcaram na *Pedro III* com destino a Portugal, o restante dos 493, inclusive

---

128 Apud Freire, 1896, p.347. Cf. Costa, S. C., 1979, p.137-138.

129 "Gresham diz-me confidencialmente que após tantos passos que deu na Europa em nosso favor durante conflito não acha acertado interessar-se para arbitrar-se entrega rebeldes. Reputa melhor para nós que Governo Americano não apareça nisso quando souberdes quão longe foi este Governo nas cortes europeias vereis que Gresham tem razão" (Salvador de Mendonça ao ministro das Relações Exteriores – Telegrama de Washington, 21 mar. 1894 apud Azevedo, 1971, p.262).

130 Salvador de Mendonça ao Ministro do Exterior – Telegrama de Washington, 28 mar. 1894, apud Azevedo, 1971, p.263-264.

131 Nota da Legação de Portugal ao governo brasileiro, Petrópolis, 16 mar. 1894, apud Villalba, 1897, p.225.

132 Carta do contra-almirante Saldanha da Gama ao visconde de Faria, a bordo da *Mindelo*, 8 abr. 1894, apud Villalba, 1897, p.242-244.

188 A REPÚBLICA E SUA POLÍTICA EXTERIOR (1889-1902)

Saldanha da Gama, evadira-se. Junto à nota o ministro remeteu o passaporte do diplomata luso. O ministro responsabilizou ainda o governo português pelo procedimento de Augusto de Castilho durante todo o desenrolar dos acontecimentos. E concluiu:

> Demitiu, é verdade, os comandantes das corvetas, mas isto de nenhum modo diminui a sua responsabilidade. Quem concede asilo fica obrigado a providenciar eficazmente para que os asilados dele não abusem direta ou indiretamente contra o Governo que hostilizavam. O sr. capitão de fragata Augusto de Castilho não quis, não soube ou não pôde cumprir essa obrigação. Por ele responde o Governo de sua Majestade Fidelíssima.[133]

Descumpriu-se a garantia dada.[134] Na ótica do governo brasileiro, não teria como deixar de suspender as relações diplomáticas. Mesmo não considerando os asilados como criminosos comuns, e sim réus de crimes políticos, o comandante português, com ou sem a anuência do seu governo, acabou por contribuir para a continuação do conflito interno no Brasil, pois ensejou condições para que desembarcassem no Prata, em região adjacente ao Brasil, cuja fronteira facilmente poderiam transpor para continuar a luta ao lado dos federalistas. O fretamento da *Pedro III* para transportar os refugiados pareceu a solução viável e coerente com a lógica dos fatos, mas o episódio da fuga complicara ainda mais a questão.[135] Quatro dias após o rompimento de relações diplomáticas do Brasil com Portugal, Rothschild voltou a querer se envolver, oferecendo seus bons ofícios para mediar a questão. A mediação foi recusada, no entendimento de que enfraqueceria a soberania brasileira.[136]

---

133 Nota do governo brasileiro à Legação de Portugal. Rio de Janeiro, 13 maio 1894, apud Villalba, 1897, p.235-242.

134 Veja-se Freire, 1896, p.348.

135 Segundo o estudo de Queiroz, S. R. R. (1986, p.24), os jacobinos "Estavam certos [...] de que Portugal agira calculadamente e de comum acordo com os revoltosos". O comandante português Augusto de Castilho acabou sendo submetido ao conselho de guerra por seu ato. Antes disso, reclamou da ingratidão de Saldanha da Gama. Joaquim Nabuco reconheceu a humanidade de seus atos, dedicando-lhe, corno testemunho de admiração, o estudo que fez sobre a intervenção estrangeira, várias vezes citado. Para conhecer a versão dos fatos feita pelo próprio comandante, veja-se: Carta del señor Augusto de Castilho – comandante de los buques portugueses, *La Prensa*, Buenos Aires, 5 maio 1894. Vejam-se ainda AHI. Ofício de Buenos Aires, 6 maio 1894; Baptista Pereira, Prefácio da 2ª edição de Barbosa, 1929, p.113.

136 Cf. Costa, S. C. 1979, p.138; Cf. Freire, 1896, p.347-348.

A DIPLOMACIA DA CONSOLIDAÇÃO

O asilo concedido por Augusto de Castilho recebeu a desaprovação da imprensa portuguesa em razão dos prejuízos que o rompimento de relações causaria ao comércio, justo quando a vida se tornava cara em razão da alta da libra.[137] A fuga dos asilados nas águas do Prata provocou também incidente diplomático – embora de pouco alcance – entre Portugal e Argentina. A tentativa de apreensão de refugiados por parte dos marinheiros portugueses motivou nota do ministro das Relações Exteriores do governo platino ao representante diplomático português pelo fato de ter ocorrido em águas territoriais. Tais asilados não deveriam, segundo a nota, deixar o Prata sem antes ter resolvido o incidente, caso contrário seria falta de respeito e cortesia que deveriam ser guardados entre nações amigas. O *La Prensa* pediu, em editorial, que o governo procedesse com energia no caso.[138] Do asilo aos revoltosos acabou resultando um saldo negativo para o governo português: o rompimento de relações com o Brasil, incidente diplomático com a Argentina, reprovação da imprensa platina e censura interna.

A iniciativa de Floriano de romper relações diplomáticas açulou os ânimos dos jacobinos, que promoveram manifestações na cidade do Rio contra os portugueses, acusados de serem simpáticos à Revolta.[139] O rompimento dividiu também a Câmara dos Deputados. Anísio de Abreu, representante do Piauí, solicitou urgência para o trâmite da moção de apoio ao Poder Executivo, acrescentando, em nome dos demais signatários,[140] que se pedia à Câmara clara demonstração de solidariedade à política exterior do marechal Floriano no episódio, argumentando que Portugal, ao conceder asilo a Saldanha da Gama e comandados, violou a neutralidade, pois tais revoltosos eram piratas, segundo o governo legal. A moção, textualmente, aplaudia, "em toda a sua plenitude, a atitude enérgica e digna que aquele [o Poder Executivo] soube manter em tão melindrosa circunstância, zelando com a maior prudência os créditos e a dignidade da República".[141] A moção não foi aceita unanimemente. Segundo a argumentação contrária, o ato do Poder Executivo não dependia da aprovação do Legislativo, mesmo porque era um ato acabado. Ademais, no regime presidencialista não cabiam tais moções, próprias do parlamentarismo. Não obstante as opiniões estarem divididas, não se pôs

---

137 Cf. Costa, S. C., 1979, p.111.

138 AHI. Ofício de Buenos Aires, 30 abr. 1894.

139 Cf. Queiroz, S. R. R., 1986, p.24-25.

140 Martins Júnior (PE), Galdino Loreto (ES), Frederico Borges (CE), Coelho Lisboa (PB), Vergne de Abreu (BA), Gabriel Ferreira (PI), Nogueira Paranaguá (PI), Augusto Severo (RN) (ACD. Sessão de 19 maio 1894).

141 ACD. Sessão de 19 maio 1894.

190　A REPÚBLICA E SUA POLÍTICA EXTERIOR (1889-1902)

em dúvida o ato do rompimento em si. A moção de Anísio de Abreu acabou prejudicada em razão de outra, conciliatória, apresentada por Nilo Peçanha,[142] pela qual retirava a responsabilidade da Câmara no episódio, pois o rompimento era "ato acabado, perfeito, produzindo efeitos e de plena soberania do Poder Executivo". Questões dessa ordem estariam fora da competência constitucional do Congresso. Para reforçar, indagou de seus pares: e se a Câmara, ao invés de aplaudir, reprovasse o ato? "Não ficaria empalidecida e aniquilada a autoridade da Pátria no exterior?" A solução, que ele mesmo reputou como intermediária, teria a seguinte redação: "A Câmara dos Deputados, aplaudindo o ato do Poder Executivo no conflito português, declara, entretanto, que aquele ato é de plena soberania do Poder Executivo, e que independe de aprovação do Congresso"[143]. No momento em que o presidente da Câmara consultou ao plenário se estava ou não prejudicada a moção de Anísio de Abreu, este requereu que o assunto fosse objeto de votação nominal. Posto a votos, o requerimento foi rejeitado. Ao considerar prejudicada a moção[144] a partir de uma norma constitucional, parte da Câmara eximia-se de envolvimento no ato de rompimento, além do que patenteava sua divisão no que dizia respeito ao apoio a Floriano.

Custódio José de Melo, após transferir o comando das operações no Rio de Janeiro para Saldanha da Gama, foi para o sul, conforme já visto, e solicitou, por meio de nota de 16 de abril de 1894, asilo político ao presidente da Argentina Luis Sáenz Peña, alegando impossibilidade de continuar a luta por absoluta falta de recursos. O pedido era extensivo a toda a esquadra que estava sob seu comando, para a qual pedia o abrigo da bandeira daquele país e punha à disposição do seu governo o cruzador *República* e os paquetes armados *Iris, Meteoro, Urano* e *Esperança*.[145] O ministro plenipotenciário brasileiro em Buenos Aires, Sá Vale, sugeriu ao seu governo envio de oficiais e marinheiros brasileiros para guarnecer aqueles navios, que seriam colocados à disposição da legação juntamente com o armamento e os petrechos bélicos inventariados.[146]

Internado na Argentina, Melo não abandonou a luta contra Floriano. Em entrevista ao *La Prensa*, confirmou a notícia segundo a qual Rui Barbosa tentaria o reconhecimento do estado de beligerância na Europa para os revolucionários do sul. Ao mesmo tempo, o *La Nación* informava que a maior parte

---

142 Ibidem.
143 Ibidem.
144 ACD. Sessão de 21 maio 1894.
145 AHI. Ofício de Buenos Aires, 23 abr. 1894. Veja-se ainda Villalba, 1897, p.312-313.
146 AHI. Ofício de Buenos Aires, 23 abr. 1894.

A DIPLOMACIA DA CONSOLIDAÇÃO

dos seus comandados se juntaria às tropas do federalista maragato Gumercindo Saraiva.[147] Derrotados também em terra, os revolucionários solicitaram asilo ao Uruguai, o que fez do Prata uma área com expressivo contingente de refugiados brasileiros, calculados em 4 mil em abril de 1894, integrado pelos remanescentes dos revoltosos da esquadra e dos revolucionários federalistas,[148] provocando incidentes de fronteira, que obrigaram a chancelaria brasileira a se movimentar nomeadamente junto ao governo argentino.

* * *

Salvador de Mendonça, orgulhoso pelo serviço prestado ao seu país e ao governo norte-americano,[149] em 22 de dezembro de 1894 comemorou na Legação do Brasil em Washington, com a presença do secretário Gresham e outros integrantes da administração norte-americana, "o aniversário da ordem a Benham".[150] No dia seguinte, datou o longo ofício confidencial a que se fez referência, observando ao seu superior, o recém-empossado ministro das Relações Exteriores de Prudente de Morais, Carlos de Carvalho, em forma de lamento, que lhe parecia "que a tarefa deste posto diplomático foi julgada de somenos importância" tanto por Floriano como pelo seu último ministro das Relações Exteriores. Para ressaltar a importância de sua atividade, transcreveu trecho do editorial do *New York Times* de 15 de março de 1894, no qual destacou a ação da diplomacia brasileira desenvolvida em Washington como fator decisivo para o fim da Revolta:

> [...] seria talvez demasiado dizer-se que a rebelião no Brasil tinha [sic] sido na realidade debelada mais em Washington do que no Rio de Janeiro, mas que os serviços do representante da República Brasileira neste país foram durante a crise de tal caráter e valor que o tornaram credor da mais alta recompensa que a pátria lhe pode dar.[151]

---

147 Ibidem.

148 Cf. Villalba, 1897, p.313.

149 "Dessa data em diante tudo correu bem e o bom êxito da ordem dada a Benham, aumentado pela indignação dos ingleses, veio provar ao Governo norte-americano que, ao passo que servi lealmente minha pátria, prestei-lhe também serviço a que por mais de uma vez tem feito aqui referência" (Ofício confidencial de Washington, Salvador de Mendonça a Carlos de Carvalho, 23 dez. 1894, apud Azevedo, 1971, p.269-276).

150 Cf. Ofício confidencial de Washington, 23 dez. 1894, apud Azevedo, 1971, loc. cit.

151 Cf. ibidem, loc. cit.

A REPÚBLICA E SUA POLÍTICA EXTERIOR (1889-1902)

Mendonça fora hábil no seu contato com o secretário de Estado Gresham do qual resultou o desate da questão. Os Estados Unidos haviam sofrido um revés diplomático há pouco mais de dois anos no Chile com a queda de Balmaceda. Sofrer outro na América Latina, e ainda favorecer a presença britânica nessa área, seria desprestígio para a administração do democrata Grover Cleveland, mesmo não havendo séria oposição de interesses entre as duas potências, nem intenção de impor determinada forma de governo a outros países. Ambas eram pragmáticas. O pragmatismo dos norte-americanos chegara ao ponto de ameaçar com a retirada de apoio moral que vinham dando a Floriano quando vislumbraram a possibilidade de vitória da Revolta, pois o triunfo dos rebeldes implicaria eventual realinhamento diplomático do Brasil, até então francamente norte-americano desde o início da República. Não é mera especulação associar a vitória da Revolta com a probabilidade de denúncia do tratado "recíproco" de 1891. Lafeber estabelece relação entre o apoio a Floriano e a depressão econômica pela qual passavam os Estados Unidos. O apoio britânico aos revoltosos, se viesse a ocorrer efetivamente, importaria apear Floriano do poder, pondo em risco o referido tratado, pois entre os rebeldes havia líderes críticos dos seus termos. Naquele momento as indústrias norte-americanas careciam de mercado externo, o que poderia inclusive causar problemas trabalhistas em razão da baixa na produção, além do que aquelas careciam também de facilidades para a entrada de matérias-primas, como era, por exemplo, o caso do açúcar escuro exportado pelo Brasil para abastecer as fábricas norte-americanas que faziam seu refino. O secretário de Estado Gresham, defensor do tratado, tinha o apoio dos exportadores.[152] Para a nova potência do norte, o relevante era o Brasil ser politicamente estável e progressista para receber produtos de suas manufaturas e acolher investimentos, sobretudo para obras de infraestrutura. A manutenção de Floriano no poder significava também um tento significativo no deslanchar da demarcação da esfera de influência norte-americana. Para a Grã-Bretanha a amizade dos Estados Unidos lhe era mais importante do que disputar com eles a preponderância política sobre o Brasil, sobretudo naquele momento de crescimento da rivalidade alemã.[153] Em termos de comércio e investimentos a posição britânica não se alterou em relação aos concorrentes, conforme pode-se ver nos quadros do capítulo III. Os empréstimos externos tomados pelo governo brasileiro continuaram a vir de Londres. Somente no primeiro

---

152 Cf. Lafeber, 1960, p.113-114. Sobre as dificuldades econômicas e sociais dos Estados Unidos imbricadas com a questão tarifária nas duas últimas décadas do século XIX, veja-se Topik, 2009, p.45-73.

153 Smith, R.F., 2001, p.620.

A DIPLOMACIA DA CONSOLIDAÇÃO

193

entreguerras a Wall Street passou a ocupar posição da City como centro financeiro mundial.[154]

O apoio dos Estados Unidos à República consolidou-se no governo Floriano ao reiterar o não reconhecimento do estado de beligerância aos revoltosos, e ao desenvolver a ação decisiva na Baía de Guanabara que deu início ao fim da Revolta. Topik demonstra, com propriedade, que a ação dos Estados Unidos no Rio de Janeiro anunciou sua política das canhoneiras.[155] Para eles foi uma flexão bem-sucedida a indicar a nova etapa da sua política externa, e assumindo o papel de potência hegemônica do hemisfério perante as potências mundiais, conforme ficaria explicitado em 1895 pelo secretário de Estado Olney e, logo depois, pela Guerra Hispano-Americana de 1898, cuja vitória resultou na posse de Porto Rico, Guam e Filipinas, que, juntamente com a anexação do Havaí, marcaram o início do império norte-americano.

AS ANÁLISES. A IMPRENSA ESTRANGEIRA

Os republicanos radicais adeptos do marechal Floriano, com suas paixões políticas acima dos brios nacionais, não se indignaram com a intervenção norte-americana decisiva para a derrotada da Armada. Baptista Pereira, no prefácio de *Cartas de Inglaterra*, de Ruy Barbosa, afirmou, sem rebuços: "Eis como Floriano venceu a esquadra de Custódio: pela intervenção estrangeira que solicitou". Mas a lenda, segundo ele, inverteu os termos: "Emprestou-lhe a célebre frase: 'à bala!', que teria dito como receberia as guarnições estrangeiras que desembarcassem para garantir os seus nacionais. É assim que se faz a história..."[156] Rui Barbosa divisou o envolvimento do seu país na esfera de poder norte-americana com suas eventuais decorrências, como o protetorado, chamando atenção para a "facilidade com que, para os Estados fracos, se converte em tutela a intrusão doméstica dos poderosos".[157] Indignava-o também o fato de o governo federal querer erigir uma estátua de Monroe em sinal de reconhecimento pela atuação norte-americana durante a Revolta.[158] O 4 de Julho (*Independence Day*) dos norte-americanos em 1894 foi comemorado no

---

154 Sobre a transição da City londrina para Wall Street, veja-se Garcia, 2006, cap. 4.

155 Topik, 2009, p.26, 376.

156 Barbosa, 1929, p.113. Sertório de Castro (1932) reforçou a lenda do "à bala!" Registrou ainda que a resposta de Floriano "eletrizou a multidão de seus adeptos" (p.105). Para Ricupero (2017, p.266), o "à bala" serviu para disfarçar a ajuda estrangeira.

157 Apud Bandeira, 1973, p.149-150.

158 Cf. Bandeira, 1973, p.149.

194   A REPÚBLICA E SUA POLÍTICA EXTERIOR (1889-1902)

Brasil como se fosse data nacional, fato que obviamente não poderia deixar de ser visto como sinal de gratidão de Floriano aos Estados Unidos.[159]

Crítico veemente foi Joaquim Nabuco, que analisou de modo claro e bem fundamentado a intervenção estrangeira em artigos publicados no *Jornal do Commercio* do Rio de Janeiro em agosto de 1895, depois reunidos no livro *A intervenção estrangeira durante a Revolta*, cujo prefácio da 1ª edição é de 25 de dezembro do mesmo ano. Segundo o tribuno pernambucano, o governo Floriano renunciara ao "princípio da não intervenção" em favor das principais potências europeias a fim de se proteger, e depois passou a "espalhar nos Estados Unidos, para ter a proteção do precedente mexicano, [Napoleão III impusera Maximiliano de Áustria como imperador do México] que a Europa maquinava uma intervenção no Brasil, para restabelecer a monarquia". O governo, assim, que já recebera o apoio indireto da Inglaterra, buscou "o apoio material direto dos Estados Unidos". Para o autor de *Minha formação*, assistia ao marechal Floriano o direito de preservar a sua autoridade, mas não o de recorrer à ajuda externa. Igualmente não lhe reconhecia o direito de "recorrer ao terror e à tirania [...] de executar, ou deixar executar os seus inimigos, clandestinamente..." A República deveria ter-se defendido "como a República norte-americana pelos meios de que dispõem usualmente os governos livres, respeitando a civilização e a humanidade do país". Nabuco ressalvou que as esquadras estrangeiras não contribuíram para o plano desastroso da Revolta ao aceitar uma luta desigual, pois só podia atacar as fortalezas da barra, uma parte da baía correspondente ao lado oposto ao da cidade do Rio de Janeiro, e a fuzilaria de terra. Os revoltosos cometeram erro ainda em não organizarem um governo regular quando possuíam [a Revolta estava conectada com os federalistas do Rio Grande do Sul] dois estados e as águas da Baía de Guanabara. Incorreram, finalmente, em grave erro estratégico ao não terem recorrido a um meio eficaz e que não poderia receber contestação externa: o bloqueio efetivo do porto. Embora Nabuco tenha atribuído aos revoltosos a responsabilidade pelos desacertos estratégicos, registrou que foi sempre a intervenção estrangeira que inutilizou o poder da esquadra, fechada em um porto inimigo, tornando este inatacável. "Tal intervenção, que não tivera a intenção específica de manter Floriano no poder, mas de proteger o comércio e os interesses dos seus respectivos nacionais – mesmo que para tanto ferissem o direito internacional –, acabou por alterar "completamente o equilíbrio de forças. Para o Governo, essa intervenção economizava um exército e supria uma esquadra". As potências estrangeiras, pelo princípio da imparcialidade,

---

159 Cf. Smith, J., 1979, p.183.

A DIPLOMACIA DA CONSOLIDAÇÃO

deveriam ter reconhecido a Armada como beligerante, pois a enfraqueceram quando a "obrigaram a aceitar um armistício parcial no momento em que podia e precisava agir". E arrematava este aspecto fazendo um questionamento irrespondível: sem o reconhecimento do estado de beligerância, as potências não deveriam ter tratado com a Armada revoltada o acordo de 6 de outubro de 1893. A crítica maior de Nabuco era dirigida ao governo, pois renunciara à soberania sobre seu país ao pedir ajuda às esquadras estrangeiras e submeter-se "às decisões de um conselho de comandantes estrangeiros encarregados de regular as condições de tiro..." Para ele era preferível o governo transigir com o adversário a recorrer ao auxílio estrangeiro, mesmo que não o tivesse chamado. "Entre o princípio da autoridade e o da soberania, é melhor que a transação recaia sobre o primeiro." O governo, ao admitir o "controle" exercido pelas frotas das potências estacionadas no Rio de Janeiro na resolução das pendências com os revoltosos, reconheceu a existência, fora dos limites constitucionais e dentro do território brasileiro, de "uma jurisdição militar estrangeira – o seu caráter arbitral pouco importa –, superior à do Governo". Tal fato significou para o autor de *Balmaceda* perigoso precedente: à primeira dificuldade séria, o governo, carente de recursos para enfrentar a crise política interna, recorrera ao auxílio estrangeiro.[160] Ensinou ainda que, do ponto de vista do direito, a soberania não é inerente aos governos, e sim às nações:

> Se o Governo reconhecia às potências o direito de coagir a esquadra, reconhecia-lhes *ipso facto* o de coagi-lo a ele próprio. A diferença de ser ele governo, e portanto soberano, e a esquadra um simples rebelde, não tem valor em Direito das Gentes. A soberania não é primariamente dos governos, é das nações, e nos privilégios de soberania entra o de não poderem os estrangeiros envolver-se nas questões internas do país. Não faz também diferença em Direito Internacional partir a revolta da esquadra, como em 6 de setembro, ou do exército, como em 15 de Novembro. Se o estrangeiro pode coagir a esquadra, pode coagir o exército, e se pode coagir um movimento militar, pode coagir um movimento civil.[161]

O autor de *Minha formação* indignou-se com a lesão à soberania nacional e com a confiança daqueles que acreditavam no apoio externo desinteressado. A História lhe demonstrava que a proteção e a intervenção eram, normalmente, o início do protetorado.[162]

---

160 Nabuco, 1932, p.91-92, 128-129, 136-137, 142-143, 144-145, 167.

161 Ibidem, p.126-127.

162 A indignação de Nabuco exacerbou-se quando o Senado apreciou o projeto que determinava a cunhagem de duas moedas de ouro e paládio, uma com a efígie de Floriano, outra

196 A REPÚBLICA E SUA POLÍTICA EXTERIOR (1889-1902)

Felisbelo Freire, já na condição de ex-ministro de Floriano, publicou sua *História da Revolta de 6 de setembro de 1893*, livro de contestações ao estudo de Nabuco, no qual afirmou que era o espírito monarquista que procurava "ligar a vitória do governo a um fator estrangeiro, à intervenção da esquadra e da diplomacia das potências amigas". A *intervenção estrangeira durante a Revolta*, para ele, não passava "de um protesto sobre a natureza dos fatores da vitória". Freire não esgrimiu argumentos fundamentados no direito internacional para opor aos de Nabuco; procurou demonstrar que o governo não pedira ajuda externa e que a esquadra estrangeira teria sido mais simpática à Revolta do que ao governo legal.[163]

À acusação de ofensa à soberania nacional, Salvador de Mendonça, por sua vez, respondeu, sofismando, que a intervenção norte-americana, por ele obtida, fora legítima:

> A proteção dada à descarga de navios mercantes norte-americanos dentro deste porto, e a intimação ao navio revoltoso que procurou manter o bloqueio, foram perfeitamente legítimas. Por decreto de 10 de outubro desse ano, as autoridades constituídas retiraram dos navios revoltosos a proteção da nossa bandeira. Declararam também não assumir responsabilidade pelos danos que sofressem os neutros dentro da nossa baía, para polícia da qual lhes faleciam os meios. Tanto bastava para justificação, não só do ato do governo americano, como dos meus esforços para obtê-lo.[164]

O *New York Times*, ao comentar em seu editorial de 22 de maio de 1898 o término da missão diplomática de Salvador de Mendonça junto ao governo dos Estados Unidos, reportou-se à sua atuação em Washington por ocasião da Revolta da Armada, creditando ao secretário de Estado Gresham e a ele a manutenção da República do Brasil. Oliveira Lima tinha a mesma opinião; a ação de Salvador de Mendonça em Washington fora decisiva pelo fato de o governo norte-americano não ter reconhecido o estado de beligerância dos revoltosos e por ter determinado ao almirante Benham o rompimento do bloqueio imposto por Saldanha da Gama. A ação do diplomata brasileiro fora, portanto, decisiva na manutenção da ditadura de Floriano e da República,[165] sobretudo porque, uma vez tolhidas as ações bélicas consoante os termos do acordo de

---

com a de Cleveland, "em memória da guerra civil brasileira" (ibidem, p.147-148).

163 Freire, 1896, p.5, 312-313.

164 Mendonça, S., 1913, p.209.

165 Cf. Gouvêa, v.1, p.285.

A DIPLOMACIA DA CONSOLIDAÇÃO

5 de outubro,[166] ele teve tempo para artilhar as posições estratégicas ao redor da baía, e para Mendonça trabalhar na obtenção – e conseguir o apoio do governo norte-americano, bem como para adquirir a esquadra que Flint, a seu pedido, montou. A vitória de Floriano deveu-se em boa medida à intervenção estrangeira, consumada em nome da proteção da vida e dos interesses comerciais privados, pois lhe deu tempo para preparar a resistência. Já à época, a intervenção da esquadra estrangeira foi qualificada como "causa primária" do fracasso da Armada,[167] que teria sido derrotada mais em Washington do que no Rio de Janeiro.

Aponta-se também como fator que contribuiu para o fim da revolta a realização, em 1º de março de 1894, das eleições para presidente e vice-presidente da República previstas no Decreto nº 1668, de 7 de fevereiro de 1894, no qual se fixaram as instruções que as regeriam, determinando que se realizariam em um mesmo dia as eleições de deputados e senadores, adiadas já duas vezes. Excetuando-se os estados do Paraná, Santa Catarina e Rio Grande do Sul, ainda convulsionados, cumpriu-se no resto do país a norma constitucional, o que desfazia o argumento daqueles que agiam em nome da legalidade, provocando, em consequência, o esvaziamento da Revolta.[168]

A realização das eleições enseja refletir sobre assunto a respeito do qual não há unanimidade de vistas na historiografia: a transmissão de poder feita por Floriano em momento que possuía força política para provocar uma ruptura constitucional e continuar no poder na qualidade de ditador, conforme previsões surgidas à época.[169] Queiroz assinala que "tudo indica que Floriano buscava o continuísmo", mas curvou-se "às imposições de São Paulo", cujos representantes o apoiavam no Congresso. O momento era crucial. O nome de Prudente de Morais fora consagrado na Convenção do Partido Republicano Federal em 25 de setembro de 1893. Em fevereiro desse mesmo ano tivera início a Revolução Federalista, e em setembro a Revolta da Armada.[170] Topik, sem desprezar outros fatores, como a pressão dos aliados paulistas no Legislativo federal, levanta a possibilidade de que Benham teria exercido influência sobre Floriano no sentido de realizar as eleições previstas para 1º de março, das quais sairia um presidente civil. Embora sem evidências concretas, o historiador norte-americano tem como plausível que Benham, à frente de

---

166 Veja-se Nabuco, 1932, p.146.
167 Cf. Nabuco, 1932, p.146.
168 Villalba, 1897, p.191-192.
169 Cardoso, 1977, p.44.
170 Queiroz, S. R. R., 1986, p.26, 29-31. Sobre isso e o significado da ação de Benham na política externa dos Estados Unidos, vejam-se p.224, 268, 271-279, 375-376. Veja-se também Martins, 1995, p.211-212.

198 A REPÚBLICA E SUA POLÍTICA EXTERIOR (1889-1902)

"poderosa esquadra", não teve em mira apenas proteger o comércio de seu país, mas também "impor a vontade dos Estados Unidos sobre outras grandes potências", Grã-Bretanha em especial. Em outras palavras: estaria demarcando sua esfera de poder no hemisfério americano, pois havia indícios de que as potências da Europa poderiam reconhecer o estado de beligerância aos revoltosos, já negado duas vezes pelo presidente Cleveland, que continuava a "esperar nossa vitória", conforme informado por Salvador de Mendonça ao Rio de Janeiro em 22 de janeiro de 1894.[171] O trabalho de Benham foi completado pelo triunfo, sem choque bélico, da esquadra legal montada nos Estados Unidos por Flint e comandada pelo almirante Jerônimo Gonçalves sobre a esquadra rebelde.

O fato é que Floriano sentia estar com sua saúde combalida. Faleceria sete meses e meio após deixar a presidência. Não se pode, também, perder de vista que Floriano tornara-se prisioneiro de seu próprio discurso; não promover eleições embutia o risco de ver sua autoridade ainda mais contestada do que já o era e, consequentemente, favorecer o crescimento do estado revolucionário, uma vez que a repressão à Revolta da Armada e ao federalismo no Sul apoiara-se na defesa da Constituição. No mesmo argumento apoiaram-se os revoltosos. Suspender as eleições[172] seria a negação de tudo por que ele dizia estar se batendo, com consequências imprevisíveis, até porque dificilmente poderia contar, mais uma vez, com o apoio estrangeiro.

A tranquilidade com que se deu a queda do Império no dia 15 de novembro e a imediata deportação da família real para a Europa, conforme já afirmado, desapareceu no período da consolidação das instituições republicanas por conta dos desencontros entre os novos donos do poder. Estado de sítio, levante de parte da Armada, renúncia de Deodoro, início da Revolução Federalista no Rio Grande do Sul (fevereiro de 1893 a agosto de 1895). O novo levante de parte da Armada nacional chamou a atenção dos jornais norte-americanos, sobretudo em razão do protagonismo do governo do seu país no curso dos eventos. Seria temerária qualquer tentativa de precisar o impacto da atuação de Mendonça nos jornais norte-americanos, mas sabe-se que ele, há bom tempo vivendo nos Estados Unidos, gozava de boa situação social e política tanto em Nova York quanto em Washington. Seus textos publicados na imprensa norte-americana, como na prestigiosa *North American Review*,

---

171 Topik, 2009, p.271-274, 275, 279; Azevedo, 1971, p.259.

172 O ministro das Relações Wxteriores Cassiano do Nascimento constou-lhe em correspondência particular: "[...] a conveniência de publicarmos as instruções para as eleições de 1º de março, que, peço licença para dizer, considero ato político de grande alcance no momento atual" (AN. APFP – Cxa. 8L – 25, pacote 6).

A DIPLOMACIA DA CONSOLIDAÇÃO

"Republicanism in Brazil" e "Latest aspects of the Revolution", eram acompanhados por figuras de influência no meio político.[173] Em termos gerais a imprensa norte-americana "estava apoiando a atitude de Gresham". Jornais como *Republican* de Springfield, *Daily Advertiser* de Boston, *Recorder* da Filadélfia e o *Tribune* de Nova York eram favoráveis ao apoio do governo no poder, a fim de desencorajar manifestações revolucionárias. Outros jornais puseram em dúvida a capacidade de Floriano para governar o país. Para o *Globe Democrat* de Saint Louis e o *Herald* de Baltimore a restauração do Império não seria um retrocesso em relação à ditadura militar. O *News* de Detroit observou que o governo de seu país não era neutro como se queria fazer crer, pois Floriano estava sendo ajudado pelo governo norte-americano em termos comerciais, além de os estaleiros de Nova York lhe construírem uma *formidable* armada.[174]

A opinião europeia carregava no pessimismo em relação à nova questão interna brasileira.[175] Jornais ingleses consideraram a restauração das instituições monárquicas como necessária para um governo estável. O *Pall Mall Gazette* de 22 de setembro de 1893 criticou o despotismo militar de Floriano; para o *The Financial News*, o monarquismo existente na Marinha teria contribuído para compreender a irrupção. Uma das análises mais severas foi a do *The Standard*, que tinha como necessário o retorno do regime monárquico, único capaz de livrar o país da anarquia e do risco de desmembramento. Sugeriu a busca de um monarca na realeza alemã, pois teria a vantagem de contar com a simpatia dos seus compatriotas residentes no Rio Grande do Sul. Sugeriu até planos descolados da realidade, a mostrar desconhecimento da real situação do país.[176] O *The Standard* não perdia de vista o fato de seu país ter grandes investimentos no Brasil, a partir do que fez apreciações contundentes que feriram os brios de integrantes da Câmara dos Deputados.[177] A suspensão do serviço telegráfico imposto pelo governo brasileiro logo após o início do movimento, com a consequente interrupção

---

173 Cf. Smith, J., 2000, p.130-131.

174 Cf. Lafeber, 1960, p.110.

175 Cf. Salles Júnior, [s.d.], p.124; cf. Costa, S. C. 1979, p.147, 154: *The Financial News*, Londres, 9 set. 1893.

176 "Eles [os alemães do sul do Brasil] têm sido a cabeça e a alma da rebelião contra os ditadores e a corrupção do Rio, e nenhum general da província metropolitana pode alimentar esperança de uni-los à República Federal, seja pela boa vontade, seja pela força. Mas acompanhariam um príncipe alemão. Mesmo que então o Sul tivesse de conquistar o Norte, a Unidade seria restaurada" (apud Villalba, 1897, p.153-154).

177 "O Sr. Nilo Peçanha – [...] Quem, como eu, teve ocasião de ler em momentos de dor artigos como o do *Standard*, de Londres, em que se dizia: 'estamos intervindo nos negócios do Brasil, porque estamos intervindo em nossa casa, porque lá temos £ 84.000.000'

A REPÚBLICA E SUA POLÍTICA EXTERIOR (1889-1902)

do fluxo das informações para a Europa, contribuiu para aumentar em Londres o clima de alarme entre os que tinham interesses no Brasil, além de provocar inconvenientes às transações normais de comércio e prejudicar o crédito do país. O mesmo jornal, ao noticiar os eventos que ocorriam na Baía de Guanabara, afirmou que havia levantes de vários grupos militares e que o Brasil estava pior do que à época do Império e que a República era uma farsa. A denúncia da censura telegráfica piorava as notícias oriundas de despachos telegráficos de Buenos Aires, Nova York e Roma.[178] Na falta de dados exatos, as notícias publicadas pelos jornais ingleses vinham de Nova York e Buenos Aires, cujos correspondentes deixavam-se levar pela imaginação e pelos rumores, o que obrigava o ministro plenipotenciário brasileiro em Londres, Sousa Corrêa, a contestar os erros das publicações, mas naquelas circunstâncias pouco podia fazer além das entrevistas à imprensa a fim de neutralizar as notícias desfavoráveis.[179] Queixou-se particularmente do *The Times*, cujo correspondente especial no Rio de Janeiro lhe parecia estar acreditando nos boatos espalhados pelos partidários da Revolta, em razão do que alertou o governo, pelo fato de ser um jornal lido no mundo todo e formador de opinião. O editorial de 17 de novembro de 1893, redigido em "termos muito fortes", contribuíra para agravar a má impressão, pois procurava demonstrar a necessidade de se acabar com o estado de coisas então existente no Brasil, prejudiciais aos interesses estrangeiros.[180] A longa matéria historiava os eventos políticos do Brasil desde sua origem, isto é, a partir da crise entre Deodoro e o Congresso, e mencionava as perdas que a Revolta da Armada poderia causar ao desenvolvimento econômico brasileiro. O *The Times* não abandonava o destaque que dava à Revolta da Armada e às notícias sobre o andamento das operações bélicas com profusão de detalhes, observando que os insurgentes estavam adquirindo simpatia, recebendo suporte financeiro, e que os brasileiros estavam cansados de ter um "governo pretoriano". Em dezembro, o mesmo correspondente voltou a publicar longa matéria na qual, além das invariáveis minúcias sobre as operações militares, informava que as tropas legais – na sua maioria constituídas por mulatos e negros, dizia – não estavam preparadas para combater, não havia tempo

---

(sensação); quem, como eu, teve ocasião de acompanhar os sucessos diários de parcialidade e de infâmia ferindo o orgulho do Brasil; quem como eu [...]" (ACD. Sessão de 18 maio 1894).

178 "Revolt of the brazilian fleet", *The Standard*, Londres, 8 set. 1893; *The Times*, Londres, 9 set. 1893; AHI. Ofício de Londres, 15 set. 1893.

179 AHI. Ofício de Londres, 22 set. 1893.

180 AHI. Ofícios de Londres, 17 nov. 1 e 9 dez. 1893.

A DIPLOMACIA DA CONSOLIDAÇÃO

para treiná-las, e que não tinham capacidade de resistência. Forneceu informações sobre os recursos humanos e materiais dos insurgentes, sobre as operações em andamento na Baía de Guanabara, sobre a luta que se desenrolava no sul do país, e que esta estaria recebendo adesões em outros estados, como a de José Mariano em Pernambuco. Para o correspondente, adquiria contorno a opinião de que o retorno da monarquia seria o meio eficaz para retirar o Brasil da crise em que se encontrava. Ao tecer comentários sobre o prejuízo que sofriam as atividades comerciais estrangeiras, observou que os representantes diplomáticos acreditados junto ao governo brasileiro deveriam tomar providências efetivas em relação à vida e propriedades de seus nacionais e não apenas recomendar-lhes que fechassem as portas dos seus estabelecimentos.[181]

O governo procurou por meio da propaganda anular ou pelo menos atenuar a impressão negativa que as duras apreciações da imprensa produziam na Europa. Nesse esforço, Alcindo Guanabara, delegado especial do Brasil nesse continente, enviou de Paris longa carta ao *The Times* para refutar as críticas e assegurar que a República do ponto de vista político e econômico não corria riscos, estava sólida, pois o novo regime recebera adesão geral da população. Para reforçar esse aspecto, citou exemplos de influentes políticos do Império, como os conselheiros Rodrigues Alves e Carlos de Carvalho, que aderiram à nova ordem e continuavam a ocupar posições de destaque no cenário político, respectivamente, como senador e ex-ministro das Relações Exteriores. Repeliu as acusações de improbidade, deu sua versão sobre a origem da Revolução Federalista e reconheceu os erros decorrentes dos abusos da "moda dos papéis" do tempo de Deodoro-Rui Barbosa. E justamente ao lado do almirante estavam Rui, José Mariano "e todo aquele grupo de especuladores financeiros". Informou ainda que a balança comercial brasileira estava em melhor situação do que à época do Império, havia perspectiva de normalização política, pois estavam próximas as eleições gerais para a escolha do novo presidente, do vice-presidente e dos membros do Congresso Nacional, e, em futuro próximo, o Brasil teria um governo civil constitucionalmente eleito. Não obstante tudo isso, dizia Guanabara, Custódio José de Melo era avaliado com benevolência pela imprensa europeia.[182]

A imprensa de Buenos Aires também acompanhava atentamente o desenrolar da crise política do Brasil. Não raro, brasileiros se serviam de jornais portenhos quando os de seu país estavam sob censura. Rui Barbosa, por

---

181 The revolution in Brazil. *The Times,* Londres, 28 nov. e 13 dez. 1893.
182 Guanabara, The revolution in Brazil, *The Times,* Londres, 12 dez. 1893.

202 A REPÚBLICA E SUA POLÍTICA EXTERIOR (1889-1902)

exemplo, asilado na Argentina quando irrompeu a Revolta da Armada, publicou manifesto político no *La Nación* por meio de carta dirigida ao seu diretor, a bordo do *Magdalena* em 19 de setembro de 1893.[183] Rui contou ainda com a simpatia do *La Prensa*, que o entrevistou.[184] Além de relatar o desenrolar dos acontecimentos, a imprensa de Buenos Aires assumia posições claras e definidas sobre a crise política do vizinho do norte no entendimento de que ela envolvia toda a América Latina. Quando da intervenção europeia para impedir o bombardeio da cidade do Rio de Janeiro, a exclusão do corpo diplomático sul-americano da reunião dos representantes estrangeiros deu lugar a um enérgico editorial do *La Prensa* contra a ingerência do Velho Mundo em assuntos internos dos países sul-americanos, começando por indagar o porquê da exclusão dos diplomatas sul-americanos para, em seguida, ele mesmo responder: se os diplomatas europeus – excetuado o alemão –, com o apoio do norte-americano, estivessem motivados apenas pelo desejo de fazer observar o direito das gentes, deveriam ter convidado todos os representantes acreditados junto ao governo do Brasil. No entanto, estabeleceu-se divisão entre representantes europeus e representantes sul-americanos. Para o *La Prensa* a explicação residia no "propósito evidente de intervenção europeia nas contendas civis das nações da América do Sul", observando que os estrangeiros radicados em outro país se sujeitavam a todas as vantagens e desvantagens decorrentes das contingências da vida política da mesma maneira que seus naturais. O direito de residência existente nas instituições americanas não poderia se transformar em intervenção. E, no caso, configurava-se intervenção de fato em questão interna por parte das potências, que ainda ameaçavam com desembarque de tropas como se estivessem tratando "com os simulacros de Impérios das tribos da África, onde a Europa ampara com os seus canhões os negócios privados de seus súditos lançados nesses países semibárbaros". Qualificou a intervenção de agressiva e "deprimente" para a soberania brasileira, em razão do que deveria ser repelida pelo governo, pelos revolucionários e pelos governos da América do Sul. O *La Prensa* fechou o editorial protestando contra a diplomacia europeia e fazendo um chamado à América do Sul a fim de defender "sua integridade jurídica".[185]

Dois dias depois (12 de outubro de 1893) o *La Prensa* renovou em termos ainda mais enérgicos sua posição, assinalando que a intervenção

---

183 Manifesto político, *La Nación*, Buenos Aires, 23 set. 1893.

184 Una entrevista con el señor Ruy Barboza, *La Prensa*, Buenos Aires, 25 set. 1893.

185 AHI. Ofício de Buenos Aires, 10 out. 1893; El bombardeo de Rio – Una gran cuestión internacional – Agresión europea a Sud-América, *La Prensa*, Buenos Aires, 10 out. 1893 (as traduções de trechos das matérias publicadas em Buenos Aires são nossas).

A DIPLOMACIA DA CONSOLIDAÇÃO

motivava a união entre os revoltosos e o governo legal com a finalidade de repeli-la, o que demonstraria à Europa que a integridade nacional se sobrepunha às dissensões internas.[186] O jornal mantinha seus leitores informados sobre o andar dos acontecimentos, publicando matérias de personagens que de um modo ou outro estavam envolvidas, como o artigo de Rui Barbosa.[187] Logo após o término do conflito, o jornal publicou carta de Custódio José de Melo sobre os acontecimentos políticos dos quais participou, bem como a resposta do coronel Henrique Guatemosim, adido militar da legação do Brasil em Buenos Aires. Ambas as cartas abordaram só questões internas brasileiras.[188] No mês seguinte o *La Prensa* expôs, em editorial, sua indignação com o boato de que a Revolta da Armada teria por objetivo restaurar a monarquia, afirmando não acreditar que o povo brasileiro estivesse reagindo contra a república pela falta de êxito na sua implantação. A restauração equivaleria "a um desafio à democracia americana" e "uma verdadeira invasão europeia, com a bandeira de uma revolução custeada pecuniariamente por partidos monárquicos da Europa". O jornal não deu crédito ao rumor de restauração em razão dos republicanos envolvidos no movimento, o que dava garantia ao seu "caráter democrático".[189] O editorial provocou a publicação de carta, no mesmo jornal, assinada por "Un brasilero", na qual negou veementemente o cunho monarquista da Revolta.[190] O assunto mantinha-se, assim, aceso. Na entrada do novo ano, o mesmo periódico, em matéria longa, historiou e analisou o movimento que se desenvolvia na Baía de Guanabara.[191] Não muito tempo depois, o *Tribuna* publicou matéria sobre a Revolta da Armada, destacando a bravura dos combatentes de ambos os lados.[192]

A imprensa platina não demonstrava simpatia por Floriano Peixoto. O *La Nación*, ao comentar a ruptura de relações com Portugal por iniciativa do Brasil, destacou a maneira brusca como foi feita, sem esperar sequer que o representante de Portugal solicitasse os passaportes. A mensagem de Floriano

---

186 El 13 de Octubre, *La Prensa*, Buenos Aires, 12 out. 1893; AHI. Ofício de Buenos Aires, 16 out. 1893.

187 La revolución del Brasil – Exposición del Señor Ruy Barboza, *La Prensa*, Buenos Aires, 24 out. 1893; AHI. Ofício de Buenos Aires, 24 out. 1893.

188 Situación del Brasil – El contralmirante Custódio José de Mello ao público sensato de su país, *La Prensa*, Buenos Aires, 8 nov. 1894; e Situación del Brasil, 10 nov. 1894.

189 De la república a monarquía?, *La Prensa*, Buenos Aires, 19 nov. 1893.

190 La restauración en el Brasil – Opiniones de un brasileiro, *La Prensa*, Buenos Aires, 20 nov. 1893.

191 Brasil, *La Prensa*, Buenos Aires, 1º jan. 1894.

192 Estados Unidos del Brasil – Carácter de su guerra civil actual – lecciones útiles, *Tribuna*, Buenos Aires, 2 mar. 1894.

204 A REPÚBLICA E SUA POLÍTICA EXTERIOR (1889-1902)

ao Congresso Nacional foi pouco comentada, mas transcrita com destaque para os trechos relativos ao encadeamento dos eventos da Revolta, a partir dos quais concluía que ele reclamou a entrega dos prisioneiros a fim de deixar para Portugal o ônus da responsabilidade.[193] O *La Prensa*, bem informado sobre as razões que levaram à suspensão de relações, viu gravidade no assunto, cujo alcance e desdobramentos não eram então possíveis de se prever.[194] Logo após o término da Revolta, a imprensa da capital portenha voltou a abrir espaço para os eventos políticos do Brasil para criticar a ajuda estrangeira prestada a Floriano e o polêmico telegrama de agradecimento por ele dirigido ao *New York Herald*. O *La Prensa*, na edição de 30 de abril de 1894, noticiou que Floriano enviara, no dia 15 do mês anterior, àquele jornal comunicação segundo a qual o Brasil se sentia grato pelas mostras de simpatia dadas pelo governo e povo "da República dos Estados Unidos do Norte, cujo Presidente, governo e povo têm ajudado materialmente a pôr fim à revolução contra as autoridades legais". Floriano agradecera ao jornal pela maneira imparcial com que transmitira as notícias referentes à Revolta, e informou que estava empenhado na restauração da tranquilidade e consolidação das instituições. O *New York Herald* tornou pública a carta do marechal. Para o *La Prensa*, a carta colocava o presidente do Brasil *"con el sombrero en la mano"*, pois ele não deveria se corresponder com a imprensa estrangeira para dar conta de questões oficiais do seu país. E se indignava: "Nem o Imperador de Marrocos tramita desse modo os negócios do Estado". Tudo isso para o jornal era submissão, sobretudo pelo fato de Floriano ter recebido cooperação material do governo norte-americano, o que equivalia a confissão da existência de protetorado político. Nesta linha, o *La Prensa* observou que fato dessa ordem não era inédito na República, pois o presidente Harrison havia escrito a Deodoro, quando da dissolução do Congresso, para lhe reprovar o procedimento. Tal submissão feria o sentimento americanista, em nome do qual o jornal protestava. O telegrama ao periódico nova-iorquino manchava, assim, o triunfo de Floriano, que confessava ter havido intervenção norte-americana na guerra civil brasileira, manifesta em ajuda material, fato grave tanto no fundo quanto na forma. A comunicação, de qualquer modo, deveria ter sido feita pela via diplomática regular. Feria ainda a sensibilidade do jornal platino o fato de as potências considerarem as nações sul-americanas como um todo, sem distinções, como se fossem um agrupamento de povos em estado embrionário de civilização. Mas, perguntava, "como esperar que se lhe considere e respeite, se as mais

---

193 Conflicto brasileño-portugués, *La Nación*, Buenos Aires, 16 maio 1894.
194 Conflicto internacional, *La Prensa*, Buenos Aires, 14 maio 1894.

A DIPLOMACIA DA CONSOLIDAÇÃO

205

fortes fazem atos de submissão daquela linhagem?"[195] No mesmo dia, o representante brasileiro em Buenos Aires resumiu a matéria do *La Prensa* e levou ao conhecimento do seu ministro por meio de telegrama e ofício confirmatório.[196] No dia seguinte, asilados brasileiros em Buenos Aires apoiaram, por meio de carta ao redator, o protesto do *La Prensa*.[197] Sá Valle, chefe da legação brasileira, diante do que lhe determinou o ministro das Relações Exteriores Cassiano do Nascimento, via telégrafo (9 de maio de 1894), enviou desmentidos para os principais jornais daquela capital: *La Prensa, La Nación, El Diario, Tribuna, El Courrier de la Plata* e *The Times of the Argentine*[198] esclarecendo que era falso o telegrama de Floriano ao *New York Herald*, pelo que iria acionar judicialmente seu autor, e determinando-lhe que isso fosse declarado pela imprensa. Sá Vale enviou o desmentido para os mesmos jornais,[199] que dois dias depois o publicaram, esclarecendo que o faziam a pedido, e transcreveram o telegrama recebido pela legação brasileira.[200] O desmentido provocou a reação dos jornais portenhos, que, para reafirmar a veracidade da informação, trouxeram dados novos ao assunto. O *La Nación* informou que possuía a edição do *New York Herald* que trazia o telegrama em questão. Não constava, todavia, que a mensagem fora enviada por Floriano, mas por Enrique Woolff, correspondente do jornal no Rio de Janeiro. Reiterou a autenticidade do documento, que se encontrava nos jornais do Rio e inclusive nas folhas oficiais "apanhadas nas esquinas da capital fluminense". Informou ainda que a matéria enviada por Woolff recebeu o visto do governo e a anuência do ministro das Relações Exteriores, uma vez que o telégrafo estava sob intervenção desde novembro. O jornal informava ainda que o *New York Herald* recebera carta do secretário particular de Floriano agradecendo a publicação da matéria objeto da controvérsia. O *La Nación* afirmou, finalmente, que o ministro das Relações Exteriores do Brasil telegrafara ao jornal norte-americano agradecendo os serviços prestados por Woolff. De tudo isso, os jornais portenhos punham

---

195 "Nota desafinada – El mariscal Peixoto ante los Estados-Unidos", *La Prensa*, Buenos Aires, 30 abr. 1894.

196 AHI. Ofício de Buenos Aires, 30 abr. 1894.

197 "Nota desafinada – a propósito de nuestro editorial de ayer", *La Prensa*, Buenos Aires, 1º maio 1894 (assinaram a carta: Dr. João Menezes Dória, coronel Jacques Ourique, tenente-coronel Gentil E. de Figueiredo, Sebastião Bandeira, Henrique Dória, Guimarães y Penna).

198 AHI. Ofício de Buenos Aires, 16 maio 1894.

199 AHI. Ofício de Buenos Aires, 16 maio 1894.

200 Vejam-se os citados jornais de 11 maio 1894.

206 A REPÚBLICA E SUA POLÍTICA EXTERIOR (1889-1902)

as provas à disposição dos interessados.[201] O *La Prensa*, para cabal esclarecimento do assunto, que interessava não só ao "bom nome do Brasil, como à dignidade de toda a América do Sul", extraiu do *New York Herald* o tão comentado telegrama e o publicou:

> Comunicação oficial do Presidente Peixoto ao *New York Herald* – Rio de Janeiro, março 15 de 1894 – Cabe neste momento ao Governo do Brasil o imenso prazer de comunicar ao povo dos Estados Unidos da América, que a revolução no porto do Rio de Janeiro felizmente terminou [...] o Brasil sente-se cheio de gratidão por haver tido mostras da simpatia que inspira ao Governo e ao povo de sua irmã, a República dos Estados Unidos do Norte, cujo presidente, Governo e povo tem ajudado materialmente a pôr um fim à revolução contra as autoridades legais. Tanto o Presidente como o povo do Brasil apreciam a atitude imparcial do *Herald*, com que transmitiu ao público as notícias completas dos sucessos revolucionários. Todas as forças do Governo estão empenhadas na restauração da paz e tranquilidade em toda a República e na consolidação de suas instituições, garantindo assim o futuro progresso da Nação. Assinado: Peixoto, Presidente.[202]

A imprensa de Buenos Aires voltou a ocupar-se com o que se passava no Brasil por ocasião da ruptura de relações com Portugal. Ao comentar a mensagem enviada por Floriano ao Congresso Nacional em maio de 1894, o *La Nación* ressaltou o que nela se referia à Revolta da Armada e à mencionada ruptura. No trecho da mensagem que trata do desenlace de 13 de março de 1894, o jornal, com uma ponta de ironia, afirmou que se poderia comentar a razão pela qual Floriano não atacou a esquadra sublevada antes daquela data quando estava completa no Rio e sem disposição de retirar-se.[203]

---

201 "[...] El mariscal Peixoto y el *New York Herald* – à propósito de un manifiesto", *La Nación*, Buenos Aires, 11 maio 1894.
202 "Telegrama del Mariscal Peixoto al *New York Herald*", *La Prensa*, Buenos Aires, 12 maio 1894.
203 "Conflicto brasileño-portugués – mensaje de Peixoto", *La Nación*, Buenos Aires, 16 maio 1894.

CAPÍTULO V

O retorno do poder civil

O QUADRO POLÍTICO INTERNO

A posse de Prudente José de Morais Barros em 15 de novembro de 1894 na presidência da República foi singela: assinou o termo sem que ninguém o acompanhasse, sem convidados, sem plateia e sem a presença de seu antecessor, que retornara um dia antes para sua residência no interior do estado do Rio de Janeiro. O clima de frieza que envolveu o ato prefigurava o tamanho das dificuldades que esperavam o primeiro presidente civil da República. Floriano acabara de derrotar os revoltosos da Armada, da Revolução Federalista do Rio Grande do Sul, e dos focos que existiam em Santa Catarina e parte do Paraná. Houve um custo excessivo em vidas humanas. Nesses dois estados houve degolas e fuzilamentos de prisioneiros sem julgamento. Na Fortaleza de Santa Cruz e Desterro (atual Florianópolis) o número de punidos com a morte foi o mais expressivo. Houve execuções também em Lapa, Rio Negro, Curitiba, Paranaguá e um sargento em Pernambuco. Sabe-se que neste caso houve autorização do próprio Floriano, mas não se tem certeza se ele teve conhecimento prévio das execuções no sul. Estas foram autorizadas pelo tenente-coronel Moreira César em Santa Catarina e o general Quadros no Paraná.[1]

---

1 Cf. Martins, 1995, p.221-222; Bello, 1964, p.154.

A REPÚBLICA E SUA POLÍTICA EXTERIOR (1889-1902)

Mesmo assim, Floriano Peixoto angariara admiradores que louvavam sua persistência e o modo como enfrentou e derrotou seus opositores. O mundo político ficou polarizado entre monarquistas e republicanos radicais florianistas. O Marechal de Ferro ganhou o epíteto de "consolidador" da República por debelar as revoltas, e por transferir o poder a um eleito pelo voto direto nos termos da Constituição de 1891. Evitara-se uma nova tomada de poder por meio de um "pronunciamento militar", e o país não se secionara conforme previram os observadores estrangeiros. Mas estava carregado de problemas. Entre estes, o mais urgente era a pacificação. O emissionismo do primeiro-ministro da Fazenda republicano Rui Barbosa gerou inflação e o "encilhamento" (metáfora referente à corrida para encilhar os animais nos páreos do jóquei-clube) por causa da pletora de empreendimentos inconsistentes, empresas industriais ou de prestação de serviços públicos que não saíram do papel, criando-se um ambiente que atraíra aventureiros e especuladores de bolsa, inclusive estrangeiros.[2] No que dizia respeito ao orçamento, a República manteve a tradição do Império de recorrer aos empréstimos externos para fechá-lo e para pôr em dia o serviço da dívida externa. A economia e as finanças nacionais estavam em frangalhos. A administração pública ainda não estava reorganizada. Na área externa, como rescaldo da Revolta da Armada, permaneciam cortadas as relações diplomáticas com Portugal. A República ainda não definira seu talhe – isso dar-se-ia nos governos de Prudente de Morais e Campos Sales.

Logo após a inauguração do novo regime, o país perdeu prestígio e a supremacia sul-americana que desfrutara durante o Império, em razão das agitações internas, conforme se viu anteriormente. O primeiro ato internacional relevante da República – o Tratado de Montevidéu de 25 de novembro de 1890 – produziu péssimo efeito interno, frustrando as expectativas daqueles que esperavam obter negociações justas, apoiadas na simpatia de outros governos. Apesar do esforço da diplomacia imperial, a República herdou questões lindeiras, entre elas a questão de Missões/Palmas, já em andamento. Pouco menos de três meses após a posse, Prudente de Morais recebeu a notícia de que no dia 2 de fevereiro (1895) o presidente dos Estados Unidos, Grover Cleveland, árbitro da questão, entregou o laudo dando ganho de causa ao Brasil, amenizando, assim, o fiasco da Missão Bocaiuva ao Prata. Em 16 do mês seguinte (março de 1895), dez meses após o rompimento (16 de março de 1895) das relações diplomáticas com Portugal, o governo de Prudente de Morais as reatou graças aos bons ofícios da Grã-Bretanha, solicitados por

---

2 Bello, 1964, p.173; Dean, 2002, p.664.

O RETORNO DO PODER CIVIL

Portugal.[3] A reação foi negativa entre os florianistas exaltados, que chegaram a identificar os portugueses residentes na cidade do Rio e até mesmo Prudente de Morais, velho republicano, com os monarquistas. Prudente suportou uma onda de protestos, debates no Legislativo e na imprensa. Nesse mesmo ano, o almirante Saldanha da Gama, que liderara a Revolta da Armada após a partida de Custódio José Melo da Baía de Guanabara, escapou, como já visto, da vigilância portuguesa, e evadira-se com outros revoltosos para juntarem-se aos revolucionários do Sul. Morreu em combate em Campo Osório (RS) em 24 de junho. Logo depois (23 de agosto) terminou a Revolução Federalista. Apoiado por Prudente de Morais, o então senador Campos Sales tomou a iniciativa de propor ao Congresso Nacional a anistia dos revolucionários federalistas e dos revoltosos da Armada, aprovada em outubro, mas com a ressalva de que os oficiais teriam que aguardar dois anos para reingressarem no serviço ativo. A anistia exacerbou os ânimos dos radicais sob o argumento de que o perdão viera muito cedo, o que para eles afrontava a memória de Floriano, recentemente falecido (29 de junho de 1895). Os jacobinos acusaram Prudente de Morais de ser um presidente "fraco".[4]

Em 1895 colocou-se o problema criado pela Grã-Bretanha ao ocupar a Ilha da Trindade. Ainda nesse ano negociou-se com as autoridades japonesas o tratado assinado em Paris, visto adiante. Ainda no final de 1895, prolongando-se até fevereiro do ano seguinte, o governo teve que encarar a questão que ficou conhecida como "protocolos italianos" levantada pelo governo do país peninsular ao pedir compensação para seus súditos pelos prejuízos que lhes causaram os movimentos internos armados e as quebras de contratos verbais lesivas aos colonos que se estabeleceram no Brasil. O governo submeteu a questão à arbitragem norte-americana, da qual resultou a assinatura de tais protocolos para a abertura do crédito necessário para acorrer às indenizações. Estas foram exageradas, e por isso o assunto ganhou as ruas, a imprensa, e alimentou os radicais. Estes voltaram a acoimar Prudente de Morais de "fraco".[5]

Em 1897 as dificuldades políticas internas atingiram seu ponto máximo. Manoel Vitorino, vice no exercício da presidência em razão do afastamento de Prudente por motivo de saúde, enviou nova expedição para pôr fim à revolta

---

3 Amaral, 1971, p.246; Lyra, 1992, p.25; Jorge (1912, p.88-102) resume a atividade diplomática havida durante a Revolta da Armada, destacando a ruptura de relações do Brasil com Portugal. Nada diz sobre a intervenção a favor de Floriano. No final do capítulo correspondente diz ser necessário deixar no olvido muito desse período difícil da República. Mas, sem citar nomes, condenou a intervenção e o regime de Floriano.

4 Cf. Queiroz, S. R. R., 1986, p.32-34; a propósito, veja-se Ricupero, 2017, p.266.

5 Cf. Queiroz, S. R. R., 1986, p.38-42.

210 A REPÚBLICA E SUA POLÍTICA EXTERIOR (1889-1902)

de Canudos, no interior da Bahia, comandada pelo coronel de infantaria Antônio Moreira César, florianista que fora responsável por fuzilamentos de federalistas em Santa Catarina. Em 21 de fevereiro a expedição foi derrotada na sua tentativa de ocupar o arraial, morrendo no local seu comandante.

Faltando pouco mais de um ano para Prudente de Morais concluir seu mandato, ainda havia monarquistas que alimentavam a esperança de promover a restauração. Em 6 de julho de 1897, o ministro das Relações Exteriores de Prudente de Morais, general Dionísio Cerqueira, telegrafou a Cavalcanti de Lacerda, chefe da legação em Buenos Aires, informando que o jornal *El País* noticiava remessas, embarcadas livremente, de armas e munições de Buenos Aires para Santos e Bahia destinadas a Antônio Conselheiro, e que o representante brasileiro nada fazia para impedi-las. Lacerda informou que era uma notícia "absolutamente falsa".[6] No dia 17 do mesmo mês Cavalcanti de Lacerda encaminhou ao Rio o original de um documento manuscrito, redigido em espanhol, originário de uma autointitulada "Unión Internacional de los amigos del Imperio del Brasil – sección Buenos Aires", dirigido à legação do Brasil naquela capital, no qual informava que recebera informações de Paris e Nova York sobre nova derrota dos republicanos perto de Canudos.[7]

A rebelião dos fanáticos do beato Antônio Conselheiro apesar, de não ter motivações de natureza política, foi aproveitada por monarquistas, que se regozijavam a cada derrota das tropas federais, levando muitos observadores a associarem a rebelião de Canudos com um movimento antirrepublicano. A movimentação política brasileira era acompanhada com atenção pela imprensa portenha, que acreditou nessa versão. O *La prensa*, em 29 de julho de 1897, ao noticiar a rebelião, observou que era o caso de se pôr em dúvida a existência dos recursos que teriam os monarquistas, mas, mesmo assim, a República corria perigo. Valendo-se do que se comentava no Brasil, afirmou que os fanáticos de Canudos se revelavam como adeptos do Império e recebiam *"poderosos auxilios en armas, dinero y hombres de un centro directivo"* situado fora do país, e contava com "leais auxiliares" nos Estados da República. O jornal chegou a receber comunicações da citada "Unión Internacional de los Amigos del Imperio del Brasil, Sección Buenos Aires", com sede central

---

6 AHI. Ofício de Buenos Aires, 9 jul. 1897 (Lacerda a Cerqueira).

7 *"[...] que segun informes recebidos esta tarde por telegrafo de nuestra Sección Central em Paris y de nuestra Sección Executiva em Nueva York, las fuerzas republicanas han sufrido una nueva "Derrota Completa" cerca de Canudos. Viva Conselheiro el heroe de Canudos/ Viva los estados do Rio de Janeiro, Bahia e Pernambuco/ Muerte y ruyna al general Weyler IIº (Arturo Oscar)/ A la horca com Gycerio x Bocayuva/ Viva el futuro Imperio del Brasil"*. AHI. Ofício de Buenos Aires, 17 jul. 1897.

em Nova York, formada por partidários da restauração, que deveria acontecer brevemente, com a entronização do neto do imperador Pedro II. Mesmo reconhecendo o exagero dos partidários do Império, o jornal observou que a luta que se dava em Canudos interessava a todo povo americano. *"El triunfo del imperialismo* [monarquistas] *seria á no dudar la derrota moral de los partidários del sistema republicano, que em todos sus defectos, há dado vigor y prosperidade á las naciones del nuevo mundo."* Dias depois (29 de julho) Cavalcanti de Lacerda encaminhou ao Rio o artigo do *La Prensa* sobre comunicações que esse diário recebera da "Secção de Buenos Aires" da tal União dos amigos do Império do Brasil. Nas duas cartas que enviou ao periódico, a União dizia ter *"una reserva de no menos 15.000 hombres – sólo en estado de Bahia – para reforzar, en caso necesário, el ejército de los fanáticos; ademas 100.000 en los vários estados del norte del Brasil y 67.000 más em ciertos puntos de los E.U. de Norte América* [...]" prontos e preparados para a guerra. Teriam ainda armas modernas, munição e dinheiro em abundância. O jornal opinou que essas informações poderiam ser provenientes de uma daquelas *"asociaciones terribles que forjam en las tinieblas sus planes de detruccion ó em algun caballero ó caballeros dados á mistificar al prójimo".* Em 4 do mês seguinte, Cavalcanti de Lacerda informou que era negativa a suposta remessa de armas para Canudos. Na mesma ocasião correu a notícia no Rio de Janeiro de que o comitê monarquista em Buenos Aires, com o apoio do clero argentino, preparava um movimento restaurador no Rio Grande do Sul. O representante brasileiro informou que não tinha sequer conhecimento da existência de tal comitê. Um jornal argentino desmentiu também a notícia. Seis dias depois, o *La Nación* noticiou, apoiado em telegrama vindo de Montevidéu, que dois brasileiros desconhecidos seguiam para o Alto Uruguai, via Argentina, sendo "comissionados" dos monarquistas para preparar um movimento revolucionário restaurador. Lacerda informou no mesmo dia ao Rio de Janeiro que tal notícia lhe parecia ser originária da mesma fonte de outra notícia publicada no *Jornal do Commercio* do Rio e de anteriores que ele comunicara ao ministério. Fechou o ofício observando "a conveniência de estabelecer-se nesta capital um serviço de vigilância semelhante ao que já houve em outra época".

As ameaças feitas ao representante do Brasil em Buenos Aires pela suposta União dos amigos do Império, vistas de hoje, parecem vãs, mas foram suficientes para colocar o diplomata em alerta.[8] As informações "misteriosas" prestadas pela suposta União Internacional dos Amigos do Império do Brasil, Seção Buenos Aires, aos jornais argentinos e à legação do Brasil em Buenos

---

8 AHI. Ofícios de Buenos Aires de 9/7/ (Lacerda a Cerqueira), 17/7/, 4/8 1897, 11/8/1897; *La Prensa*, "Republica amenazada", Buenos Aires, 29/7/1897; *La Prensa*, "Comunicaciones misteriosas", Buenos Aires, 30 jul. 1897; *La Nación*, Buenos Aires, 11 ago. 1897.

Aires eram de todo infundadas até porque exagerava-se no rol de recursos que estariam à disposição dos monarquistas: um exército fabuloso para a época, com condições de impor a monarquia ao país. A indagação principal recaía sobre quem estaria gerando tais informações. As hipóteses óbvias apontavam para refugiados políticos que buscavam tumultuar ainda mais o quadro político brasileiro, ou monarquistas que faziam as comunicações para pôr em dúvida a fé republicana de seus novos adeptos ("adesistas").

Quando chegou ao Rio a notícia da derrota de Moreira César, Prudente de Morais reassumira o cargo dias antes, de surpresa, pois sentira o risco de perder o mandato para seu vice, integrante do núcleo dos jacobinos, e comportando-se como titular da presidência. Os fanáticos derrotaram uma força regular composta de 1.300 soldados munidos inclusive de artilharia. Os radicais logo passaram a culpar os monarquistas. Houve empastelamento de jornais e até assassinato. Os radicais foram além; passaram a conspirar com vistas ao assassinato do presidente. Entrementes, Prudente nomeia para o Ministério da Guerra o marechal Machado Bitencourt, que mudou a tática de enfrentamento dos sertanejos de Canudos e reorganizou o serviço de intendência. Em 1 de outubro de 1897, morto Antônio Conselheiro, terminou a revolta. Em 5 do mês seguinte, a expedição que fora a Canudos retornou à cidade do Rio. Aguardavam-na Prudente de Morais no pátio do Arsenal de Guerra juntamente com sua comitiva. Tentaram assassiná-lo à bala, mas falhou o tiro e na confusão que se estabeleceu foi mortalmente ferido o marechal Bitencourt. Do inquérito policial que se seguiu, concluiu-se que o atentado decorreu de uma conspiração cuidadosamente planejada, da qual participaram oficiais militares de baixa patente e civis de destaque no meio político. No vasto rol dos responsáveis elaborado pela polícia figuraram cerca de vinte pessoas, além do autor do atentado, Marcelino Bispo de Melo, e do vice-presidente da República Manuel Vitorino. O promotor do Distrito Federal pediu licença à Câmara para processar no foro comum os deputados Francisco Glicério, Irineu Machado, Torquato Moreira e Alcindo Guanabara, figurantes da lista. O ministro da Guerra fez igual pedido em relação ao deputado Alexandre José Barbosa Lima a fim de ser processado no foro militar. A licença acabou rejeitada por 95 a 82 votos. Por falta de provas, nem todos foram condenados. De qualquer forma, conforme afirma Queiroz, "o governo ganhou a partida", pois Prudente de Morais teve "a desejada oportunidade para desmonte do grupo que lhe ameaçava o poder".[9] Obteve do Congresso,

---

9 Queiroz, S. R. R., 1986, p.63, 76-80. Registro aqui meu agradecimento e reconhecimento à professora Suely R. R. Queiroz pelo seu livro solidamente documentado sobre os radicais

O RETORNO DO PODER CIVIL

em 12 de novembro de 1897, o estado de sítio por trinta dias abrangendo o território da capital e o da comarca de Niterói. O atentado melhorou o conceito do presidente e reforçou sua autoridade. Os "reacionários" tomam o lugar dos "jacobinos" nas ruas.[10] Pacificado o país, faltava enfrentar seu grave problema financeiro, correndo risco de declarar a bancarrota por não ter condições de acorrer ao serviço da dívida externa. Em 15 de novembro 1897 o republicano histórico paulista Campos Sales foi eleito para suceder a Prudente de Morais, que o autorizou a renegociar a dívida externa com os banqueiros de Londres. Ainda na gestão de Prudente foi assinado o *funding loan* (16 de junho de 1898), tratado mais adiante.

A OCUPAÇÃO DA ILHA DA TRINDADE E O LEGISLATIVO (1895-1896)

As ilhas da Trindade e Martim Vaz, rochedos estéreis de origem vulcânica, situam-se a mais de mil quilômetros do litoral brasileiro, na altura do estado do Espírito Santo. Têm pouca extensão; a maior, Trindade, cerca de 8 quilômetros quadrados. O governo brasileiro sempre entendera que faziam parte do território nacional, pois integravam a parte do Império português que lhe fora transferida no reconhecimento da Independência. A posse nunca fora objeto de contestação.[11] Sem alarde, a Grã-Bretanha ocupou-a no primeiro semestre de 1895, no final da gestão do primeiro-ministro Rosebery, antecessor de Salisbury.[12] A nova anexação imperial, noticiada primeiramente em Londres, demorou um tanto para repercutir na imprensa do Rio de Janeiro. O ministro das Relações Exteriores Carlos de Carvalho passou a informação para o Ministério da Marinha. A ilha não era *res nullius*, conforme demonstrou Carvalho nas notas diplomáticas de 22 e 23 de julho de 1895 ao ministro chefe da legação britânica no Rio de Janeiro Constantine Phipps. Apesar de solidamente apoiada em documentação histórica, o representante britânico desconheceu a argumentação brasileira, bem como seus fundamentos, e sugeriu a Carlos de Carvalho que não fosse enviado o navio de guerra, conforme fora anunciado pelo governo, para assegurar a soberania brasileira sobre a ilha que estava "na posse da Sua Majestade". Uma ameaça. Carlos de

---

da República, por mim utilizado na síntese sobre a transição do poder militar para o civil. Veja-se também a "Introdução" em Iglésias, 1987, p.33-34.

10 Bello, 1964, p.180-188. O quadro do ambiente político e das atividades monarquistas e radicais foi reconstruído e analisado por Janotti, 1986; e Queiroz, S. R. R., 1986.

11 Cf. Franco, A. A. M., 1973, p.132.

12 Cf. Kämpf, 2011, p.35-36.

214　　A REPÚBLICA E SUA POLÍTICA EXTERIOR (1889-1902)

Carvalho não aceitou a posição nem a sugestão do representante diplomático da Grã-Bretanha,[13] segundo a qual a ilha deserta não pertencia a nenhum país.[14] O interesse britânico estava no uso da ilha como estação telegráfica de um projetado assentamento de cabo submarino que não dependesse das autoridades brasileiras, destinado a ligar a Argentina à Europa. Os interesses do governo inglês estavam associados aos das empresas de telegrafia, mais especificamente com o empreendedor sir John Pender.[15] A ocupação da ilha, feita sob o pretexto de que ela estava abandonada, indignou a opinião nacional, sobretudo a dos jacobinos, o que deu relevo à questão diplomática e agravou ainda mais o quadro dos problemas enfrentados por Prudente de Morais. Boa medida da reação pode ser aferida pela leitura dos discursos dos membros da Câmara dos Deputados,[16] como o de Belisário de Sousa (RJ), que fez acusações ao ministro da legação brasileira em Londres, Sousa Corrêa, pelo fato de ele só ter se inteirado da ocupação das ilhas pelo telegrama que recebeu do Rio de Janeiro, emanado do Ministério das Relações Exteriores. Não tivera o citado ministro a preocupação de telegrafar pedindo informações nem mesmo após a notícia da ocupação pela imprensa de Londres. O fato de Sousa Corrêa ser reputado diplomata de carreira, com larga experiência em Londres, deu ensejo para Belisário de Sousa investir contra a defesa que então se fazia da necessidade de diplomatas de carreira no serviço, levantando um tema amplamente debatido, e já vencido, logo após a implantação da República na proposta de reforma do serviço diplomático. O ponto central estava na livre escolha pelo presidente, *ad referendum* do Senado, dos chefes das legações brasileiras no exterior, independentemente de eles pertencerem ou não ao quadro, conforme já tratado em capítulo anterior. As críticas do deputado pararam aí. No mais, confiava e pedia aos seus pares que fizessem o mesmo em relação ao governo; o povo deveria aguardar serenamente o desenrolar dos fatos, pois a questão das ilhas estava bem encaminhada. Da mesma forma a dos limites do Amapá, então em curso. Pediu comedimento nas manifestações; estas deveriam "ser calmas, dignas, comedidas".[17] O pedido de calma devia-se

---

13　Cruz, 2005, p.62-64, e Anexo I, p.194-196; Kämpf, 2011, p.41-43; Manchester (1973, p.263, 264) tratou brevemente da questão da Trindade.

14　Cruz, 2005, p.60.

15　Cruz, 2005, p.61. Para detalhes sobre os interesses ingleses envolvidos, bem como a importância dos cabos submarinos, e do controle das comunicações telegráficas e a importância estratégica da Ilha da Trindade na colocação e manutenção dos cabos, veja-se Kämpf, 2011, p.29, 31-35, 57.

16　Franco, A. A. M., 1973, p.132; Calógeras, 1960, p.299; Queiroz, S. R. R., 1986, p.37-38.

17　ACD. Sessões de 22 e 25 jul. 1895.

ao clima de revolta geral na Câmara. Oposição e situação uniram-se no repúdio à ofensa britânica. A defesa do interesse nacional pairava sobre os partidos políticos, que não quiseram se apresentar desunidos em questão internacional que feria a soberania e a dignidade da nação. Na mesma ocasião (sessão de 25 de julho de 1895), Nilo Peçanha (RJ), então oposicionista, secundado por inúmeros deputados, propôs moção que aplaudia a "conduta altiva do Poder Executivo" em face do atentado à integridade nacional. Na justificativa, inflamou o plenário com rasgos de oratória.[18] A moção foi aprovada em votação nominal por unanimidade: 152 votos.[19] A questão da Trindade proporcionou ao novo regime oportunidade para demonstrar que tinha força igual à que teve a Monarquia na defesa dos interesses nacionais. O deputado Vergne de Abreu, depois de declarar a sua adesão à moção de Nilo Peçanha, afirmou que os conflitos internacionais de 1895 punham à prova a vitalidade da República, que iria se igualar, "se não" superar as "tradições do passado", em matéria que envolvia o "pundonor nacional".[20]

A indignação brasileira não estava restrita ao Legislativo, mas se expressava também na imprensa e na opinião pública. Em face disso e da dificuldade de o governo britânico invocar antecedentes históricos para justificar a posse, Salisbury propôs que a ilha fosse arrendada à Grã-Bretanha, o que equivalia, implicitamente, a reconhecer a soberania brasileira sobre ela. A proposta, conforme observou Kämpf[21], era apenas para salvar as aparências

---

18 "[...] Sr. Nilo Peçanha (*movimento geral de atenção*) – Doe ainda a face do brasileiro a frase do *Standart* de Londres refletindo os interesses e a linha política do governo inglês. Estamos intervindo nos negócios do Brasil, porque não estamos intervindo em casa estranha: lá temos 80 milhões de esterlinos. (*Sensação*)/ Ela, a grande potência marítima não se esqueceu ainda do gênio napoleônico da conquista, não sentiu ainda que a política da intervenção, inimiga da liberdade, é o sangue e a desonra; brilha-lhe ainda a ambição insaciável, à sombra de Schine, ferindo a coleira ignominiosa das anexações e do Protetorado. (*Apoiados*)/ Oposição constitucional ao presente governo, penso por isso mesmo, cabia-nos a iniciativa dessa convergência e dessa prova de fortalecimento. (*Muito bem*)/ A imagem da Pátria querida, e por cuja integridade territorial somos um só homem e uma só vontade, – desaparecem os partidos e os atritos, as discórdias e as reações. (*Apoiados gerais*)" (ACD. Sessão de 25 jul. 1895).

19 A votação nominal decorreu de requerimento do deputado Brício Filho (PA), no entendimento de que, em razão da gravidade do assunto, impunha-se expressar o voto de modo a patentear a "conduta" da Câmara de maneira "solene e significativa". Nos Anais constam os nomes dos 152 deputados que responderam *sim* (ACD. Sessão de 25 jul. 1895).

20 Ibidem.

21 Kämpf, 2011, p.54.

216 A REPÚBLICA E SUA POLÍTICA EXTERIOR (1889-1902)

e dar satisfação ao amor-próprio nacional, uma vez que, efetivamente, a ilha faria parte do Império Britânico.[22] O governo brasileiro recusou a proposta.

Salvador de Mendonça, plenipotenciário do Brasil em Washington, em atenção à orientação que lhe fora passada pelo ministro das Relações Exteriores Carlos de Carvalho em novembro de 1895, sondou a posição do secretário de Estado Olney a respeito da proposta a ser apresentada pela Grã-Bretanha de submeter a questão a arbitramento, e recebeu a informação, em caráter confidencial, de que era favorável à arbitragem por "ser constitucional e para firmar princípio". Naquele momento os Estados Unidos estavam exigindo dos britânicos o mesmo procedimento na questão venezuelana relativa a fronteiras; a adoção de atitude diversa por parte do Brasil enfraqueceria, segundo Olney, a posição americana. Opinou ainda que deveria o Brasil contrapor imediatamente o arbitramento da questão criada pela ocupação juntamente com a de limites do Brasil com a Guiana Inglesa, pois entendeu que uma ação uniforme simplificaria a solução. Finalmente, sugeriu o czar ou o papa para árbitro.[23] A pressão da opinião nacional ressoava na Câmara e esta reforçou a firmeza do governo brasileiro em não aceitar a proposta britânica sem levar em consideração o fato de que o caminho do arbitramento teria a simpatia do Departamento de Estado norte-americano, interessado que estava em ligar a ocupação da ilha à questão de limites que então corria entre a Grã-Bretanha e a Venezuela, da qual os Estados Unidos eram árbitros. O secretário de Estado insistiu que era vantajosa uma ação uniforme por parte do Brasil, pois sustentaria "um princípio eminentemente americano". A hipótese de recusa do arbitramento, no seu entendimento, daria aos britânicos argumento para constar aos Estados Unidos que o tal princípio "não era sequer continental", em razão do que poderia, seguindo o exemplo do Brasil, recusar-se a submeter a questão venezuelana à arbitragem. Os Estados Unidos tinham abandonado a posição de neutralidade em favor da Venezuela, o que excluía o seu presidente de assumir, por razões óbvias, posição arbitral.[24]

O Departamento de Estado, ao querer misturar as duas questões, em flagrante prejuízo para o Brasil, criava também um paradoxo, pois Cleveland, em 3 de dezembro de 1895, enviara ao Congresso de seu país mensagem reiterando a Doutrina Monroe.[25] Se a doutrina em questão vedava o continente à colonização europeia, como aceitar arbitramento em assunto que representava o seu recrudescimento? O Brasil, em 8 de janeiro de 1896, respondeu

---

22 Ibidem, p.52-54.
23 AHI. Ofício confidencial de Washington, 5 dez. 1895.
24 Ibidem.
25 Ibidem.

negativamente à proposta de arbitramento na esperança de que a Grã-Bretanha reconhecesse o direito brasileiro.[26] O argumento utilizado era de que a ilha, embora desabitada, não estava abandonada.[27] A pressão interna inviabilizava qualquer outro posicionamento brasileiro que não fosse a recusa. Na Câmara dos Deputados pontificava Nilo Peçanha a reforçar que a ilha era "indiscutivelmente brasileira".[28] Salvador de Mendonça deu a conhecer ao secretário de Estado Olney a negativa brasileira e, à vista da contrariedade deste ao observar que a decisão "enfraqueceria a atitude dos Estados Unidos na questão da Venezuela", ponderou que a questão não tinha tanto alcance "e que em todo caso o Governo Brasileiro procedera de acordo com a opinião pública, que considerava a ocupação da Ilha da Trindade pelos ingleses como uma afronta nacional". O representante brasileiro moderou a insatisfação do secretário de Estado ao lhe perguntar "se ele consideraria caso de arbitramento a ocupação de uma das ilhas ou baixios fora das costas da Flórida por alguma nação estrangeira, sob o pretexto de que os Estados Unidos não os utilizavam.[29]

Recusado o arbitramento e já adiantadas as novas negociações que poriam fim à questão, voltou a Câmara dos Deputados a se agitar em julho de 1896, quando da votação da lei do orçamento, pois deu ensejo a uma tentativa de interrupção de relações diplomáticas com a Grã-Bretanha por meio de emenda que suprimiria a dotação destinada à manutenção de legação brasileira em Londres. Dividiu-se a respeito a Câmara. Holanda de Lima e mais 25 de seus pares apresentaram, em 13 de julho, uma emenda simples e curta ao projeto de lei: "Suprima-se a verba para a Legação Brasileira na Inglaterra". Lida e apoiada, a emenda foi enviada à Comissão do Orçamento.[30] Ao justificá-la, Holanda de Lima, entre outras considerações, afirmou que ela não significava desconfiança para com o presidente ou o ministro das Relações Exteriores, mas a expressão "do direito que tem a Câmara de intervir nos negócios da diplomacia, a justa indignação de que se acha possuído o país inteiro pela protelação, pela astúcia, pela manha que o governo inglês tem mostrado nesta questão".[31] A extinção da verba para a legação era para o deputado a única maneira de que dispunha o Congresso para "responder condignamente

---

26 AHI. Ofício confidencial de Washington, 24 jan. 1896.

27 Lyra, 1992, p.26.

28 ACD, sessão de 23 dez. 1895, apud Kämpf, 2011, p.74. O relativo ao arbitramento foi analisado em detalhes às p.67-79.

29 AHI. Ofício confidencial de Washington, 24 jan. 1896.

30 ACD. Sessão de 13 jul. 1896.

31 Ibidem.

218 A REPÚBLICA E SUA POLÍTICA EXTERIOR (1889-1902)

à afronta", já que o país não tinha condições – nem era o que se propunha – de fazer guerra contra os britânicos. A fraqueza não excluía a dignidade. As legações no exterior significam "um estado amistoso de relações", o que não se verificava na ocasião entre Brasil e Inglaterra, em razão da afronta, do "assalto ao território nacional", da "protelação" do governo britânico. O Brasil "embora fraco é digno".[32]

Em contraposição, Zama (Aristides César Spínola Zama, representante da Bahia), embora demonstrando admiração pelo espetáculo que lhe era dado apreciar na Câmara, indagou dos autores da emenda se com ela obrigavam "ao governo inglês restituir o território nacional". O deputado, recebendo apartes contrários e favoráveis, argumentou com os prejuízos que a emenda provocaria aos interesses comerciais e financeiros do país. Embora o projeto de emenda oriundo da Câmara se lhe afigurasse vão e inútil, sem decorrências na prática, mesmo assim o apoiaria para protestar contra a pouca energia do governo. Zama, depois de considerar a possibilidade de o Executivo vetar a deliberação da Câmara ou continuar a manter arbitrariamente a legação em Londres, indagou de seus pares qual seria, nesta hipótese, a posição a ser tomada. A medida discutida pela Câmara era, portanto, muito séria e não podia ser decidida "de afogadilho", sem atentar para suas consequências.[33]

Outra opinião contrária na Câmara, e de peso, foi a de Alberto Torres. A emenda, de acordo com o parlamentar do Rio de Janeiro, era "da maior inconveniência" e iria significar a "solução definitiva da questão da Ilha da Trindade". Pelo fato de o presidente ter informado em sua mensagem que estava envidando esforços diplomáticos para solucionar a questão e mantendo negociações a respeito, a emenda supressiva as interromperia. Alberto Torres afirmou ainda que o Poder Legislativo, consoante os princípios constitucionais que regiam o país, não tinha a "faculdade de iniciativa em matéria internacional e diplomática" e, assim, não tinha "o direito de extinguir a Legação de Londres" com a justificativa de que era "ato de represália" ou "solução" para a questão em andamento. O *ad referendum* do Congresso aos atos do Executivo não significava ato de legislação, mas sim de "aprovação ou reprovação.

---

32 Ibidem. Na Câmara dos Deputados eram comuns as expansões de patriotismo em questões internacionais. Pela leitura dos Anais observa-se que havia representantes que procuravam serenar ânimos mais exaltados, pedindo calma no encaminhamento dos assuntos de tal ordem. Mas havia representantes inflamados. De modo geral, pode-se afirmar que a Câmara era extremamente sensível a tais assuntos. Eram frequentes os discursos inflamados, com muitas exclamações, que recebiam os "apoiados" e os "muito bem; muito bem" (veja-se, por exemplo, ACD. Sessão de 11 out. 1897).

33 ACD. Sessão de 13 jul. 1896.

O Legislativo, portanto, em negociações diplomáticas só tem competência para aprovar ou desaprovar o ato geral praticado pelo Executivo". Falando também na qualidade de membro da Comissão de Orçamento, informou que esta recusava a emenda não só porque a considerava inconstitucional e inconveniente, mas também porque acreditava que a situação produzida pela questão da Trindade deveria ser mantida no terreno da mais alta confiança no governo.[34] Autorizado pelos seus pares da Comissão de Orçamento, reiterou seu parecer sobre a inconstitucionalidade da emenda na sessão de 24 de julho de 1896, observando que, além de contrariar o espírito da Constituição, era inconveniente; o problema requeria uma conclusão definitiva e, para isso, o Executivo deveria ficar "livre das dificuldades, que por ventura lhe possa trazer a suspensão da questão, no Congresso Nacional".[35]

O deputado Nilo Peçanha expressou opinião favorável à emenda, como já se viu, afirmando que o Legislativo não era "um corpo morto onde não possam respirar nem as angústias, nem os desalentos, nem o voto, nem as vibrações patrióticas da sociedade". Afirmou, em sequência, que não compreendia o receio da Câmara em protestar contra a usurpação da ilha; a diplomacia deveria refletir a consciência e os brios nacionais no exterior para não se tornar "cúmplice da anexação mais humilhante da história". Os cumprimentos e os apartes recebidos pelo orador refletem o clima emocional em que o assunto era tratado.[36]

A emenda não teve seguimento por razões regimentais. Derrubada na Comissão de Orçamento, Nilo Peçanha e outros parlamentares requereram, sem sucesso, que emendas supressivas fossem apreciadas pela Comissão de Diplomacia e Tratados.[37] As opiniões manifestadas tanto no referente ao mérito quanto à interpretação do regimento, no ensejo da discussão havida na longa sessão de 23 de julho de 1896, concorrem para formar um quadro exato de como a questão era vista e de como estavam divididas as posições. Vitorino Monteiro, do Rio Grande do Sul, adiantou a opinião da Comissão de

---

34 Ibidem.

35 ACD. Sessão de 24 jul. 1896.

36 "Porque não dizer lealmente que a diplomacia brasileira ou se torna o eco permanente da nossa consciência e dos nossos brios, no estrangeiro, ou se torna cúmplice da anexação mais humilhante da história? (*Bravo! Muito bem; apartes*) [...] Não! Senhores, cumpramos o nosso dever! Honremos os sentimentos do povo brasileiro, e a integridade territorial herdada dos nossos maiores! Por que não preferir a República morta à República infamada? (*Apoiados, muito bem, muito bem. O orador é cumprimentado*)" (ACD. Sessão de 13 jul. 1896).

37 ACD. Sessão de 23 jul. 1896.

Diplomacia e Tratados, da qual fazia parte, informando que o parecer desta seria contrário à supressão da verba orçamentária por considerar que as suas consequências seriam "altamente impolíticas".[38] Frederico Borges, em resposta à indagação do representante de São Paulo, Costa Júnior, sobre qual seria o melhor meio para resolver a questão advinda da ocupação, afirmou que a uma nação fraca como o Brasil, que não tinha condições de se opor à força armada britânica, o recurso que restava era o da ruptura das relações diplomáticas por meio da supressão da legação. Alberto Torres reagiu a esse tipo de argumentação classificando-o de "pura declamação".[39]

Alcindo Guanabara, representante do Distrito Federal, era também pela manutenção da legação porque a economia decorrente da verba correspondente não convinha aos interesses nacionais.[40] Cincinato Braga, de São Paulo, opinou que a matéria deveria ser tratada com a devida moderação, mesmo porque carecia a Câmara de informações sobre as quais pudesse assentar uma decisão segura. Declarou que, pessoalmente, desconhecia o que se passava nas negociações. Todavia, constava-lhe que uma potência amiga [Portugal] cogitava, por meio dos bons ofícios, contribuir para pôr um fim honroso à questão. Admitido tal fato, mesmo por hipótese, opinou ser necessário não interromper abruptamente tais negociações, desgostando, inclusive, uma nação amiga. O representante paulista concluiu sua manifestação afirmando que uma "incorreção" da Câmara poderia ter consequências fatais para o desfecho do caso.[41] Augusto Montenegro, do Pará, embora divergindo da maneira como vinham sendo encaminhados os problemas internacionais do Brasil, era igualmente contrário à aprovação de tão discutida emenda porque a considerava impolítica e porque a Câmara, sem informações a respeito do encaminhamento da questão, não deveria "pronunciar um *veredictum* apressado e extemporâneo". Para o prosseguimento das negociações seria necessário manter as boas relações de amizade com o país que então estava de posse de uma parte do território nacional.[42]

---

38 Ibidem.

39 "O Sr. Alberto Torres (*com força*) – É declamar! É pura declamação. O Sr. Costa Junior – Declamar e comprometer! O Sr. Frederico Borges – Quem está declamando? Argumentando, como está argumentando, e declamar? Quererá o nobre colega constituir-se em um professor de lógica e de retórica? O Sr. Alberto Torres – Não estou me referindo a V. Ex. individualmente" (ibidem).

40 Ibidem.

41 "Nestas condições, obra de patriotismo, me parece, fazia a Câmara calando sobre o assunto, isto é, votando contra a emenda e o requerimento apresentado" (ibidem).

42 Ibidem

O RETORNO DO PODER CIVIL   **221**

Depois de detalhadas negociações, o rei de Portugal Dom Carlos I ofereceu seus bons ofícios para se chegar a uma solução amigável. No decorrer daquelas, o governo brasileiro manteve-se firme e intransigente a exigir a soberania incondicional sobre a ilha. O fato de os ingleses terem encontrado nos seus arquivos parte da documentação histórica utilizada por Carlos de Carvalho na sua nota de protesto, já citada, pesou na decisão dos britânicos, pois lhes desfazia o argumento de que a ilha nunca fora do Brasil. Pesou também o desejo de Salisbury em abreviar o fim do contencioso, pois afetava as boas e lucrativas relações com o Brasil. Havia pressão de súditos que tinham interesses no país, e John Pender já se desinteressara pelo uso da ilha como estação telegráfica. Em 7 de julho de 1896 viria a falecer.

As negociações correram entre os chanceleres Carlos de Carvalho, o marquês de Soveral (Portugal), Salisbury e o encarregado de negócios português no Rio de Janeiro, Carmelo Lampreia. Em 6 de agosto, o Ministério dos Estrangeiros português transmitiu ao Ministério das Relações Exteriores a comunicação do reconhecimento, por parte da Grã-Bretanha, da soberania brasileira sobre a Ilha da Trindade. Os bons ofícios na realidade funcionaram como mediação, pois o governo de Sua Majestade emitiu uma decisão.[43] Poucos dias depois, a legação inglesa no Rio de Janeiro, por meio de nota, confirmou o reconhecimento e anunciou que o navio de guerra *Barracouta* partira para a ilha a fim de retirar os sinais da ocupação. Uma vez desocupada, para lá foi enviado o cruzador *Benjamin Constant*, e em 24 de janeiro de 1897 elevou-se um padrão provisório.[44] Tão logo se teve conhecimento da solução, na Câmara dos Deputados o representante de Pernambuco Medeiros e Albuquerque apresentou moção pela qual a Casa congratulava-se "com o povo brasileiro pela restituição da Ilha da Trindade que, graças à atitude sobranceira digna dos Poderes políticos da Nação, nos acaba de ser feita pelo governo da Inglaterra". Segundo o parlamentar, as glórias repartiam-se entre o Executivo e o Legislativo, uma

---

43 Cf. Kämpf, 2011, p.99, 107-108.

44 Cf. *Relatório do Ministério das Relações Exteriores* – 1897, p.3-4. Nele constam todos os documentos oficiais relativos à ocupação da Ilha da Trindade. No relatório do mesmo ministério, relativo a 1896 há um suplemento sobre a ocupação da Ilha da Trindade. É ainda de interesse a informação de Rodrigo Octávio: "No volume XXVIII das *Publicações do Arquivo Nacional* (Rio de Janeiro, 1932), cujas 667 páginas encerram uma erudita e exaustiva Memória Histórica sobre a Ilha da Trindade, devida a laboriosidade competente de Eduardo Marques Peixoto, se encontram, em anexo, toda a correspondência e documentos diplomáticos sobre a ocupação da Ilha da Trindade, reprodução de um folheto hoje muito raro publicado em 1896 pelo Ministério das Relações Exteriores" (Octavio, 1934, p.124). Jorge (1912, p.106-25) fez bom resumo da questão, deixando claro o direito do Brasil sobre a Ilha Trindade. Veja-se ainda Vianna, [s.d.], p.139.

222   A REPÚBLICA E SUA POLÍTICA EXTERIOR (1889-1902)

vez que o Brasil procedera corretamente na questão: a Câmara manifestara-se, em 1895, e o Poder Executivo – tanto o presidente quanto o seu ministro das Relações Exteriores – conduzira bem as negociações. Assinada por 47 deputados, a moção foi lida e aprovada sem debates na sessão de 5 de agosto de 1896.[45] O reconhecimento pela Grã-Bretanha do direito brasileiro sobre a Ilha da Trindade e ao transferir sua posse, a rigor, não foi algo tão expressivo quanto a celeuma que se levantou pelo objeto da disputa – um rochedo vulcânico ("sem valor", segundo o barão do Rio Branco) escarpado, não agricultável e sem animais em sua superfície que não despertara interesse dos governos brasileiros, mas naquele momento significou importante vitória para o país, defendida com habilidade e cautela por Prudente de Morais e seu ministro das Relações Exteriores Carlos de Carvalho, em razão do poder do outro contendor, nada menos que a primeira potência naval do mundo, o que valorizava o triunfo diplomático do presidente, desde o início de sua gestão enfrentando a fúria da oposição jacobina e florianista, que o acusava de fraqueza desde o momento em que anistiou os federalistas e os revoltosos da Armada e reatou relações diplomáticas com Portugal, rompidas, como se viu, pelo marechal Floriano Peixoto. A vitória diplomática teve efeitos positivos ao orgulho e brios nacionais e na aceitação do novo regime,[46] tal como aconteceria, ao tempo de Rio Branco na chancelaria, na solução do incidente provocado pela canhoneira alemã *Panther* no litoral do estado de Santa Catarina.

Outra área que preocupou os responsáveis pela nova República foi a região contestada do Amapá. Havia até conflitos entre brasileiros e crioulos franceses da Guiana. Depois de San Marino, a França fora o primeiro país europeu de expressão a reconhecer a República, mas tentou, embora sem sucesso, vincular seu reconhecimento à abertura de negociações para solucionar o problema de fronteira. Ainda na gestão de Prudente de Morais, ambos os países, pela convenção assinada no Rio de Janeiro em 10 de abril de 1897, acordaram submeter o litígio ao arbitramento do presidente do conselho federal suíço. O advogado do Brasil, o barão do Rio Branco, vitorioso na questão de Palmas, obteria nova vitória em 1 de dezembro de 1900, data do laudo arbitral favorável ao Brasil. No fim do período em exame restou em andamento a questão do Pirara, cujo desfecho dar-se-ia em 6 de junho de 1904 (gestão Rodrigues Alves), fixando os limites do Brasil com a Guiana Inglesa.[47] Defendido

---

45 ACD. Sessão de 5 ago. 1896.

46 Arraes (1998, p.101) afirmou que a questão da Trindade adquiriu "grande representatividade simbólica para o novo regime".

47 Reis, 1968, p.109-116; Garcia, *Cronologia das relações*, p.104, 115. Síntese da questão do Amapá encontra-se em Jorge, 1912, p.130-147.

O RETORNO DO PODER CIVIL

por Joaquim Nabuco, o Brasil não obteve vitória cabal, nem foi derrotado; o árbitro da questão, o rei Vítor Manuel da Itália, fez uma partilha desigual do território contestado.[48]

Ainda no mesmo período, o governo brasileiro teve que desenvolver todo um labor diplomático destinado a bloquear o arrendamento do Acre pelo governo boliviano a um consórcio de capitalistas – o Bolivian Syndicate, analisado no capítulo VII.

COMÉRCIO, FINANÇAS E IMIGRAÇÃO

Prudente de Morais, após superar as crises políticas internas, no último ano de sua gestão, atacou o grave problema financeiro nacional que vinha dos anos finais do Império, e exacerbado nas presidências de Deodoro e Floriano, foi equacionado e encaminhado, conforme tratado mais adiante. Desde sua instalação, o Congresso Nacional induziu e respaldou o Poder Executivo na defesa das exportações, nomeadamente a de café e açúcar. Apesar de persistir a velha disputa entre protecionistas que agiam em prol da incipiente indústria nacional e os adeptos do liberalismo alfandegário,[49] não se questionava o essencial do modelo agroexportador. Havia alertas sobre o risco econômico que o país corria em razão da sua dependência de uma pauta de exportação centrada em poucos produtos e, assim mesmo, desequilibrada, pois o café era responsável, em valor, por cerca de metade do que se vendia para o exterior. Na busca do desenvolvimento da riqueza nacional sobrelevava-se, portanto, o fomento da agricultura comercial de exportação, defendida nas duas casas legislativas, inclusive por representantes de estados não cafeicultores. O Poder Executivo atuou em várias frentes.

Na luta pelo estímulo e pela regularização das relações comerciais, a área sul-americana não escapou à atenção dos recém-chegados ao poder, conforme pode-se ver no tratado de comércio e navegação firmado com o Peru em 10 de outubro de 1891, submetido à apreciação do Congresso Nacional por meio de mensagem do vice-presidente Floriano Peixoto em 12 de agosto de 1893. No parecer da Comissão de Diplomacia e Tratados da Câmara dos Deputados, o relator Augusto Montenegro (PA),[50] depois de fazer ligeiro

---

48 Cf. Carvalho, 1998, p.214. Para essa questão, veja-se o texto exaustivo e bem fundamentado de Menck, *Brasil versus Inglaterra*.

49 Veja-se Luz, 1961, *passim*.

50 Os demais integrantes eram: Urbano Marcondes dos Santos Machado (RJ), José Avelino Gurgel do Amaral (CE) e Nilo Peçanha (RJ).

224   A REPÚBLICA E SUA POLÍTICA EXTERIOR (1889-1902)

histórico, observou estarem carentes de regulamentação as relações comerciais e aduaneiras entre o Brasil, Peru, Bolívia e Venezuela, o que destoava do desenvolvimento da região do Amazonas. As condições do território brasileiro naquela área favoreciam o contrabando, e as medidas tomadas com o objetivo de coibi-lo não surtiam efeito. Esse comércio ilegal fazia-se pelos rios Javari, Madeira, Negro e Branco. Era necessário, no entender da comissão, cuidar do fisco nas relações comerciais entre a Amazônia brasileira e seus países vizinhos. O tratado que então se apreciava, entre outras disposições, isentava reciprocamente de direitos os produtos nacionais no território das duas partes contratantes e detalhava o regime de comércio no Rio Javari, limite entre os dois países. Tais condições, derivadas das peculiaridades da região, tornavam impossível a aplicação das normas fiscais vigentes em outras áreas do país, o que explica a criação de uma alfândega mista (brasileiro-peruana), mantida pelo Brasil em Tabatinga para que se verificasse na prática o estabelecido pelo tratado. Após essas e outras considerações de menos relevo, a comissão opinou favoravelmente à aprovação.[51]

O sucessor de Floriano Peixoto, Prudente de Morais, em mensagem de 3 de maio de 1896 ao Congresso Nacional, comunicou que a troca de ratificações do tratado de comércio com Portugal de 14 de janeiro de 1892 fora novamente prorrogada, pois eram "complexos [...] os interesses em jogo em tratados de comércio com as nações europeias que não [considerara] oportuno iniciar negociações sobre esse objeto, não obstante haver sido consultado por vários governos".[52] Não esclareceu o porquê da complexidade daqueles interesses. Os relatórios do Ministério das Relações Exteriores também não esclarecem o assunto, pois não raro transcreviam-se os documentos oficiais, mas com poucos esclarecimentos complementares. A exceção é o relatório do ministro das Relações Exteriores Carlos Augusto de Carvalho relativo a 1896, em razão das ponderações que faz, nas quais se percebe claramente a intenção de traçar uma diretriz de atuação. Na parte relativa às relações comerciais, começou com a afirmação de que o Brasil, pelo fato de estar ligado a quase todas as repúblicas da América do Sul pelos afluentes do Amazonas e do Prata, e de ter "com elas [...] interesses econômicos que não podem obedecer a um regime autônomo", defendia os tratados de comércio e navegação, até porque "a direção que nas diversas repúblicas tem tomado a produção aconselharia um regime convencional que assegurasse ao mercado as melhores condições de

---

51 ACD. Sessão de 22 ago. 1893.
52 ASF. Sessão do Congresso Nacional de 14 maio 1896.

consumo".[53] Indicou a conveniência de se estabelecer aliança entre o Brasil, o Chile e a Argentina para o desenvolvimento do comércio marítimo na América do Sul, uma vez que o Chile dominava a costa do Pacífico e os dois outros países, a do Atlântico. A expansão do Chile dar-se-ia, fatalmente, para o mar, o que lhe indicava a conveniência de se associar ao Brasil e à Argentina para a exploração do frete marítimo, não só de Recife ou Fernando de Noronha a Guaiaquil, como para estabelecer ligação comercial entre o Extremo Oriente e a América do Sul. Para o ministro, "Rio de Janeiro, Buenos Aires e Valparaíso têm função econômica tão determinantemente idêntica, que mais cedo ou mais tarde hão de associar-se". Mesmo que as estradas de ferro, complementadas pelos rios navegáveis, pusessem em contato o Atlântico com as regiões transandinas, seria ainda necessária a circum-navegação, pelo fato de certos produtos não resistirem aos longos percursos das ferrovias "mais políticas do que industriais". A cabotagem seria "antes motivo de aproximação das três repúblicas do que de afastamento e para a fruição dele o *regímen* convencional oferece condições de êxito..."[54] Para demonstrar até que ponto o baixo custo do frete beneficiava o comércio, informou que o açúcar de produção alemã já começava a entrar nos mercados do Chile e Brasil, o que era preocupante, em razão dos efeitos que produziria na venda do açúcar produzido em Pernambuco.[55] Realista, o ministro viu a necessidade de se estabelecer diferença entre as relações comerciais com os Estados Unidos e a Europa daquelas da América do Sul, acentuando que os norte-americanos eram os principais consumidores de café, e que era necessário conciliar a garantia do "futuro da exportação sempre crescente" e a concorrência na importação, sem prejuízo das "aspirações da indústria nacional". A tarefa era difícil. Carlos Augusto de Carvalho revelava-se adepto do livre-câmbio ao falar na remoção dos "vexames ora acabrunhadores do consumidor", mas reconhecia que era preciso considerar que era "o imposto de importação a principal fonte de receita da União, adjudicado como está aos Estados de exportação". Sem entrar em detalhes, o ministro de Prudente de Morais não questionava os termos do comércio internacional e a função desempenhada pela economia agroexportadora brasileira. Em sequência, argumentava que "As compensações buscadas nos tratados de comércio não podem por motivo financeiro serem diretas; devem ser pedidas à influência das leis econômicas e ter por objeto adquirir com facilidade e assegurar novos

---

53 *Relatório do Ministério das Relações Exteriores* – 1896, p.6.
54 *Relatório do Ministério das Relações Exteriores* – 1896, p.7.
55 Ibidem, loc. cit.

subsídios para o desenvolvimento e estabilidade da riqueza nacional. Esses não são senão o homem e o capital".[56]

Ao Ministério das Relações Exteriores cumpria, desta forma, função que não se esgotava nas relações políticas entre os estados nacionais. Assim também era entendido pelo Senado, que percebia o importante serviço que ele podia prestar aos interesses da agricultura. Leopoldo de Bulhões,[57] por exemplo, considerava o ministério importante em momento de dificuldades econômicas, pois poderia contribuir para atenuar efeitos de crise, intensificando a circulação de café no mercado europeu. O senador reconheceu, aliás, os esforços que já vinham sendo feitos nesse sentido.[58]

O TRATADO BRASIL-JAPÃO DE 1895[59]

Depois da baixa nos preços ocorrida nos anos de 1870 a 1893, houve uma inversão na conjuntura econômica, o que deu início a um período de alta quase contínua que se estendeu de 1895 a 1913, estimulando a produção e as trocas internacionais, com repercussão positiva nas economias dos "países novos". O crescimento da oferta de manufaturados e de capitais nos países centrais gerou aumento na demanda de produtos primários e crescimento nas obras de infraestrutura.[60] Esse quadro teve reflexos no Brasil de tal monta que o período de 1900 a 1913 é considerado como a "era de ouro" da Primeira República em razão do aumento da sua produção e participação no mercado internacional. O crescimento médio do país foi superior a 4% ao ano do produto agregado. Houve progresso na infraestrutura de transportes (portos e ferrovias) e os preços mantiveram-se estáveis. Verdadeiro "milagre econômico" em razão do afluxo de investimentos europeus e do aumento das exportações, de borracha sobretudo, a partir do governo de Rodrigues Alves.[61] Parte

---

56 Ibidem, loc. cit.
57 Leopoldo José de Bulhões Jardim, goiano, advogado pela Faculdade de São Paulo, deputado da Constituinte Federal, senador em 1894, membro da Comissão de Finanças do Senado, ministro da Fazenda de Rodrigues Alves (15 de novembro de 1902 a 15 de novembro de 1906), presidente da Associação Comercial do Rio de Janeiro e diretor do Banco do Brasil após deixar o ministério. Reeleito senador em 1909 pelo seu estado. Ministro da Fazenda de Nilo Peçanha. Voltou ao Senado em 1911. Cf. Abranches, 1918, v.l, p.143-144.
58 ASF. Sessão de 17 out. 1899.
59 Parte do texto deste item foi publicado em Hashimoto; Tanno; Okamoto, 2008, p.139-149.
60 Cf. Renouvin, 1969, tomo 2, v.1, p.436.
61 Cf. Fritsch, 1989, p.37; Perissinotto (1994, p.31) afirma que "Foi entre a última década do século XIX e a Primeira Guerra Mundial que o grande capital cafeeiro se consolidou".

O RETORNO DO PODER CIVIL

do período imperial e da Primeira República inserem-se, também, em uma época identificada por movimentos migratórios internacionais, sobretudo de europeus para as Américas.[62] Conforme acentuado por Petrone, as balizas cronológicas da Primeira República coincidem com aquelas do período em que a corrente imigratória para o Brasil foi a mais intensa da sua história. Um total de 3.523.591 imigrantes chegaram ao país entre os anos de 1890 e 1929. Mesmo assim, o fluxo de imigrantes para o Brasil não é comparável com o dos Estados Unidos e Argentina.[63]

Conforme já reiterado, a principal atividade econômica do Brasil era a cultura cafeeira, cuja expansão dependia do mercado externo e da disponibilidade de mão de obra. O Império, ao cuidar dos interesses nacionais, melhorou a infraestrutura do país pelo assentamento de ferrovias e incentivos à imigração. Esta deu lugar a intenso debate no Parlamento, sobretudo nos anos 1850 e 1879, entre os que acompanhavam o governo imperial na defesa da imigração para colonização e povoamento e os que defendiam os interesses dos proprietários rurais premidos pela necessidade de mão de obra para o aumento da produção. Houve propostas para se recorrer à imigração chinesa.[64]

Em 1880 o Império enviou à China missão diplomática especial composta inicialmente pelos enviados extraordinários e ministros plenipotenciários Eduardo Callado e Artur Silveira da Mota, acompanhados pelo secretário Henrique Carlos Ribeiro Lisboa e por dois adidos, capitão Luís Felipe Saldanha da Gama e primeiro-tenente Alexandrino Faria de Alencar. Após longas e exaustivas negociações, logrou-se assinar o tratado de amizade, comércio e navegação em 5 de setembro de 1880, remetido pelos plenipotenciários brasileiros ao Rio de Janeiro para apreciação do imperador, acompanhado de relatório minucioso das dificuldades levantadas pelos negociadores chineses, e esclarecendo que não lhes fora possível atender às instruções recebidas, de tal modo que o texto, na maior parte dos seus artigos, restringira-se a uma "convenção puramente comercial"; sequer fazia menção a "qualquer liberdade de emigração dos chineses para o Brasil", pois esta era cuidadosamente controlada por causa de experiências anteriores malsucedidas. Os chefes da missão especial reconheciam que o tratado fora "Negociado em circunstâncias tão desvantajosas", em razão do que possuía lacunas e defeitos de forma. Em nenhum dos seus artigos constava a cláusula de nação mais favorecida.[65]

---

62 Cf. Leão Neto, 1989, p.7.

63 Petrone, 1977, p.98-100.

64 Veja-se Castilho, 2000, p.147, 161, 168-169, 187, 196.

65 AHI 271/01/020, in *Cadernos do CHDD*, ano 11, n.20, p.65-85. (Callado e Mota a Pereira de Sousa).

Em 7 de maio de 1881 o plenipotenciário Eduardo Callado recebeu telegrama de Pedro Luís Pereira de Sousa, ministro secretário de Estado dos Negócios Estrangeiros, pedindo-lhe modificações no tratado. Depois de novas e igualmente difíceis negociações, assinou-se um novo em 3 de outubro de 1881.[66] Feita a troca de ratificações do tratado em 3 de junho de 1882, cessava a missão especial. Em 2 de outubro de 1882, Eduardo Callado iniciou sua volta para o Rio, passando pelo Japão e Estados Unidos.[67] Depois de tanto esforço e dispêndio com transporte e manutenção por longo tempo da missão especial (na ida cumpriu uma etapa em Paris), o tratado não levou ao estabelecimento da então almejada corrente imigratória, sobretudo pelas dificuldades colocadas pelo império chinês, descontente com tratamento dado aos seus emigrantes em países do continente americano. O tratado foi em vão.[68]

A preocupação com a ampliação das vendas externas e a atração de imigrantes teve continuidade logo após a instalação da República. Já no Governo Provisório, o ministro das Relações Exteriores Quintino Bocaiuva passou circular, em 24 de abril de 1890, ao corpo diplomático brasileiro na Europa comunicando que o conselheiro Antônio da Silva Prado, por decisão do Ministério da Agricultura, Comércio e Obras Públicas ficaria encarregado de superintender, na qualidade de delegado especial na Europa, enquanto lá estivesse, tudo o que fosse relacionado à emigração para o Brasil, em razão do que recomendava que a ele deveriam ser prestados "bons ofícios e coadjuvação" no que dissesse respeito ao assunto.[69] Nos anos iniciais do novo regime a diplomacia brasileira ocupou-se de questões de fronteiras que se sobrelevaram às demais, e por isso ganharam visibilidade, mas não abandonou a defesa da exportação do café e da agroindústria açucareira, conforme já afirmado, na Conferência Pan-americana de Washington, e na atração de imigrantes, esta tratada com maior ou menor ênfase, tanto pelo Poder Executivo quanto pelas duas casas do Legislativo, em cujos anais encontram-se inúmeros discursos provenientes, inclusive, de representantes de estados não cafeicultores, conforme pode-se ver nas suas atas por ocasião da votação da lei anual do orçamento da República. Na discussão relativa à dotação orçamentária do Ministério das Relações Exteriores, evidencia-se a importância que os

---

66 AHI 271/01/020, in *Cadernos do CHDD*, ano 11, n.20, p.119-129. (Callado a Pereira de Sousa).

67 AHI 271/01/020, in *Cadernos do CHDD*, ano 11, n.20, p.151-154. (Callado a Franco de Sá). Silveira da Mota regressara anteriormente, por considerar finda sua missão após a assinatura do primeiro tratado.

68 Castilho, 2000, p.196-222; Azevedo, Apresentação, in Lisboa, 2016, p.7-11.

69 AHI. 317/01/08. In *Cadernos do CHDD*, ano IV, n.6, p.17-18.

O RETORNO DO PODER CIVIL

parlamentares atribuíam aos consulados como promotores da imigração e das exportações nacionais. Até consulados deficitários tinham defensores no Congresso. Mesmo nos anos de severa restrição dos gastos públicos no âmbito da política de recuperação das finanças nacionais posta em prática por Campos Sales, havia parlamentares que pressionavam para que se evitassem alterações no quadro consular que pudessem resultar em prejuízo para as exportações e a imigração.[70] Antes disso, retomou-se o que fora amplamente discutido em 1879, executado e fracassado: criar um fluxo imigratório de chineses. Em 1892 votou-se lei autorizando o governo a estabelecer relações e firmar tratado de amizade, criar legação e consulados no império chinês com a finalidade de "importar trabalhadores". A despesa respectiva foi fixada em 150.000$, ao câmbio par.[71] No ano seguinte, o presidente Floriano Peixoto encarregou José da Costa, barão de Ladário, e o diplomata José Amaral Valente, então em Viena, da missão especial ao Extremo Oriente.[72] A missão não apresentou resultados, e sequer chegou a ser concluída, em razão de Ladário, seu chefe, ter optado pela assunção do mandato de senador, para o qual acabara de ser eleito pelo estado do Amazonas. Houve ainda outros percalços.[73] Mesmo assim, no retorno ao Brasil, ao reportar-se ao presidente, Ladário se declarou contrário à imigração de chineses; preferia a de japoneses, por considerá-los adequados à lavoura cafeeira, e porque no Japão seria possível obter "melhores e mais econômicos trabalhadores". Alegou, ainda, mas sem fundamentar, que a imigração chinesa seria "um mal moral" para o Brasil, ecoando vozes correntes na época.[74] A missão do barão de Ladário à China e ao Japão foi alvo de censuras, tanto no Senado quanto na Câmara dos Deputados, pelo fato de não ter sido levada a cabo. Em sua defesa, Ladário sustentou a vantagem do tratado de comércio que o ministro das Relações Exteriores Carlos de Carvalho procurava firmar com o Japão, por entender que a imigração vinda daquele país iria "aviventar as forças agrícolas e industriais do nosso país".[75] De fato, Prudente de Morais, na sua mensagem ao Congresso Nacional de 3 de

---

70 ASF. Sessão de 5 out. 1900.

71 ASF. Sessão de 12 set. 1894.

72 Cf. Abranches, 1918, v.I, p.484.

73 Amaral Valente faleceu em Viena logo depois. Para seu lugar foi nomeado Joaquim Francisco de Assis Brasil, então ministro plenipotenciário em Buenos Aires. Este foi autorizado a esperar na Europa em razão da peste em Shangai. Em 1 de agosto de 1894 teve início a Primeira Guerra Sino-Japonesa. *Relatórios do Ministério das Relações Exteriores* – 1894, p.28; 1895, p.43; Arquivo Nacional (AN). APFP, Cxa. 8L-25, pacote 6.

74 AN. APFP, Cxa. 8L-25, pacote 6. Ofício de Hong Kong, 15 jul. 1894. (Ladário a Floriano); Castilho, 2000, *passim*.

75 ASF. Sessão de 28 out.1895.

230 A REPÚBLICA E SUA POLÍTICA EXTERIOR (1889-1902)

maio de 1895, informara sobre a suspensão das providências já tomadas com vistas à negociação de um "tratado de amizade e comércio com a China", e comunicava que se buscava impulsionar a imigração por meio de acordo com o Japão, mas sem o envio de "custosa embaixada".[76] Prudente de Morais tomou a iniciativa de consultar o governo japonês, por meio da legação brasileira em Paris, sobre a conveniência de se firmar um tratado.[77]

Na história do Japão, os anos que vão de 1867 a 1912 pertencem ao período Meiji (das Luzes), marcado pela modernização, com reflexos positivos na sua infraestrutura e na abertura para o comércio internacional. Nesse período renegociou os "tratados desvantajosos", conseguindo abolir os privilégios de extraterritorialidade exigidos pelas potências ocidentais. O Japão assinou tratados com os Estados Unidos, Brasil, Argentina, Peru, México e assinaria com o Chile, estabelecendo relações com os principais países americanos. Os tratados continham a cláusula de nação mais favorecida. O firmado com o Brasil em 1895, em Paris, valeria por doze anos.[78]

Já na abertura dos trabalhos legislativos de 1896, a mensagem presidencial enviada ao Congresso Nacional deu conta do tratado de amizade, comércio e navegação Brasil-Japão, assinado em 5 de novembro por Soné Arasuke Jushii, ministro plenipotenciário de Sua Majestade o Imperador, e Gabriel de Toledo Piza e Almeida, ministro plenipotenciário do Brasil na França.[79] O tratado foi aprovado na Câmara dos Deputados em primeira discussão, sem qualquer problema,[80] o que não ocorreu nas discussões seguintes. Paralelamente à apreciação do tratado, travou-se debate sobre a conveniência de se manter uma legação junto ao governo japonês. No ano seguinte, por ocasião da votação da lei do orçamento, retomou-se a controvérsia na Câmara dos Deputados,[81] oportunidade para os críticos questionarem a conveniência de o Brasil manter a referida legação diplomática. Alberto Torres, representante do estado do Rio de Janeiro, ao expor as razões de seu voto divergente na Comissão de Orçamento da Câmara, que negara o crédito necessário para

---

76 Mensagem de Prudente de Moraes, de 3 de maio de 1895, ao Congresso Nacional na sessão de abertura da 2ª Legislatura. In ASF. 1895, v.1, p.8.

77 *Relatório do Ministério das Relações Exteriores* – 1894, p.28; 1895, p.43-44.

78 AHI. 232/02/02. (Lima a Olinto, 14 jul. 1901).

79 Mensagem de Prudente de Morais ao Congresso Nacional em 3 de maio de 1896. In ASF. Sessão de 3 maio 1896; Mello, A. T. B., 1933, p.386-387. O texto integral do tratado pode ser encontrado no AHI, anexado ao Despacho de 22 maio 1897 (Cerqueira a H. Lisboa) à legação no Japão, e publicado nos *Cadernos do CHDD*, ano II, n.20, p.163-168.

80 ACD. Sessão de 29 maio 1896.

81 ACD. Sessão de 29 maio 1896.

O RETORNO DO PODER CIVIL

a criação e provimento da legação e consulados no Japão, lembrou aos seus pares que o Congresso Nacional já o autorizara por meio de lei de 1892. Esta havia consagrado o princípio da livre entrada de imigrantes do Japão e tinha por finalidade "facilitar as relações comerciais e [...] facilitar aos Estados agrícolas, às Associações de agricultores, ou aos lavradores e ao governo japonês ou aos intermediários japoneses os contratos necessários para favorecer a imigração".[82] Acreditando no estabelecimento de uma corrente imigratória, o deputado fluminense opinou que era preciso acompanhá-la e orientá-la, para o que seria necessário manter uma autoridade brasileira junto ao governo do Japão a fim de se evitar queixas, reclamações, problemas, enfim, que normalmente ocorriam na imigração. A legação no Japão se lhe afigurava "imprescindível" para "salvaguardar os interesses superiores da Nação".[83]

Serzedelo Corrêa, na mesma sessão, discordou de Alberto Torres, ao observar que o país não dispunha de condições financeiras para atender à criação de uma "legação luxuosa", a exemplo de outras que eram mantidas em "diferentes nações civilizadas". A Câmara deveria recusar o aumento da despesa em nome da estabilidade financeira, mesmo reconhecendo que o estreitamento de relações poderia trazer, futuramente, vantagens para o Brasil, maiores até do que aquelas apresentadas por nações com as quais se mantinham relações há tempo sem proveito para a República. O deputado via a possibilidade de abertura de novos mercados para o Brasil, mas registrava o fato de se manterem legações junto a governos de outros países nessa expectativa e, até então, nada se havia conseguido. Era o caso da Rússia, onde havia uma legação diplomática e o seu mercado não se abria ao café brasileiro. Mesmo sem resultados, as legações continuavam a pesar no orçamento. Ao examinar o assunto praticamente só pelo seu aspecto contábil, o deputado preocupava-se com o acúmulo de déficits orçamentários que vinham sendo cobertos com empréstimos, mesmo porque não havia alternativa. Esse quadro, em que se faziam empréstimos sobre empréstimos, era parte de uma política que qualificou de imprevidente. Esgotados os cofres da União, e na impossibilidade de se lançar novos impostos para criar outras fontes de receita, impunha-se adiar a criação da representação diplomática junto ao Império japonês. A preocupação de Serzedelo Corrêa para com a situação financeira do país era tal que chegou a invocar os exemplos da Turquia e Egito, países insolventes que sofreram intervenção estrangeira, para

---

82 ACD. Sessão de 14 ago. 1896.
83 ACD. Sessão de 14 ago. 1896.

232 A REPÚBLICA E SUA POLÍTICA EXTERIOR (1889-1902)

lembrar os riscos que adviriam ao Brasil no caso de se tornar insolvente e perder sua credibilidade no exterior.[84]

Em sessão posterior, o deputado da Bahia Aristides Augusto Milton reconheceu a importância do tratado por julgar que atendia aos interesses nacionais, uma vez que o país carecia "de uma imigração proveitosa e abundante". A opinião do representante baiano em relação à de outros parlamentares diferia no aspecto constitucional porque a Câmara apresentara emenda, que se converteu no artigo 2º do projeto, para constar junto a outras disposições, que o enviado extraordinário a ser acreditado junto ao governo do Japão deveria já pertencer ao quadro diplomático. O parlamentar afirmou que ao Legislativo não competia indicar o funcionário, pois o presidente da República não poderia ficar limitado a um quadro, embora largo, pois isso feria dispositivo legal. Ainda na mesma sessão, a fim de não tolher a liberdade de escolha do Executivo, Milton propôs a supressão, na emenda, do referente à forma de provimento da legação. Serzedelo Corrêa secundou, neste aspecto, a posição do representante da Bahia, reconhecendo que a Câmara entrava na esfera de atribuições do Poder Executivo. A discussão do projeto que aprovava o tratado acabou girando praticamente só em torno da parte do artigo 2º, que autorizava o presidente a remover um diplomata de outra legação a fim de prover a do Japão, isto é, prescrevia que a execução do tratado não deveria provocar aumento do quadro de ministros plenipotenciários. Milton acabou pedindo a retirada da emenda supressiva alegando que sua redação final não exprimia seu pensamento, e a Câmara aprovou o projeto nº 88A-1896 em terceira discussão, mantendo-se, pois, todo o artigo 2º.[85]

Uma vez no Senado, o projeto passou sem reparos pela Comissão de Constituição, Poderes e Diplomacia.[86] No plenário, Quintino Bocaiuva defendeu o tratado por entender que a corrente imigratória acompanharia o desenvolvimento das relações comerciais, e, uma vez estabelecidos núcleos de imigração, o Brasil lucraria, pois haveria desenvolvimento da sua marinha mercante, que faria presença em regiões em que seu pavilhão era quase desconhecido, facilitando o desenvolvimento comercial com o Oriente.[87] Posição contrária à de Quintino foi adotada por Coelho Rodrigues, do Piauí, que viu no estabelecimento da corrente imigratória o principal efeito do tratado.

---

84 Ibidem.
85 ACD. Sessões de 25 e 28 ago. 1896. Sessão de 1º set.1896.
86 ASF. Sessões de 5 e 16 set. 1896. Integravam a Comissão da Constituição, Poderes de Diplomacia do Senado: Vicente Machado (PR), Quintino Bocaiuva (RJ) e Abdon Milanez (PB).
87 ASF. Sessão de 21 set.1896.

O parlamentar era contrário à imigração oficial, independentemente de sua origem, e foi veemente na argumentação usada contra a imigração subsidiada:

> Penso que não temos o direito de cobrar impostos do brasileiro, pobre ou rico, para mandar buscar proletário estrangeiro à custa deste país, os quais enquanto não estão estabelecidos tornam-se pensionistas do tesouro, sustentados à custa da Nação, do pobre e do rico, e depois de estabelecidos são concorrentes invencíveis com que os brasileiros têm de lutar pela vida e em condições de inferioridade, porque aqueles estão armados à custa deles mesmos. Isto é mais que impolítico, é cruel![88]

No Senado, afora essas manifestações a respeito da conveniência ou não do tratado, a discussão centrou-se, como na Câmara dos Deputados, no tão comentado artigo 2º que cerceava a liberdade do presidente no ato de provimento da legação em apreço. O Senado o modificou por meio de emenda desobrigando o Executivo de prover a legação com diplomata pertencente ao quadro.[89] A emenda foi derrubada na Câmara. O Senado a manteve com aprovação de dois terços dos seus votos, como determinava a Constituição. Mais uma vez apreciada pela Câmara, não faltaram reiterações, como a de Augusto Milton, sobre a usurpação de competência por parte do Legislativo, e as correspondentes contestações, como a de Augusto Montenegro (que, aliás, era ex- diplomata), para quem o presidente poderia "nomear alguém para o quadro e depois mandá-lo para o Japão".[90] A impressão que se tem é a de que alguns deputados não tinham noção exata de como se regulavam os poderes da República, ou tentavam invadir competências. A emenda do Senado foi mantida, nos termos do artigo 39, parágrafo 1º da Constituição, porque sua rejeição pela Câmara não alcançou os dois terços de votos necessários. Depois de um ano, em que se discutiu o acessório, o projeto que aprovava o tratado Brasil-Japão recebeu a redação final e foi encaminhado à sanção presidencial em 27 de novembro de 1896. Nele previa-se também o estabelecimento de consulados.[91] Por ato de 17 de abril de 1897, Henrique Carlos Ribeiro Lisboa foi

---

88 ASF. Sessão de 21 set.1896.

89 ASF. Sessão de 25 set. 1896.

90 ACD. Sessão de 18 nov. 1896.

91 ACD. Sessões de 24, 26 e 28 nov. 1896. A Comissão de Finanças do Senado, em outubro de 1897, criticou o excesso de pessoal no consulado de Yokohama: "Quando foi criada a legação do Japão, havia a opinião de estabelecer um consulado em Yokoama e outro em Tokio, dois pontos desse país de onde devia ser encaminhada a emigração para o nosso; criaram-se o consulado geral em Yokoama com um vice-cônsul e mais um chanceler, o que

234   A REPÚBLICA E SUA POLÍTICA EXTERIOR (1889-1902)

removido de São Petersburgo na categoria de enviado extraordinário e ministro plenipotenciário para instalar a legação do Brasil em Tóquio.[92] Em despacho de 22 de maio de 1897, o novo ministro das Relações Exteriores Dionísio Cerqueira enviou-lhe instruções e cópia do tratado, que, aliás, nada continha especificamente sobre imigração, mas fora necessário firmá-lo, pois o Japão só permitia emigração para os países com os quais tivesse tratado. O ministro esclarecia a Lisboa que a imigração seria por conta de empresa particular, sem responsabilidade do governo federal, que, no entanto, colaboraria por meio da legação e do consulado-geral.[93]

Em novembro de 1897, Henrique Lisboa manifestou seu entusiasmo ao ministro das Relações Exteriores ao narrar a capacidade laboriosa e criativa dos japoneses na produção de bens, sobretudo os de bambu, a preços melhores daqueles que o Brasil importava da Europa e dos Estados Unidos. Acrescentou que, após a melhora das finanças nacionais, seria o momento para iniciativas a favor do comércio direto e da corrente imigratória entre os dois países, aproveitando-se da "boa vontade" dos japoneses, pois estavam interessados pelo comércio direto.[94] Em 25 de janeiro de 1898, Henrique Lisboa enviou ao ministério estudo minucioso sobre a agricultura japonesa, no qual traçou um quadro técnico da produção de arroz e da criação do bicho-da-seda, observando a possibilidade de aproveitamento de imigrantes japoneses na produção desses produtos no Brasil.[95] O grande obstáculo à imigração para o Brasil era o alto preço das passagens comparado com o de outros destinos, prejudicado ainda pelo câmbio baixo no Brasil, o que encarecia ainda mais o transporte do imigrante. Em relação ao comércio direto Japão-Brasil, Lisboa,

---

evidentemente é muito pessoal para um consulado que ia começar a funcionar" (ASF. Sessão de 21 out. 1897).

92 Lisboa foi secretário da missão especial enviada à China em 1880, conforme visto mais atrás. A Funag reeditou sua obra *A China e os chins* em 2016. Veja-se Abreu, B. C. F., p.XIV; e Costa, M. E. C., 2014, "Nota editorial", p.5.

93 AHI. 232/03/06 – Despacho de 22 maio 1897 (Dionísio E. Castro Cerqueira a H. Lisboa). A Constituição republicana de 1891 transferiu as terras devolutas para os estados, que a partir de 1894 ficaram, também, com o controle da imigração e da colonização. Passaram a prevalecer os interesses próprios de cada unidade confederada. O estado de São Paulo, que já acolhia uma corrente imigratória espontânea em razão do sucesso da lavoura cafeeira, reunia condições para subsidiar a imigração. O mesmo não ocorria em outros estados, o que levou a União a se envolver nos assuntos imigratórios (Petrone, 1977, p.98-99).

94 AHI. 232/02/01. (Henrique Lisboa a Dionísio Cerqueira). In *Cadernos do CHDD*, ano II, n.20, p.178-180, 189-190.

95 AHI. 232/02/01. (Henrique Lisboa a Dionísio Cerqueira). In *Cadernos do CHDD*, ano II, n.20, p.198-204.

O RETORNO DO PODER CIVIL

mesmo reconhecendo as dificuldades, mostrou-se otimista, vendo como possível seu início imediato. No Japão era baixo o preço da mão de obra, bem como "reduzida exigência de lucros" das suas indústrias, fatores que lhe permitiam vencer a concorrência em produtos de seda, chá verde, esteiras, leques, porcelanas, "e mil objetos de fantasia" que os brasileiros importavam. A longa distância e o alto frete poderiam ser compensados também por concessões vantajosas em transações que envolvessem mercadorias suficientes para completar a carga de um vapor.[96]

No último dia de 1898 Henrique Lisboa recebeu telegrama do ministro das Relações Exteriores Olinto de Magalhães informando-lhe da supressão da legação e do consulado mantidos no Japão por resolução do Congresso Nacional de não conceder, por razões de ordem orçamentária, os meios necessários. Em consequência terminava sua missão diplomática em Tóquio. Antes de partir, Henrique Lisboa sugeriu a Olinto a nomeação de um cônsul honorário sem vencimentos em Yokohama a fim de não cortar de todo a representação do Brasil no Japão, bem como viabilizar as exportações de mercadorias japonesas para o Brasil, e indicou o nome de Hubert Victor Guielen, cônsul da Dinamarca naquela cidade, portanto já familiarizado com esse tipo de serviço. Lisboa sugeriu também a conveniência de manter um funcionário japonês a fim de informar sobre comércio e imigração. Segundo narrou Lisboa, o visconde Aoki, ministro das Relações Exteriores, manifestou-lhe "sentimento pela resolução do nosso Congresso". Depois de esclarecidas as razões da supressão da legação brasileira em Tóquio, Lisboa sugeriu-lhe que o Japão mantivesse sua legação no Brasil. Aceita a sugestão, foi nomeado Narinori Okoshi para a legação no Rio de Janeiro em lugar do sr. Chinda, que seria removido para a Holanda, conforme anteriormente previsto. Lisboa partiu de Tóquio em 26 de abril de 1899, propositadamente no mesmo vapor para a Europa em que estava Akoshi.[97]

Na apreciação do orçamento do Ministério das Relações Exteriores para o ano de 1900, a Câmara propôs verba maior do que a solicitada pelo Executivo para a manutenção de um consulado no Japão, a fim de compensar a falta de representação diplomática. Mas a época era de economia, e a Comissão de Finanças do Senado entendeu ser possível reduzir a despesa do ministério em questão e suprimir a verba destinada ao vice-consulado no Japão e do consulado em Georgetown, até porque o Poder Executivo não solicitara a

---

96 AHI. 232/02/01. (Henrique Lisboa a Dionísio Cerqueira). In *Cadernos do CHDD*, ano 11, n.20, p.205-206.

97 AHI. 232/02/01; 232/03/06. In *Cadernos do CHDD*, ano 11, n.20, p.259-262, 268.

236 A REPÚBLICA E SUA POLÍTICA EXTERIOR (1889-1902)

criação destes, permitindo-se inferir que não seriam necessários.[98] O Império do Japão, ao contrário, mantinha seu ministro residente junto ao governo brasileiro, o que deu ao Executivo brasileiro a justificativa para renovar, em 1900, a solicitação de verba ao Legislativo para o provimento da legação em Tóquio. Não faltaram controvérsias nas duas casas legislativas. Os deputados Elias Fausto e Lamenha Lins, defensores da consignação da verba, invocaram os interesses da colonização, além da cortesia e da reciprocidade. Em contraposição, Pereira de Lira, representante de Pernambuco, questionou a necessidade da representação diplomática, pois não antevia a possibilidade de o Japão, em razão da distância, vir a ter qualquer questão com o Brasil, até porque nem mesmo tinha possessões próximas aos lindes nacionais.[99]

No Senado, Vicente Machado, com o apoio de Nogueira Paranaguá, manifestou-se favoravelmente por questão de cortesia internacional. Esta, mesmo que não houvesse outro motivo, lhe era suficiente para justificar a aprovação da verba necessária à manutenção da legação no país oriental.[100] O mesmo argumento fora invocado pelo senador A. Azeredo, embora se referindo apenas a consulado.[101] Artur Rios, representante do estado da Bahia, utilizou-se de argumento semelhante para afirmar que o exame do orçamento não comportava regras de "severa economia". Ademais, o gasto era insignificante (16:000$) para uma legação, que futuramente poderia "trazer grandes vantagens", situada no país cujo povo era o "mais ilustrado do extremo oriente".[102]

O item relativo ao Japão constante do orçamento do Ministério das Relações Exteriores mereceu exame detido e separado dos demais, o que demonstrava a dúvida de parte do Legislativo sobre a eficácia de uma representação diplomática naquele país oriental em favor do comércio exterior e da imigração. E não se poderia invocar razões de outra ordem para justificar as despesas que ela acarretava. A cortesia internacional era um argumento frágil, mormente num momento em que se aplicava aos gastos públicos severa política de austeridade. Vencidas as resistências, após breve hiato, por

---

98 ASF. Sessão de 9 out. 1899. Parecer nº 238-1899 da Comissão de Finanças. Integravam a comissão: Rodrigues Alves (SP), Quintino Bocaiuva (RJ), relator, Francisco Paula Leite e Oiticica (AL), Domingos Vicente Gonçalves de Souza (ES), Feliciano Moreira Penna (MG) e Antonio Gonçalves Ferreira (PE).

99 ACD. Sessão de 27 ago. 1900.

100 ASF. Sessões de 29 set. 1900 e 5 out. 1900. Veja-se também Parecer da Comissão de Finanças (29 set.).

101 ASF. Sessão de 17 out. 1899.

102 ASF. Sessão de 5 out. 1900.

ato de 31 de dezembro de 1900, o historiador e publicista Manoel de Oliveira Lima (1867-1928) foi promovido a encarregado de negócios em Tóquio. Em 26 de junho do ano seguinte assumiu a direção da legação, onde permaneceu até março de 1903, quando foi designado para servir no Peru.[103] Conforme se viu, seu antecessor em Tóquio, apesar de reconhecer as dificuldades para o comércio direto Brasil-Japão, entrevira, com otimismo, alguma possibilidade caso um navio-vapor saísse lotado do Japão e lotado também no torna-viagem. Via nos japoneses um povo trabalhador e criativo, conforme já demonstrado. Oliveira Lima tinha posições opostas: não via como estabelecer comércio direto entre os dois países em razão da distância e era, pessoalmente, contrário à imigração nipônica.

Para o governo japonês, o que mais interessava naquele momento era o estabelecimento de comércio direto com o Brasil. O comércio exterior do Japão, conforme demonstrou Oliveira Lima em tabela relativa a 1900, construída com dados extraídos do relatório consular inglês, constantes também no *Annual Return* japonês, estava centrado em potências ocidentais e a China, conforme tabela a seguir:

1900		
Comércio exterior do Japão – Principais parceiros (em £)		
	Importações	Exportações
Reino Unido	7.313.000	1.150.000
Estados Unidos	6.407.000	5.366.000
China	3.058.000	3.254.000
Alemanha	2.980.000	363.000
Índia Inglesa	2.401.000	889.000
Hong-Kong	1.088.000	2.999.000
França	826.000	1.955.000
Austrália	251.000	258.000
Canadá	32.000	301.000

Fonte: extraída de AHI. 232/02/02 (Lima a Olinto, 17 jul. 1901).

Lima foi indagado pelo diretor-geral das receitas públicas (Sr. Miyata) sobre a possibilidade de exportar para o Brasil algodões, sedas e arroz. Lima lhe observou que, no referente ao algodão, o Brasil possuía "bastantes fábricas" e já afastara as mercadorias de qualidades inferiores inglesas. Não lhe

---

103 AHI. 232/02/02 (Ofício de Lima a O. Magalhães), in *Cadernos do CHDD*, 11, n.20, p.273; Lima, 1937, p.247-248;1953, p.20.

A REPÚBLICA E SUA POLÍTICA EXTERIOR (1889-1902)

parecia que os produtos japoneses pudessem superar as britânicas, alemãs e de outros países, há muito conhecidos no mercado brasileiro; havia possibilidade nas sedas, em razão da qualidade, que a bom preço poderia ser tentado o comércio direto, apesar da distância, que elevava o custo do frete. Quanto ao arroz, Lima esclareceu que era consumido no Brasil, "particularmente em alguns" dos seus estados. Importava-se da Índia e dos Estados Unidos, mas poderia ser introduzido o do Japão, apesar de o Brasil possuir "excelentes terrenos próprios para tal cultura."[104] Ao Japão, ainda segundo Miyata, interessava importar do Brasil algodão em rama e açúcar e, eventualmente, borracha e fumo. Segundo os dados coletados por Lima em publicações oficiais japonesas, o pouquíssimo café importado pelo Japão provinha dos Estados Unidos, Índia Inglesa, Java, Europa, Havaí e Filipinas. O algodão em rama provinha dos Estados Unidos, China, Egito, e pouco de outros países. Para Lima, concorrer no Japão com outros fornecedores de algodão seria muito difícil, sobretudo pela distância. O açúcar também teria dificuldade, pois lá se consumia o de beterraba vindo da Alemanha e Áustria; o açúcar de cana, nas suas várias modalidades (mascavado, refinado, cristalizado e melaços) provinha das Índias Holandesas, China, Alemanha, Áustria, Jamaica e outros países. Mesmo assim, em razão dos "preços ínfimos" do açúcar brasileiro por causa da precariedade do mercado nacional, poderia ser exportado para o Japão apesar da distância que encarecia o frete. O mesmo raciocínio aplicava-se ao tabaco brasileiro. Lima reiterava o afirmado pelo seu antecessor: ausência de comunicação direta entre dois países distantes. Além disso, "a marinha mercante do Brasil era limitada e mal chegava para o serviço nacional de cabotagem". O Japão, ao contrário, possuía na sua crescente marinha mercante 723 vapores e 2.556 navios à vela.[105] "A navegação latino-americana", afirmou, "brilha pela sua ausência nos quadros estatísticos japoneses".

O governo brasileiro, ao assinar o tratado, tinha em vista a criação de uma corrente imigratória. O governo japonês, por seu lado, procurava aliviar a pressão social gerada pelo excesso de população por meio da emigração, mas fazia questão de a controlar, exigindo garantias para repatriar seus nacionais que tivessem dificuldade de adaptação a outros países. Por tais razões o tratado não apresentou resultados imediatos. Lima não era favorável

---

104 Segundo o IBGE, em 1901 os seis principais exportadores de arroz para o Brasil foram Grã-Bretanha, Alemanha, França, Argentina, Áustria-Hungria, Bélgica e Estados Unidos. Os seis estados que mais importaram foram Rio de Janeiro, São Paulo, Pará, Amazonas, Maranhão e Pernambuco (IBGE, *Séries estatísticas retrospectivas*, t.2, v.2, p.290-291).

105 AHI. 232/02/02 (Oliveira Lima a Olinto, 11 jun. 1901 e 30 jan. 1902). In: *Cadernos do CHDD*, ano 11, n.20, p.286-290, 293, 310, 329, 334.

à imigração de asiáticos para o Brasil porque não a via como "vantajosa – quer sob o ponto de vista étnico, quer sob o econômico". Via o "perigo que oferece de uma maior mistura de raças inferiores na nossa população, como pela carência de experiência agrícola com modernos processos e utensílios, que existe entre a população rural destes países asiáticos", além da "diversidade de educação, costumes e, sobretudo, natureza psicológica e objetivo social que separa a raça ariana da mongólica".[106] Haveria ainda outros inconvenientes, além do que o governo japonês não era favorável à emigração para qualquer país da América Latina, em razão dos resultados "tão pouco satisfatórios" apresentados pela emigração para o Peru e México. Segundo a lei japonesa nenhum emigrante podia deixar seu país sem o consentimento do governo. Havia ainda dificuldades como a distância e sobretudo as garantias contratuais e a necessidade de fiadores. Por tudo isso, tinha como inviável o estabelecimento de uma corrente imigratória do Japão para o Brasil. O acompanhamento de uma tentativa do governo paulista reforçou sua opinião a respeito. Apesar de ser pessoalmente contrário, Lima, segundo suas próprias palavras, não deixou de se interessar pela imigração em razão da importância da mão de obra para a agricultura brasileira. Em atenção ao pedido do governo do estado de São Paulo ao Ministério das Relações Exteriores, este recomendou a Lima usar de seus bons ofícios no sentido de auxiliar Marcial Sanz de Elorz, concessionário do contrato para introdução de agricultores japoneses no estado de São Paulo. Em 2 de maio de 1902, Lima, ao perguntar, em uma audiência diplomática semanal, ao barão Kimura, ministro dos Negócios Exteriores do Japão, sobre o assunto pendente, recebeu uma resposta categórica ("muito expressamente e muito terminantemente"): o governo japonês não tinha disposição de autorizar "por mais favoráveis que fossem as cláusulas do contrato assinado com Elorz e a Companhia Japonesa de Imigração", em razão da distância entre os dois países, da falta de meios de comunicação, e também porque a qualquer companhia de emigração careciam meios pecuniários para repatriar emigrantes "no caso, sempre possível, do malogro do ensaio". Confirmou-se a dúvida manifestada a Lima pelo representante da companhia japonesa envolvida no assunto, pois o ministro plenipotenciário japonês no Rio de Janeiro manifestara-se contrariamente. Ao transmitir o teor das suas conversações ao ministro das Relações Exteriores Olinto de Magalhães, Lima acrescentou que "o governo do estado de S. Paulo só terá a lucrar com a ausência da colonização

---

106 Sobre as concepções de Lima e as influências recebidas à época, veja-se Rêgo, 2017, p.85-90.

240   A REPÚBLICA E SUA POLÍTICA EXTERIOR (1889-1902)

japonesa, e que ao Ministério seriam "poupadas reclamações vexatórias e que quase certamente se produziriam".[107]

Em 14 de novembro de 1902, o Manoel Carlos Gonçalves Pereira assumiu a legação brasileira em Tóquio, também na qualidade de encarregado de negócios. Em 1903, o Brasil possuía consulados em Kobe e Yokohama, destinados, sobretudo, à promoção da imigração.

No relatório ministerial referente a 1902-1903, o chanceler barão do Rio Branco encareceu a necessidade de a legação do Brasil no Japão dispor também de um 2º secretário. No projeto de orçamento do ministério para 1904, previu-se verba para acorrer aos proventos de um encarregado de negócios e de um 2º secretário. O Japão mantinha no Brasil o ministro residente (Narinori Okoshi), o 2º secretário (Kumaitchi Horigoutchi) e o chanceler (Saboroji Ishibashi). Em agosto, o secretário ficou acreditado como encarregado de negócios. Narinori Okoshi, aliás, figura também como cônsul-geral de seu país no Rio de Janeiro, tendo obtido o *exequatur* em 26 de julho de 1899.[108]

O nível funcional das representações dos dois países, a pouca movimentação dos diplomatas do Brasil para o país oriental, a delonga do governo em prover a legação e a oposição de membros do Legislativo, amparada na suposta desnecessidade da legação em Tóquio, demonstram que as relações entre os dois países foram pouco expressivas no período em questão, mas a insistência com que o assunto relativo aos consulados no Império Japonês era recolocado já fazia suspeitar a importância que aquelas relações iriam adquirir logo depois por causa da imigração. Em 1908 desembarcaram no Brasil os primeiros imigrantes japoneses. O maior contingente de imigrantes nipônicos dirigiu-se ao estado de São Paulo, que registrou a entrada de 186.769 deles no período de 1908 a 1939.[109] Comparado a outros estados, São Paulo recebeu apreciável contingente de imigrantes japoneses. Desde a última década do reinado de Dom Pedro II, o estado de São Paulo passou a subvencionar a imigração e manteve essa política por quase toda a Primeira República.

---

107 AHI 232/02/02, in *Cadernos do CHDD*, ano 11, v.20, p.309-312, 331-332, 335, 348-349. Toda a correspondência diplomática trocada entre Olinto de Magalhães e Oliveira Lima em 1901 e 1902, encontra-se às p.273-390.

108 Cf. *Relatório do Ministério das Relações Exteriores* – 1902-1903, p.65, 68, 76. Anexo 2, p.8, 11, 32,38-9,59,69,71,84,99, 115. Anexo 4, p.13; ASF. Sessão de 21 out. 1897. Parecer nº 128-1897 da Comissão de Finanças.

109 Fundação IBGE, 1986, v.1, p.17.

O *FUNDING LOAN*

No contexto das dificuldades econômico-financeiras vividas pelo Brasil no período em exame, o *funding loan* demonstra suas limitações e fragilidade diante da Grã-Bretanha, que dispunha de força suficiente para impor mudanças internas na condução das finanças dos países que dela dependiam.[110] Desde o Império o Brasil vinha acumulando déficits orçamentários que eram cobertos por empréstimos externos, gerando, assim, verdadeiro círculo vicioso, que o tornava cada vez mais devedor à medida que recorria a novos empréstimos para o pagamento de dívidas atrasadas.[111] Rui Barbosa, o primeiro a ocupar o Ministério da Fazenda no regime republicano, era um "papelista", isto é, defensor do aumento do crédito com a emissão de papel moeda não lastreada, fez uma reforma financeira, criando bancos regionais emissores. A reforma teve efeito contrário ao esperado, pois gerou a crise financeira de 1891, agravada com os custos das crises políticas internas. O país chegou a uma situação crítica. Em princípio de 1898 estava praticamente insolvente, e sem condições de atender ao serviço da dívida externa. Os centros financeiros da Europa, Paris e especialmente Londres, acompanhavam com apreensão a situação brasileira, noticiada pelos jornais daquelas capitais, sobretudo por ocasião da eleição de Campos Sales.[112] Ante a dificuldade de manter em dia o pagamento da dívida externa, o governo de Prudente de Morais passou a considerar a hipótese de levantar um grande empréstimo para reequilibrar as finanças nacionais.[113] Os problemas políticos internos mais sérios estavam solucionados (Revolta da Armada, Revolução Federalista e a rebelião de Canudos), além do recuo dos jacobinos após o atentado de 5/11/1897. A eleição presidencial de Campos Sales confirmava a volta da estabilidade institucional do Brasil, que, assim, afastava-se do destino comum de várias repúblicas da América de fala espanhola. A estabilização do quadro político facilitou a negociação de um empréstimo que, segundo a opinião dos seus críticos, feria os brios nacionais, mas que de qualquer forma representou um crédito de confiança na maneira como seriam administradas as finanças nacionais.[114]

---

110 Sobre a vinculação dos setores externo e interno da economia brasileira, veja-se Faoro, v.2, p.2.

111 Cf. Franco, A. A. M., 1973, v.1, p.117.

112 AHI. Ofício de Londres, 6 maio 1898; The condition of Brazil – Critical financial situation, *The Liverpool Post*, 4 maio 1898.

113 Veja-se o texto bem cuidado e devidamente contextualizado de Palazzo. Veja-se também Carone, 1969, p.171-175.

114 O conceito do Brasil republicano na Europa estava longe daquele desfrutado ao tempo da Monarquia. Os títulos brasileiros em Londres, após o advento do novo regime, conforme já visto, estavam desprestigiados, só voltando a melhorar a sua cotação após a viagem

242   A REPÚBLICA E SUA POLÍTICA EXTERIOR (1889-1902)

À época eram frequentes as violações de soberania perpetradas pelas potências capitalistas contra nações fracas e insolventes. Havia intervenções com bloqueio de alfândegas, como a que ocorreria em dezembro de 1902, feito conjuntamente pela Grã-Bretanha, Alemanha e Itália contra a Venezuela a título de cobrança de dívidas. Havia também intervenções por meio da submissão da nação devedora à fiscalização internacional. Não escapava, assim, ao observador contemporâneo a possibilidade de o Brasil vir a sofrer algum tipo de humilhação caso se declarasse insolvente. Campos Sales não tinha ilusões a esse respeito;[115] bem como reconhecia a necessidade de recuperar a ordem e a estabilidade internas em níveis iguais aos do tempo do Império.[116] Por isso mesmo voltou à Europa em 1898, na condição de presidente eleito e de comum acordo com o então presidente Prudente de Morais, a fim de recuperar a confiança dos credores europeus ainda descrentes da possibilidade de o Brasil pôr em ordem suas contas. Campos Sales e os agentes financeiros do Brasil em Londres, os Rothschild, com muito esforço venceram as dificuldades oriundas da desconfiança[117], trazendo como resultado a boa acolhida do plano financeiro do futuro presidente.[118] A paz política e o chamamento de antigos monarquistas para colaborar nos negócios públicos contribuíram também

---

de Campos Sales àquela capital (Monteiro, 1928, p.107-108). O livro de Tobias Monteiro reúne, com acréscimos, artigos que enviou para o jornal no qual trabalhava quando acompanhou Campos Sales na sua viagem à Europa. A fonte foi utilizada com as devidas cautelas.

115 Salles Júnior, [s.d.], p.147.

116 Trecho de carta de Campos Sales a Bernardino de Campos, datada do Rio em 19 de agosto de 1899: "[...] Melhor do que ninguém V. sabe quanto é melindrosa a situação da República e quanto lhe seria funesta uma agitação partidária neste momento. Seria uma calamidade. Para os que não foram republicanos e não têm por isso a responsabilidade nem amor à obra de 15 de novembro, é possível que estas cousas mereçam pouco; mas não assim quanto a nós, que temos o dever de reparar os erros já cometidos e restituir ao país, pelo menos, tanta ordem e prosperidade, como a que já tinha o outro regime. É este o propósito em que me acho" (apud Debes, 1978, p.467).

117 "A despeito de tudo isso, principalmente de Berlim, Antuérpia e Bruxelas choviam protestos e até em Londres todas as companhias de caminhos de ferro também reclamavam, sentindo-se seriamente lesadas por terem de receber em títulos os juros que lhes haviam sido garantidos em moeda e sob a segurança de cuja promessa tinham emitido obrigações preferenciais, a que talvez não pudessem satisfazer" (Monteiro, 1928, p.112-113). Pode-se aventar que Tobias Monteiro, pelo fato de ter acompanhado Campos Sales à Europa e recebido os proventos necessários para isso, pode ter carregado nas tintas com vistas a justificar o *funding loan*, que para muitos feria a dignidade nacional. Mas o controle das fontes permite afirmar que o jornalista transmitia a impressão correta.

118 Cf. Monteiro, 1928, LXXXIII, p.60-61.

para a conclusão do *funding loan*, celebrado em 30 de junho de 1898, considerado um triunfo brasileiro. Seus termos finais – acertados entre o representante do London and River Plate Bank, Edward Tootal, Prudente de Morais, o ministro da Fazenda Bernardino de Campos, e o presidente eleito – significariam, à custa de enormes sacrifícios para o Brasil, a manutenção do seu crédito na Europa.[119]

Pouco antes daquela data os títulos do Brasil em Londres sofreram queda brusca em razão – no entendimento de Prudente de Morais – das notícias que corriam sobre a suspensão dos pagamentos brasileiros, o que seria, aliás, inevitável caso não se obtivesse o grande empréstimo. A viagem do presidente eleito à Europa – e ao mesmo tempo a presença do referido Edward Tootal no Rio de Janeiro – teve por objetivo a ultimação do acordo sem que fosse necessário recorrer à suspensão indeterminada dos pagamentos. Foi decisivo o empenho pessoal do futuro presidente, que tinha o grande empréstimo como "a chave da solução do problema financeiro" do país. Assim, no lugar da "bancarrota", o governo Prudente de Morais encerrava o mandato com "chave de ouro", no dizer do próprio Campos Sales,[120] cujo programa de governo resumia-se praticamente ao saneamento das finanças, o grande desafio nacional, consoante lhe indicava o "consenso geral".[121] A sua política externa, afora outros objetivos gerais que poderiam ser subscritos por qualquer outro presidente ("intransigência absoluta, altiva e digna, em tudo quanto possa afetar a soberania nacional ou a integridade territorial"), foi colocada a serviço do rearranjo das finanças nacionais. Exposto pessoalmente por Campos Sales na Europa, o programa agradou à finança internacional.[122] Prestigiado, as potências do Velho Mundo e as nações americanas fizeram-se representar na posse do segundo presidente civil por navios de suas esquadras, fato que para ele e para o seu apologista, Alcindo Guanabara, era incomum no continente, o que representava "homenagem extraordinária à República" e atestado de que se modificava a visão da Europa a respeito do Brasil.[123]

---

119 Calógeras, 1960, p.322. Carone, 1969,, transcreve o acordo financeiro às p.172-175.

120 Cf. Amaral, 1971, p.329-330.

121 Apud Guanabara, 1902, p.50.

122 Apud ibidem, p.60-62

123 Ibidem, p.74. Mensagem de Campos Sales ao Congresso Nacional, de 3 maio 1899, apud *Relações Internacionais*, Brasília, v.2, p.85-96. Campos Sales retribuiu a cortesia, conforme informa na mensagem relativa a 1901: "Ainda no intuito de retribuir os atos de cortesia de que tinha sido alvo a República Brasileira, determinei que o encouraçado *Floriano* se dirigisse aos portos de Itália, Portugal, Alemanha e Inglaterra, e que o navio-escola *Benjamin Constant*, em viagem de instrução, fosse aos Estados Unidos da América do Norte, com a missão de agradecerem aos respectivos Governos a visita naval, que mandaram fazer ao

244 A REPÚBLICA E SUA POLÍTICA EXTERIOR (1889-1902)

Foi preciso coragem política para a execução do que fora acordado no *funding loan*. Seus termos, embora atenuados em relação à proposta original dos banqueiros, ainda eram severos.[124] O governo brasileiro conseguiu restringir as garantias do empréstimo às rendas da alfândega do Rio de Janeiro (as rendas das demais figuraram como garantias subsidiárias), dilatou para três anos o prazo para as remessas de ouro a título de prestações de juros, e o prazo para o reinício da amortização do principal foi estendido para dez anos.[125] Campos Sales conseguiu fixar em 18 dinheiros (d.) o câmbio para recolher o excesso de papel em circulação, a ser incinerado.[126] A queima, todavia, não ficou obrigatória nas condições do empréstimo; o governo, se desejasse, poderia depositar o correspondente papel-moeda e, posteriormente, comprar cambiais.[127] O empréstimo de consolidação abrangeu os empréstimos anteriores, desde a época do Império, e o seu capital chegou a 8.613.717 libras. Combinavam-se rolagem de dívida com moratória, e como contrapartida o governo faria o saneamento fiscal e monetário do país. O interesse dos banqueiros Rothschild devia-se ao volume dos capitais britânicos aplicados no Brasil, mais de 80 milhões de libras.[128]

A rígida política financeira de Campos Sales foi posta em prática pelo seu ministro da Fazenda Joaquim Murtinho (liberal e adepto do darwinismo social então em voga), que deveria cumprir os termos do empréstimo e acabar com os déficits no orçamento. Com os severos cortes na despesa e o aumento da receita, começaram a surgir os saldos orçamentários e ao mesmo tempo a subir a taxa cambial: de 55/8 d. em 1898, foi para 9 d. em 1899 e 10 d. em 1900. Se a popularidade interna de Campos Sales desceu a níveis baixíssimos por causa do rigor do plano deflacionista, no exterior não tardou

---

porto desta Capital, por ocasião da minha posse no Governo da República a 15 de novembro de 1898, ato aquele de elevada e significativa simpatia, que bastante penhorou a nossa gratidão" (Mensagem de Campos Sales ao Congresso Nacional em 3 de maio de 1901. In: ASF. 1901. Sessão solene de abertura da 2ª sessão ordinária da 4ª Legislatura).

124 Salles Júnior, [s.d.], p.146-147.

125 Cf. Ferreira, P., 1965, p.119-120; Palazzo, 1999, p.77. Veja também Fausto, 1977, p.206-207.

126 Na proposta original dos banqueiros eram 12 d.; cf. Palazzo, 1999, que às p.71-79 traz os seus termos, bem como as modificações sugeridas pelo governo brasileiro, e aceitas pela outra parte. Cf. também Salles Júnior, [s.d.], p.148. Boa síntese dos termos do *funding loan* foi feita por Franco, G. H. B., 1989, p.26-28. Veja-se também Singer, 1977, p.365.

127 Cf. Guanabara, 1902, p.65-67.

128 Cf. Ferreira, P., 1965, p.119-120; Bello, 1964, p.196-197; Franco, G. H. B., 1989, p.26-27.

O RETORNO DO PODER CIVIL

a reação positiva.[129] Alcindo Guanabara afirmou que "o reconhecimento real da existência da República por parte das nações foi feito no alvorecer" do quatriênio Campos Sales.[130] O entusiasmo do apologista de Campos Sales não era compartilhado por boa parte da opinião nacional, que viu no *funding loan* verdadeira "humilhação" imposta ao Brasil pelos credores estrangeiros.[131] O empréstimo teria sido negociado sem conhecimento público, "em rigoroso círculo fechado", do qual só participaram as personagens anunciadas – Bernardino de Campos, ministro da Fazenda de Prudente de Morais; Tootal, representante dos Rothschild; Campos Sales, presidente eleito; e os Rothschild –, e significava confissão de insolvência.[132] Para o monarquista visconde de Ouro Preto, os Rothschild não consideraram suficiente a responsabilidade assumida pelo Brasil no momento do empréstimo; exigiram documento escrito e, no ensejo, fizeram a Campos Sales recomendação para cumprir os compromissos assumidos. Tal exigência, dizia, ao tempo do Império não seria aceita por ser imprópria para guardar em arquivo oficial. E a República, por meio de seu primeiro mandatário, atendeu ao solicitado "com a mais perfeita cortesia".[133] Ao estabelecer comparações com o Império, Ouro Preto viu ofensa à dignidade nacional, sobretudo em dois pontos do acordo: o primeiro em que dizia, embora de maneira subentendida, que o papel-moeda recolhido na mesma proporção da emissão dos títulos fosse depositado em três bancos estrangeiros, London and River Plat Bank Limited, London and Brazilian Bank Limited e Brasilianische Bank für Deutschland, fato que ofendia não só o governo, mas também os bancos nacionais, uma vez que o Brasil dispunha de estabelecimentos bancários escrupulosos para "guardar fielmente os depósitos" e porque era praxe comercial o penhor (no caso o papel-moeda recolhido), oferecido pelo devedor ao credor, ficar nas mãos do primeiro na qualidade de depositário. "A transferência do objeto, disse Ouro Preto, que constitui o penhor, para as mãos do credor ou de terceiro é determinada pelo receio de que

---

129 Salles Júnior, [s.d.], p.165-166. Vejam-se ainda Ferreira, P., 1965, p.119-120; Bello, 1964, p.198-199.

130 Guanabara, 1902, p.75-77.

131 Cf. Ferreira, P., 1965, p.119-120.

132 Cf. Santos, 1930, p.394. No Senado, houve quem só tomou conhecimento do ajuste financeiro pelos jornais (ASF. Sessões de 18 e 20 jul. 1898). O banqueiro N. M. Rothschild teve papel destacado nas negociações, o que contribuiu para dar credibilidade aos títulos brasileiros. Cf. Palazzo, 1999, p.182.

133 Ouro Preto; Amaral, 1899, v.1, p.143-147. Consta a transcrição da aludida correspondência trocada entre os Rothschild e Campos Sales, datada de Londres em 2 e 6 de junho de 1898.

246 A REPÚBLICA E SUA POLÍTICA EXTERIOR (1889-1902)

abuse quem o presta".[134] Outro ponto, ainda nas palavras de Ouro Preto, era o representado pelo compromisso de o governo "não emitir, antes de 1901, nem consentir que seja emitido, sob garantia sua, empréstimo externo, ou interno, pagável na Europa, sem o consentimento escrito dos srs. Rothschild!". Tal condição lhe significava abdicação de parte "de seus direitos majestáticos" e reconhecimento de suserania, com a agravante de não ser suserania "à uma nação soberana e mais forte", mas em relação a banqueiros, da *City* de Londres, que sempre foram tratados pelos ministros da monarquia como agentes de negócios, simplesmente, e durante mais de meio século acostumaram-se a respeitar a correção e nobre altivez com que aqueles ministros dirigiam a fazenda pública.[135]

Ouro Preto acusava ainda o governo republicano de fazer "condescendências" ao credor, que assim se tornava "impertinente" e se permitia fazer "admoestações".[136] Na Câmara dos Deputados houve também crítica à arrogância e à tutela que os banqueiros exerciam sobre o governo.[137]

Campos Sales, após terminar sua gestão, não reconheceu a procedência de tais acusações. Para justificar a operação, reiterou a falta de crédito

---

134 Ouro Preto; Amaral, 1899, v.1, p.139-141. A esse respeito ficou estabelecido no acordo: "Em 1º de janeiro de 1899 e dessa data em diante, *pari passu* com a emissão dos títulos, o governo depositará no Rio de Janeiro em *trust*, no London and River Plate Bank, Limited, e Brasilianische Bank für Deutschland, o equivalente dos ditos títulos (os do *funding loan*), em papel moeda corrente ao câmbio de 18 d., e o papel-moeda equivalente aos títulos emitidos de 1º de julho a 31 de dezembro de 1898, será depositado pela mesma forma, durante o período de 3 anos a contar de 1º de janeiro de 1899. O papel-moeda depositado ou será retirado da circulação e destruído ou, e quando o câmbio se tornar favorável será aplicado na compra de letras em Londres, a favor dos Srs. N. M. Rothschild & Sons, a fim de ser levado ao crédito do *Fund*, para o futuro pagamento em ouro dos juros dos empréstimos e garantia das estradas de ferro" (apud Ouro Preto; Amaral, 1899, I, p.71-73).

135 Ouro Preto; Amaral, 1899, v.1, p.139-141.

136 Em banquete oferecido ao ministro da Fazenda Bernardino de Campos, foi lido telegrama de Rothschild e, segundo Ouro Preto, "trazido a lume como se fora manifestação de apreço": "Londres, 22 de julho de 1898. A S. Ex. o Sr. Ministro da Fazenda. Rio. Sabendo que se dá neste momento um banquete em honra de V. Ex., estamos ansiosos para associar-nos a ele e para enviar à V. Ex. o testemunho da nossa grande satisfação pelo alto cumprimento que vos conferem o comércio, os bancos, e empresas nacionais e estrangeiras do Rio de Janeiro, acreditando que desta manifestação é V. Ex. credor. Permita V. Ex. que expressemos o nosso desejo ardente, que V. Ex. e seus distintos colegas provem aos portadores dos títulos brasileiros em Londres, que os sacrifícios que acabam de fazer habilitarão o governo do Brasil a colocar as suas finanças em uma base sólida, de modo que possa desempenhar os seus compromissos futuros no tempo convencionado. Rothschild" (apud Ouro Preto; Amaral, 1899, v.1, p.71-73).

137 ACD. Sessão de 31 maio 1899. Discurso de Érico Coelho.

do Brasil no exterior[138] e a conjuntura mundial que dificultava a obtenção de grandes empréstimos. O início da Guerra Hispano-Norte-Americana, cujos desdobramentos ainda não se previam, a questão do Oriente e a situação delicada da Inglaterra nesse contexto eram fatores que levaram a um retraimento do mercado financeiro. Campos Sales acrescentou que não se verificava na *City* manifesta má vontade contra o Brasil nem se duvidava da sua honestidade, mas sim da sua capacidade de manter a pontualidade nos seus compromissos, o que alarmava os possuidores de seus títulos – sobretudo depois que órgãos da imprensa brasileira aventaram a hipótese de suspensão dos pagamentos –, levando-os a reclamações junto aos grandes banqueiros. Constatou que no exterior a situação difícil do Brasil não era atribuída "à debilidade dos [seus] elementos econômicos, que aliás todos reconhecem poderosos; mas por isso mesmo, daí se gerava a presunção de uma certa infirmeza na gestão dos [seus] negócios".[139] Henri Germain, presidente do Conselho Administrativo do Crédit Lyonnais, impressionara Campos Sales pelo nível das informações que possuía a respeito da situação econômica de várias nações do mundo. Os quadros demonstrativos sobre o Brasil, especificamente, eram de uma "exatidão irrepreensível", mais atualizados até que os relatórios do Ministério da Fazenda; portanto estava o banco mais bem-informado sobre o Brasil do que os próprios brasileiros. Campos Sales assim fazia uma advertência para "não nos iludirmos acerca do que chamamos aqui *campanha de difamação* no exterior. O que faz a difamação são os nossos erros, que eles conhecem e cujos efeitos descontam".[140]

O ministro plenipotenciário brasileiro em Paris, Gabriel de Piza, alertara em janeiro de 1898 o presidente eleito Campos Sales, bem como o presidente Prudente de Morais, sobre a difícil situação do Brasil na Europa, fato que reforçou a conveniência de expor diretamente aos credores o plano financeiro, pois uma das razões do descrédito do País era a carência de planos dessa natureza ou, quando existiam, serem desconhecidos. Sales estava ciente do risco que então corria o prestígio de seu governo na hipótese de o empreendimento resultar em malogro, algo possível em meio a um quadro de tantas dificuldades.[141] Mas só vira três opções para a regularização da situação financeira

---

138 "Foi por todas essas considerações, sem dúvida, que tive o desprazer de ouvir em Londres esta cruel sentença: – 'Tudo quanto dependa, neste momento, do crédito do Brasil, é assunto que nem se discute nesta praça'" (Salles, 1908, p.187).

139 Ibidem, p.187, 184-185.

140 Salles, 1908, p.181-182. Para aquilatar o nível das informações do Crédit Lyonnais sobre a situação econômico-financeira do Brasil, veja-se ainda Monteiro, 1928, p.35-36.

141 Salles, 1908, p.167-169.

248 A REPÚBLICA E SUA POLÍTICA EXTERIOR (1889-1902)

nacional: "1ª Suspensão do serviço da dívida; 2ª Redução de juros; 3ª Grande empréstimo". A primeira foi logo descartada, pois significava "medida espoliadora", que ocasionaria a "perda total de crédito", além de pôr em risco a "própria soberania nacional".[142] O acordo, assim, se lhe configurou como algo preventivo, uma vez que o governo no seu quatriênio manteve atitude de independência diante dos banqueiros pelo fato de ter cumprido rigorosamente o que fora acordado para não se ver na contingência "de descer a solicitações humilhantes, nem receber insinuações desrespeitosas", como já havia ocorrido em governos anteriores.[143] Repelia, assim, a acusação de ter se "subordinado à opinião imperiosa dos banqueiros estrangeiros" que lhe imputavam frequentemente. Ele tinha os agentes financeiros como "bons e leais amigos", que se consagravam às suas tarefas "com verdadeira dedicação". E à censura a eles dirigida no Brasil "pelo fato de procurarem tomar conhecimento dos nossos negócios e até mesmo insinuar opiniões sobre assuntos da pública gestão", justificou que era

> [...] preciso, entretanto, não perder de vista que, na qualidade de nossos agentes, são eles que dirigem e encaminham, nos grandes mercados do mundo, as nossas operações, e é sobre a confiança depositada no que eles afirmam que os capitalistas adquirem os nossos títulos. É a eles que se dirige alarmada a sua numerosa clientela toda vez que entre nós estala uma crise. Vai nisso seguramente uma certa responsabilidade moral, que de alguma sorte legitima o interesse com que acompanham o andamento dos nossos negócios.[144]

Prisioneiro de seu próprio discurso, ao cumprir estritamente o acordado, teve, nesse aspecto, tolhidos os seus movimentos, que ficaram sujeitos

---

142 Ibidem, p.185-186.

143 "Não foi assim, peza-me dizê-lo, com os governos que me antecederam. O *Economiste Européen* deu, em 1898, publicidade a um incidente que bem revela que por esse tempo o governo brasileiro não timbrava pela sobranceria nas relações com os banqueiros de Londres. A casa Rothschild inquiriu o governo sobre a situação crítica em que se encontrava o país, pedindo informações: o governo respondeu que tudo ia bem e que nenhuma crise afetava a política e as finanças nacionais. Replicaram os agentes Rothschild: 'Aceitamos vossa afirmação quanto à crise política, mas permiti que discordemos da vossa opinião quanto à crise financeira, atenta a baixa do câmbio e depreciação dos fundos brasileiros, que atestam a existência de uma crise extremamente séria, devida sobretudo ao termo de novas emissões, que é indispensável condenar como muito danosas para o crédito do Brasil e para os interesses do país'. Afronta que se parecesse com esta, nenhum banqueiro estrangeiro ou nacional ousou infligir ao governo do país no correr do meu período quatrienal" (ibidem, p.198-199).

144 Salles, 1908, p.196-197.

à rigorosa observação dos credores. No Senado, Rodrigues Alves assumiu a defesa das negociações que levaram ao *funding loan*. Havia acusações de negociata. O então senador alinhava-se à opinião de que era obrigatório aos povos o pagamento pontual das suas dívidas. Em resposta a Leite e Oiticica, seu oponente nos debates afirmou:

> [...] que desar há, para o país, em consultar o grupo de seus credores se confia ainda bastante na honorabilidade do seu devedor, para receber em pagamento da sua dívida títulos com as garantias que possam ser dadas em um momento preciso? Em que isto pode ofender o crédito da República? Em que isto pode magoar-nos, senão no ligeiro ataque ao melindre nacional, que todos nós afagamos de ver cumpridos com pontualidade, mas sem concessões de qualquer natureza, todos os nossos compromissos?[145]

Em 1901, Serzedelo Corrêa, membro da Comissão de Orçamento da Câmara dos Deputados e, nessa qualidade, relator da lei sobre a receita geral da República para o exercício de 1902, ao analisar em seu alentado parecer (um volume de 603 páginas) a situação das finanças anterior ao empréstimo de consolidação, reportou-se ao seu próprio relatório sobre idêntica lei, em 1896, no qual propôs o corte severo nos gastos públicos e o não menos severo programa de economia, por julgar ser o único meio de o Brasil sair do círculo vicioso, originado no Império e continuado na República, de contrair novos empréstimos com a finalidade de equilibrar o orçamento. Isso se lhe afigurava deveras perigoso ao crédito do país, pois punha em risco a soberania nacional. A História fornecia exemplos, como os da Turquia e do Egito.[146]

Esta opinião e as informações anteriormente mencionadas levam à constatação de que a negociação do *funding loan* correu sob um clima de medo. Conforme já afirmado, o sistema econômico brasileiro agroexportador era extremamente vulnerável, e as finanças nacionais totalmente atreladas ao capital internacional diminuíam seu já escasso espaço de manobra. Dir-se-ia que não havia alternativas. A Grã-Bretanha era nosso importante parceiro comercial como primeiro fornecedor de tudo que importávamos. De lá também

---

145 ASF. Sessão de 18 jul. 1898.

146 ACD. 1901, v.4, apêndice, p.6. O apêndice corresponde ao Parecer nº 150-1901, que "orça a receita geral da República para o exercício de 1902". O Parecer é, de fato, um trabalho gigantesco e constitui-se em importante fonte de informações para a história econômica pelos gráficos, tabelas, detalhamento das rendas de alfândega, além de outras. Igualmente, o apêndice do 6º volume dos *Anais da Câmara* relativos a 1902, alentado volume destinado apenas ao Orçamento da Receita Geral do país. (ACD. 1902).

250 A REPÚBLICA E SUA POLÍTICA EXTERIOR (1889-1902)

provinham nossos empréstimos. A falta de credibilidade de um país, decorrente da eventual impontualidade de seus pagamentos externos a determinado credor, irradiava-se para o conjunto do sistema financeiro internacional.

A execução do plano custou a Campos Sales enorme desgaste político interno, conforme afirmado, mas lhe rendeu apoios internacionais.[147] Ao terminar seu mandato, Campos Sales recebeu telegrama de Joaquim Nabuco, ministro plenipotenciário do Brasil em Londres, datado de 14 de novembro de 1902, no qual transmitia, a pedido dos Rothschild, a admiração destes pelo

> [...] governo de v. exc., que encontrou em caos a nossa dívida externa e a deixa em estado muito satisfatório, tendo levantado o crédito à alta posição atual. Este é o sentimento unânime das praças europeias. Associo-me a ele, convencido de que a administração de v. exc. não será fato isolado na história financeira da República. Aceite v. exc. minhas congratulações pessoais.[148]

De fato, a administração Campos Sales vinha desde 1900 ganhando prestígio, fazendo renascer a credibilidade do Brasil nos círculos financeiros internacionais. Oliveira Lima, em carta datada de 9 de maio de 1900, em Londres, provavelmente enviada para Salvador de Mendonça, confirmou as notícias positivas que chegavam do exterior ao constar sua satisfação que decorria do "excelente nome que aqui vai ganhando a administração Campos Sales. Sem dúvida renasceu a confiança [...]".[149] No plano interno, conforme já afirmado, o rígido programa financeiro custou ao presidente sua popularidade, mas foi o que permitiu ao seu sucessor Rodrigues Alves assistir à melhora do desempenho da economia nacional, permitindo-lhe realizações materiais na Capital Federal, sinais do início de um período que se pode qualificar como o apogeu da Primeira República.

---

147 Santos, p.410; Franco, 1973, p.27-28.
148 Salles, 1908, p.401 – Apêndice. Veja-se ainda Santos, J. M., 1930, p.409-410.
149 Apud Azevedo, 1971, p.524.

CAPÍTULO VI

Brasil-Argentina

A MISSÃO BOCAIUVA AO PRATA

A questão de limites entre o Brasil e a Argentina referente à zona de Palmas (também designada por Missões), herança do período colonial, vinha se arrastando desde o início da década de 1880. Ambos os países acabaram firmando um tratado em 7 de setembro de 1889 pelo qual a pendência seria submetida ao arbitramento do presidente dos Estados Unidos. Ocupava-se da questão o gabinete de Ouro Preto quando sobreveio a República e a subsequente instalação do Governo Provisório. A notícia sobre esse acontecimento foi acolhida com entusiasmo e satisfação pelo governo e pela opinião de Buenos Aires, onde houve manifestações de regozijo reciprocadas no Rio de Janeiro. Enrique B. Moreno, ministro representante da Argentina junto à Corte Imperial nomeado pelo presidente Julio A. Roca em 1885, tinha boa situação no ambiente diplomático do Rio, estimado e respeitado tanto por D. Pedro II quanto pelos republicanos que assumiram o poder em 1889. A Argentina nesse mesmo período passava por dificuldades políticas internas que culminariam na Revolução de 1890. Pouco antes, Estanisláo Zeballos fora nomeado ministro de las Relaciones Exteriores y Culto, substituindo Quirno Costa. As exageradas manifestações de amizade e confraternização havidas em Buenos Aires logo após o advento do novo regime no Brasil foram sugeridas por Zeballos ao seu presidente já de caso pensado, isto é, para criar um clima favorável para apresentar sua proposta de solução da disputa internacional por

252 A REPÚBLICA E SUA POLÍTICA EXTERIOR (1889-1902)

acordo direto, abandonando-se o que fora ajustado no final do Império pelo citado tratado de setembro.[1] Instruído por Zeballos, Moreno propôs a divisão equitativa da área em litígio ao ministro das Relações Exteriores do Governo Provisório Quintino Bocaiuva, que a levou ao marechal Deodoro da Fonseca, e este a submeteu ao Conselho de Ministros, que, após reuniões reservadas, aceitou a proposta, bem como a exigência de Zeballos de que o tratado fosse assinado em Montevidéu. Negociou-se em seguida, por via telegráfica, os termos do acordo com Zeballos, que até apresentou um modelo de tratado. Os integrantes do Governo Provisório estavam animados para assinalar o novo momento da política exterior do Brasil, que deveria ser marcada por "amplo espírito de fraternidade americana". Organizou-se uma viagem de aparato para Bocaiuva ir a Buenos Aires, onde recebeu calorosa acolhida. Em 25 de janeiro de 1890, nem decorridos três meses da Proclamação da República, assinou em Montevidéu com Zeballos a divisão da área litigiosa "sob os auspícios da unidade institucional da América e em nome dos sentimentos de fraternidade que devem subsistir entre todos os povos deste continente".[2]

O tratado foi acolhido em Buenos Aires com alegria e festejado como uma vitória diplomática. No Brasil, quando a opinião pública, os jornais e, destacadamente, os monarquistas, começaram a tomar conhecimento dos seus termos, a grita foi geral. A desaprovação foi tal que o Ministério do Governo Provisório temeu que Quintino Bocaiuva fosse vaiado quando desembarcasse no Rio. No Congresso Nacional Constituinte, também houve indignação e repulsa. Pôs-se em dúvida a permanência de Bocaiuva no ministério. Seus colegas desaprovaram a viagem a Buenos Aires, inclusive pelo seu excesso de pompa. A Câmara dos Deputados, em sessão secreta realizada em 10 de agosto de 1891, acolheu o parecer de sua Comissão Especial e rejeitou o tratado por 142 votos a 5. O próprio Quintino aconselhara a rejeição. A questão de limites, consequentemente, voltou à situação anterior, isto é, seria submetida a arbitramento, conforme previsto no tratado de 7 de setembro do ano anterior.[3]

---

1 Heinsfeld, 2007, p.108-125.

2 Jorge, 1945, p.12-5, apud Vianna, s.d., p.145. Vejam-se também, Lyra, 1992, p.23; Etchapareborda, 1978, p.35-38.

3 Carvalho, C. D., 1998, p.192-193; Vianna, [s.d.], p.135, 145-147; Ribas, 1896, p.189; Jorge, 1912, p.12-15 apud Vianna, [s.d.], p.145; Lyra, 1992, p.23; Etchepareborda, 1978, p.35-38; Castro, S., 1932, p.38, 147; *Cadernos do CHDD*, ano III, n.5, p.245; *Relatório do Ministério das Relações Exteriores* – 1892, p.7; Jorge, 1912, Prefácio; Katzenstein, J. C., 1997, p.13, 19-20. Sobre a questão das Missões/Palmas, veja-se ainda Azevedo, 1971, p.211-235 (à página 235 estão relacionadas as fontes que se encontram no Arquivo Histórico do Itamaraty). Síntese contextualizada sobre a questão de Palmas é a de Heinsfeld, 2015, p.76-82.

O Tratado de Montevidéu foi rotulado pelo historiador Sertório de Castro como "o primeiro dos grandes erros da República", em razão do péssimo efeito interno.[4] Pandiá Calógeras também desaprovou o Tratado de Montevidéu: "Erro diplomático como provou o laudo de Grover Cleveland. Mas, principalmente erro político, porque, não lhe podendo dar assentimento o Congresso Nacional, a conselho do próprio negociador, ficou um fato deletério no meio internacional: a impressão de que se iniciava nas nossas relações exteriores um período de hesitações, de flutuação nos rumos seguidos, de incertezas no pactuar"[5]

O monarquista Eduardo Prado fez crítica contundente. Observou que a histórica rivalidade argentino-brasileira não desapareceria, apesar de todas as manifestações de apreço e de fraternidade americana exaltadas pelo Governo Provisório, que não atentara para o fato de que a identidade de forma de governo não era garantia de paz, como o atestavam as agressões norte-americanas contra o México e as lutas entre repúblicas irmãs de fala espanhola.[6] Em suas invectivas, transcreveu matéria de O *Tempo* de Lisboa, que continha afirmações extremamente graves. Para o jornal, a eventualidade do acordo equivaleria à perda pelo Brasil da hegemonia que até então vinha exercendo na América do Sul. Isto porque o ministro brasileiro não teria ido ao Prata com a finalidade exclusiva de defender os direitos territoriais do seu país. O governo brasileiro deixara-se influenciar pelas "grandes manifestações feitas em Buenos Aires ao ministro", que era "quase compatriota dos manifestantes".[7] O Governo Provisório teria solicitado "o auxílio dos argentinos para a possível emergência de uma revolta no Rio Grande do Sul", solicitação que, se ocorresse, ficaria muito cara ao Brasil: "Terá de ceder o território de Missões; terá de consentir talvez na conquista de Montevidéu e na anexação do Paraguai à República argentina". O suposto auxílio armado da Argentina seria contra o Rio Grande do Sul ou, eventualmente, contra este unido ao Uruguai, em troca de metade da área do território das Missões. Na hipótese de "intervenção argentina" a favor do Brasil, este consentiria em que o Uruguai fosse anexado à Argentina e, ao mesmo tempo, se desinteressaria do Paraguai, possibilitando àquela nação a reconstrução do vice-reinado do Prata. O fim da Monarquia alterara a relação de forças no segmento sul no continente.[8]

---

4 Castro, S., 1932, p.146.

5 Calógeras, 1936, p.214-215.

6 Prado, 1923, p.68-75.

7 A mãe de Bocaiuva era argentina, natural de Buenos Aires (cf. Abranches, 1918, v.1, p.19-20).

8 Prado, 1923, p.68-75.

A matéria reportada por Eduardo Prado era alarmista, mas, com referência às decorrências do tratado de limites acordado e ainda não apreciado pelo Congresso brasileiro, o jornal observou que a nova fronteira seria desastrosa para o Brasil, pois parte do território argentino ficaria encravado no brasileiro e quase cortaria a comunicação entre os estados do Paraná e Rio Grande do Sul, e seria uma ameaça "à melhor parte do Brasil". Próximos do mar, os argentinos acabariam por pretender apoderar-se do porto de Santa Catarina, abrindo assim outra saída para o Atlântico. Tal matéria trazia fundadas inquietações na hipótese de efetivação do Tratado de Montevidéu. Em termos geopolíticos, seria péssimo para o Brasil, pois o Rio Grande do Sul ficaria como que um "bolsão" de fala portuguesa, cuja comunicação com o restante do Brasil dar-se-ia por um verdadeiro gargalo que poria em risco até a unidade nacional, em razão da facilidade com que se cortariam as ligações daquele estado com o resto do país. Prado perguntou ainda por que o Governo Provisório não aguardou os efeitos do tratado firmado entre Brasil e Argentina em 7 de setembro de 1889, isto é, o juízo arbitral do presidente dos Estados Unidos. Ele mesmo procurou responder com outras perguntas: falta de confiança no árbitro? Insegurança quanto ao direito do Brasil? Na primeira hipótese, seria inadmissível pôr em dúvida a seriedade dos Estados Unidos; na segunda, seria revelar total falta de conhecimento do pé em que estava o litígio. Nesta hipótese, seria preferível sujeitar-se a uma decisão arbitral do que ceder "precipitadamente um vasto território". Seria mais sensato o governo, que era provisório, aguardar a "constituição definitiva do governo nacional" do que resolver afanosamente delicada questão que envolvia a integridade e a honra nacionais. "Novas e extraordinárias são realmente as formas diplomáticas da ditadura brasileira", retomando palavras do editorial do *La Prensa* de Buenos Aires de 29 de janeiro de 1890. O governo, sem ter contra si a premência de tempo, teria humilhado o país, sacrificando sua honra, segurança e integridade territorial. Na opinião do autor de *Fastos da dictadura militar no Brasil*, Bocaiuva afagara o amor-próprio argentino. A viagem a Buenos Aires por si só colocava o Brasil em situação de inferioridade, de "quase subserviência internacional". Prado informou, ainda, que a opinião argentina dera a causa como ganha quando tivera conhecimento de que o negociador brasileiro seria Bocaiuva, tido em Buenos Aires como "o publicista brasileiro mais amigo da República Argentina, o representante caracterizado de nova política brasileira".[9]

O autor de *A ilusão americana* criticou também o aparato com que se fez a missão de Bocaiuva: a bordo do encouraçado *Riachuelo*, adaptado para a

---

9 Ibidem, p.108-127.

ocasião, com enorme comitiva à custa de enormes gastos para o tesouro nacional. Uma viagem de inútil adulação aos argentinos, contrastando com os funcionários do Império, que partiam como homens simples, embarcando em direção ao Prata em navios de carreira e conseguindo fazer prevalecer a influência do Brasil. Após ironizar os festejos que se deram em Montevidéu em homenagem a Quintino e a falta de atenção do presidente argentino para com ele quando seguiu para Buenos Aires, ressaltou que, enquanto tudo isso se processava, um jornal portenho comentou que bem fazia o então ministro das Relações Exteriores, um dos responsáveis pela organização da Nova República brasileira, em visitar a Argentina para "aprender como Sesóstris, como Solon, como Licurgo, como Triboniano etc. e etc., viajando pelos países mais adiantados na ciência do bom governo". Quintino, em discurso, segundo o *La Nación* de Buenos Aires de 30 de janeiro de 1890, agradecia e saudava os argentinos, pois a "grande revolução efetuada pelo povo do Brasil foi sem dúvida inspirada pelo espetáculo de seus povos livres vizinhos. Vós, pois, prestastes colaboração ao triunfo da república". Servilismo de Quintino, que, em meio a folguedos de "viagem burlesca", assinou um tratado desfavorável ao Brasil.[10] Ainda com referência ao novo momento do relacionamento Brasil-Argentina, teceu críticas à eventual aliança entre os dois países, que estaria na intenção do Governo Provisório, conforme tivera notícia. Tal aliança seria prejudicial em termos de homens e de dinheiro, pois o Brasil não tinha questões com o Uruguai, Peru ou Bolívia, enquanto a Argentina poderia ter futuramente dificuldades internacionais.[11] Prado não era opinião isolada. No Rio surgiram cartazes contra o novo regime, nos quais o acusavam de estar entregando o país à Argentina, fato que custou aos seus autores o julgamento por uma comissão militar.[12] Os termos do Tratado de Montevidéu e a maneira como se fez a expedição ruidosa do ministro teria sido subserviência antipatriótica. Jornais da oposição chegaram até a acusar

---

10 "O mapa do território litigioso... mostra bem claramente a extensão e a importância do território que a República Brazileira cedeu à República Argentina. Não podemos acreditar que o governo brasileiro fosse, pelas ameaças do seu vizinho, acuado e obrigado a ceder, segundo disse o *Times*, que afirmou ter sido o governo do Rio de Janeiro *put in a corner*. Esta é, todavia, a impressão do estrangeiro: e é a versão que os argentinos têm procurado fazer acreditar na Europa, como já em novembro tinham dito, antes do sr. Bocaiúva, que a revolução brasileira era obra deles. O mais provável, porém, é que esta cessão de um território fértil, o estabelecimento dessa linha de fronteira tão perigosa para a segurança do Brasil, foi um ato de precipitação inconsciente" (Prado, 1923, p.108-127).

11 Prado, 1923, p.143.

12 Hahner, 1975, p.52.

A REPÚBLICA E SUA POLÍTICA EXTERIOR (1889-1902)

Quintino de venal. O legislativo o convocou para em sessão secreta dar conta dos seus atos.[13]

A iniciativa não era da exclusiva responsabilidade de Bocaiuva, mas dos membros do Governo Provisório e da Comissão Especial de Limites, que negociaram suas bases[14] antecipadamente pelo telégrafo com pleno conhecimento e aquiescência de todos. Campos Sales – um dos integrantes do ministério – tomou a iniciativa de retirar a responsabilidade individual do ministro e assentou-se que o governo a assumiria por meio de publicação na imprensa oficial, redigida por ele, Campos Sales.[15] Em 18 de fevereiro de 1890 constou no *Diário* Oficial a explicação do Governo Provisório para a tão comentada Missão Bocaiuva ao Prata. Em determinado trecho esclareceu que a questão fora examinada e discutida sobre diferentes aspectos e, no "seio da coletividade governamental, [...] saiu a resolução em virtude da qual o ministro das relações exteriores teve de seguir em missão especial para Montevidéu, ponto escolhido para o encontro dos representantes dos governos brasileiro e argentino".[16] Em meio a reafirmações de patriotismo e alto senso de responsabilidade, o Governo Provisório ainda negou que o Tratado de Montevidéu fora assinado sob pressão do temor de guerra com a Argentina. Naquele momento os dois povos procuravam "uma solução que pudesse ser a garantia mais completa de uma confraternização perpétua".[17] O documento emanado do governo dava conta, ainda, de que o tratado continha cláusulas que ressalvavam a soberania das partes, pois só produziria seus efeitos após a aprovação dos congressos de ambos os países e que na hipótese de não ratificação pelos respectivos legislativos, a questão voltaria à situação anterior estabelecida pelo tratado da Monarquia, ou seja, submetê-la à arbitragem do presidente norte-americano. O tratado ficaria, assim, em última instância, sujeito à aprovação da vontade nacional, por meio das duas casas do Legislativo, e ao mesmo tempo eliminava-se a hipótese de guerra porque se previa o arbitramento. Tudo teria sido, pois, "previsto e acautelado". O patriotismo aconselhava a não levantar discussões "com o exclusivo intuito de alarmar o espírito público". Cumpria "esperar com calma e confiança o momento oportuno em que se deve instituir amplo e fecundo debate sobre um assunto de si

---

13 Cf. Costa, S. C., 1979, p.139, 222.

14 Ribas, 1896, p.192-193.

15 Ribas, 1896, p.191-193, 195-196; Castro, S., 1932, p.37; Jorge, 1912, p.53-81; *Cadernos do CHDD*, ano III, n.5, segundo sem. 2004, p.245 (Rodolfo Dantas a Rio Branco, 8 mar. 1890); Costa, S. C., 1979, p.139, 222.

16 Apud Ribas, 1896, p.196-202.

17 Apud Ribas, 1896, p.196-202.

tão melindroso, e que certamente está destinado a ser o ponto de partida para o desenvolvimento de uma política americana larga, de paz e concórdia".[18]

O Tratado de Montevidéu ocupou também a atenção do Clube Militar quando sua ratificação era apreciada pela Câmara dos Deputados, o que ensejou protesto do deputado Nilo Peçanha numa sessão em que proferiu discurso cheio de apoiados, apartes e contestações. Em nome das prerrogativas da Câmara e da "hegemonia do poder civil", estranhava estar o Clube a deliberar sobre a questão e intervir em assunto de tal gravidade afeto ao Legislativo. Sendo questão de política externa, ao militar não caberia outra coisa senão obedecer. Depois de insistir na necessidade de se examinar o assunto com calma e prudência e falar na ameaça de militarismo, que lhe parecia "um plano imanente nos negócios nacionais", Nilo Peçanha abordou Custódio José de Melo, então deputado pela Bahia, oposicionista ao governo Deodoro e presidente do Clube Militar, a fim de que esclarecesse o que ocorria a respeito nessa instituição. Para o seu presidente, o Clube Militar estava no seu direito. Havia uma comissão estudando o assunto com a finalidade de emitir um parecer, e que ela ainda se reunia "para elucidar a matéria submetida à [...] Câmara, e, ainda mais, para auxiliar, se for possível, os membros da Comissão a quem esta assembleia deu encargo de estudá-la". A discussão ficou no nível do protesto, com palavras de ordem cheias de patriotismo.[19]

A contestação ao tratado agitou a opinião nacional e se enlaçou com as dificuldades de ordem interna, criando mais um complicador para o governo que começava a se exercitar nas práticas republicanas. Ao contemporâneo dos eventos ficava a impressão de que os novos dirigentes não conseguiam solucionar o primeiro problema concreto de ordem internacional que se lhes apresentou. Nesse sentido, pode-se alinhar testemunho do republicano Assis Brasil, que, em 1893 – escrevendo para o ex-monarquista Rio Branco, então nomeado para defender a causa do Brasil no litígio das Missões –, reconheceu ter sido a missão Bocaiuva a Montevidéu feita "no açodamento, ou confusão, do primeiro momento".[20]

O governo tentou logo após consertar o que fora feito. Em 15 de agosto de 1891, portanto, logo depois da rejeição do Tratado pelo Congresso Nacional, o novo ministro das Relações Exteriores de Deodoro, Justo Leite Chermont, telegrafou ao representante brasileiro em Buenos Aires, Ciro de Azevedo, determinando-lhe que sondasse reservadamente o governo argentino sobre a

---

18 Apud Ribas, 1896, p.196-202.
19 ACD. Sessão de 9 jul. 1891.
20 AHI. 34.6-I, A-3, G-2, M-26 (Assis Brasil a Rio Branco, 15 jun. 1893).

impressão causada pela não ratificação, sobre as suas intenções e se desejava fazer acordo direto antes de ir à questão para o arbitramento.[21] Azevedo imediatamente entrou em contato com o novo ministro das Relações Exteriores da Argentina, Eduardo Costa, e apresentou a proposta de acordo direto como sugestão pessoal, por razões de cautela. Segundo o representante brasileiro, o ministro argentino declarou que o seu governo desejava solução imediata para o assunto, "pois o recurso da arbitragem, além das delongas inerentes a tal processo, traria grandes despesas e quiçá desgostos a ambas as nações". Com referência à impressão causada pela rejeição, informou que tanto a imprensa de Buenos Aires como o governo argentino a esperavam. Eduardo Costa declarou-lhe ainda que não presumia estremecimento das relações entre os dois países, e que aguardaria, mesmo a contragosto, a sentença arbitral na forma que havia sido convencionada no tratado anterior.[22] No dia seguinte, Leite Chermont voltou a instruir Azevedo, por telegrama, no sentido de indagar, ainda como ideia pessoal e verbalmente, junto ao governo argentino, se concordaria – para evitar discussões irritantes na imprensa e no "interesse [de] ideias americanas" – em firmar um "acordo direto admitindo fronteira Pepiri-Guassu e Santo Antônio, [com a] vantagem [de] perpetuar relações amistosas, alegando posse brasileira [a] leste daqueles rios e resultado [do] trabalho [da] comissão mista que reconheceu nossos direitos".[23]

Atendeu Ciro de Azevedo às instruções argumentando com a posse incontestável do Brasil sobre o território indicado e com a vantagem de se dirimir uma questão que vinha sendo obstáculo ao bom relacionamento entre os dois países. O ministro argentino prometeu-lhe estudar a proposta e constou que tanto ele como o presidente da República receavam que um acordo direto pudesse sofrer nova rejeição no Congresso brasileiro, "o que seria de péssimo efeito, pois além de irritar a opinião pública deste país colocava o seu governo em condições humilhantes". Uma vez informado, Leite Chermont voltou a passar instruções, ainda por telegrama, a Azevedo, a fim de que se fizesse constar, sempre como algo pessoal, ao ministro argentino, que o Congresso tinha disposição de aprovar acordo direto, pois desejava terminar de vez a questão. O representante brasileiro não se apressou em cumprir a nova instrução para não parecer, segundo informou, que falava por determinação de seu ministro. O ofício reservado que deu conta deste ponto de vista foi concluído de forma hábil:

---

21 AHI. Ofício reservado de Buenos Aires, 23 ago. 1891.

22 Ibidem.

23 Ibidem.

Merece o assunto todo cuidado pois não convirá que este governo julgue que o Brasil insiste em obter um acordo direto por não confiar na validade dos seus direitos e recear a decisão arbitral. Tive a fortuna de dar à proposição oferecida um caráter privado e de minha iniciativa, e convém que assim continue até o final.[24]

Em 1º de setembro, o representante brasileiro informou confidencialmente ao seu ministro sobre a resistência do governo argentino a um acordo direto:

> Declarou-me o Sr. Dr. Pellegrini[25] que não teria dúvida em aceitar a fronteira pelo Pepiri-Guassu e Santo Antônio, conforme eu desejava, se não existisse o obstáculo insuperável, no seu pensar, da oposição que contra essa nova transação levantaria a imprensa e o Congresso Argentinos. E acrescentou: – qualquer acordo neste sentido seria combatido pela opinião nacional do meu país, porque representaria uma concessão feita ao Brasil, sendo o antigo tratado há pouco rejeitado, um argumento sério, pois diriam: se o Congresso Brasileiro que recusou o tratado de Montevidéu aceita esse novo acordo é porque é lesivo à República argentina e só útil ao Brasil. Tentando o Sr. Dr. Eduardo Costa auxiliar-me a combater essa opinião do Sr. Presidente, S. E. afirmou que o melhor seria submeter a questão à arbitragem para evitar desgostos internos, conseguindo-se ao mesmo tempo não perturbar a amizade entre os dois povos.[26]

Informou ainda o diplomata brasileiro que o presidente argentino insistiu "em não considerar exequível qualquer acordo direto".[27] Em poucas palavras: à Argentina interessava acordo direto nas bases antes estabelecidas e não nas novas condições desejadas pelo Brasil. A diplomacia brasileira procurou remediar os efeitos do desastrado Tratado de Montevidéu a fim de refazer-se perante a opinião pública, mas depois de tanto espalhafato o governo platino não teria como aceitar a proposta brasileira. A missão Bocaiuva foi verdadeiro fiasco. Faltou sagacidade diplomática ao Governo Provisório imbuído de motivações de caráter romântico, conforme se percebe na reiteração da expressão "política americana" no encaminhamento da questão. Pelo fato de já estar assentado em tratado que a pendência lindeira seria entregue a juízo arbitral, só se justificaria um acordo direto na

---

24 Ibidem.

25 Carlos Enrique José Pellegrini Bevans, presidente da Argentina de 1890 a 1892.

26 AHI. Ofício confidencial de Buenos Aires, 1º set. 1891.

27 Ibidem.

260 A REPÚBLICA E SUA POLÍTICA EXTERIOR (1889-1902)

hipótese de haver dilatação do território nacional, isto é, de receber o que o país reclamava. Fora disso, qualquer solução por acordo direto não se justificaria, salvo se não houvesse convicção na liquidez do direito do Brasil, hipótese que implicava não conhecer suficientemente a questão. Preferível seria perder território em cumprimento a uma sentença arbitral do que perder território por cessão direta ao oponente, mediante pressão ou simples romantismo. O fato é que os novos detentores do poder não tinham ainda um projeto de política exterior acabado e realista, definido e claramente explicitado; orientavam-se por conceitos gerais como "americanização", "confraternização", "solidariedade americana", com os quais pretendiam resolver os problemas à medida que estes se lhes apresentavam.

CORRERIAS NAS FRONTEIRAS ENTRE BRASIL, URUGUAI E ARGENTINA

Desde as independências e formação dos Estados nacionais da América Latina, o Prata foi uma área instável e conflituosa.[28] Eram frequentes os movimentos de revolucionários que não respeitavam as fronteiras nacionais.

A convulsão política no estado do Rio Grande do Sul em 1891 levou Ciro de Azevedo, ministro plenipotenciário brasileiro em Buenos Aires, a alertar o ministro das Relações Exteriores Justo Leite Chermont sobre publicações e comentários a respeito de eventual separação daquele estado e sua anexação ao Uruguai, tendo por referência artigos de autor anônimo publicados no *La Prensa* daquela capital nos quais se aventava essa possibilidade. Para Azevedo o assunto seria de somenos importância e não justificaria sequer comunicação, mas a propaganda manteve-se na imprensa de Montevidéu e seu autor anônimo declarou que passara a se dedicar à fase de colaboração, participando de supostos comitês organizados com aquela finalidade. O ministro acrescentou que a ideia de junção do Rio Grande do Sul era antiga aspiração de políticos uruguaios e decorria, sobretudo, do desejo de liberdade de navegação e comércio pela Lagoa Mirim. Azevedo estava atento para o fato de monarquistas brasileiros que ainda não aceitaram o novo regime serem considerados, na área do Prata, corresponsáveis pela eventual secessão, vista então como algo exequível naquele momento de constituição política da República. Um dos principais jornais de Buenos Aires deu acolhida a esse tipo de

---

28 Veja-se texto sobre o período 1828-1852, apoiado em documentação sólida, de Coronato, arrolado na bibliografia.

propaganda, o que levou o diplomata brasileiro a supor "que nesta República a ideia não teria, pelo menos, a repulsa geral da opinião".[29]

Azevedo não tardaria a voltar ao assunto para informar que a imprensa portenha dava sinais de "regozijo" pela convulsão política no Rio Grande do Sul e insinuava que a separação deste estado seria aplaudida na Argentina. Embora sem dado concreto que autorizasse uma reclamação junto à chancelaria, o representante brasileiro não confiava na isenção do governo do país platino pelo fato de o ministro das Relações Exteriores da Argentina, ex-redator do *La Prensa* e nele exercendo influência (referia-se a Estanisláo Zeballos), consentir em tais publicações ou até mesmo as inspirando. O não reconhecimento dos revolucionários rio-grandenses como beligerantes pelo governo argentino não eliminou totalmente a desconfiança a respeito da sua disposição. Chermont determinou que Azevedo se mantivesse vigilante quanto à atitude do governo argentino diante da revolta no Rio Grande do Sul.[30] A atitude de desconfiança com referência à Argentina em razão da sua contiguidade territorial com área brasileira politicamente instável renovou-se por ocasião da Revolução Federalista. O ministro das Relações Exteriores, já na gestão de Floriano Peixoto, Paula Souza, nas instruções a Sá Vale, então respondendo pela legação em Buenos Aires, observou que o governo argentino, em razão de antecedentes, dava margem para supor que tivesse interesse na continuação da luta entre o governo legal rio-grandense-do-sul e os federalistas. Mesmo sem prova de eventual auxílio prestado a estes, recomendou adotar atitude de desconfiança, e não crer em uma real abstenção no conflito. Embora o governo brasileiro tivesse conseguido que o governo uruguaio intimasse o líder federalista Silveira Martins a distanciar-se da fronteira e residir em Montevidéu, ou abandonar o Uruguai, a legação em Buenos Aires deveria manter o ministério informado dos atos desse líder gaúcho, sobretudo porque se tinha em conta suas relações diretas e indiretas com o governo da Argentina. Considerava-se a probabilidade de Silveira Martins comunicar-se com seus correligionários pelo Uruguai ou pelo território argentino. Neste caso, poder-se-ia obter alguma informação do cônsul geral. Entre as minuciosas informações passadas, Paula Sousa observou que não descartava a possibilidade de o governo argentino estar ajudando os federalistas com armas e munições, pois as tinha em abundância. Seria necessário verificar. Da mesma forma, seria preciso descobrir a origem do dinheiro que, segundo o chanceler, os federalistas recebiam.[31]

---

29 AHI. Ofício reservado de Buenos Aires, 9 ago. 1891.

30 AHI. Ofícios reservados de Buenos Aires, em especial os de 9 ago. e 21 nov. 1891 (Ciro de Azevedo a Justo Leite Chermont).

31 AHI. Despacho para Buenos Aires, 6 abr. 1893.

A REPÚBLICA E SUA POLÍTICA EXTERIOR (1889-1902)

Em abril de 1893, à vista de notícias de que federalistas estariam recebendo armamentos por meio de Corrientes ou Entre Rios, a legação em Buenos Aires recebeu a incumbência de averiguar a veracidade das informações por intermédio dos agentes consulares daquelas províncias.[32] No dia 21, Assis Brasil, que retornara às suas funções na chefia da legação depois de um período licença, remetia cópia da correspondência mantida entre o vice-consulado em Monte Caseros e as autoridades locais argentinas, à vista da qual concluía não ter fundamento a denúncia de contrabando de armas.[33] A preocupação com armamentos e munições era frequente na correspondência entre o Rio de Janeiro e a legação em Buenos Aires. Em agosto/setembro de 1893, por exemplo, ao ter notícia de embarque de munição na França destinada aos rebeldes rio-grandenses, via Argentina, o ministério acionou sua representação diplomática com vistas a impedir que eles a recebessem. A diligência surtiu efeito, pois o Ministério da Fazenda argentino prometeu ordenar expressamente à alfândega o impedimento da entrada de armas.[34] A irrupção da Revolta da Armada em setembro daquele ano ampliou o quadro de dificuldades já criado pela Revolução Federalista. Buenos Aires tornou-se o centro de manifestações de antiflorianistas, que, junto com o problema dos armamentos, passaram a ser as principais preocupações dos plenipotenciários brasileiros naquela capital. Em outubro do mesmo ano, em ofício ao ministro das Relações Exteriores João Felipe Pereira, Sá Vale, sucessor de Assis Brasil na legação, informou ao Rio de Janeiro sobre contrabando de armas, e comunicou que o governo argentino, em atenção a pedido por ele formulado, não daria publicidade aos telegramas enviados pela legação da Argentina no Rio de Janeiro que pudessem ter reflexos desfavoráveis à legalidade.[35]

Além da entrada de material bélico, a movimentação de tropas rebeldes na fronteira com o Uruguai merecia também atenção especial. As relações brasileiro-uruguaias chegaram mesmo a ficar um tanto estremecidas. O presidente Prudente de Morais, na mensagem ao Congresso Nacional relativa a 1895, mencionou os acontecimentos na fronteira com a república oriental, qualificando-os como de "alguma gravidade", e que os governos de ambos os países saberiam "evitar [...] todo o risco de desinteligências". A queixa brasileira residia no fato de as autoridades fronteiriças darem cobertura e até proteção aos revolucionários brasileiros, que tinham facilidade

---

32 AHI. Despacho para Buenos Aires, 7 abr. 1893.
33 AHI. Despacho para Buenos Aires, 17 maio 1893.
34 AHI. Despacho para Buenos Aires, 1º set. 1893
35 AHI. Ofício de Buenos Aires, 11 out. 1893.

para "a reunião de elementos com que repetem invasões no Rio Grande".[36] No mesmo ano, quando o Senado discutiu a anistia aos revoltosos, o gaúcho Pinheiro Machado, que se opunha aos federalistas, aproveitou o ensejo para se manifestar de maneira veemente contra o governo do Uruguai, que não estaria observando a devida neutralidade e desrespeitando as fronteiras brasileiras, contribuindo, desse modo, para o prolongamento da guerra civil. Falou na necessidade de "uma política forte no Prata", comparável àquela dos tempos do Império; ameaçou o país vizinho com a eventualidade de guerra e adoção de represálias econômicas por meio da taxação dos produtos importados do Uruguai.[37] O nível da atenção para com essa área de tropelias pode ser aferido ainda pela discussão na sessão secreta do Senado em 22 de junho de 1893, sobre a nomeação de Vitorino Ribeiro Carneiro Monteiro para exercer a função de enviado extraordinário e ministro plenipotenciário na República Oriental. Rui Barbosa declarou-se contrário pelo fato de o interessado ser ligado à política do Rio Grande do Sul e pertencer a um dos partidos em luta. Não pôs em dúvida seus méritos, mas sua nomeação para um país limítrofe do Rio Grande do Sul não era, naquela conjuntura, conveniente para o Brasil, podendo mesmo trazer complicações internacionais em razão do risco de ele estender para o Uruguai as lutas que se desenrolavam em seu estado. Aristides Lobo, sem desconsiderar as ponderações de Rui, tinha opinião contrária exatamente porque Vitorino Monteiro estava envolvido na luta entre os rio-grandenses. O Poder Executivo naturalmente confiava que ele daria cumprimento às instruções que lhe fossem passadas, principalmente por pertencer a um dos partidos beligerantes. Segundo esse mesmo senador, havia "o risco de uma luta entre Brasil e Argentina", hipótese em que a divergência interna no estado do Rio Grande seria eventualmente aproveitada pelo país vizinho. A nomeação proposta por Floriano poderia justamente "prevenir inconvenientes de possível perturbação internacional". Manifestaram-se ainda a favor o mineiro Américo Lobo e Quintino Bocaiuva. O primeiro, sob o argumento de que não se podia negar ao Executivo, que constitucionalmente respondia pela ordem e segurança internas, a nomeação pedida para quem iria representá-lo em um país "cujo governo era injustamente acusado de tolerar os emigrados". Quintino justificou sua aprovação, dizendo que Vitorino Monteiro administrara bem o seu estado na condição de vice em um período de agitação política, e que teria condições para estabelecer a pacificação no Rio Grande.

---

36 Mensagem do Presidente Prudente J. de Moraes Barros ao Congresso Nacional em 3 de maio de 1895. In: ASF. Sessão de 4 maio 1895.

37 ASF. Sessão de 6 jun. 1895.

264   A REPÚBLICA E SUA POLÍTICA EXTERIOR (1889-1902)

Contrariamente, declararam-se, além de Rui, Teodureto Souto, do Ceará e Virgílio Damásio, da Bahia. Segundo este, conviria buscar uma pessoa que estivesse em condições de exercer influência em ambas as partes em luta. O nome então em discussão oferecia o risco de cooperar na continuação da luta interna, o que poderia contribuir, de modo indireto, para "uma conflagração internacional". O representante do Ceará tinha opinião semelhante. No quadro de diplomatas haveria, com certeza, alguém mais apropriado para a missão, pois o interessado poderia não desempenhar a função de neutralizador dos "elementos internacionais que se achem em relações com o Brasil", mas sim de perturbador. A indicação de Vitorino Monteiro foi pedida a Floriano pelo governador gaúcho Julio de Castilhos, inimigo dos federalistas, tal como o marechal presidente. Posta a indicação em votação nominal, foi aprovada por 31 a 10. Castilhos conseguiu colocar pessoa de sua confiança na chefia da legação em Montevidéu.[38]

A instabilidade política do estado do Rio Grande do Sul, que vinha desde o período do Governo Provisório presidido pelo marechal Deodoro da Fonseca, culminou com a Revolução Federalista, que se iniciara em fevereiro de 1893, no correr da gestão do marechal Floriano Peixoto.[39] A partir do segundo semestre de 1892, federalistas que se opunham ao governador Júlio de Castilhos (do Partido Republicano Rio-grandense) dirigiram-se para o Uruguai, onde parte deles tinha forte presença como proprietários rurais. O número de brasileiros acusados de separatistas e monarquistas restauradores pelo fato de entre seus líderes estar Gaspar Silveira Martins ultrapassaria os quinze mil. Nesse quadro, o governo de Castilhos desenvolveu com Vitorino Monteiro uma atividade diplomática própria com o governo uruguaio, deixando até de seguir orientações vindas do ministério. A essa atividade diplomática paralela, não prevista na Constituição, e não alinhada à diplomacia oficial, Reckziegel designou como "diplomacia marginal", de tal modo que o chefe da legação era visto como representante do governador Castilhos. Ele aproximou-se do presidente uruguaio Herrera y Obes, de quem obteve "a promessa de prisão de Silveira Martins e o fornecimento de armas e munições para as tropas legalistas no Rio Grande", segundo Reckziegel. O governo uruguaio, como contrapartida, renegociou com Vitorino suas pendências financeiras com o Brasil.[40]

---

38 ASF. Sessão secreta de 22 jun. 1893; Reckziegel, 2007, p.127.

39 Registro minha gratidão a Ana Luiza Reckziegel, que produziu textos básicos sobre as relações internacionais entre Brasil e Uruguai (1893-1904) solidamente apoiados em fontes documentais.

40 Ana Luiza Reckziegel (2007, p.171) informa que a imprensa brasileira qualificou o arranjo negociado, com o aval de Floriano, como "desastroso".

BRASIL-ARGENTINA

Castilhos reeditaria sua diplomacia marginal, isto é, ignorando a orientação do Rio de Janeiro,[41] com o governo do Uruguai durante a Revolución Blanca em 1897, comandada por Aparício Saraiva.

As frequentes correrias de revolucionários na zona limítrofe levaram, em 1894, o Ministério das Relações Exteriores a acionar a representação em Buenos Aires a fim de impedir a atuação de revolucionários brasileiros que promoviam a depredação de cidades próximas à fronteira. Em 27 de junho, a legação – então a cargo de Fernando Luís Osório – enviou nota ao ministro das Relações Exteriores da Argentina, reclamando e solicitando providências contra os revolucionários baseados em Corrientes, que transpunham a fronteira para saquear cidades (São Borja, São Luís) em plena luz do dia, provocando mortes e roubos. O alvo específico do protesto era o líder federalista general Salgado.[42] Em razão da reclamação brasileira, esse general foi intimado a fixar residência na província de Corrientes, em lugar distante da fronteira. Apesar disso, o general burlava a vigilância das autoridades argentinas e invadia o território rio-grandense. Ao mesmo tempo que Fernando Luís Osório passava outra nota, em 4 de julho de 1894, o general Salgado encontrava-se em Posadas, capital de Misiones, conferenciando com outro chefe revolucionário, Juca Tigre, pelo que solicitava a imediata internação de ambos em Corrientes ou qualquer outro ponto do país, desde que afastado da fronteira brasileira. As reclamações foram atendidas, segundo informou, em resposta, o ministro argentino Eduardo Costa.[43] Tais reclamações não provinham apenas do lado brasileiro. Em 1895, Alcorta, ministro das Relações Exteriores da Argentina, reclamou ao ministro do Brasil em Buenos Aires contra as tropelias na área fronteiriça promovidas por revolucionários que, segundo ele, foram e continuavam a ser armados em território brasileiro e por autoridades brasileiras. O representante diplomático reconheceu, em correspondência enviada para o Rio de Janeiro, que a denúncia tinha fundamento.[44]

No rol das preocupações relativas às fronteiras no Prata, situa-se o projeto apreciado pela Câmara dos Deputados que criava um consulado simples na cidade de Posadas, capital do Território Nacional de Misiones, na República Argentina. Não obstante o então adotado regime de economia nos gastos públicos, a Comissão do Orçamento deu parecer favorável levando em conta

---

41 Reckziegel, 2007, p.171-175, 179, 117-119, 122-127, 137. Veja-se também Hahner, 1975, p.71.

42 AHI. Nota de 27 de jun. 1894, anexa ao ofício de Buenos Aires, 11 jul. 1894.

43 AHI. Notas do ministro das Relações Exteriores e culto da Argentina, Eduardo Costa, ao representante brasileiro, de 30 jun. e 6 jul. 1894. Nota de 4 jul. 1894, dirigida a Eduardo Costa.

44 AHI. Ofício de Buenos Aires, 18 jun. 1895.

que aquele território – cuja capital correspondia à antiga Itapúa – abrangia parte da área então objeto de litígio entre o Brasil e aquela república, confinando com os estados do Paraná e Rio Grande do Sul. A população daquela área, na maior parte brasileira, vivia do pastoreio e do cultivo da erva-mate, mantendo relações comerciais com habitantes e praças brasileiras próximas à fronteira. Daí – justificava a Comissão – a importância de um representante para, além de assegurar direitos de brasileiros e promover o comércio e a indústria, servir "de garantia e de apoio às relações jurídicas e fiscais e ao respeito devido à nossa fronteira".[45]

A movimentação de revolucionários de um lado para outro da fronteira com a Argentina provocou continuamente preocupação – cuja intensidade variou consoante os fatores internos conjunturais –, mas não foi suficiente para estremecer as relações entre os dois países. Em alguns casos, o assunto não extrapassou o ramerrão diplomático. Todavia, é preciso ter em conta que corriam paralelas outras questões de natureza mais grave, como a da zona de Palmas, submetida a arbitramento, e que tais fricções de fronteira entravam, como um dado negativo, na formação do quadro geral das relações entre as duas maiores nações sul-americanas.

IMIGRAÇÃO E RELAÇÕES COMERCIAIS

O intercâmbio comercial com a Argentina, conforme visto em outro capítulo, já ocupava, à época, lugar expressivo no conjunto do comércio exterior brasileiro. O exame desse intercâmbio contribui para compreender a política exterior do Brasil em geral e com referência ao país platino em particular. A principal questão comercial entre os dois países era a aduaneira, e nesta avultava a referente à farinha de trigo. Houve avanços e recuos, tentativas de maior estreitamento comercial entre as duas repúblicas sem que nada de concreto alterasse substancialmente os termos do problema que se entrelaçava com as relações comerciais que o Brasil mantinha com os Estados Unidos.

Tão logo Joaquim Francisco de Assis Brasil chegou a Buenos Aires na qualidade de chefe da legação, passou longo ofício reservado ao ministro das Relações Exteriores Quintino Bocaiuva para dar conta da situação em que se encontravam as relações comerciais entre os dois países, bem como para o informar sobre as más notícias veiculadas pelos principais jornais daquela

---

45 ACD. Sessão de 26 ago. 1893. Subscreveram o parecer da Comissão de Orçamento: Morais e Barros, Aristides Maia (relator), Leite e Oiticia, Leopoldo de Bulhões e Severino Vieira.

capital, tendentes a prejudicar a imigração para o Brasil. Segundo Assis Brasil, a imprensa ocupava-se frequentemente da imigração e de outros assuntos, com desconhecimento das coisas do Brasil, quando não com má-fé, causando-lhe prejuízos morais e materiais, o que o levou a escrever para os dois principais jornais, *La Prensa* e *La Nación*, rebatendo tais críticas de tal modo que logo depois os efeitos foram sentidos, embora não se tivessem apagado de todo as más informações.[46]

Havia disputa pela imigração entre Argentina e Brasil. Na carta que enviou ao *La Nación*, Assis Brasil reclamou do fato de seu país ser pintado como impróprio para a imigração europeia, o que não era verdade, conforme demonstrava a afluência de colonos, italianos e alemães, sobretudo. Esclareceu ainda que seu governo, ao firmar contratos com agentes de imigração, não indicava os países onde deveriam atuar; apenas excluía as nacionalidades não consideradas convenientes ao Brasil. Não cabia ao governo brasileiro responsabilidade pela ação dos agentes que se dirigiam à Argentina. Não fizera o Brasil qualquer intervenção – quer no Império quer na República – no sentido de desviar a imigração buscada pela Argentina ou prejudicar, indiretamente, os seus interesses por meio de propaganda injusta.[47] Assis Brasil usou de muita habilidade. Rio Branco afirmaria, mais adiante, que agentes argentinos no Brasil procuravam atrair imigrantes já instalados no estado de São Paulo.

Na disputa por imigrantes europeus, não raro ocorriam campanhas difamatórias como aquela a que se referia Assis Brasil. Argentina e Brasil tinham assim mais um ponto que não chegava a ser de atrito, mas de rivalidade. Rivalidade que afetava, embora de leve, as relações comerciais entre ambos os países, não obstante a existência de problemas concretos: o contrabando, a política aduaneira e a questão sanitária, enfrentados por Assis Brasil logo após assumir a legação. Em entrevista com o ministro das Relações Exteriores argentino Eduardo Costa, observou que da Argentina – da mesma forma que ocorria no Uruguai – fazia-se contrabando de mercadorias para o Brasil, facilitado pelas leis aduaneiras que permitiam o livre trânsito daquelas para Santo Thomé e outros pontos da fronteira com o Brasil desprovidos de postos fiscais, configurando-se o que poderia ser chamado de "contrabando legal". Obtida do ministro Eduardo Costa a promessa de intervenção a fim de fazer desaparecer tal situação, eufemisticamente classificada como de "grande irregularidade" por Assis Brasil, feriu-se o ponto principal da entrevista: o tratamento tarifário desigual, pois enquanto o Brasil rebaixava os direitos

---

46 AHI. Ofício reservado de Buenos Aires, 3 nov. 1890.
47 El ministro del Brasil y la emigración, *La Nación*, Buenos Aires, 25 out. 1890.

268 A REPÚBLICA E SUA POLÍTICA EXTERIOR (1889-1902)

cobrados na introdução da carne-seca argentina, produto que tinha similar nacional, o governo da Argentina sobrecarregava de impostos as importações brasileiras que, à exceção do açúcar, não concorriam com os produtos platinos. A perdurar tal situação de tratamento desigual, ocorreria inevitável guerra de tarifas, na qual sairia perdendo a Argentina, pois o Brasil, além de importar do país vizinho duas terças partes do que ela exportava, podia produzir com abundância o que dela importava. Eduardo Costa mostrou-se receptivo, observando que a lei de aduanas fora votada de afogadilho no fim do período legislativo, e que iria pedir às câmaras a correção das irregularidades. Referindo-se especificamente ao tabaco e à erva-mate, prometeu intervir no sentido de não haver aumento efetivo, usando-se o expediente da subavaliação. Assis Brasil, ao relatar o encontro ao seu superior, mostrou-se otimista e esperançoso no que fora prometido por Eduardo Costa, pois este tinha "fama de muito leal e verdadeiro". Segundo o ministro plenipotenciário brasileiro, havia muito ainda "que fazer em relação aos nossos interesses comerciais com o Rio da Prata", mas o caminho se lhe delineava "franco e de todo ponto favorável aos interesses brasileiros".[48]

As coisas não correram como previra Assis Brasil. A controvérsia sobre o comércio da farinha de trigo e do tabaco, por exemplo, persistiu. Em 12 de dezembro de 1891 – atente-se para a data: após a assinatura do convênio aduaneiro Brasil-Estados Unidos –, Estanisláo Zeballos, novamente ministro das Relações Exteriores da Argentina, dirigiu ao substituto de Assis Brasil, Ciro de Azevedo, nota solicitando concessão de vantagem alfandegária "séria" para as farinhas argentinas, observando que elas não concorriam com a produção congênere nacional. O argumento mais forte para formular a solicitação provinha do fato de o governo argentino ter incluído o tabaco rio-grandense na "qualidade paraguaia". Como sobre o tabaco do Paraguai incidia menos direitos que sobre o oriundo do Brasil, beneficiava-se o importado do Rio Grande do Sul. A concessão, que segundo a nota prejudicava a própria indústria tabaqueira da Argentina, entraria em vigor a partir de 1º de janeiro de 1892.[49]

Ciro de Azevedo ao responder, três dias depois, por meio também de nota, observou que o ministro da Fazenda da Argentina estava equivocado quando presumiu que ele solicitara aumento do imposto que recaía sobre os fumos oriundos do Paraguai a fim de equipará-los aos provenientes do Brasil. A reclamação do representante brasileiro era contra o tratamento tarifário discriminatório que o levara a solicitar, em nome da equidade, a diminuição

---

48 AHI. Ofício reservado de Buenos Aires, 3 nov. 1890.
49 AHI. Nota de Estanisláo Zeballos a Ciro de Azevedo, Buenos Aires, 12 dez. 1891.

do imposto – por ele classificado como rigoroso – que incidia sobre os fumos brasileiros para que gozassem dos mesmos favores desfrutados pelos similares de procedência paraguaia. Ciro de Azevedo ressalvou que "não podia querer que fosse levantado o imposto para os fumos do Paraguai desde que [afirmara] não ter a menor intenção hostil [em relação] aquela nação amiga..." E rematou a argumentação: sendo os fumos procedentes do Rio Grande de igual qualidade ao que tinha tratamento tarifário privilegiado, buscava-se "apenas, a aplicação equitativa da tarifa", o que, aliás, era de competência do ministro da Fazenda. Depois de reiterar que sempre solicitara a mesma coisa, isto é, o rebaixamento dos pesados impostos aduaneiros que recaíam sobre o produto em questão, Azevedo informou que a Argentina estabelecera como condição para manter a igualdade de direitos para os fumos paraguaios e rio-grandenses o rebaixamento por parte do Brasil do imposto de importação das farinhas dela procedentes. Azevedo, ao repor os termos da questão, foi incisivo: não aceitara, nas conferências tidas com Zeballos e com o ministro da Fazenda, a condição que então se impunha para a equalização da tarifa referente ao produto em discussão. Afirmou que "ao contrário repetidamente [afirmara] que a rebaixa no imposto do fumo devia ser uma preliminar que eu considerava indispensável resolver antes de propor ao meu governo, como V.E. havia projetado, um convênio que sempre compreende ser outra negociação a entabular para concessões recíprocas nas tarifas dos dois países, relativamente a certos artigos apontados".[50] O representante brasileiro não poderia ter sido mais explícito para rebater a tentativa argentina de conseguir favores aduaneiros para a farinha, a exemplo do que o Brasil concedera aos Estados Unidos no convênio de 1891. No horizonte das relações comerciais entre os dois países, divisava-se uma ameaça de guerra tarifária, pois o Congresso argentino, segundo informação de Ciro de Azevedo, sobrecarregara "acintosamente" os já pesados impostos sobre o fumo, tendo um dos deputados – general Mansilla – declarado que a taxação respondia à mensagem do ex-presidente Deodoro da Fonseca ao Congresso, na qual solicitara o aumento dos impostos das mercadorias importadas do Prata.[51]

Neste contexto, o ministro da Fazenda argentino, Vicente Lopez, convidou Azevedo para uma conferência, da qual também participou o ministro das Relações Exteriores Estanisláo Zeballos, destinada a propor um acordo entre os dois países que teria por objetivo o rebaixamento recíproco das tarifas alfandegárias de determinados produtos de exportação. Segundo Lopez,

---

50 AHI. Nota de Ciro de Azevedo a Estanisláo Zeballos. Buenos Aires, 15 dez. 1891.
51 AHI. Ofício de Buenos Aires, 27 dez. 1891.

270 A REPÚBLICA E SUA POLÍTICA EXTERIOR (1889-1902)

a iniciativa, que dispensaria a solenidade e a demora de um tratado, evitaria uma guerra de tarifas e ao mesmo tempo estabeleceria uma "prática amistosa" para proteger os produtos mais importantes da produção e do comércio dos dois países. Assim colocado, o ministro propôs ao Brasil a diminuição dos impostos que recaíam sobre a carne seca, trigo, alfafa, pasto e vinhos, além de outros não citados. Em contrapartida, a Argentina rebaixaria os impostos cobrados sobre as importações de fumo, farinha, doces e frutas em conserva e de outros gêneros que fossem indicados pelo governo brasileiro. Ficaria fora das conversações o açúcar, pois qualquer favorecimento alfandegário prejudicaria a indústria deste produto, o que provocaria forte reação da opinião pública.

Ciro de Azevedo, sem instruções, ao transmitir a proposta ao seu governo, fez considerações que desaconselhavam a sua aceitação. Informou que o governo da Argentina vinha protegendo sua indústria por meio de impostos pesados sobre os artigos importados que possuíam similar nacional. Além disso, estimulava a produção dos gêneros similares aos importados do Brasil. O açúcar era um caso exemplar, pois a indústria argentina, em quatro ou cinco anos, praticamente abolira a importação deste produto, além de bater a concorrência europeia. Até as exportações brasileiras de café e fumo corriam risco no mercado argentino, em razão do incentivo governamental.[52] Para Azevedo o objetivo principal do convênio proposto seria: a abertura do mercado brasileiro para os vinhos e cereais argentinos e a promoção do aumento da exportação de carne seca. Levando em consideração que a exportação global da Argentina para o Brasil era seis vezes maior do que a corrente inversa, isto é, do que o Brasil vendia para o país platino, concluía que o acordo proposto seria vantajoso apenas para este último. Além disso, a diminuição dos direitos cobrados sobre a importação de carne-seca teria efeitos danosos, em grande proporção, sobre a indústria brasileira desse produto, então em vias de expansão.[53]

O governo brasileiro, em fevereiro de 1892, recusou a proposta de acordo sobre tarifas.[54] No mês seguinte, recusou-se a diminuir o imposto sobre as importações de trigo vindas da Argentina em troca de idêntico favor aos fumos brasileiros importados sob o argumento de que não poderia haver reciprocidade em relação apenas a esses produtos.[55]

Buenos Aires, todavia, insistiu na assinatura de um convênio comercial com o Brasil por ocasião da substituição de Ciro de Azevedo por Assis Brasil

---

52 AHI. Ofício de Buenos Aires, 26 dez. 1891.
53 Ibidem.
54 AHI. Despacho para Buenos Aires, 22 fev. 1892.
55 AHI. Despacho para Buenos Aires, 3 mar. 1892.

na chefia da legação brasileira. Zeballos aproveitou o ensejo – como já o fizera o presidente da República no discurso de recepção – para demonstrar seu interesse ao novo representante, que não se mostrou refratário como seu antecessor. Na correspondência enviada para o Rio de Janeiro, Assis Brasil observou que o governo brasileiro poderia "meditar sobre alguma base conveniente de negociações", pois estava em posição vantajosa para tratar com a Argentina: o Brasil era grande consumidor de quase tudo o que era produzido por ela, ao passo que quase nada lhe exportava.[56]

Em dezembro de 1892, foi Assis Brasil que tomou a iniciativa de solicitar vantagens alfandegárias ao governo argentino, quando este elaborava a lei aduaneira para o ano seguinte. Não falou em convênio nem fez qualquer proposta concreta. Na nota passada ao novo ministro das Relações Exteriores, Thomás S. de Anchorena, deixou bem claro que os argentinos é que deveriam fazer favores aduaneiros ao Brasil, e não o contrário, como faziam crer. O representante brasileiro observou que seu país era um dos mais importantes clientes da Argentina em termos comerciais, pois comprava-lhe, por ano, o correspondente a 12 milhões de pesos-ouro. Em contrapartida, o Brasil não lhe vendia mais do que 2 milhões, isto é, um sexto; havia assim um enorme saldo negativo coberto em moeda. Não obstante essa assimetria, o Brasil era o que menos benefícios recebia das suas relações comerciais com o país platino, comparado a outros que com ele entretinham relações de tal ordem. Ainda: o Brasil produzia todos os artigos que importava da Argentina, sobretudo cereais, gado e produtos pecuários. A Argentina, ao contrário, não produzia o que importava do Brasil, ou produzia em escala reduzida, mormente erva-mate, tabaco e açúcar. O plenipotenciário brasileiro observou que até então havia sido conveniente ao seu país dedicar-se preferencialmente à produção de determinados produtos e importar outros de que necessitava, mas advertiu: na hipótese de o desequilíbrio na balança comercial (tendente a aumentar pelo fato de o governo argentino gravar de maneira onerosa as importações brasileiras) anular a vantagem de se importar aquilo que o Brasil poderia produzir, a situação do intercâmbio comercial entre os dois país seria, fatalmente, abalada. Nessa linha de ideias, Assis Brasil foi enfático: "A verdadeira expressão do comércio é a troca, e se esta se torna impossível, o prejudicado terá necessariamente de começar a pensar, ou nos meios de buscar outro freguês, ou de produzir o que ainda pede ao cliente, que lhe corresponde com

---

56 AHI. Ofício confidencial de Buenos Aires, 12 abr. 1892.

bem escassa, ou nenhuma reciprocidade".[57] Assis Brasil reiterava que as mercadorias brasileiras eram fortemente gravadas na Argentina, enquanto no Brasil pouco gravame recaía sobre os produtos argentinos, inclusive os que tinham similares nacionais. Exemplo eloquente era o da carne-seca. Apesar de ser o principal produto da indústria do Rio Grande do Sul, reduzira-se, no fim de 1890, o já pequeno imposto cobrado sobre a importação vinda do Prata. Assis Brasil ainda constou que o seu país não observava "a *outrance*, o espírito protecionista" e que esperava da Argentina "justa correspondência de análoga liberalidade, senão equidade" na entrada de gêneros cujos similares nacionais não fossem suficientes para o consumo, quer pela quantidade ou qualidade, como o açúcar e o tabaco, respectivamente. Com referência ao segundo, os impostos tornavam-no proibitivo ao consumidor argentino, gerando o contrabando que as autoridades não conseguiam debelar. O tabaco foi, aliás, alvo de atenção especial de Assis Brasil na nota em questão.[58]

A nota não surtiu efeito. Dois meses após, Assis Brasil, aborrecido, sugeriu ao seu governo uma aproximação, maior do que já havia, em direção ao Chile e aos Estados Unidos, em razão da falta de reciprocidade comercial da Argentina. As relações comerciais com esse país eram prejudicadas também pela questão sanitária (esta envolvia, inclusive, o Uruguai),[59] que, pelas suas características, equivalia a uma verdadeira "guerra de quarentenas". Os argentinos com frequência impunham, por decreto, a quarentena aos navios oriundos dos portos brasileiros, sob o argumento de que estes estavam infestados, visando, na opinião do plenipotenciário brasileiro, difamar o Brasil e caracterizá-lo "como foco pestilencial, do qual a emigração e o comércio de todo o mundo devem fugir". A legação brasileira há tempo reclamara contra essas restrições, mas só recebera "respostas evasivas". Isso porque, segundo o parecer de Assis Brasil, os argentinos já estavam convencidos da impunidade de tais decretos, uma vez que as autoridades do Brasil os toleravam e não obstante ferissem seus brios, continuavam a "pedir-lhes o trigo, o milho, a carne, os cavalos que montam os nossos soldados e até a forragem que esses cavalos comem". O Brasil, que tinha condições de produzir todos esses artigos, e ainda prejudicava a sua própria indústria pela pouca taxação daquilo que era importado da Argentina, recebia como pagamento dessa "amabilidade, ou simpleza"

---

57 AHI. Nota de Assis Brasil ao ministro das Relações Exteriores da Argentina. Buenos Aires, 1º dez. 1892.

58 Ibidem.

59 Segundo Assis Brasil, o Uruguai "acaba sempre por imitar o que faz esta [a Argentina], quando se trata de atos da vida independente de cada uma, e por submeter-se, quando se trata da vida de relação" (AHI. Ofício de Buenos Aires, 10 fev. 1893).

a imposição de impostos alfandegários proibitivos, não somente sobre os produtos brasileiros que tinham similar nacional, mas também sobre aqueles que não produziam (café e erva-mate) ou de produção insuficiente para o seu próprio consumo (açúcar e fumo). Esta era a razão da enorme diferença existente entre a importação e a exportação no comércio bilateral dos dois países a favor da Argentina. Assis Brasil, louvando-se em sua experiência de diplomata e no fato de ser originário do estado do Rio Grande do Sul, propunha uma solução radical, que demonstrava toda sua irritação: "precisamos tratar de não depender mais disto para nada, produzindo dentro do país o que pudermos e tomando o mais a um país amigo, menos ligeiro em decretar *sujos* os nossos portos e mais propenso à justa reciprocidade comercial. Esse poderia ser indiferentemente o Chile e os Estados Unidos".[60] Para reforçar a sua opinião, reportava-se a uma declaração de um ministro do Império, Mamoré, segundo a qual, por ocasião do fechamento dos portos brasileiros aos navios vindos do Prata, em razão do surto de cólera, ficou claro não precisar o Brasil das importações de carne e cereais daquela área. Ademais, se a produção dos estados do Sul não crescia suficientemente, era justamente por causa da concorrência estrangeira, que dispunha de facilidade de acesso aos portos, de melhor rede de comunicações internas e era, curiosamente, protegida por leis alfandegárias. A indústria gaúcha de carne-seca estava, no seu entendimento, em condições de dobrar a produção caso fossem adotadas medidas de caráter protecionista e isentas de impostos sobre suas matérias-primas, o sal, por exemplo.[61]

A questão sanitária criava transtorno ao comércio e à circulação de pessoas, mais grave do que à primeira vista possa parecer. O substituto de Assis Brasil em Buenos Aires, Sá Vale, estava também convencido de que a Argentina a usava para desviar a seu favor a imigração europeia. Ao informar o Ministério, em setembro de 1893, que conseguira do governo argentino a revogação do decreto que declarara suspeitos os portos do Brasil, afirmou que a questão sanitária era a mais difícil "pois constitui a principal arma, de que, no estrangeiro, se servem os agentes argentinos, para desviar os imigrantes que buscam o nosso país, fazendo-o passar por excessivamente insalubre, e onde a febre amarela e outras enfermidades já, de há muito, adquiriram direitos de cidade [...]".[62] Essa situação embaraçosa não impediu o governo argentino de renovar, sem sucesso, em agosto de 1893, o pedido de favores aduaneiros para a farinha de trigo. Embora sem fazer uma proposta formal, o

---

60 AHI. Ofício de Buenos Aires, 10 fev. 1893.

61 Ibidem.

62 AHI. Ofício de Buenos Aires, 13 set, 1893.

274 A REPÚBLICA E SUA POLÍTICA EXTERIOR (1889-1902)

ministro das Relações Exteriores, Virasoro, manifestou a Sá Vale o interesse de seu governo por um acordo nesse sentido. Virasoro, no entendimento do diplomata brasileiro, ciente de que seria inútil solicitar do Brasil favores aduaneiros iguais aos concedidos à farinha norte-americana, pretendia atenuar os prejuízos que essa exportação, já com reflexos na indústria moageira, vinha sofrendo, sobretudo depois que se manifestaram os efeitos do convênio alfandegário brasileiro-norte-americano. Como compensação, o ministro Virasoro oferecia o rebaixamento do imposto sobre o tabaco, que já fora várias vezes objeto de conversações.[63]

Os assuntos comerciais apareciam urdidos com os de natureza política, e estes se relacionavam com a conjuntura internacional do Cone Sul, que em alguns momentos imitou a "política das alianças" europeia. A Argentina procurava aproximar-se do Brasil, consoante as suas relações com o Chile, como se pôde observar em 1895, ano em que o governo platino tomou a iniciativa de propor um *modus vivendi* sanitário, chegando mesmo a cogitar a abolição das quarentenas impostas aos navios procedentes de portos brasileiros a fim de atender às "exigências do comércio". Além disso, solicitou para o governo uruguaio acompanhá-lo na questão. O representante do governo brasileiro em Buenos Aires naquele momento, Fernando Abbott, ao informar ao seu ministério a proposta, fez comentários também a respeito do governo do Uruguai, que, até então, propusera a ampliação das quarentenas para as embarcações vindas do Brasil. Pelo fato de a cólera estar grassando naquele país, era necessário que o assunto fosse analisado com cautela, justificando-se mesmo retribuir ao governo oriental as medidas por ele impostas ao Brasil. Abbott acusou o Uruguai de consentir na organização de grupos de revoltosos que invadiam o sul do Brasil e de, diferentemente da Argentina – que precisava com urgência da amizade brasileira –, ter interesse na delonga das lutas internas do Brasil, pois o enfraquecia. O momento se lhe apresentava oportuno para agir com energia contra o governo oriental. O diplomata, procurando captar todo o contexto que lhe era dado observar, informou ainda ao Rio de Janeiro que o periódico *La Nación* de Buenos Aires defendia a celebração de um tratado entre a Argentina e o Brasil, para pôr fim às dificuldades comerciais advindas de razões de ordem sanitária que atrapalhavam o estreitamento das relações. Fernando Abbott interpretou como algo expressivo "esta urgência da amizade brasileira quando precisam vencer". Embora sem estabelecer explicitamente relação com suas considerações anteriores, informou que naquele momento

---

63 AHI. Ofício de Buenos Aires, 15 ago. 1893.

chegavam a Buenos Aires telegramas informando sobre o avanço de destacamentos chilenos em territórios que foram objeto de litígio.[64]

A associação entre as questões de natureza política com as comerciais, ilustradas pela sugestão de represálias contra o Uruguai propostas pelo representante brasileiro, valia, também, para as relações com a Argentina. A análise do comércio do Brasil com o Prata deve, portanto, ser incluída no contexto amplo das relações entre os países desta área, a fim de se compreender que as mudanças de curso nem sempre se devem ao surgimento de dados novos de natureza econômica. Em janeiro de 1896, melhorou a disposição dos argentinos com respeito aos produtos importados do Brasil. Após gestões desenvolvidas pela legação brasileira junto a membros do Senado, conseguiu-se a redução do imposto de importação sobre o café, tabaco, charutos da Bahia (soltos ou em caixas), farinha [sic], cacau e erva-mate. A Câmara dos Deputados manteve as alterações do Senado, à exceção da erva-mate. O ministro brasileiro não pleiteou a redução dos impostos sobre o açúcar e os álcoois por considerar definitivamente fechado o mercado argentino a tais produtos em razão do desenvolvimento da indústria açucareira em Tucumán. As reduções causaram boa impressão no comércio de Buenos Aires, pelo que se infere que estas decorreram mais de razões internas do que da intenção de agradar o Brasil.[65]

Dois anos depois (dezembro de 1897), a guerra aduaneira entre os dois países continuava amainada, não obstante alguns estremecimentos, nomeadamente por uma parte da imprensa. O aumento do imposto de importação sobre as carnes, cereais e legumes vindos da Argentina, votado pela Câmara dos Deputados brasileira, foi aproveitado pelo *La Prensa* para defender a aplicação do imposto sobre as transmissões telegráficas, que havia sido projetado e abandonado pelo governo de seu país. Para o ministro brasileiro em Buenos Aires, Henrique de Barros Cavalcânti de Lacerda, a campanha naquele momento era inútil, mas poderia ressurgir mais tarde "principalmente se fosse efetivo o aumento de direitos sobre produtos argentinos".[66] O *La Prensa* acusou o Brasil de praticar política aduaneira hostil em relação à Argentina, pediu retaliação, afirmando que a chancelaria brasileira assegurara que não seriam aumentados os impostos sobre aqueles produtos dela procedentes. A Câmara dos Deputados modificou uma orientação mantida por três legislaturas, o que significava o fracasso das tentativas de convenção aduaneira entre os dois

---

64 AHI. Ofícios de Buenos Aires, 8 e 18 mar. 1895.

65 AHI. Ofício de Buenos Aires, 2 jan. 1896.

66 AHI. Ofício de Buenos Aires, 9 dez. 1897.

276 A REPÚBLICA E SUA POLÍTICA EXTERIOR (1889-1902)

países. Sugeriu ao Legislativo de seu país o abandono da política aduaneira liberal até então adotada para as importações brasileiras a fim de beneficiar a produção interna. Em questões de natureza comercial e tarifária, argumentava, não se podia deixar levar por romantismo, e sim cuidar apenas do interesse nacional. Pedia que fosse o assunto solucionado rapidamente, já que o ajuste conciliatório por via diplomática fracassara.[67] A queixa do *La Prensa* foi veemente, chegando até a prever a perturbação do desenvolvimento normal da pecuária e da indústria argentinas em decorrência da tarifa brasileira, pois haveria restrição do consumo no Brasil dos produtos oriundos do Prata em razão do encarecimento. Segundo o jornal, era essa a maneira de o Brasil responder à Argentina, que então recentemente abolira o imposto telegráfico por temer represálias aduaneiras que reverteriam em prejuízo para o comércio de gado e de charque.[68]

Para o *La Nación* – que, segundo o ministro do Brasil em Buenos Aires, tratou do mesmo assunto com certa imparcialidade – eram exagerados os temores de que o novo imposto poderia prejudicar o desenvolvimento da exportação de gado da Argentina, bem como seria arriscado considerar hostil a decisão brasileira. O comércio argentino não sofreria muito em razão da restrição do consumo, desde que se obtivesse compensação por meio do preço.[69] Dias depois, o mesmo diário avaliou que o comércio com o Brasil, não obstante certos desentendimentos, adquiria cada vez mais importância para a Argentina, e havia predisposição por parte dos argentinos em aumentar esse intercâmbio. Tanto era assim que a Comissão do Orçamento da Câmara dos Deputados desistira de impor o imposto telegráfico de um peso por palavra transmitida, proposto pelo Poder Executivo, não só em atenção ao fato de tê-lo por injusto, mas principalmente para manter as relações comerciais e políticas no nível excelente em que então se encontravam. Aduzia, ainda o *La Nación*, que havia negociações com vistas à conclusão de um tratado de comércio e que para isso, na medida das possibilidades, seriam concedidos favores destinados a incrementar a entrada de produtos brasileiros no mercado argentino. O momento requeria a busca do aumento da corrente comercial entre os dois países, e não de opor obstáculos.[70]

Em 1900, *El País* adotou linguagem parecida com a do *La Nación*, destacando com otimismo as boas relações existentes entre Argentina e Brasil, e apoiando as gestões que seriam retomadas pelo ministro argentino no Rio

---

67 Hostilidades aduaneras del Brasil, *La Prensa*, Buenos Aires, 2 dez. 1897.
68 Lucha arancelaria – La política aduanera del Brasil, *La Prensa*, Buenos Aires, 3 dez. 1897.
69 El ganado argentino en el Brasil, *La Nación*, Buenos Aires, 3 dez. 1897.
70 Relaciones comerciales con el Brasil, *La Nación*, Buenos Aires, 9 dez. 1897.

de Janeiro, Manuel Gorostiaga, tão logo regressasse a seu posto, destinadas à celebração de eventual tratado de comércio. O bom relacionamento deveria ficar vinculado a um pacto comercial que evitasse mudanças na legislação aduaneira em favor do resguardo do intercâmbio contra eventualidades e incrementasse ainda mais o desenvolvimento do comércio e da indústria dos dois países. Entre outras medidas complementares ao tratado que se tinha em vista, sugeria a formação de uma expressiva companhia de navegação que tornasse o contato comercial rápido e direto, barateando as trocas e eliminando concorrências. Como coroamento, a Argentina teria condições de enviar para o Brasil gado em pé, carnes em conserva, trigo e farinha e, em contrapartida, receber café, erva-mate, tabaco e frutas com poucas despesas de frete e poucos encargos aduaneiros de tal modo que o consumo se generalizasse em razão do preço baixo. As vantagens seriam tais que não proporcionariam apenas o aumento do fluxo das mercadorias que já eram objeto de intercâmbio, mas ensejariam a ampliação do seu rol. O *El Pais* reiterou, na conclusão do editorial, o otimismo: "a prosperidade e grandeza destas duas nações, as mais ricas e povoadas do continente, será uma prenda de paz, independência e fraternidade para toda a América meridional".[71]

A rivalidade Brasil-Argentina não se manifestava apenas no comércio bilateral; a disputa era observada também na influência comercial sobre os países mediterrâneos do Cone Sul. O experiente Ciro Azevedo, quando regressou ao seu posto em Buenos Aires, alertou, em outubro de 1900, o seu governo para um projeto boliviano que, se concretizado, redundaria em prejuízo para o Brasil. A legação da Bolívia em Buenos Aires lhe solicitara intercessão junto ao governo do estado do Mato Grosso, a fim de que este facilitasse e auxiliasse a comissão exploradora constituída pelo governo do país andino com o objetivo de explorar a Laguna Gaiba e estudar a possibilidade de ligá-la por ferrovia à cidade de Santa Cruz de la Sierra. Ciro de Azevedo recusou-se a atender ao pedido, alegando que o assunto fugia de sua competência. A Bolívia pretendia estabelecer um porto na referida lagoa, importante escoadouro para o comércio do país vizinho. Tal projeto beneficiaria o comércio argentino, pois os produtos bolivianos seriam exportados para a Europa, via Buenos Aires, aonde chegariam por meio da ferrovia em estudo. A criação de uma saída fácil pelo sul para os produtos da Bolívia faria com que, fatalmente, se evitasse a passagem destes pelas alfândegas do norte do Brasil, conforme se vinha fazendo.[72]

---

71 Comércio argentino-brasileño, *El País*, Buenos Aires, 6 jul. 1900.
72 AHI. Ofício reservado de Buenos Aires, 6 out. 1900.

278   A REPÚBLICA E SUA POLÍTICA EXTERIOR (1889-1902)

Nesse mesmo mês de outubro, Azevedo chamou a atenção do Ministério para o progresso da cultura algodoeira do vizinho platino, reportando-se ao discurso inaugural da exposição e feira de gado, que então se realizava em Buenos Aires, proferido pelo presidente da Associação Rural Argentina, Ramos Mexia, no qual afirmou que, em razão da prosperidade, aquela cultura logo estaria em condições de exportar e vencer a concorrência, uma vez que o plantio se dava em grande região fértil, e com aplicação de vultosas somas de capitais. À vista de tal otimismo, solicitava favores governamentais, inclusive protecionismo alfandegário. A eventual concorrência chamou a atenção do representante brasileiro pelo fato de o algodão ser, então, a principal riqueza de quase todo o norte do Brasil. O protecionismo alfandegário implicava perda do mercado argentino e a entrada dessa matéria-prima nos mercados em que a originária do Brasil tinha presença. Azevedo via que a Argentina, além da produção de cereais e da riqueza da apurada criação de gado, buscava mais uma fonte de renda, "mais uma arma para a luta comercial". O diplomata não duvidava do sucesso do empreendimento referido pelo presidente da associação rural, amparando sua opinião no fato de o açúcar brasileiro, àquela altura, já ter sido batido pelo argentino, que não só dominava o mercado interno, como também era exportado, inclusive para o Rio Grande do Sul. O mesmo ocorrera com o trigo. Outrora, o Paraná chegou a exportar esse cereal para a Argentina. A situação invertera-se de tal maneira que, além do Paraná, todo o resto do Brasil chegou à condição de "importador escravizado". As observações não paravam aí: o Brasil comprava da Argentina milho, alfafa e outros gêneros, embora dispondo, de sobra, de terra e clima adequados a tais produções. No referente à pecuária, dava-se o mesmo: em razão do fraco desempenho, o Brasil importava gado, não obstante lhe sobrassem terras com climas apropriados à criação nos pampas, nos prados, nas campinas e nos gerais, respectivamente, do Rio Grande do Sul, do Paraná, do Piauí e de Minas Gerais.[73]

A DISPUTA PELO MERCADO BRASILEIRO DE FARINHA

Em dezembro de 1900 começou a discussão sobre a redução do imposto alfandegário concedida pelo Brasil à farinha de trigo acondicionada em barricas (como era a norte-americana), não fazendo o mesmo para a acondicionada em sacos ou bolsas (como era a argentina). A imprensa de Buenos Aires

---

73 AHI. Ofício de Buenos Aires, 21 out. 1900.

agitou-se à vista da notícia, pois tal vantagem, conseguida pelo representante dos Estados Unidos no Rio de Janeiro, era lesiva aos interesses argentinos. A reação foi tanta que o presidente Júlio A. Roca interveio no assunto, observando ao plenipotenciário brasileiro Ciro de Azevedo que a redução favorável aos Estados Unidos seria uma ameaça à principal exportação argentina, ameaça que, consumada, teria "péssimo efeito" e poderia ser vista como um "ato pouco amistoso". O presidente informou ainda que iria instruir seu ministro em Washington para fazer "sentir ao Governo Americano quão pouco generoso era solicitar um favor aduaneiro que importava, diretamente, agravação de tarifa para o artigo similar de um país amigo". Ciro de Azevedo não deixou passar a oportunidade para indagar do presidente sobre a veracidade da aventada lei de proteção à indústria algodoeira argentina, conforme fora publicado na imprensa e solicitada no discurso do presidente da Sociedade Rural Argentina, já referido. Roca garantiu "que o seu Governo não cogitava em conceder favores especiais a essa cultura incipiente e que tinha, ao contrário, o intento de limitar o sistema de protecionismo, que, erradamente, ainda vigorava". Ciro de Azevedo pediu instruções ao seu Ministério.[74]

A resposta do titular das Relações Exteriores Olinto de Magalhães, enviada só em fins de março do ano seguinte (1901), esclarecia ao ministro plenipotenciário que a intenção do governo brasileiro não fora causar prejuízo ao comércio da Argentina, mas sim atender aos seus próprios interesses, na medida do possível. Caso se recusasse a solicitação do governo norte-americano, este imporia, em futuro imediato, em cumprimento à sua legislação aduaneira, a cobrança de direitos sobre a importação do café, o principal produto da exportação brasileira. Ademais, nada impedia a Argentina de exportar, também, farinha em barricas, hipótese em que ficaria sujeita a tratamento tarifário idêntico ao dispensado à farinha de procedência norte-americana. Embora reconhecesse que haveria demora nessa adaptação, de qualquer modo só dependia dos exportadores. Não mais do que isso, dizia, conviria ser explicado. Para Azevedo, e a fim de liquidar a reclamação de que um país amigo – os Estados Unidos – pedira reduções aduaneiras ao Brasil em detrimento dos interesses de outro, Olinto informou que tinha em seu poder um projeto de negociação de tratado de comércio que lhe fora apresentado em maio de 1900, pelo então representante argentino no Rio de Janeiro, Gorostiaga, segundo o qual se solicitava a entrada, livre de direitos, de farinha de trigo argentina em todos os portos habilitados do Brasil. Tal concessão,

---

74 AHI. Ofício reservado de Buenos Aires, 17 dez. 1900. Em agosto do ano anterior Roca estivera no Rio de Janeiro em visita oficial, conforme será visto mais adiante.

280 A REPÚBLICA E SUA POLÍTICA EXTERIOR (1889-1902)

se aceita, "seria mais importante do que a obtida pelo governo americano" e, consequentemente, seria para ele "mui prejudicial".[75]

O *La Prensa* colocou a questão em termos de guerra aduaneira entre Estados Unidos e Argentina, da qual esta saíra vencida. O jornal não se surpreendia porque já era sabido que o governo brasileiro se inclinara a favor da pretensão norte-americana antes do momento em questão, e porque conhecia a razão pela qual o Brasil fez a concessão: os Estados Unidos eram o principal comprador do seu café, ao qual davam livre entrada. A Argentina, ao contrário, fechava suas portas aos produtos brasileiros, como o açúcar, que era taxado por imposto proibitivo. A tarifa diferenciada seria uma "represália franca". Observou ainda o *La Prensa* que as visitas de Roca ao Brasil e Campos Sales à Argentina, então recentemente ocorridas, foram ineficazes, pois a derrota diplomática argentina na questão das farinhas demonstrava que aquelas não responderam a propósitos concretos e que os presidentes nada falaram de "fundamental, no que concerne às relações das duas Repúblicas, tanto comerciais como diplomáticas".[76]

O *La Nación* foi mais incisivo do que o *La Prensa* ao qualificar a tarifa aduaneira do Brasil referente à farinha, diferenciada a partir do acondicionamento, como de hostilidade, pois decorria de plano deliberado, cujo objetivo era favorecer o comércio norte-americano.[77] O *La Nación* pediu a imposição de "tarifas de represália" sobre o café e o mate, retaliação que deveria incluir também o comércio dos Estados Unidos, pois o governo destes "confabulou" com o brasileiro, com vistas a prejudicar o comércio argentino. Em tom de ameaça, o jornal observou que os Estados Unidos deveriam ver a questão numa perspectiva mais ampla de seu comércio exterior, pois estaria pondo em risco o importante mercado platino para os seus produtos manufaturados. Sem explicar muito bem como, dizia que o Brasil acabaria por se ver privado da importação de artigos de primeira necessidade cujo comércio ficaria, assim, também prejudicado pela "guerra aduaneira".[78]

O *El País*, em matéria serena, interpretou a questão de outra forma. O adversário da farinha argentina no mercado brasileiro não era, como se reiterava, a concorrência norte-americana, mas sim os moinhos nacionais, que estavam excluindo desde 1888 as farinhas de qualquer procedência. Ao governo brasileiro, competia, com razão, defender a indústria nacional de transformação.

---

75 AHl. Despacho para Buenos Aires, 27 mar. 1901.

76 Las harinas argentinas en el Brasil, *La Prensa*, Buenos Aires, 1º fev. 1901.

77 El problema de las relaciones comerciales brasileño-argentinas, *La Nación*, Buenos Aires, 2 fev. 1901.

78 Ecos del día – EI gobierno de las tarifas, *La Nación*, Buenos Aires, 26 fev. 1901.

BRASIL-ARGENTINA **281**

Previa o *El Pais* que a Argentina seria sempre o principal fornecedor de trigo para os moinhos brasileiros, mas não do produto já transformado.[79]

Decorridos apenas cinco meses do referido contato entre o presidente Roca e Ciro de Azevedo, o governo argentino mudou de atitude com respeito ao seu grande comprador para manifestar, espontaneamente, embora de maneira oficiosa e sem caráter de proposta, seu desejo de estreitamento de relações comerciais e políticas. O ministro das Relações Exteriores, Amancio Alcorta, pessoalmente entendia que as então recentes trocas de visitas presidenciais deveriam ser traduzidas em medidas de caráter prático, tomadas de governo a governo, para que não ficassem reduzidas a simples aproximações abstratas. No âmbito dessa nova disposição governamental argentina, sugeriu um conjunto de medidas no qual se incluiriam até algumas de natureza jurídica: convenção postal, tratado de extradição, convenção literária sobre a propriedade e direitos de autor e, sobretudo, tratado de comércio com o objetivo de promover os interesses dos dois países por meio do incremento das trocas.[80] Para Azevedo, era desejo do governo argentino, naquele momento, colocar-se em harmonia com o Brasil, visando a uma real aproximação, tanto em nível governamental como de "povo a povo", em razão da "comunidade de interesses reais, acentuada em todos os ramos de atividade". O mesmo assunto foi reiterado ao ministro plenipotenciário do Brasil e, logo após, pelo ministro da agricultura Ramos Mexia, que lhe manifestou a possibilidade de o imposto aduaneiro que incidia sobre o café ser, se não de todo abolido, pelo menos reduzido de tal modo a significar uma quase supressão. E, prevendo a hipótese de o Brasil descartar a assinatura de tratado de comércio, que poderia criar "restrições ou obrigações" para ambos os lados, Ramos Mexia sugeriu a adoção de medidas de aplicação simultânea que levariam ao mesmo resultado. Ciro de Azevedo entendia que, naquele momento, a amizade brasileira, embora considerada na Argentina como "necessária" para servir de "anteparo aos arranques da política chilena", era também considerada, de maneira sincera e elevada, visando o incremento das relações comerciais entre os dois países e a harmonização dos lucros advindos de tais relações. Poderia o Brasil obter "vantagens, sem desvio da conduta de boa harmonia e aspirações elevadas".[81] Depreende-se que a Argentina – sentindo-se na iminência de sofrer sério prejuízo no comércio de exportação de farinha para o importante mercado brasileiro em razão do imposto alfandegário diferenciado consoante

---

79 La cuestión harinera en el Brasil – El quid del asunto, *El País*, Buenos Aires, 1º fev. 1901.

80 AHI. Carta de Ciro de Azevedo a Olinto de Magalhães. Buenos Aires, 16 maio 1901.

81 Ibidem.

282 A REPÚBLICA E SUA POLÍTICA EXTERIOR (1889-1902)

a embalagem, adotou estratégia conciliatória. O governo brasileiro reagiu negativamente. O ministro das Relações Exteriores, à vista da carta oficial que recebera de Ciro de Azevedo informando-lhe sobre o pensamento do governo argentino, observou-lhe que o governo federal não pretendia que as visitas presidenciais ficassem "estéreis, embora julgue conveniente evitar que os seus efeitos tomem aspecto político que seja inexatamente interpretados em outros países", para em seguida informar sobre as dificuldades de execução dos convênios indicados pela Argentina, sobretudo o tratado de comércio.[82] As relações comerciais do Brasil com a Argentina estavam condicionadas por aquelas desenvolvidas com os Estados Unidos.

A questão do imposto mereceu discussão no Legislativo, por ocasião da votação do orçamento para 1902. No Senado, Benedito Leite, representante do Maranhão e integrante da Comissão de Finanças, na sessão de 6 de dezembro de 1901, votou contra a aprovação do artigo do orçamento que permitia aumentar em 40% os direitos de importação que recaíam sobre a farinha de trigo importada em recipientes que não fossem de madeira, lembrando aos seus pares que na Câmara dos Deputados o relator da Comissão de Orçamento, diante da justificativa de que o acréscimo percentual fora determinado por razões de higiene, declarara, em nome do governo, ser o aumento decorrência de solicitação do governo norte-americano, pois a maior parte da farinha procedente dos Estados Unidos vinha acondicionada em barricas. O dispositivo orçamentário atendia, assim, aos compromissos assumidos pelo governo para com os Estados Unidos, e fora aprovado pela Câmara dos Deputados em atenção às "conveniências de ordem internacional". O senador Benedito Leite não entendia por que aumentar o imposto, uma vez que os norte-americanos vendiam farinha também em sacos no mercado brasileiro e, consequentemente seriam igualmente prejudicados pela disposição constante da lei alfandegária. Isto é, gravava-se a farinha tanto de uma quanto de outra procedência. O senador Ramiro Barcelos, do Rio Grande do Sul, relator da Comissão de Finanças e ex-ministro do Brasil em Montevidéu, argumentou reiterando o que já havia dito em ocasião anterior: o aumento se fazia necessário para "forçar a Argentina a não taxar tão fortemente o café e outros produtos brasileiros". Benedito Leite retorquiu informando que o representante dos Estados Unidos no Brasil dizia não se satisfazer com o aumento de 40% para o concorrente; desejava isenção completa para a farinha de seu país. Tal fato fazia desaparecer o fundamento que embasava a solicitação norte-americana, no entender do parlamentar, que indagava dos seus

---

82 AHI. Despacho para Buenos Aires, 31 maio 1901.

pares o porquê de não se aumentar os impostos sobre a alfafa, a carne e outro gêneros importados da Argentina, a fim de que ela não impusesse pesados direitos sobre os produtos brasileiros, em vez de cingir-se apenas à farinha. Benedito Leite não aceitava o argumento segundo o qual deveriam ser favorecidos os produtos oriundos dos Estados Unidos pelo fato de o café lá ter livre entrada, pois não via nenhum favor do governo desse país. O café não era taxado porque o país em questão era grande consumidor e porque os maiores exportadores localizados no Brasil eram americanos. Reiterava a afirmação, então corrente, de que a não taxação visava não penalizar o consumidor norte-americano, e não deferência especial ao Brasil. Aproveitou a oportunidade para enfatizar a necessidade de o Congresso votar com independência os orçamentos na sua Casa e "não dentro das chancelarias estrangeiras, tendo em atenção os interesses e as conveniências nacionais, tendo em vista os princípios das leis que nos regem e o bem-estar do povo para quem legislamos, e atendendo também às relações comerciais que porventura se possam e devam estabelecer com os demais países".[83] Com respeito à farinha, especificamente, Benedito Leite entendia, em conclusão, não subsistir o compromisso do governo brasileiro para com o dos Estados Unidos, pelo fato de este ter declarado não lhe convir mais a medida e desejar a isenção do imposto de importação. O argumento para a redução, assim, não teria mais qualquer valor.[84] O senador foi voto vencido.

O governo brasileiro, ao impor taxa adicional sobre o imposto que incidia sobre a farinha importada em sacos, atingia o principal produto argentino – no que se referia ao volume e ao valor – importado pelo Brasil, sem correr o risco de penalizar o consumidor brasileiro, uma vez que se dispunha de outro fornecedor seguro. O mesmo não ocorria com a importação de charque, gado em pé e alfafa, produtos fornecidos sobretudo pela Argentina. Aumentar o imposto sobre esses produtos significaria, necessariamente, aumentar o preço no mercado interno brasileiro. Ademais, é preciso ter em conta, conforme já demonstrado em outra parte, que havia, então, interesse em aumentar o intercâmbio comercial com os Estados Unidos, pelo fato de este país então já absorver nada menos do que aproximadamente a metade das exportações brasileiras de café, conforme reiterado. Ao dificultar, via taxação, a entrada de farinha de trigo no mercado brasileiro, feria-se a Argentina no ponto nevrálgico do seu relacionamento comercial com o Brasil. Era a maneira de forçar o

---

83 ASF. Sessão de 6 dez. 1901.
84 Ibidem.

A REPÚBLICA E SUA POLÍTICA EXTERIOR (1889-1902)

aumento do fluxo de exportação de produtos brasileiros para o mercado daquele país – principalmente café, tabaco e erva-mate.

A medida brasileira surtiu efeito. Em abril de 1902 Ciro de Azevedo informou ao Rio de Janeiro que, ao saber do projeto de reforma da tarifa aduaneira então em curso no Ministério da Fazenda do país vizinho, tomou a iniciativa de fazer gestões com vistas a conseguir vantagens para o café, sem oferecer qualquer compensação. O Poder Executivo argentino – em cuja chefia estava o vice-presidente Quirno Costa – atendeu à solicitação do representante brasileiro, constando-lhe que havia interesse no estreitamento do intercâmbio comercial entre os dois países. O café em grão, que pagava 20 centavos por quilograma, foi reduzido, a partir de 1º de maio de 1902, para 12 centavos. O moído teve redução de 50 para 24 centavos. Uma redução de cerca de 40%. Azevedo, enquanto esperava a aprovação do seu procedimento, complementou a informação ao seu ministro para observar que, se estivesse munido de autorização para "oferecer uma compensação razoável", teria obtido "notável redução" nos direitos específicos que incidiam sobre o café, pois o que obteve se referia ao que lá era denominado "aforo" ou "aforamento", cuja diminuição podia ser feita na esfera de competência do Poder Executivo.[85]

Próximo do final da gestão Campos Sales (1898-1902), Drago, ministro argentino das Relações Exteriores, e Azevedo entabularam conversações com vistas à assinatura de um convênio comercial e aduaneiro. Ao pedir instruções, Azevedo mostrou-se vivamente a favor, inclusive pela sua oportunidade. Insinuara-lhe o ministro Drago o receio de que o Chile, encontrando melhor disposição do Brasil, se antecipasse à Argentina no tratado de comércio.[86] Para a obtenção do acordo o governo argentino dispunha-se a abolir a taxação que recaía sobre o café, mate e fumo, e "beneficiar, quanto possível", a entrada de outros artigos provenientes do Brasil. O plenipotenciário brasileiro interpretou que o momento estava propício para se conseguir o aumento das exportações do país: no que se referia ao café, havia excesso de oferta; quanto ao mate, opinou com otimismo que a isenção daria ao Brasil o domínio do mercado argentino, não obstante o cultivo que se vinha fazendo no território de Misiones; quanto ao fumo, previa o "maior sucesso", em razão do aumento do consumo. Tanto era verdade que o México, apesar da distância que, obviamente, encarecia o frete, iniciara o fornecimento para fábricas de cigarros argentinas. O aumento do consumo e a consequente instalação de novas fábricas eram condições que favoreciam o tabaco originário do estado

---

85 AHI. Ofício de Buenos Aires, 12 abr. 1902.
86 AHI. Ofício de Buenos Aires, 15 out. 1902; Despacho reservado para Buenos Aires, 15 out. 1902.

da Bahia. Ciro de Azevedo via, ainda, a possibilidade de aumento crescente na venda de outros produtos como: madeiras de lei, que já começavam a faltar na Argentina, obrigando-a a importar dos Estados Unidos; pinho paranaense, superior aos que lá se empregavam; água mineral de Caxambu e Lambari, que tinham condições de competir com as locais e as importadas. O diplomata brasileiro ressalvou que não estava pretendendo fazer um rol das exportações brasileiras, mas apenas mostrando as vantagens que traria para o Brasil a celebração de um convênio comercial que até estimularia a exportação de outros produtos, como frutas naturais e em conserva.[87] O ministro das Relações Exteriores, Olinto de Magalhães, concordou com Ciro de Azevedo que o momento era oportuno à obtenção de um convênio vantajoso, mas, ante a circunstância de estar prestes a assumir o novo presidente da República (Rodrigues Alves), considerou "prudente deixar-lhe plena liberdade para a solução de negócio tão importante".[88]

Os argentinos voltariam, em 1906, a pedir favores aduaneiros para a farinha de trigo, sob o argumento da equidade de tratamento dispensado à similar norte-americana. O Ministro das Relações Exteriores Rio Branco tinha a respeito dessa questão o mesmo pensamento de Benedito Leite de que não bastava a qualquer país suprimir os direitos sobre a importação de café para obter a redução de 20% nos direitos alfandegários. Deveria comprar café brasileiro em quantidade que ao menos se aproximasse daquela importada pelos Estados Unidos. Este não era o caso da Argentina, que importava 120 mil sacas por ano, contra 6 milhões e 100 mil dos Estados Unidos, 2 milhões da Alemanha, 748 mil da França, 400 mil da Holanda e 300 mil da Bélgica.[89] A Argentina importava pouco do Brasil, mas este era o principal mercado para suas exportações. Nos anos de 1901 e 1902, por exemplo, os EUA compraram do Brasil, respectivamente, 6.874.421 e 5.448.247 sacas. O vizinho do Prata comprou do Brasil, nos mesmos anos, respectivamente, 92.941 e 95.304 sacas, conforme consta da tabela da p. 135. Essa tendência manteve-se nas relações comerciais Brasil - Argentina. Esta figurava no rol dos principais vendedores para o

---

87 AHI. Ofício de Buenos Aires, 15 out. 1902.

88 AHI. Despacho para Buenos Aires, 15 out. 1902.

89 AHI. 34.6, A-7, G-3, M-1; Ofício de Buenos Aires, 13 jul. 1906. Os Estados Unidos importaram do Brasil, tomando-se como exemplos os anos de 1901 e 1902, respectivamente, 6.874.421 e 5.448.247 sacas. O vizinho do Prata comprou do Brasil, nos mesmos anos, respectivamente, 92.941 e 95.304 sacas, conforme consta na tabela da p.135. Essa tendência manteve-se nas relações comerciais Brasil-Argentina. Esta figurou no rol dos principais vendedores para o Brasil, ocupando os lugares mais altos das tabelas comparativas: em 1904, foi o sexto país que mais vendeu para o Brasil; no ano seguinte, só foi superada pela Grã Bretanha e Alemanha. (Cf. Relatório do Ministro da Fazenda, 1904, 1905)

A REPÚBLICA E SUA POLÍTICA EXTERIOR (1889-1902)

Brasil, ocupando os lugares mais altos das tabelas comparativas: em 1904 foi o sexto país que mais vendeu para o Brasil. No ano seguinte só foi superada pela Grã-Bretanha e Alemanha.[90]

PREOCUPAÇÃO COM OS ARMAMENTOS ARGENTINOS

A Marinha de guerra brasileira ao final da Monarquia, segundo informações do ministro-chefe de seu último gabinete – visconde de Ouro Preto –, não era excedida por nenhuma outra da América do Sul, não obstante a necessidade de aquisições modernas. O debate nacional a respeito da questão servil e suas decorrências fizeram com que, ainda segundo o ministro, se alterassem as prioridades nacionais, e, consequentemente, a modernização da Marinha desceu a um plano secundário em termos de prioridade. Ademais, o país estava em paz com todas as nações, e a hipótese de conflito com a Argentina estava afastada, pois a questão de limites relativa à zona de Palmas fora submetida a arbitramento. A atualização da Marinha não era, então, uma urgência nacional.[91] O regime inaugurado em 15 de novembro de 1889 foi o ápice de uma crise entre o poder civil e o Exército. A Marinha apenas aderiu ao movimento republicano, conforme já afirmado, o que a levou a uma posição abaixo ao da força de terra no cenário político nacional.[92] A Revolta da Armada de 1893-1894, conforme a opinião dos observadores da época, acabou por reduzi-la a proporções não condizentes com a posição do Brasil na América do Sul.

Mas, já nos governos de Deodoro e Floriano, não houve descuido no acompanhamento do que se fazia na Argentina em termos de reorganização naval. Em abril de 1891, o ministro plenipotenciário brasileiro em Buenos Aires informou que o governo daquele país, há tempo preocupado com a reorganização da sua marinha de guerra, decretara a criação de uma direção geral de torpedos. Sem explicitar as causas, dizia que tal preocupação fora aumentada em razão da revolta no Chile, que pôs fim ao governo de Balmaceda.[93] No mês seguinte, nova informação chegou ao Rio de Janeiro, constando que em 7 de maio daquele ano (1891) o presidente Pellegrini, em sua mensagem de abertura das sessões do Congresso, noticiara em determinado trecho que a Argentina possuía à época a mais forte divisão de torpedos da América do Sul. O ministro brasileiro em Buenos Aires, Ciro de Azevedo, ressaltou que

---

90 Cf. Relatórios do ministro da Fazenda de 1904 e 1905.

91 Cf. Ouro Preto; Guimarães, 1900, v.5, p.213-215.

92 Veja-se Carvalho, J. M., 1977, p.224.

93 AHI. Ofício de Buenos Aires, 29 abr. 1891.

consignava tal informação, não obstante pública, por entender que interessava bem de perto ao Brasil.[94]

Essas informações eram passadas simplesmente, sem qualquer comentário. Em setembro do mesmo ano o Ministério das Relações Exteriores, então ocupado por Justo Leite Chermont, à vista de notícias "mais ou menos precipitadas" que então corriam sobre o rearmamento naval da Argentina, indagou à legação brasileira em Buenos Aires a respeito das intenções do governo desse país. Azevedo esclareceu que não havia então qualquer fato que representasse "hostilidade positiva" por parte da Argentina em relação ao Brasil, mas, caso houvesse, tomaria iniciativa de exigir do governo junto ao qual estava acreditado manifestação a respeito. Em tais circunstâncias, e em atenção à determinação ministerial, só podia falar a partir de suas observações pessoais. Feita a ressalva, informou que o ministro das Relações Exteriores da república platina demonstrara espontaneamente, nos contatos que com ele mantivera, o desejo de estreitar e manter lealmente as relações de amizade com o Brasil. Amizade que não poderia ser perturbada pelo litígio a respeito das Missões, e necessária naquele momento em que se punha a eventualidade de guerra contra o Chile. A Argentina, supondo não poder obter aliança do Brasil, procurava garantir sua neutralidade. O presidente da República, por seu turno, reiterara-lhe o interesse em estreitar relações amistosas com o vizinho do norte. Para Azevedo, o governo argentino não tinha então condições para alimentar "veleidades guerreiras", pelas seguintes razões: dívida interna e externa (que chegava à cifra de 1.187.056.357 pesos); crise financeira, classificada por ele como "terrível" e sem perspectiva de ser resolvida a curto prazo; Exército carente de disciplina, integrado em boa parte por mercenários estrangeiros e com um efetivo inferior a 6 mil homens; Marinha carente de "pessoal perfeitamente idôneo" e de vasos de guerra; falta de dinheiro e de crédito. Tais circunstâncias seriam suficientes, na ótica do plenipotenciário brasileiro, para que a Argentina não alimentasse "intenções belicosas contra qualquer nação" e muito menos em relação ao Brasil. Considerando-se as deficiências enumeradas e as declarações ouvidas, não via intenções que pudessem ser consideradas como de hostilidade.[95]

Por ocasião da posse do presidente Luis Sáenz Peña em 12 de outubro de 1892, o ministro plenipotenciário da legação do Brasil era Joaquim Francisco de Assis Brasil, que aproveitou a oportunidade para enviar longo ofício de caráter reservado ao ministro das Relações Exteriores retratando a

---

94 AHI. Ofício de Buenos Aires, 19 maio 1891.
95 AHI. Ofício reservado de Buenos Aires, 5 out. 1891.

288 A REPÚBLICA E SUA POLÍTICA EXTERIOR (1889-1902)

situação geral da Argentina e fazendo algumas observações sobre traços do caráter de seu povo. Para o diplomata gaúcho, interessava ao Brasil o êxito de Luis Sáenz Peña, pessoa tranquila e madura, afeito a colher para si mais o "respeito público do que as apoteoses ruidosas", e que procuraria buscar, por razões ditadas pelo bom senso, "a restauração do bem-estar nacional" ao invés de se preocupar com os "aprestos para aventuras". Mesmo que assim não fosse, não haveria razão para que, no Brasil, houvesse temor, circunstância que, todavia, não o eximia de gastar tempo e dinheiro com o relativo à segurança. Assis Brasil via o novo ministro das Relações Exteriores argentino, Thomas Anchorena, como reflexo da nova situação. Era sinceramente pacífico, respeitável, mas figura quase nula no cenário político. Diferentemente de seu antecessor, Estanisláo Zeballos – que afirmara para ele, Assis Brasil, estar a Argentina apta a combater "até uma nação europeia" –, Thomas Anchorena era modesto na linguagem, chegando a observar ao representante brasileiro que a Argentina não faria guerra agressiva e, mesmo na hipótese de guerra defensiva, "sempre evitaria vir às mãos com o Brasil, cuja superioridade era bem reconhecida". A essa última observação, Assis Brasil acrescentou: "À parte um pouco de amabilidade, ou talvez simpleza, creio que haverá aí algum fundo de sentimento verdadeiro".[96]

Logo após ter enviado essas informações e impressões, Assis Brasil transmitiu ao governo os termos de entrevista significativa mantida com o mesmo Thomas Anchorena, pelos quais se percebe o clima inamistoso que até há pouco tempo se observara em boa parte da opinião dos dois povos. Desta vez foi o ministro argentino que reclamou da qualificação usada pelo ministro da Marinha do Brasil, no seu último relatório anual, ao se referir à Argentina como *inimiga provável* e ter como necessária a adequação do poder naval de modo a poder "combater nas águas do Prata". A intenção de Anchorena foi significar a Assis Brasil que tais preocupações careciam de qualquer fundamento, pois do lado argentino não havia nada que pudesse prever rompimento com o Brasil ou qualquer outra nação. Era seu desejo que isso fosse constado ao governo brasileiro, pois era o "verdadeiro sentimento dominante" em Buenos Aires.[97] Assis Brasil esclareceu-lhe que o aludido no relatório do Ministério da Marinha não representava preocupação com determinado conflito, bem como não se tinha como provável o conflito entre as duas nações, não só pela índole pacífica do governo brasileiro como pela falta de motivo para se entrar em previsões pessimistas no relacionamento

---

96 AHI. Ofício reservado de Buenos Aires, 19 out. 1892.
97 AHI. Ofício reservado de Buenos Aires, 27 dez. 1892.

dos dois países, tanto no presente quanto no futuro. Assis Brasil, todavia, ressalvou que

> se não havia *probabilidade* devia contar-se sempre com a *possibilidade*, no mesmo grau em que esta existe permanentemente para todos os povos independentes, e que o Brasil estava obrigado, cuidando dos seus meios de força a considerar muito especialmente a República Argentina, exatamente porque era a nação única forte de quantas o rodeiam imediatamente, e, finalmente, que esse conceito [lhe] parecia estar muito longe de ser motivo de agravo para [essa] República.[98]

Ainda no ensejo, Assis Brasil observou que as declarações pacíficas do governo argentino seriam recebidas com satisfação pelo governo brasileiro, uma vez que as prevenções antiargentinas no Brasil, se houvesse, eram consequência da "efervescência militar" até recentemente observada no vizinho do sul, que, não obstante suas confessadas dificuldades econômicas, gastava na aquisição de material bélico em proporções tais que ao observador estrangeiro dava a impressão de que ultrapassava o necessário para a segurança interna e para a justa conveniência que havia em manter as Forças Armadas em compasso com as contínuas inovações dos armamentos. O tom positivo de Assis Brasil foi adiante. Afirmou "que no Brasil ninguém sabia explicar esses aprestos [dos argentinos] e que, além de tudo, as precauções [do Brasil] eram mui explicáveis pela justa preocupação que devem ter os homens, a quem os povos confiam seus destinos, de não deixá-los em condições de inferioridade relativamente aos seus vizinhos".[99] À vista de tais observações, o ministro Anchorena, embora sem explicitar, reconhecia a parcela de responsabilidade que cabia, para o advento de situação tão desagradável para ambos os países, ao seu ruidoso antecessor Estanisláo Zeballos. Para Assis Brasil essa era igualmente a opinião de outros argentinos influentes que, confidencialmente, lhe manifestaram desaprovação à conduta de Zeballos, que estaria preocupado em "simular perigos e guerras, imitando a situação do equilíbrio europeu, com o qual nenhuma similitude pode ter a nossa América".

Assis Brasil notava mudança na orientação do governo argentino em direção oposta à do anterior. A título de exemplo, registrava que antes se fazia crer, mormente por parte de Zeballos, que a Argentina estava prestes a entrar em um período de situação financeira folgada e, por conseguinte, a

---

98 Ibidem.
99 AHI. Ofício reservado de Buenos Aires, 27 dez. 1892.

aquisição de material bélico far-se-ia sem sacrifício. No momento que lhe era dado observar, contrariamente, o governo reconhecia publicamente, por meio do seu ministro da Fazenda, que as rendas nacionais só cobririam as despesas ordinárias, excluídos juros e amortização da dívida externa. Esta, com o acréscimo das garantias relativas às estradas de ferro, chegava a quinhentos milhões de pesos ouro. Terminado o prazo de "empréstimo moratória", a Argentina entraria em "plena e positiva bancarrota". Atento às condições financeiras do país, o ministro da Marinha e Guerra já vinha procedendo a cortes em despesas supérfluas. O representante brasileiro não percebia, pois, principalmente na esfera oficial, "onde além de tudo, estão homens velhos, mansos e pacíficos", preocupação com agressão do Brasil nem intenção de agredi-lo. Esta observação de Assis Brasil era importante, naquele momento, no contexto das relações entre os dois países, pois a sua correspondência era endereçada ao almirante Custódio José de Melo, ministro da Marinha de Floriano Peixoto, acusado de ser antiargentino, e acumulando interinamente a pasta do exterior.

Tal ânimo em relação ao Brasil não era igual em certos círculos extraoficiais que se manifestavam em alguns jornais portenhos. Acreditava o diplomata brasileiro que a desconfiança em relação ao Brasil, no seu entender, sem fundamento, tinha origem nas transcrições que se faziam em Buenos Aires de discursos e escritos de militares, publicados em jornais brasileiros, nomeadamente no influente *Jornal do Commercio*. O fato de alguns desses militares terem assento no Legislativo contribuía para aumentar o alarma. Além disso, havia o mencionado relatório do ministro da Marinha, que impressionara o ministro Anchorena. Assis Brasil sugeria ao governo que, dentro das possibilidades, coibisse tais manifestações, por entendê-las como prejudiciais ao bom relacionamento entre os dois países, além do que o eventual antagonista iria se precaver, o que imporia ao país, como consequência, grandes gastos com armamentos. Havia ainda o referente à prudência, ao sigilo militar. Não sem uma ponta de irritação, enfatizou: "Especialmente é de um efeito detestabilíssimo o inventário que alguns jovens militares em discursos parlamentares e em artigos de imprensa têm feito da nossa situação militar". Isto era confissão de fraqueza. Ocorria o contrário na Argentina, onde tais assuntos eram tratados em sessões secretas do Congresso. Artigos redigidos por militares eram "expressa e rigorosamente" proibidos de serem publicados. Exemplificando concretamente as situações inversas, citava estudos que vieram a público no *Jornal do Commercio*, assinados por oficial do exército brasileiro, cuja nota principal era o "pessimismo" e a "indiscrição" prejudiciais aos interesses do Brasil. Estivessem os argentinos animados de qualquer intenção agressiva, aquele seria o momento azado, pois, segundo "ingênuas" e continuadas

BRASIL-ARGENTINA

291

"confissões" feitas por oficiais do próprio Exército e Marinha, os brasileiros estavam "inteiramente desarmados, desorganizados, anarquizados". Situação diferente observava-se entre os argentinos, "sendo para notar que com metade de nossa indiscrição, talvez eles tivessem muito mais que dizer de si do que nós temos para falar contra nós mesmos".[100]

Assis Brasil ligava o que relatou a uma rápida entrevista com o presidente da República argentina a respeito das relações entre os dois países. Constou-lhe o presidente ser sabedor de que no Rio de Janeiro corria a versão de que os argentinos não iriam respeitar o laudo do presidente Cleveland sobre a questão das Missões, na hipótese de lhes ser adverso. Embora acreditasse que o governo brasileiro não daria crédito a "tão absurda versão", pois a não aceitação significava desacatar o árbitro escolhido pelos dois países, solicitou que ele fosse informado da disposição da Argentina em acatar a sentença, "por menos que lhe parecesse justa e por mais prejudicial que lhe fosse". Assis Brasil, além de prometer cumprir com solicitude o pedido, redarguiu, habilmente, que seu governo, mesmo sem a declaração que então lhe era feita pelo presidente da Argentina, "não poderia jamais cogitar de que outros sentimentos animassem ao [governo] argentino e seu digno chefe".[101]

O plenipotenciário brasileiro não estabeleceu ligação direta entre a situação do Brasil no referente aos seus meios de defesa, insuficientes consoante as confissões por ele qualificadas de ingênuas, e o aguardado laudo arbitral. Mas o fato de ter se referido ao assunto em seguida à crítica que fez a respeito das declarações de fraqueza feitas principalmente por militares brasileiros não deixava de pôr reticências, de colocar no ar ligações que, em razão do cargo, não podia fazer. O assunto foi colocado de tal modo a sugerir que o momento não era oportuno para baixar tanto a guarda. A correspondência diplomática silencia a respeito do rearmamento dessa data (dezembro de 1892) até abril de 1898, ocasião em que o Ministério das Relações Exteriores, em atenção ao interesse do Ministério da Guerra determinou à legação em Buenos Aires o envio urgente de informações sobre a quantidade e a qualidade do armamento militar da Argentina. O diplomata João Fausto de Aguiar, naquele momento, responsável pela legação, não pode dar informações seguras, pois eram confidenciais. Situação semelhante se dava quanto aos armamentos existentes nos arsenais e quanto às "novas importantes encomendas", pois não se podia precisar a qualidade nem a quantidade.[102]

---

100 Ibidem.

101 AHI. Ofício reservado de Buenos Aires, 27 dez. 1892.

102 AHI. Ofício confidencial de Buenos Aires, 27 abr. 1898.

292 A REPÚBLICA E SUA POLÍTICA EXTERIOR (1889-1902)

Iniciada a gestão Campos Sales, o novo ministro das Relações Exteriores, Olinto de Magalhães, reconheceu a necessidade de rearmar o país em atenção à circunstância de a Argentina e o Chile estarem bem armados como decorrência da eventualidade de um conflito entre ambos, motivado por questões lindeiras, nomeadamente, naquele momento, a relativa à Puna de Atacama. A consciência dessa necessidade levou o Brasil a declinar do convite para participar da conferência sobre o desarmamento, realizada em 1899 em Haia, convocada por iniciativa do czar Nicolau II. Não obstante a distinção de ter sido o Brasil o único país sul-americano convidado a participar de tal conferência – distinção que se devia ao fato de ter representação diplomática junto ao Império Russo –, o não comparecimento era para evitar compromisso com desarmamento em um momento em que dois vizinhos bem armados não eram tolhidos por atos dessa natureza. A ocorrência de um conflito no continente era considerada como possível. Impunha-se, pois, a adoção de uma atitude de prudência. Ademais, externamente, o não comparecimento teria bom efeito, uma vez que, declinando do convite, igualava-se às demais nações sul-americanas que não poderiam comparecer por não terem sido convidadas. Dava-se, assim, uma aparência de solidariedade.[103]

À medida que se aproximava o alvorecer do novo século, aumentavam as preocupações com questões relacionadas ao rearmamento, ecos da corrida armamentista e da paz armada então vigentes na Europa. Em julho de 1900, o ministro plenipotenciário brasileiro na Argentina, Gonçalves Pereira, observou que neste país se generalizava a ideia de que a campanha a favor do rearmamento, levada a efeito pelo *La Prensa*, evitara a guerra contra o Chile, reeditando-se dessa forma, na América, a tese de rearmamento para efeito persuasivo.[104] Para confirmar esse clima de "paz armada" – que no caso do Chile e Argentina repousava sobre questão concreta –, o mesmo representante informou ao Itamaraty a respeito da circulação de boatos, não confirmados, sobre a intenção do Chile em adquirir dois novos encouraçados de grande porte.[105] Logo depois, apesar de reconhecer as então excelentes relações entre Brasil e Argentina, mormente após a solução do litígio das Missões e a visita de Roca ao Rio de Janeiro, Gonçalves Pereira não se deixava iludir pelas aparências; era de opinião de que a rivalidade entre as duas nações permanecia em estado latente, e que a Argentina ambicionava exercer uma

---

103 Mensagem do presidente Campos Sales ao Congresso Nacional, 3 maio 1899, apud *Relações Internacionais*, Brasília, v.2, p.85-96, esp. p.86; Alves Filho, 1940, p.45-46.

104 Gonçalves Pereira afirmou que se realizara "mais uma vez o velho provérbio latino: *si vis pacem para bellum*" (AHI. Ofício de Buenos Aires, 19 jul. 1900).

105 AHI. Ofício de Buenos Aires, 19 jul. 1900.

BRASIL-ARGENTINA **293**

política de hegemonia na América do Sul.[106] O representante brasileiro deu início às suas observações referindo-se ao aumento considerável da armada argentina: de 6.114 toneladas em 1875, passou para 12.377 em 1880, 15.975 em 1885, 17.481 em 1890, 39.121 em 1895 e 94.891 em 1900. A possibilidade de uma guerra contra o Chile explicava o grande aumento havido no último quinquênio referido, da ordem de 55.770 toneladas. Gonçalves Pereira, ao ponderar as decorrências de tal aumento – que colocava a esquadra argentina em posição superior à do Brasil –, reportou-se às palavras de Duferin, embaixador da Grã-Bretanha em Paris: "a força e não o direito ainda é o fator mais eficiente nos negócios humanos". Ao aceitar esse pensamento, a inferioridade naval brasileira seria "uma débil garantia de paz para a América do Sul, especialmente para o Brasil [...]".[107] Pereira, não obstante há pouco tempo na legação, mas com experiência na hispano-américa, sentia que as disposições favoráveis ao Brasil, observadas então nos estadistas mais expressivos da nação vizinha, não eram compartilhadas pela maioria da população. Apesar das boas relações entre os dois países, da visita de Roca ao Brasil e do momento que era então de festas e cortesias, o aludido diplomata mantinha a impressão de que na Argentina não se considerava devidamente o Brasil. Com base nessa impressão, temia "que a rivalidade entre as duas nações, que vem de tão longa data, subsista sempre em estado latente e que, uma vez terminadas as desavenças com o Chile, possa a veleidade de querer manter a hegemonia na América do Sul inflamar o ânimo de algum mandatário exaltado, que, apoiando-se na opinião nacional, se sinta tentado a procurar firmá-la definitivamente, em favor de sua pátria, por qualquer ato estrepitoso, em que fique ela bem patente".[108]

Fundado nas suspeitas acima mencionadas, o plenipotenciário brasileiro observou que esquadras não se improvisam e, mesmo com grandes custos, não se poderia obter, de uma hora para outra, navios que preenchessem suas finalidades, como já tinha demonstrado a experiência.[109] Invocou

---

106 AHI. Ofício confidencial de Buenos Aires, 7 ago. 1900.

107 Ibidem.

108 Ibidem. Gonçalves Pereira estava atento para detalhes que, em outras circunstâncias, não seriam dignos de registro, como o brinde feito pelo ex-presidente, e então futuro candidato à presidência, Carlos Pellegrini, aos "triunfos do passado e... às glórias do futuro", na conclusão do discurso que proferiu em concorrido banquete em Mar del Plata – no qual estiveram presentes os oficiais do cruzador *Buenos Aires* –, comemorativo da batalha de Ituzaingó, "uma suposta derrota nossa em tempos idos – e que aqui se festeja como a vitória mais brilhante das armas argentinas" (ibidem, loc. cit.).

109 Referia-se, obviamente, à Esquadra Legal de Floriano Peixoto, também designada, depreciativamente, por *Esquadra de Papelão*, mencionada no capítulo IV.

294 A REPÚBLICA E SUA POLÍTICA EXTERIOR (1889-1902)

o conhecimento que possuía dos hispano-americanos, tanto os da costa do Pacífico quanto do Atlântico, para declarar-se convencido "de que, a garantia mais sólida de uma paz duradoura para o Brasil, e quiçá para a América do Sul, será aquela que repouse na manutenção, por nossa parte, e em todo tempo, de uma esquadra superior a de qualquer deles".[110] O teor da correspondência vinda dos ministros plenipotenciários brasileiros em Buenos Aires, mostra de que pouco durou o período de euforia de solidariedade americana verificado logo após a proclamação da República. O Brasil, sem abandonar a retórica da amizade e sem tomar qualquer iniciativa, acompanhava com preocupação as aquisições navais do vizinho do Prata. Tinha-se como certo que as aquisições navais atenderam a considerações que davam como provável uma guerra entre Argentina e Chile, mas não se deixava de considerar que o aumento da esquadra argentina, não acompanhado de correspondente aumento da brasileira, alteraria o equilíbrio de forças da América do Sul. A rivalidade naval entre os dois maiores países sul-americanos prolongou-se para além das balizas do presente estudo e recrudesceria em 1906-1908, quando o Brasil projetou a compra de três modernos encouraçados de grande porte, do tipo *Dreadnougth*. Em 1910 recebeu dois: o Minas Gerais e o São Paulo. O terceiro (Rio de Janeiro) nem chegou ao Brasil, fora vendido à Turquia. Tais encouraçados, pelas suas dimensões, não eram capazes de operar no Rio da Prata. Em 1915 a Argentina recuperou a supremacia naval ao incorporar à sua marinha de guerra o *Moreno* e o *Rivadávia*, encouraçados de 27,5 mil toneladas.[111]

A TROCA DE VISITAS ENTRE ROCA E CAMPOS SALES

As relações Brasil-Argentina, passado o período de conflitos na fase de formação dos estados nacionais na América Latina, no geral sempre foram amistosas, sobretudo ao nível das chancelarias. Terminada a questão de Palmas pelo laudo arbitral do presidente Grover Cleveland, não restou entre os dois países, qualquer problema sério que não pudesse ser resolvido pela vontade e o diálogo. Durante a Primeira República do Brasil, todavia, houve dificuldades nas relações entre eles. A política externa Argentina, em relação ao vizinho do norte passou por bruscas alterações – conforme observado pelos diplomatas brasileiros – em razão das modificações no quadro político

---

110 AHI. Ofício confidencial de Buenos Aires, 7 ago. 1900. A modernização naval brasileira só teria início no quatriênio do presidente Rodrigues Alves (1902-1906).

111 Bueno, 2003, p.182-241.

interno. Aos momentos de dificuldades sucederam-se outros de aproximações e expansões de amizade. Um destes foi a visita oficial do presidente da Argentina, general Júlio Roca em agosto de 1899. Campos Sales retribuiu-lhe a cortesia internacional no ano seguinte. O conhecimento de algumas reações provocadas pelas visitas contribui para a composição do quadro das relações entre as principais nações do Cone Sul. Houve exageros nas interpretações das viagens presidenciais. Célio Debes, em seu livro sobre Campos Sales, viu na troca de visitas a efetivação da proximidade entre as duas Repúblicas.[112] Interpretação semelhante foi dada por Salles Júnior, que classificou a visita de Júlio Roca como o fato mais importante nas relações exteriores do período, tanto pelo ato, inusitado na América do Sul, como pela demonstração de que o laudo arbitral sobre a questão de Palmas não deixou ressentimentos na República vizinha, e se consolidara o clima de confiança entre os dois países.[113] A legação dos Estados Unidos em Buenos Aires vira, também, interesse comercial em razão do crescente mercado consumidor brasileiro. Alcindo Guanabara, adepto de Campos Sales, viu na troca de visitas a formação, no segmento sul do continente, de verdadeira *entente cordiale*, que seria um estágio para a consolidação de "uma tríplice aliança" com força suficiente para proteger a América do Sul contra eventuais agressões de nações que, segundo ele, "se presumem fortes". O jornalista ainda enxergou a possibilidade de aliança entre Brasil, Argentina e Chile, pelo fato de os dois últimos países estarem então atravessando período de concórdia nas suas relações.[114] Impressionado pela "política das alianças" então vigentes no concerto europeu, exagerou no potencial de defesa das nações da área diante de uma agressão partida de potências imperialistas. Mas não estava fora da realidade. Conforme Veber (2015), os armamentos da Argentina e do Chile estavam entre as sete maiores frotas de guerra do mundo.[115] Um atentado à soberania de qualquer nação desta parte da América era, de fato, uma possibilidade, mas entrever uma defesa solidária e eficaz era, naquela época, romantismo. Alcindo Guanabara, contudo, estava no "clima" do momento. No final do século XIX os encontros diplomáticos tinham por objetivo provocar no imaginário coletivo uma ideia de proximidade entre os países que trocavam visitas.[116] Tanto é assim que o representante do Brasil em Buenos Aires, Henrique de Barros Cavalcanti de Lacerda, ao interpretar o noticiário

---

112 Debes, 1978, p.14-17.

113 Salles Júnior, [s.d.], p.162-163; Doratioto, 2011, p.85.

114 Guanabara, 1902, p.181-182.

115 Veber, 2015, p.173.

116 Girault, apud Veber, 2015.

A REPÚBLICA E SUA POLÍTICA EXTERIOR (1889-1902)

da imprensa, supôs que a projetada visita de Roca estaria relacionada "com o plano de uma liga das três Nações a fim de defenderem-se de possíveis agressões".[117] A retórica então utilizada proporcionou ao contemporâneo dos acontecimentos a convicção de que o relacionamento Brasil-Argentina iniciara um novo período na virada do século, deixando para trás a rivalidade em favor da política de boa vizinhança de Campos Sales e seu ministro das Relações Exteriores, Olinto de Magalhães. Júlio Roca, ao tomar a iniciativa da visita, teria propósito mais amplo, desenvolver uma política da pacificação com os países limítrofes do seu país. O presidente do Chile, Federico Errázuriz, tinha o mesmo sentimento. Havia entre os governos do países do ABC (Argentina, Brasil e Chile) desejo de paz, até porque naquele momento a dívida pública dos três requeria corte nos gastos com armamentos.[118] O presidente do Brasil acolhera o colega argentino com todas as honras, e retribuiu-lhe a cortesia para reforçar a concórdia entre as duas nações. Roca primeiro tratara o assunto extraoficialmente, como era natural e dentro das praxes diplomáticas, para só formalizar a resolução da visita após a garantia de que seria bem acolhido no Brasil. No ânimo do presidente argentino teria influído a opinião de Enrique Moreno,[119] então representante da Argentina na Suíça e na Itália, mas em Buenos Aires quando das gestões preliminares das visitas presidenciais. A viagem ao Rio de Janeiro, consoante a informação do representante brasileiro, foi considerada pelo presidente Roca e Enrique Moreno útil não só para as relações bilaterais como também para aquelas entre as nações do segmento sul do hemisfério.[120] A solidariedade da América do Sul e a aproximação entre suas três principais repúblicas eram moeda corrente na linguagem oficial argentina naquele momento. A visita de Roca ao Rio de Janeiro produziria vantagens políticas e comerciais, além de efeitos positivos em relação à segurança dos seus países e das demais nações da área, num momento em que eram frequentes as manifestações de expansionismo pelas grandes potências. A intenção era estreitar a união entre a Argentina e o Brasil e que se fizesse constar tal circunstância no exterior, uma vez que, após a solução do litígio de Palmas, não havia qualquer questão a dividi-los. Tais foram os argumentos utilizados pelo governo argentino para manifestar o desejo de receber convite para a visita presidencial. Campos Sales, pelas vias diplomáticas, informou que a visita seria recebida com

---

117 AHI. Ofício confidencial de Buenos Aires, 26 maio 1899.

118 Veber, 2015, p.158-160.

119 Moreno fora ministro plenipotenciário no Brasil de 1885 a 1891.

120 AHI. Ofício confidencial de Buenos Aires, 28 maio 1899. Para uma crítica à política exterior de Roca, veja-se Palacio, 1960, t.2, p.305.

muito prazer.[121] O momento exato da viagem ficava na dependência de questões políticas internas as quais o governo argentino teria que enfrentar: a situação da província de Buenos Aires, então sob intervenção federal, e programados *meetings* pelo comércio contra "o regulamento para cobranças de impostos internos", circunstâncias tais que poderiam ser aproveitadas pela oposição.[122] Essas informações e os argumentos usados pelo governo argentino para propor a visita de Roca não são suficientes para autorizar que se dê total crédito à retórica. Não se pode descartar o pragmatismo da viagem, que se justificaria pelo desejo de aumentar o intercâmbio comercial entre os dois países e aumentar também o prestígio interno do presidente Roca. De qualquer forma, a retórica deve ser retida, pois indica que uma constante na linguagem, até das nações mais expressivas da América do Sul, era o temor de agressões de potências extracontinentais. A troca de visitas sinalizava a reinauguração da política de cordial inteligência entre os dois países em face de um mundo em que não raro havia violações de soberania praticadas pelas grandes potências contra nações, conforme reiterado. Cumpre, todavia, ressalvar que para os políticos brasileiros o receio de tais agressões não era unânime. Contestava-se o perigo que alguns divisavam com nitidez. Quando o Senado associou-se ao Executivo nas homenagens ao presidente argentino,[123] Leopoldo de Bulhões, representante do estado de Goiás, não enxergou razões para preocupações dessa natureza: a visita de Roca não poderia "ser traduzida como um receio [...] da política de expansão das grandes potências, ou como um passo para a aliança das nações latinas da América, diante de ameaças de absorção".[124]

A troca de visitas presidenciais não teve efeitos práticos no referente ao comércio, conforme visto anteriormente, nem em relação a outros aspectos das relações Brasil-Argentina, mas despertou alguns mal-entendidos que a chancelaria brasileira teve de esclarecer. O ministro plenipotenciário brasileiro em Santiago informou que a visita de Roca teve na imprensa as seguintes interpretações: a) procurava a Argentina concertar com o Brasil um plano

---

121 AHI. Ofícios confidenciais de Buenos Aires, 28 maio, 10 e 20 jun. 1899; Despachos para Buenos Aires, 4 e 20 jun. 1899.

122 AHI. Ofícios confidenciais de Buenos Aires, 10 e 20 jun. 1899; Despachos para Buenos Aires, 4 e 20 jun.1899.

123 Foi constituída comissão composta pelos senadores Quintino Bocaiuva, Benedito Leite, Pinheiro Machado, E. Wandenkolk, Feliciano Pena, Artur Rios, Leopoldo de Bulhões e Francisco Machado, para representar o Senado nas homenagens a Roca. Sessão de 4 ago. 1899.

124 ASF. Sessão de 14 ago. 1899.

298   A REPÚBLICA E SUA POLÍTICA EXTERIOR (1889-1902)

contra os Estados Unidos, em oposição aos intentos expansionistas destes em atingir a América do Sul; b) concertar uma aliança ofensivo-defensiva com o Brasil; c) a verdadeira finalidade seria estabelecer um tratado comercial.[125] As duas últimas interpretações, se exatas, corresponderiam a um estreitamento nas relações Brasil-Argentina, fato que despertaria receio no Chile. O jornal chileno *La Tarde*, de oposição ao governo, manifestou preocupação pelas consequências, tanto para o Chile quanto para a América do Sul, da viagem de Roca ao Rio de Janeiro. Segundo o periódico, os "interesses permanentes" do Brasil e os "sentimentos íntimos" de seu povo ligavam-no ao fraternal americanismo do Chile e, consequentemente, a visita não deveria impor qualquer alteração a esse tradicional relacionamento. Roca, segundo o jornal, seria o representante do expansionismo argentino e da política de hegemonia sul-americana, amparados na supremacia militar. Não aceitava a interpretação de que o presidente argentino pretendesse concluir aliança com o Brasil no intuito de resguardar "as repúblicas da América do Sul de possíveis agressões dos Estados Unidos". A intenção argentina seria outra: rompimento do equilíbrio então existente na América do Sul. A política de Roca seria antichilena, pois tentava afastar amigos naturais da nação transandina derivado "não de tratados escritos, mas de simpatias já quase seculares entre os filhos de dois povos". E, procurando neutralizar os eventuais efeitos da visita, o jornal afirmou, em tom de alerta, que os brasileiros eram sabedores das pretensões argentinas a respeito da soberania do Uruguai, da insinceridade da amizade platina por ser ela muito recente, de que as pretensões comerciais e territoriais da Argentina não se coadunavam com os interesses do Brasil e de que, finalmente, a amizade com o Chile lhe era, naquele momento, mais necessária ainda como contrapeso à preponderância argentina que então começava a adquirir contornos. A amizade Chile-Brasil, ao contrário, era sincera. Do ponto de vista comercial, os dois países tinham a vantagem da complementaridade. A diplomacia chilena, todavia, era inepta, segundo o jornal. A conclusão do editorial sintetizava numa frase a importância da amizade brasileira: "A amizade do Brasil – Roca o disse – vale mais que a conquista de um grande território".[126]

O ciúme e a noção de equilíbrio internacional sul-americano encontram-se ainda em outras edições. No ensejo do regresso de Anjel C. Vicuña, ministro plenipotenciário do Chile junto ao governo brasileiro, a Santiago, o jornal

---

125 AHI. Despacho para Buenos Aires, 31 maio 1901; AHI. Ofício de Santiago, 28 ago. 1899.

126 AHI. Ofício de Santiago, 20 out. 1899; La visita de Roca al Brasil, *La Tarde*, Santiago, 12 ago. 1899.

BRASIL-ARGENTINA

afirmou que a chancelaria do seu país espontaneamente cedera espaço para a política argentina em prejuízo da amizade Brasil-Chile que, em outros tempos, foi uma quase aliança.[127] Afirmou ainda que naquele momento a legação no Rio de Janeiro deveria ser alvo de atenção prioritária da diplomacia chilena: "um dos postos que requeriam a maior vigilância".[128] Foi contundente na crítica da política externa de seu país, enfatizando que o Chile havia "renunciado voluntariamente a seus direitos de hegemonia" sobre o continente, do que se aproveitara a Argentina. A partir desse modo de ver, a visita de Roca geraria efeitos contrários aos interesses do Chile na América do Sul. Já o Brasil procedia conforme suas conveniências, fazendo prevalecer as razões de ordem política sobre as sentimentais, pois sua aproximação da Argentina decorria do declínio do chileno, isto é, do declínio de sua influência por "abdicação espontânea": enfraquecida a posição chilena diante do Brasil, este acercava-se da Argentina. A consequência inevitável da política de Roca, caso obtivesse sucesso, seria o isolamento do Chile no segmento sul do continente.[129] Em nível de chancelaria não constam indícios de qualquer reação do país transandino, mesmo porque não caberia qualquer insinuação. A opinião do periódico aludido mostra como a noção de equilíbrio de poder então vigente no Velho Mundo fazia moda no espaço sul-americano.

Os boatos sobre a aliança Brasil-Argentina como contraposição à influência norte-americana preocuparam a chancelaria brasileira em razão dos eventuais efeitos nocivos à tradicional amizade – reforçada pela República – com os Estados Unidos. Olinto instruiu a legação em Washington para desfazer eventuais desconfianças no ânimo do governo daquele país em decorrência dos telegramas das agências noticiosas, que faziam circular a informação de que, além de Argentina e Brasil, outros países da América do Sul integrariam a suposta aliança, cuja finalidade seria "garantirem-se contra os Estados Unidos". Olinto de Magalhães acentuou que, na hipótese de Roca ter tido essa intenção, não a revelara a Campos Sales, que, de qualquer maneira, a repeliria. Todavia, o chanceler brasileiro não acreditava que Roca tivesse tido tal propósito; o objetivo de sua visita cingia-se ao estreitamento das relações de seu país com o Brasil. Embora pessoalmente esperasse que tais telegramas não merecessem crédito do governo norte-americano, conviria atalhar o assunto, a fim de se evitar que ele, em atenção a considerações de ordem interna, pedisse explicações. Ademais, Campos Sales era contrário a alianças,

---

127 Veja-se, a propósito, Valladão, 1959.
128 Actualidad – Don Anjel C. Vicuña, *La Tarde*, Santiago, 20 out. 1899.
129 *La Tarde*, Santiago, 21 out. 1899.

A REPÚBLICA E SUA POLÍTICA EXTERIOR (1889-1902)

principalmente à que fora aventada. A preocupação em não alterar o padrão da amizade com os Estados Unidos levou o ministro das Relações Exteriores a fechar o despacho para Washington de modo a não deixar qualquer margem à dúvida: "Podeis assegurar ao Sr. Secretário de Estado que a política do Brasil em relação ao seu país não sofre nem sofrerá a menor alteração".[130]

A visitas não provocaram, de imediato, alterações na política exterior de ambos os países, conforme afirmado, mas valeram pelo seu simbolismo, pelo saldo de simpatia e de ânimos serenos entre as duas maiores repúblicas sul-americanas.[131] Essa conclusão é confirmada por despacho de Olinto a Ciro de Azevedo, então plenipotenciário brasileiro em Buenos Aires, passado após a troca de visitas, no qual, além de informar sobre a dificuldade de se concluir tratado de comércio, bem como outros ajustes de natureza diversa como foram então propostos pelo governo argentino, afirmou que, embora não fosse desejo do governo que ficassem estéreis as visitas presidenciais, julgava "conveniente evitar que os seus efeitos tomem aspecto político que seja inexatamente interpretados em outros países".[132] A expressão "outros países" é vaga, mas pode-se afirmar que se referia aos Estados Unidos.

O saldo de simpatia entre Brasil e Argentina não foi unânime em nenhum dos dois países, como era de se esperar.[133] A Câmara dos Deputados brasileira, na sessão de 26 de outubro de 1900, aprovou por unanimidade moção proposta pelo deputado do Ceará, João Lopes Ferreira Filho, para "significar aos dignos representantes da nobre nação argentina, os sentimentos de cordial simpatia e reconhecimento ao governo e ao povo dessa grande República, pelas excepcionais demonstrações de afetuoso apreço tributadas ao Brasil, na pessoa do Sr. Dr. Campos Sales, [...]".[134] Só o oposicionista sergipano Fausto Cardoso, embora de acordo com os demais integrantes da Câmara, ocupou a tribuna para justificar seu voto. Votou a favor, não por ser Campos Sales o alvo das manifestações em Buenos Aires, mas por ver estreitarem-se os laços de amizade entre os dois países, amizade da qual se dizia defensor de longa data. Seu entusiasmo pela aproximação Brasil-Argentina o levou a afirmar: "Somos duas metades de uma alma destinadas a fundir-se, e quando essa fusão for feita, teremos a hegemonia da América, como a

---

130 AHI. Despacho para Washington, 24 ago. 1899.

131 Corrêa, L. F. S. (2000) assinala que nas visitas estão as origens da diplomacia presidencial na relação entre os dois países.

132 AHI. Despacho para Buenos Aires, 31 maio 1901.

133 Na Argentina, desde longa data, há um embate entre os favoráveis e os contrários à aproximação do Brasil. Veja-se Palacio, 1960, t.2, p.641-643.

134 ACD. Sessão de 26 out. 1900.

Grécia a teve no mundo em período histórico assinalado".[135] A unanimidade da Câmara parava aí. A moção pela qual aquela casa legislativa congratulou-se com Campos Sales, quando de seu regresso ao Brasil, e significou-lhe "o alto apreço que lhe tributa a Nação", proposta por Raimundo Pontes de Miranda, representante de Alagoas, ensejou acirrada discussão sobre detalhes da viagem, entre outros, o eventual perdão da dívida do Paraguai, levantado, segundo notícias de jornais, por um dos membros da comitiva (Serzedelo Corrêa).[136] Fausto Cardoso fez veemente crítica a Quintino Bocaiuva, integrante da comitiva presidencial, que teria afirmado, segundo telegramas de agências de notícias, ser o Brasil a pátria do seu nascimento e a Argentina a do seu afeto, e que as festas argentinas valiam por uma aliança sem assinatura nem cláusulas. O oposicionista fez ainda comentários críticos, em meio a assuntos de natureza interna, sobre a questão do perdão da dívida do Paraguai, na qual se envolvera o citado Serzedelo Corrêa, e sobre o comentário de Campos Sales ao contemplar um quadro sobre episódio da Guerra do Paraguai: "Quanto sangue derramado inutilmente". Fausto Cardoso, além de censurar, mostrou espanto pelo fato de ser apenas isso que lhe sugeria a bravura dos soldados brasileiros.[137] Restrições houve a Campos Sales e a membros de sua comitiva, mas a aproximação entre os dois países, em si, ficou acima das diferenças partidárias.

---

135 Ibidem.

136 ACD. Sessão de 8 nov. 1900.

137 Ibidem. O deputado Fausto Cardoso, ainda no referente à visita de Campos Sales, acusou posteriormente Quintino Bocaiuva de ter recebido 50 contos para acompanhar o presidente à Argentina. A defesa de Quintino na Câmara foi feita por Júlio dos Santos (RJ), servindo-se principalmente de cartas trocadas entre o ex-ministro e Campos Sales, lidas e, a pedido, transcritas nos Anais, sessão de 3 set. 1902.

CAPÍTULO VII

Observando as relações argentino-chilenas

No período em estudo as relações entre Argentina e Chile passaram por momentos de tensão em decorrência de problemas relativos à demarcação da linha de fronteira de mais de 5 mil quilômetros entre ambos os países separados pela Cordilheira dos Andes. As dificuldades puseram as duas nações em sobressalto, e as levaram a uma corrida armamentista e a ensaios de aproximação e reaproximação com outros países da área. A imprensa da época nos fornece a imagem de uma edição sul-americana da "paz armada" e a "política das alianças" vigentes nas relações entre as potências da Europa, conforme reiterado. Os diplomatas brasileiros alocados nos dois principais pontos de observação na América do Sul (Buenos Aires e Santiago) acompanharam o desenrolar das relações argentino-chilenas e fixaram certos detalhes que interessavam de perto ao Brasil. A observação fazia-se necessária para orientar as relações do Brasil com as nações do espaço americano em geral, em particular com as do Cone Sul. Já em 1891, Ciro de Azevedo, ao informar ao ministro das Relações Exteriores sobre a comemoração havida em Buenos Aires dos 81 anos da independência do Chile, deixa transparecer que o Brasil se mantinha em uma posição de equidistância entre esses dois países. O fato de o diplomata não ter se associado à retórica antieuropeia adotada na ocasião indica também uma atitude de cautela em face do americanismo exacerbado nos discursos proferidos durante o banquete oferecido pela representação do Chile. Os representantes europeus acreditados junto

304 A REPÚBLICA E SUA POLÍTICA EXTERIOR (1889-1902)

ao governo de Buenos Aires, previdentemente, não compareceram. O ministro representante mexicano e o argentino Estanisláo Zeballos falaram sobre a necessidade da união americana na eventualidade de conflitos entre a Europa e a América. Falou-se também sobre a importância do desarmamento geral das nações americanas, pois a "paz armada" era ruinosa a chilenos e argentinos, e deu-se ênfase à necessidade de se aproximarem ainda mais. Ciro de Azevedo observou que a insistência com que se tratava o tema revelava ser essa a preocupação geral dominante no encontro. Se os chilenos demonstravam a respeito "sobranceria e tom de promessa", os argentinos demonstravam "certa timidez e previsão de possíveis conflitos". Observou ainda certa atenção "talvez não desinteressada" do referido ministro argentino para com o representante dos Estados Unidos. Azevedo limitou-se à saudação da data histórica.[1]

No ano seguinte, a mesma legação, ao dar conta do que dizia a imprensa a respeito do andamento das relações entre aqueles dois países, notou que o tom, naquele momento preciso, era de concórdia. Chegou-se até a discutir no parlamento chileno a possibilidade de uma tríplice aliança platina.[2] Em 1893, o substituto de Azevedo em Buenos Aires, Assis Brasil, acionado pelo ministro das Relações Exteriores, enviou suas impressões sobre a mobilização da guarda nacional argentina, registrando que entre os argentinos a suposição de uma guerra contra o Chile era em geral vista como inelutável. A previsão de um ataque chileno havia se tornado "mania [...] inveterada nesta gente", e opinou que a preocupação do governo com o desenvolvimento do poderio militar devia-se mais à "vaidade, do que por previsão de futuras necessidades". Não obstante o governo desejasse ficar acima da "obsessão do público", cedia às suas exigências, gastando com aquisições bélicas e cuidando de disciplinar a guarda nacional. A mobilização desta parecia-lhe ser apenas exercício, sem relação com "interesses internacionais".[3]

À medida que as relações entre Chile e Argentina se deterioravam, o Brasil, pragmaticamente, retraía-se. Telegrama do ministro das Relações Exteriores Carlos de Carvalho a Fernando Abbott, então ministro plenipotenciário do Brasil em Buenos Aires, é ilustrativo: "Procure não externar opinião alguma sobre questão argentino-chilena. Incerteza deles é grande força para nós".[4] O representante brasileiro, ao acompanhar as questões de fronteiras entre as duas nações rivais e a decorrente corrida armamentista, informou

---

1 AHI. Ofício reservado de Buenos Aires, 26 set. 1891.
2 AHI. Ofício de Buenos Aires, 4 out. 1892.
3 AHI. Ofício reservado de Buenos Aires, 21 fev. 1893.
4 AHI. Ofício de Buenos Aires, 17 mar. 1895.

OBSERVANDO AS RELAÇÕES ARGENTINO-CHILENAS

que a aquisição de armamentos sangrava as finanças de ambas.[5] Quando, mais adiante, a tensão entre elas esteve próxima do ponto de ruptura, o Brasil teve a intenção de oferecer seus bons ofícios. Em setembro de 1898, o ministro das Relações Exteriores, general Dionísio Evangelista de Castro Cerqueira, determinou que fosse sondado o governo argentino a fim de saber como aqueles seriam recebidos. O representante brasileiro, por cautela, não procurou diretamente o presidente argentino nem seu ministro das Relações Exteriores, pois desejava, antes, conhecer a disposição do governo por meio do general Mitre – pessoa de confiança do governo e conhecedor dos detalhes da situação política de seu país –, que lhe informou que seria o oferecimento bem acolhido, mas observou que o momento não era oportuno, pois os dois países buscavam entendimento direto, com possibilidade de êxito; na hipótese de não o conseguir, recorrer-se-ia ao arbitramento. O representante brasileiro enxergou na resposta de Mitre o desejo argentino de não incluir outra nação na questão da Patagônia a não ser a Grã-Bretanha, naquela altura já escolhida para arbitrá-la. Mesmo assim, no Rio de Janeiro, o ministro das Relações Exteriores, no ensejo de um encontro com Portela, representante argentino junto ao governo brasileiro, observou que, na hipótese de bom acolhimento, os bons ofícios seriam oferecidos. Embora a mediação não tenha ido adiante, o plenipotenciário brasileiro em Buenos Aires esperava que a iniciativa do presidente brasileiro tivesse efeito positivo, pois era mais um testemunho de amizade e desejo de paz.[6]

Com a ascensão de Júlio Roca à presidência da Argentina (12/10/1898 a 12/109/1904), as relações com o Chile melhoraram. Submetidas as questões de fronteira a arbitramento, Roca promoveu um encontro com o colega chileno em Punta Arenas em 1899 com a finalidade de restabelecer o clima de concórdia.[7] Ao dar conta das apreciações que então se faziam a respeito do encontro solene às vésperas de sua realização, o ministro brasileiro em Santiago, Alfredo de Morais Gomes Ferreira, informou que para alguns significava simples cortesia para consagrar a aproximação dos dois países, observável após os ajustes relativos aos limites; para outros, o encontro teria objetivos mais amplos, como a troca de ideias sobre assuntos de ordem internacional que iam além do interesse comum de ambos. Inclinando-se mais para o lado dessa interpretação, Ferreira previa resultados, pois deveria ser tratado o relativo ao intercâmbio comercial, à conclusão da estrada de ferro transandina

---

5 AHI. Ofício de Buenos Aires, 8 maio 1896.

6 AHI. Ofício reservado de Buenos Aires, 20 set. 1898.

7 Veja-se Palacio, 1960, p.302-303.

A REPÚBLICA E SUA POLÍTICA EXTERIOR (1889-1902)

– que resultaria numa aproximação ainda maior entre a Argentina e o Chile –, à questão de limites relativa à Puna de Atacama, e até o concernente à situação do Chile em relação ao Peru e à Bolívia. Depois de fornecer detalhes sobre o andamento das relações entre estes países, o diplomata observou (com a ressalva de que não sabia "até que ponto [seria] digno de nota") que no Chile adquiria contornos "certa opinião" que propunha nada menos do que a partilha da Bolívia – vista como uma espécie de Polônia da América do Sul – em favor do Chile, Argentina e eventualmente do Peru. Os partidários dessa solução opinavam não ter aquele país andino condições para vida independente. Para Gomes Ferreira, tais partidários não eram minoria, uma vez que "não deixa de ser assaz vivo esse sentimento em geral". No quadro dessa solução, buscaria o Chile expandir-se em direção ao norte, já que não havia chances de expansão para o sul, pois já não alimentavam esperanças na aquisição da Patagônia, por muitos considerada chilena. Os adeptos dessa solução entendiam ser possível obter a cooperação da Argentina, fazendo-lhe concessão a eventuais aspirações a respeito do Paraguai e Uruguai. O representante brasileiro teve a cautela de salientar, nas suas impressões, que se tratava de tendências; não obstante acentuadas, não lhe era ainda possível ajuizar sobre "a possibilidade, que possam ter, de ser incorporadas à política do Estado".[8]

O ensejo do encontro dos presidentes em Punta Arenas despertou em Gomes Ferreira preocupações com respeito às pretensões chileno-argentinas no contexto sul-americano. A conferência de presidentes, para ele, inaugurara um novo momento na conjuntura internacional da América do Sul. Tal opinião, formulada quando do regresso do presidente chileno, apoiava-se na interpretação do estado de espírito que então existia no país transandino. Ambos os países, após um período de desconfiança, ingressavam numa fase em que prevalecia a concórdia. Não era de se estranhar. Entre as duas nacionalidades, não obstante a animosidade do período anterior, havia "certa base para uma aproximação constante e segura", animadas pelo mesmo sentimento expresso por Roca num trecho de seu discurso em Punta Arenas: "[...] o Chile e a Argentina têm a consciência clara de seus destinos paralelos e de sua importantíssima e nobre missão interna e externa".[9] Melindrado no seu patriotismo, constatava haver no Chile, de modo acentuado, a noção de que a este país e à Argentina estava reservado, quase que exclusivamente, um papel relevante "na obra do progresso, grandeza e civilização sul-americana". Tal sentimento fizera com que prevalecesse a paz nos momentos críticos do

---

8 AHI. Ofício reservado de Santiago, 9 fev. 1899.

9 AHI. Ofício confidencial de Santiago, 28 fev. 1899.

OBSERVANDO AS RELAÇÕES ARGENTINO-CHILENAS

relacionamento entre ambos. Percebia entre a população culta e dirigente, pronunciada atração pela Argentina, acentuada em decorrência do contato entre os dois povos, facilitado nos últimos anos pelas comunicações terrestres. A aproximação entre os dois povos era ainda reforçada pela afinidade de raça, além das razões de ordem material e de ordem moral, como estima, consideração e apreço.[10] Decorrido pouco mais de um ano, tais previsões e preocupações já não tinham mais razão de ser. Argentinos e chilenos já não tinham a mesma disposição. Gomes Ferreira, embora perspicaz nas suas observações de caráter geral, impressionara-se com o momento do encontro presidencial, de festa confraternizatória, quando em geral há exageros nas manifestações de apreço, e nas formulações de projetos, mormente em povos amantes da retórica. Tais períodos normalmente são de pouca duração, pois acabam colidindo com interesses específicos que não se satisfazem com demonstrações de estima. Em agosto de 1900 Ciro de Azevedo, ministro do Brasil em Buenos Aires, informou que o prestigioso diário *La Prensa* movia campanha contra o Chile, "apresentando a situação da América espanhola como de verdadeira paz armada". O Chile instituíra o serviço militar obrigatório, o governo argentino cuidava dos seus meios de defesa, e em geral observavam-se declarações de simpatia pelo Peru e pela Bolívia, então em pendência com o Chile.[11] Em outubro do mesmo ano, o clima na Argentina já era de hostilidade contra o Chile em razão da iminência de conflito desse país com a Bolívia. Azevedo informava que para isso contribuiu a conferência proferida pelo ex-ministro das Relações Exteriores Estanisláo Zeballos no Centro Jurídico de Buenos Aires, na qual dava corpo a um generalizado sentimento "de hostilidade à arremetida diplomática chilena, contra um país vencido e sem meios práticos de repulsa" e historiava "em forma documentada as negociações chileno-bolivianas", classificando a política da nação andina como "absorvente."[12]

O representante do Chile em Buenos Aires tentara, sem sucesso, mais de uma vez, obter da Argentina declaração de absoluta neutralidade na hipótese de conflito com a Bolívia. A Argentina não só negara o pedido de indiferença como declarara que não permitiria uma agressão chilena. A conferência aludida e as matérias de jornal diferiam na forma, mas correspondiam, "em princípio", ao pensamento do governo argentino. O nível da temperatura pode ser medido por uma entrevista do general Roca com o ministro chileno em Buenos Aires, Subercasseaux, na qual o primeiro afirmara, à vista de notícias

---

10 AHI. Ofício confidencial de Santiago, 28 fev. 1900.
11 AHI. Ofício de Buenos Aires, 31 ago. 1900.
12 AHI. Ofício de Buenos Aires, 22 out. 1900.

de jornais sobre a encomenda de navios de guerra feita pelo Chile, que "à compra de um navio pelo Chile seguir-se-á, qualquer que fosse o sacrifício, a compra de dois para a República Argentina". O desejo de não permitir que a armada argentina fosse inferior à chilena e a manifestação de tal disposição, em tom de ameaça, mostravam com clareza o grau de deterioração das relações entre os dois países.[13]

O quadro internacional do Cone Sul assemelhava-se, na forma, ao europeu. Nem mesmo faltou a ideia de "polonização" de um de seus países mais fracos, conforme afirmado. Apenas para ilustrar o "espírito da época", vale registrar o conteúdo da informação vinda da legação em Santiago, sobre uma suposta partilha da Bolívia, em proveito do Chile, Peru e até do Brasil. O assunto foi levantado pela circular distribuída pela chancelaria do Peru na qual seu ministro das Relações Exteriores declarou ter o ex-representante do Chile naquele país, Custódio Vicuña, feito a esdrúxula proposta. O *El Mercúrio* de Santiago, na busca do que havia de exato, entrevistou esse diplomata, que não só a negou como afirmou ter ela sido formulada pelo governo peruano e que a recusou de pronto. Tal notícia gerou enorme controvérsia, de difícil apuração da verdade, pois, como informou o ministro plenipotenciário brasileiro, o assunto surgira em amigável conversa reservada entre Custódio Vicuña e o presidente Romaña do Peru. A impressão do representante brasileiro, Costa Mota, era de que o ex-representante chileno no Peru havia efetivamente sondado o presidente peruano e que este não considerara "a disfarçada proposta".[14] Em dezembro de 1901 subiu novamente o nível da tensão entre Argentina e Chile, em decorrência de questões de fronteira, aproximando-se do ponto de ruptura. O ministro brasileiro na Argentina, Ciro de Azevedo, sugeriu ao Rio de Janeiro que se ofertassem os bons ofícios, simultaneamente, em Santiago e em Buenos Aires, pois o momento se lhe afigurava oportuno. Convencido da boa acolhida da oferta brasileira, opinou que deveria ser antecipada à de qualquer outra nação, provavelmente da Europa.[15] Pouco depois mudou de opinião, sem dar o porquê, acerca do momento de intervir na desinteligência, e ficou no aguardo de instruções, embora estivesse convencido de que o Brasil gozava de prestígio tanto em Buenos Aires quanto em Santiago, e acreditasse na eficácia e oportunidade da sua mediação a fim de evitar o rompimento.[16] Os dois países não chegaram sequer à ruptura de relações diplomáticas nem houve oferecimento brasileiro. Em fevereiro de

---

13 AHI. Ofício de Buenos Aires, 22 out. 1900.
14 AHI. Ofício de Santiago, 22 ago. 1901.
15 AHI. Ofício de Santiago, 22 ago. 1901.
16 AHI. Ofício reservado de Buenos Aires, 29 dez. 1901.

OBSERVANDO AS RELAÇÕES ARGENTINO-CHILENAS

1902, a situação se amainava e o enviado britânico chegou para estudar *in loco* a questão de fronteira. Segundo informou Amancio Alcorta, então ministro das Relações Exteriores argentino, o representante chileno em Buenos Aires Concha Subercasseaux fizera declarações gerais de boa vontade, de desejo "de paz e vida amistosa", embora sem fazer qualquer proposta de acordo direto, conforme noticiara a imprensa. Estava o Chile com as finanças exauridas em razão do regime de "paz armada" e, acreditava-se, não suportaria por mais tempo os pesados gastos com a aquisição e conservação do material bélico que já possuía.[17]

O novo quadro internacional que então se desenhava na América do Sul levava Ciro de Azevedo a vislumbrar, com alguma preocupação, reforço da área de atração da Argentina, pois a imprensa noticiou que a Argentina celebrara um tratado de aliança com o Peru e a Bolívia, o que o levou buscar informações, com as devidas cautelas, quase que diretamente de Amancio Alcorta e do representante do Peru em Buenos Aires, Eguiguren. Embora ambos não negassem o fato comentado, Azevedo não acreditou na existência de qualquer tratado escrito; seria apenas um acordo de vistas, um compromisso "mais ou menos concreto" entre as três repúblicas, segundo o qual a Argentina teria auxílio armado na hipótese de guerra contra o Chile e tanto o Peru como a Bolívia contariam com a intervenção armada argentina, caso a nação transandina intentasse uma invasão ou pretendesse impor, por meio de pressão moral, uma solução ao problema do Pacífico. Para Azevedo, a Argentina, tendo em vista os seus interesses e o aumento do seu prestígio na área, erigia-se em defensora do Peru e da Bolívia. Ajudara o primeiro a armar-se e o auxiliava na sua política externa. Com referência à Bolívia, o país platino, fazendo concessões, acabara de solucionar a questão de limites, e brevemente daria início à construção da ferrovia de Potosí, a fim de assegurar "seu predomínio político e econômico".[18]

Na busca da extensão de sua esfera de influência, a Argentina tomava ainda outras iniciativas, como a criação, com provimento previsto, de legações no México, Colômbia, Venezuela, Equador e América Central. Além da forte presença que já tinha no Uruguai e no Paraguai, seu governo firmava acordo com o Peru e a Bolívia, que passaram à condição de "protegidos e ao mesmo tempo seus auxiliares", e planejava "recomendar-se às outras nações americanas, fazendo-se conhecido, tentando ganhar estima e assegurar prestígio, a descontar em ocasião oportuna". Azevedo acentuava que, não obstante o

---

17 AHI. Ofício reservado de Buenos Aires, 26 fev. 1902.
18 AHI. Ofícios reservados de Buenos Aires, 4 e 26 fev. 1902.

310   A REPÚBLICA E SUA POLÍTICA EXTERIOR (1889-1902)

mau estado das finanças, a nação platina era rica, tinha condições de aumentar a arrecadação, a renda tendia ao crescimento e havia progresso material. A crise, portanto, não a impedira de ter uma poderosa esquadra, de dispor de boa quantidade de material bélico e de manter um exército, cuja constituição era facilitada pelo serviço militar obrigatório que preparava gradativamente uma grande massa de combatentes, segundo suas próprias palavras.[19]

Logo após, o representante brasileiro constatou mudança no rumo geral da política externa argentina, sobretudo no que dizia respeito às relações com o Chile. Com novo titular, o Ministério das Relações Exteriores e Culto em poucos meses alterou sua conduta.[20] O ministro interino Joaquín V. Gonzáles, defensor do Tratado de equivalência naval, paz e amizade[21] assinado pelos dois países em Santiago (28/05/1902) então recentemente firmado com o Chile, era favorável à isenção e neutralidade de seu país nas questões do Pacífico. Abandonava-se assim o apoio à Bolívia e ao Peru, pois, conforme declarou o próprio ministro, "o seu país não podia resvalar no romantismo de andar pelo mundo afora a reparar injustiças e defender os fracos, à imitação do herói de Cervantes". A nova posição era de neutralidade e ênfase no revigoramento das forças nacionais, sem "façanhas declamatórias". A mudança no plano internacional era relevante, dir-se-ia até antagônica ao momento imediatamente anterior, pois manifestava-se a tendência de aproximação ao Chile, já não mais o adversário irreconciliável. A nova orientação do governo argentino, embora causasse "amargas decepções no Peru e na Bolívia, para Azevedo correspondia à fixação de um programa claro e seguro".[22]

A evolução da questão argentino-chilena demonstrou a Azevedo que as coisas não iriam evoluir tal qual lhe relatara J. V. Gonzáles. O acordo celebrado entre as duas nações foi aprovado no Senado argentino quase que por unanimidade. Quando, porém, da sua apreciação pela Câmara dos Deputados, houve resistência no relativo ao desarmamento das forças navais consoante os pactos, em face do estabelecimento de "um equilíbrio das forças navais das duas potências, regulado pelo princípio de uma justa equivalência". Por ocasião da discussão desta cláusula secreta, Azevedo teve conhecimento de que o ministro interino das Relações Exteriores declarou que, na hipótese de desarmonia entre os dois países, o governo inglês, que era árbitro da questão, fixaria "essa justa equivalência de unidades de combate e defesa naval", e

---

19 AHI. Ofícios reservados de Buenos Aires, 4 e 26 fev. 1902.

20 A propósito, veja-se Bagú, 1961, p.72.

21 Designado, também, por "Pactos de Mayo". Júlio A. Roca era o presidente da Argentina, e Germán Riesco, do Chile.

22 AHI. Ofícios reservados de Buenos Aires, 25 jun., 12 ago. 1902.

OBSERVANDO AS RELAÇÕES ARGENTINO-CHILENAS

acrescentou que o árbitro não deveria consentir no desarmamento das principais unidades da marinha argentina, considerando que o Chile só tinha um rival na América, enquanto a Argentina tinha dois: Chile e Brasil. Azevedo, apesar de ter classificado o suposto perigo brasileiro como preconceito extravagante e argumento "contraproducente", transmitiu as informações por tê-las obtido de boa fonte. Embora o receio argentino contrariasse anteriores manifestações de política amistosa para com o Brasil, entendeu Azevedo que, por isso mesmo, lhe cumpria chamar a atenção do ministério sobre o assunto.[23] No que dizia respeito à neutralidade argentina nas questões do Pacífico, ele tivera conhecimento de conferência havida entre o ministro das Relações Exteriores e o representante do Peru em Buenos Aires, ocasião em que o primeiro declarara que a neutralidade ficava condicionada ao "exato cumprimento dos tratados" que havia entre o Chile, Peru e Bolívia. Tal interpretação, então em discussão na Câmara, contrariava seus próprios "dizeres positivos", bem como contrariava a nova política internacional argentina que lhe fora exposta pelo próprio ministro. Nessas condições, não se podia prever o que iria, na prática, resultar dos tratados que, conforme se anunciara, deveriam marcar o início de um período de tranquilidade.[24]

O desagrado que provocou em Santiago os termos da referida conferência entre o ministro interino das Relações Exteriores, Gonzalez, e o representante do Peru em Buenos Aires, resultou em nova *ata aclaratoria* (10/7/1902), estabelecendo a prescindência da Argentina nas questões do Pacífico, quer no que se refere à execução dos tratados com o Peru e Bolívia, quer nas questões incidentais, ou resultantes desses mesmos tratados. A prometida neutralidade absoluta, segundo declarou em caráter privado o ministro Gonzalez, foi considerada um triunfo pelo Chile, enquanto para a Argentina foi a oportunidade para se desfazer de vez da política de "proteção a nações fracas". Política que,

---

23 AHI. Ofício confidencial de Buenos Aires, 4 jul. 1902.
24 Ibidem. Em Santiago – onde se aguardava aprovação sem dificuldades, pelas duas casas legislativas, dos tratados tal qual foram ajustados –, constou-se que o governo argentino, por pressão da Marinha, fizera algumas observações à chancelaria chilena a respeito da limitação dos armamentos navais. Segundo informações obtidas confidencialmente pelo ministro brasileiro, Costa Mota, junto ao ministro das Relações Exteriores do Chile, esse era, de fato, o motivo que explicara a demora do governo platino em submeter os tratados à apreciação do Congresso. O pretexto invocado pelo governo argentino era a proximidade do Brasil, que naquele momento estava reorganizando sua esquadra. O ministro chileno previa que, não obstante a resistência da oficialidade e da oposição de grupos políticos, o governo argentino conseguiria a aprovação dos pactos por ter a maioria no Congresso (AHI. Ofício de Santiago, 16 jun. 1902).

312   A REPÚBLICA E SUA POLÍTICA EXTERIOR (1889-1902)

além de arriscada, não traria vantagens a título de compensação.[25] Uma outra *ata aclaratoria* regulou o desarmamento segundo o "princípio de uma *discreta equivalência*", desobrigando as duas nações contratantes de se desfazerem de navios de guerra, que a Argentina "conservaria a marinha necessária à sua defesa no Atlântico, e o Chile a necessária à sua defesa no Pacífico". O desarmamento seria paulatino e sem intervenção do árbitro. Azevedo observou que o acordo sofrera modificações "em pontos essenciais" por ocasião da sua discussão nos congressos dos dois países, e que a política internacional argentina – reiterando informação já passada – sofrera modificação radical em relação à área em questão. Da "comunhão de interesses com o Peru e a Bolívia", em dado momento, tomou o rumo de aliança ofensiva e defensiva e, finalmente, evoluiu para "a indiferença completa". O fato de a política argentina pular de uma posição extrema a outra levava-o a não descartar a possibilidade de evoluir para uma terceira, não obstante os tratados com o Chile. Naquele momento preciso, a política exterior argentina, com respeito ao Chile, alterara-se por completo: a ameaça de guerra foi substituída pelo desejo de manutenção da paz, que, todavia, ficava em última instância na dependência dos termos do esperado laudo de Eduardo VII da Inglaterra sobre a questão de limites.[26]

Logo após a assinatura do acordo argentino-chileno, o representante do Peru em Buenos Aires, Eguiguren, retirou-se para seu país. Embora o motivo alegado tenha sido de ordem particular, o governo peruano não nomeou novo ministro, ficando o secretário da legação na condição de encarregado de negócios. A clara posição de descontentamento do Peru era compreensível. Depois de uma política de aproximação, a Argentina firmava pacto de amizade com o Chile, no qual constava cláusula específica de não intromissão nas questões do Pacífico. O representante peruano considerou-se traído e por isso não viu mais utilidade na representação. Segundo Azevedo, a mudança na política argentina decorreu da morte do ministro das Relações Exteriores Amancio Alcorta, o que facilitou a intervenção da Inglaterra na questão argentino-chilena. Na visão pessoal do representante brasileiro, o acordo decorria também do fato de ambos os países envolvidos não terem condições financeiras para irem à guerra ou manterem a paz armada. As últimas aquisições bélicas exigiram grande e desesperado esforço financeiro. O representante inglês em Buenos Aires, Barrington, lhe informara que o governo chileno tentara provocar de modo indireto a intervenção inglesa, por meio dos banqueiros, aos quais "solicitava inutilmente empréstimos". Estes estavam receosos quanto ao

---

25 AHI. Ofício reservado de Buenos Aires, 15 jul.1902.
26 AHI. Ofício reservado de Buenos Aires, 15 jul. 1902.

retorno dos capitais lá empregados. Explicava-se, assim, a predominância da influência inglesa nas negociações e na elaboração do acordo que reconciliava as duas nações. Passado o perigo de guerra, os dois povos se expandiram em manifestações de fraternidade. A Argentina enviou ao Chile uma embaixada militar. A troca de ratificações se fez de maneira ruidosa. O Chile anunciou para 1903 o pagamento da visita com o envio de um de seus navios de guerra. Essa demora na retribuição era, para Azevedo, previdente, pois o laudo inglês, temia-se, não iria agradar a nenhuma das partes. Barrington, confidencialmente, lhe informara supor que a solução arbitral se fixaria numa posição intermediária de molde a significar concessões recíprocas e, por conseguinte, a linha demarcatória não seguiria com rigor o *divortia aquarum* nem a linha dos altos cumes. O próprio Drago, novo ministro das Relações Exteriores argentino, comunicara-lhe, particularmente, temer a solução intermediária, desagradável aos dois lados, que poderia assim ensejar novo período de divergências. A paz, tão festejada e tão necessária aos dois países, ficava praticamente na dependência do laudo arbitral do governo inglês. Ironicamente, o mesmo governo que intermediou as negociações de paz.[27]

A evolução das relações argentino-chilenas no período em estudo – relações que praticamente se resumiram aos problemas de limites – subsidiava a diplomacia republicana do Brasil no que dizia respeito ao seu posicionamento no contexto do Cone Sul. Os ministros brasileiros em Buenos Aires, além do relativo à falta de continuidade da política exterior argentina, isto é, que havia mudanças radicais de curso, tinham ciência de que no país platino o vizinho do norte era considerado como inimigo provável, e que ao menos em determinado momento a noção de hegemonia presidiu o relacionamento da Argentina – que já exercia influência sobre o Paraguai e Uruguai – com o Peru e a Bolívia. Isso, combinado com o fato de que o Chile, em razão da sua posição geográfica, jamais teria divergência com o Brasil por causa de fronteiras, fazia com que o Itamaraty realçasse suas relações com o país transandino.

A SUPOSTA *ENTENTE* BRASIL-CHILE NA IMPRENSA PORTENHA

Não houve *entente cordiale* entre Brasil e Chile. Só existiu na imprensa, mas a insistência com que o assunto foi tratado, sobretudo no Prata, justifica breve exame, pois contribuíra para se restaurar o "ambiente internacional" do

---

27 AHI. Ofício reservado de Buenos Aires, 6 out. 1902.

314 A REPÚBLICA E SUA POLÍTICA EXTERIOR (1889-1902)

contexto sub-regional na virada do século. O Cone Sul não escapava do "espírito do tempo". E produzia efeitos.

Em junho de 1890, surgiu no *New York Herald* notícia sobre alianças na América do Sul envolvendo o Brasil. Ao contrário do que se encontra com frequência em documentos com datas posteriores, a aliança seria formada pelo Brasil, Argentina e Peru, com objetivos antichilenos. Amaral Valente, então na chefia da representação do Brasil em Washington, tomou a iniciativa de fazer publicar o devido reparo nos principais jornais norte-americanos.[28] A notícia era um tanto estranha, pois a composição de tal aliança contrariava a versão corrente. A única explicação plausível seria a má informação do jornal. Dois anos depois surgiu o rumor sobre eventual aliança Brasil-Chile contra a Argentina.[29] Segundo nos informa Costa (1979), comentou-se, na ocasião, que Máximo Lira fora adrede designado pelo governo chileno para representar o país junto ao governo brasileiro com a incumbência de obter uma aliança secreta antiargentina. Tal rumor intensificou-se quando o marechal Floriano Peixoto deu boa acolhida à referência de aliança feita pelo citado representante na ocasião da entrega de suas credenciais. O momento era de luta civil no Rio Grande do Sul, o que despertava no governo receio pela integridade territorial do país em proveito de nação vizinha. A observação do ministro argentino no Rio de Janeiro a outro integrante do corpo diplomático estrangeiro a respeito da expressão usada por Floriano – "aliança mais do que nunca!" – quando do recebimento da credencial aludida, somada ao comentário de caráter geral do conde Paço d'Arcos, representante de Portugal, feitas ao seu governo ao se findar o ano legislativo de 1892, e a discussão havida no Congresso a respeito dos recursos solicitados para a marinha de guerra levavam observadores a considerar a possibilidade de que mais cedo ou mais tarde haveria conflito armado entre Brasil e Argentina.[30] Eduardo Prado, contemporâneo dos fatos, dá também testemunho da rivalidade argentino-brasileira e das simpatias que existiam entre Brasil e Chile: "[...] existem laços de simpatia entre o Brasil e o Chile porque os governos dos dois países se consideram aliados prováveis em caso de guerra contra a República Argentina".[31] A amizade entre ambos era reforçada pela circunstância de terem esferas de atração distintas (no Atlântico e no Pacífico) e rival comum, a Argentina.

---

28 AHI. Ofício de Washington, 30 jun. 1890.

29 O *La Prensa* de Buenos Aires, por exemplo, noticiou em 26 de outubro de 1892 que o almirante Custódio José de Melo, então ministro interino das relações exteriores do Brasil, propôs ao Chile a celebração de uma aliança.

30 Costa, S .C., 1979, p.178-179.

31 Prado, 1923, p.58.

OBSERVANDO AS RELAÇÕES ARGENTINO-CHILENAS

A nomeação de Maximo Lira repercutiu na imprensa de Buenos Aires. A disputa pelo "predomínio na América do Sul" foi o argumento básico utilizado pelo *El Nacional* em editorial a respeito das relações entre os países em questão. A disputa entre Argentina e Chile existia porque, segundo o jornal, ambos não se desenvolviam em linhas paralelas ao Atlântico e ao Pacífico, respectivamente, mas transversalmente, de modo a criar um choque de interesses políticos e materiais. Advertia que, na hipótese de o Chile romper o equilíbrio então existente, anexando no Pacífico territórios bolivianos e peruanos, a opinião pública argentina forçaria o governo a uma reação, pois a anexação vislumbrada acrescentaria em muito a população do Chile, faria aumentar seu exército e suas rendas, habilitando-o a "preparar-se para qualquer emergência". Enquanto o país andino distraía os argentinos com atenções e oferecimento de amizade, enviava Maximo Lira ao Rio de Janeiro com o intuito de conseguir uma aliança ofensiva e defensiva.[32] Para o jornal, a Argentina estava isolada no continente, inclusive porque não podia contar com aqueles que seriam seus aliados naturais, Peru e Bolívia, pois os dois, referidos com menosprezo, eram fracos. Em tom xenófobo, clamava pelos altos valores do patriotismo de seus nacionais ao mesmo tempo que advertia contra o cosmopolitismo, que, se exagerado, poderia ser um mal para a nacionalidade. Fazia ainda uma advertência: a amizade chilena era púnica, era preciso assegurar a paz, mas preparando-se para qualquer emergência.[33]

El Diario, que não tinha prevenções contra o Brasil,[34] manifestou opinião contrária. Ao mesmo tempo que ridicularizou a imitação da política do equilíbrio europeu, opinou que não tinha fundamento comparar as nações americanas às europeias, que, além de rancores tradicionais, possuíam diferenças de língua e de origem. A criação de uma outra "questão do Oriente", por causa de "uma polegada de terra ou de um absurdo prurido de supremacia", significava estagnação para sociedades que lutavam contra o desequilíbrio econômico, contra as agitações que eram típicas em dado período do desenvolvimento nacional, e contra a anarquia interna. A diplomacia não poderia se deixar levar por rivalidades, ciúmes e ambições, sob pena de fazer agravar o quadro já dificílimo com o qual então se deparavam os povos da América.[35] O *El Diario* chegava a ser veemente na ridicularização da suposta aliança Brasil-Chile, que incluiria também o Paraguai, contra a Argentina. Dizia, entre outras coisas, que as condições dos primeiros não lhes permitiam "devaneios guerreiros".

---

32 Política internacional, La cuestión del Pacífico, *El Nacional*, Buenos Aires, 29 set. 1892.

33 *El Nacional*, Buenos Aires, 11 out. 1892.

34 AHI. 24.6-XXVI, 4-7, G-3, M-l.

35 Política Sudamericana – EI fantasma del equilibrio, *El Diario*, Buenos Aires, 13 out. 1892.

316 A REPÚBLICA E SUA POLÍTICA EXTERIOR (1889-1902)

E arrematava o assunto numa frase concisa: "Vivemos bastante desequilibrados na Sul América, particularmente cada povo, para buscar um novo desequilíbrio no equilíbrio do continente".[36] A missão de Maximo Lira junto ao governo brasileiro não foi vista pelo *El Diario* como motivo para preocupação. Em matéria tranquilizadora, caracterizava a suposta aliança buscada pelo Chile como resultado de intrigas daqueles que, ocultos, estavam desejosos de promover uma atmosfera de inquietação. Tranquilizadora foi também a matéria publicada a propósito das relações entre Argentina, Brasil, Chile e Bolívia. Os rumores de uma aliança Brasil-Chile não deveriam ser levados a sério.[37]

Segundo telegrama do correspondente do *New York Herald* no Rio de Janeiro, em dezembro de 1892, Brasil e Chile teriam firmado uma aliança ofensivo-defensiva. A imprensa chilena deu a público o telegrama, e o assunto irradiou-se para Buenos Aires. Diante de tais boatos, Floriano Peixoto, consoante informou o *La Prensa*, desautorizou a notícia. O ministro plenipotenciário brasileiro em Buenos Aires, Assis Brasil (elogiado por sua atitude digna, segundo o diário), publicou os telegramas trocados entre ele e o Ministério das Relações Exteriores a fim de que se desfizessem quaisquer dúvidas a respeito. O visconde de Cabo Frio, diretor geral do Ministério das Relações Exteriores, cumprindo determinações do marechal Floriano, informou a Assis Brasil, de modo a não deixar dúvidas, que o Brasil não tinha tratado de aliança de qualquer natureza com o Chile. Guerrero, ministro chileno em Buenos Aires, por seu turno, em cumprimento de instruções de seu governo, desmentiu categoricamente a existência da suposta liga e ao mesmo tempo fez, nesse sentido, comunicação ao governo argentino. O *El Diario* contribuiu também para desfazer equívocos a respeito da suposta aliança, elogiando também a atitude de Assis Brasil, que, assim, prestou útil serviço tanto à Argentina quanto ao Brasil.[38] Depois de tantos desmentidos peremptórios, o assunto perdeu espaço na imprensa portenha, mas ficou latente.

Para imergir um pouco mais no "espírito" da época são ilustrativos os termos usados pelo argentino Ernesto Quesada, historiador, jurista e prestigiado homem de letras, na sua longa análise publicada em março de 1895 no

---

36 La chifladura del equilibrio sudamericano – Visiones y fantasmas, *El Diario*, Buenos Aires, 26 out, 1892.

37 Política internacional – Los rumores sobre alianzas, *El Diario*, Buenos Aires, 8 nov. 1892; Nuestras relaciones con Chile, Brasil y Bolivia, *El Diario*, Buenos Aires, 9 nov. 1892; Política internacional – Chile y la Argentina – Palabras del Dr. Uriburu, *El Diario*, 10 nov. 1892.

38 La alianza chileno-brasilera no existe, *La Prensa*, Buenos Aires, 1 jan. 1893. Cf. *La Prensa*, Buenos Aires, 5 jan. 1893; La supuesta alianza entre el Brasil y Chile, *El Diario*, Buenos Aires, 2 jan. 1893; El Perú en las supuestas alianzas, *El Diario*, 5 jan. 1893.

OBSERVANDO AS RELAÇÕES ARGENTINO-CHILENAS

El Tiempo de Buenos Aires, na qual trouxe informações e fez considerações, pequena parte delas aqui expostas, pelo que contribui para se avaliar o clima de desconfiança então existente entre as principais nações do Cone Sul. Ao retomar o tema relativo à suposta *entente* Brasil-Chile, reiterou a opinião dos analistas que viam a repetição, na América do Sul, da "política das alianças" então vigente no concerto europeu. Segundo ele, o Chile teria um plano de vasta projeção que não se esgotava em questões transitórias nem nas de limites com a Argentina: "a chave da política do Chile e de sua atual militarização" estava na pretensão de "desempenhar nesta parte da América o papel da Prússia na Europa moderna". Afigurava-se-lhe impossível, senão platônico, o Chile concretizar qualquer projeto de hegemonia se não contasse com a aliança de outros países. Informava ser também essa a opinião do general Mitre, que assim se referiu ao Chile em reportagem elaborada a propósito do laudo norte-americano que pôs fim ao litígio Brasil-Argentina a respeito da região das Missões: "uma potência vizinha contava neste assunto com uma favorável decisão a favor da Argentina, e esperava o resultado na previsão de poder iniciar ou prosseguir uma guerra de alianças. Essa nação conhece que de hoje em diante terá que regular seus assuntos conosco diretamente e sem perspectiva de aliança com outras nações". Quesada reportou-se, em seguida, ao rumor, para ele "assaz fundado", sobre aliança ofensivo-defensiva que teria sido entabulada pelo então ministro das Relações Exteriores do Brasil, Custódio José de Melo e Maximo Lira, representante diplomático chileno no Rio de Janeiro. Uma vez desmentido peremptoriamente pelo ex-ministro brasileiro a existência de qualquer pacto, tratado, convenção ou *entente* com o Chile com vistas a uma guerra internacional em que os dois países atuassem em conjunto, esse nunca iria se aventurar em uma guerra contra a Argentina. O analista, todavia, pôs em dúvida o esclarecimento de Custódio José de Melo, aduzindo que Belford Guimarães, secretário do ex-ministro, havia dito em outra ocasião, em reportagem publicada pelo mesmo *El Tiempo*, que, na hipótese de o laudo sobre a questão das Missões ser adverso, o Brasil aproximar-se-ia do Chile e, na hipótese de guerra, a área seria reconquistada. À vista do exposto, concluía que, "se não existia um pacto escrito, havia uma *entente* tácita". E nesta residia o perigo para a paz na América, pois o Chile se consideraria a coberto na retaguarda, o que lhe permitiria dar prosseguimento à sua "política de conquista e militarização". Após o laudo sobre a região litigiosa favorável ao Brasil, Quesada indagava: se o laudo deixava sem razão de ser a propalada *entente*, por que se repetia insistentemente sua existência? E reformulou a questão de modo direto: "a *entente* brasileiro-chilena tinha por base, da parte do primeiro, tão só o litígio de Missões, ou obedecia a causas de outra ordem, relacionadas com o equilíbrio internacional da América do Sul?".

318 A REPÚBLICA E SUA POLÍTICA EXTERIOR (1889-1902)

Reconhecia terem sido categóricas as declarações do almirante brasileiro, mas se o pacto fosse secreto não poderia revelá-lo, mesmo na condição de revolucionário vencido e desterrado.[39] Na falta de documentação, valeu-se de informações pessoais e induções. Afirmou ser "fato confessado" que Custódio José de Melo, quando ministro das Relações Exteriores, era antiargentino e muito "achilenado". A razão da preferência seria a diferença de tratamento recebida por ele em Buenos Aires e no Chile, por ocasião de sua circum-navegação em 1888, e a amizade íntima que manteve com Maximo Lira, quando este representava seu país no Rio de Janeiro. Mas o "busílis da questão" da aliança Brasil-Chile era o ideal internacional do referido ex-ministro. Depois de fazer comparações entre situações históricas similares da Europa e América do Sul, Ernesto Quesada observou que o ideal internacional de Melo e de alguns políticos brasileiros correspondia ao "*dreibund* bismarckiano, à tríplice de Crispi".[40]

A imprensa portenha voltou a ocupar-se das relações Brasil-Chile por ocasião do protocolo comercial assinado entre os dois países em princípios de 1896.[41] O momento era de tensão entre Argentina e Chile em razão dos invariáveis problemas de limites, o que criava um clima favorável para se suspeitar que o protocolo negociado pelo ministro chileno no Rio de Janeiro, Vial Solar, fosse apenas disfarce para uma aproximação íntima, de caráter político, entre os dois países que seriam solidários contra a Argentina na hipótese de guerra. Tal suspeita surgira nos círculos políticos de Buenos Aires, não obstante a cordialidade então existente nas relações Brasil-Argentina. Tão exacerbados estavam os ânimos entre argentinos e chilenos que o ministro plenipotenciário brasileiro em Buenos Aires admitiu a possibilidade de guerra caso houvesse no Chile disposição de ânimo idêntica àquela que ele observava na capital platina. Tanto era assim que, disposta a não ceder na questão de limites, a Argentina aprestava-se para a guerra, consignando no orçamento a soma, por ele considerada extraordinária, de 100.000.000 de pesos, equivalentes, em moeda brasileira, ao câmbio da época, a Rs$150.000.000$000, destinada aos ministérios da guerra e da marinha.[42]

---

39 O almirante Custódio José de Melo, conforme já visto, rompeu com Floriano Peixoto, e liderou o levante da Armada iniciado em setembro de 1893.

40 Quesada, in *El Tiempo*, Buenos Aires, 1º mar. 1895.

41 Em 4 de maio de 1897 o Brasil firmou com o Chile uma convenção de comércio e navegação, enviada por Prudente de Morais em 10 de maio de 1897 ao Congresso Nacional. Lida na sessão do dia 14, foi remetida à Comissão de Diplomacia e Tratados (ACD. Sessão de 14 maio 1897).

42 AHI. Ofício reservado de Buenos Aires, 10 fev. 1896.

O *La Prensa* e o *La Nación* emitiram editoriais observando a necessidade de a Argentina obter vantagens comerciais do Brasil.[43] O *La Prensa* bateu também na tecla da suposta aliança Brasil-Chile, que estaria embutida no protocolo comercial. O rumor adquiriu repercussão a ponto de Salvador de Mendonça, ministro do Brasil em Washington, publicar um desmentido e o ministro das Relações Exteriores, Carlos de Carvalho, ter determinado ao encarregado de negócios do Brasil em Buenos Aires, naquele momento José Marques de Carvalho, que providenciasse igualmente um desmentido. Atendida a determinação, o *La Prensa*, segundo o representante brasileiro, vangloriou-se de ter provocado a declaração brasileira. Enquanto isso, o *La Nación*, órgão mitrista e de posições favoráveis ao Brasil, criticou o seu congênere pela leviandade ao espalhar rumores sem fundamento.[44]

O *La Prensa* divisava intenções políticas no tratado comercial, no entendimento de que o Chile o propusera ao Brasil com cálculo diplomático de modo a provocar suspeitas. Do ponto de vista comercial, reconheceu que o protocolo em questão não era motivo para preocupação, pois as correntes comerciais da área na qual se incluía a Argentina decorriam de interesses recíprocos das nações envolvidas. Para o jornal era impossível à agricultura chilena fazer frente à da argentina no mercado brasileiro, em razão dos custos de exploração e transporte. Com respeito ao gado, menos razão ainda havia para se temer eventual concorrência, pelo fato de o Chile ser nesse aspecto tributário da Argentina. Segundo o *La Prensa*, os tratados comerciais fundavam-se em conveniências que produziam melhora nas condições de venda e compra dos produtos; não havia, assim, razões para se temer que o Chile substituísse a Argentina no mercado brasileiro, pelo fato de o intercâmbio comercial entre a Argentina e o Brasil ser mutuamente conveniente.[45] Logo depois, o *La Prensa* lavrou curioso editorial nacionalista no qual afirmou ser a Argentina a primeira potência do continente depois dos Estados Unidos em razão dos seus armamentos, "da coesão, da disciplina e aptidões militares". Afirmou ainda que o Brasil não mais se constituía em "ameaça armada no flanco oriental" argentino, pois era amigo sincero e influência alguma o levaria a firmar aliança com o Chile, país que de comum com ele só tinha a simpatia vinda do tempo do Império. A anarquia ameaçava o Brasil de segregação, mas a sua integridade, dizia, tinha o apoio da Argentina, "cuja política leal nas fronteiras uruguaias tem contribuído, com eficácia, para evitar a separação do poderoso

---

43 AHI. Ofício de Buenos Aires, 28 jan. 1896.

44 AHI. Ofício de Buenos Aires, 20 fev. 1896.

45 Armonías internacionales, *La Prensa*, Buenos Aires, 24 jan. 1896.

320 A REPÚBLICA E SUA POLÍTICA EXTERIOR (1889-1902)

Estado do Rio Grande". O Chile, em contrapartida, tinha apenas a Bolívia como país amigo, assim mesmo "duvidoso", pelo fato de o partido oficial ser impopular. Previa alteração no quadro político do país andino, em razão do que o Chile ficaria isolado.[46]

O *La Nación*, ao adotar posição simpática ao Brasil, publicou entrevista de um de seus repórteres com Vial Solar, ministro plenipotenciário do Chile no Rio de Janeiro, quando de sua passagem por Buenos Aires em direção a Santiago, para, segundo ele mesmo informou, gozar licença. A partir da entrevista, o diário portenho afirmou, completando declarações do diplomata chileno, que o tratado Brasil-Chile, então em vias de se efetivar, era exclusivamente comercial. Não existia, quer como apêndice ao ajuste comercial quer de outra forma, qualquer aliança, bem como não havia a disposição de se convidar a Argentina para participar dele.[47] Vial Solar descartou qualquer sentido político de sua viagem a Santiago e esclareceu que se buscava o incremento do intercâmbio entre o Brasil e o Chile por meio de concessões mútuas e da diminuição do preço dos fretes, para o que se incentivaria o transporte em navios nacionais e se concederiam privilégios para as companhias estrangeiras que desejassem transportar mercadorias de um país para outro. Não viu o ministro chileno risco de prejuízo para as relações comerciais que a Argentina mantinha com o Chile e o Brasil em razão da variedade e da quantidade de produtos que ela oferecia. Ademais, havia a possibilidade de um dia Argentina e Chile firmarem tratado análogo, não obstante o estado, por ele classificado como passageiro, em que então se encontravam as relações entre ambos os países.[48] Embora o *La Nación* tenha analisado o assunto pelo aspecto estritamente comercial, observou que no novo relacionamento comercial entre Brasil e Chile haveria, como acontecia em situações semelhantes, decorrências de ordem política. A "política das alianças" tinha ressonância nesta parte do mundo. Os tratados comerciais com vistas a ulteriores objetivos de ordem política eram prática usada no Velho Mundo. O jornal acentuou ainda que os dois países vizinhos iniciaram "uma política comercial definida e de fecundos resultados". Argumentou que o seu país deveria adotar política semelhante, pois corria o risco de autoeliminação nos mercados brasileiro e chileno. Não poderia a Argentina ficar indiferente, sob pena de perder as vantagens de seu relacionamento comercial com o Brasil, beneficiado pela curta distância e pelo intercâmbio há tempo estabelecido entre as praças de ambos os países.[49]

---

46 Nuevo horizonte internacional, *La Prensa*, Buenos Aires, 2 fev. 1896.
47 Tratado chileno brasileiro, *La Nación*, Buenos Aires, 21 jan. 1896.
48 El ministro Vial Solar, *La Nación*, Buenos Aires, 21 jan. 1896.
49 El tratado chileno brasilero, *La Nación*, Buenos Aires, 21 jan.1896.

O *La Nación* voltaria ao assunto para fazer severa crítica à política aduaneira de seu país, no entendimento de que, se a Argentina não estabelecesse com o Brasil convenções comerciais, logo estaria excluída de seu mercado. E perguntava: quais foram as manifestações de boa vontade que se dispensara às exportações brasileiras para se solicitar alguma liberalidade? Atacou o protecionismo alfandegário, observando que o empenho dos proprietários de engenhos de açúcar sobre o Congresso acabou por fechar o mercado brasileiro aos moinhos argentinos, situação da qual se aproveitaram os Estados Unidos para colocar o Brasil na sua esfera de trocas. Naquele momento, mal refeito o país desse impacto, o Chile oferecia-se como fornecedor "nato" de farinhas para o Brasil. Urgia não perder tempo. O mercado brasileiro, o mais próximo, poderia a Argentina tê-lo adquirido sem disputa caso tivesse sido adotada política econômica mais liberal do que a então observada, responsável pelo surgimento de concorrentes. O momento exigia a tomada de iniciativas a fim de que a disputa comercial se desse em condições de igualdade.[50] O *La Nación* defendeu, preferentemente, os interesses da agricultura de seu país. Ao se aproximar do Chile, o Brasil colhia benefícios nas suas relações com o país platino, pois, ao mesmo tempo que punha parte da opinião deste país de sobreaviso no sentido de não se desdenhar a amizade do Brasil, fornecia argumento para reforçar a corrente de opinião que advogava uma política aduaneira liberal, que, se adotada, beneficiaria suas vendas de café, açúcar e erva-mate.

A VISITA DA ESQUADRA CHILENA

As manifestações de amizade entre o Brasil e o Chile voltaram a agitar a opinião dos principais jornais argentinos em abril de 1897 porque uma divisão da esquadra chilena, no retorno da Europa, visitou o Rio de Janeiro, onde recebeu expressivas homenagens. No ano anterior, a esquadra argentina fora homenageada na capital brasileira, mas, segundo o *La Prensa*, sem a mesma intensidade. Houve ao mesmo tempo em Santiago demonstrações públicas de apreço junto à legação brasileira, o que levou o diário platino a levantar a possibilidade de que houve algo de maior alcance, relacionado com algum problema internacional real, grave e específico, que estaria solucionado com a visita da frota chilena ao Rio de Janeiro. Entre as palavras da multidão, figurava a "união indestrutível" entre Chile e Brasil. O mesmo jornal via, também, o esforço da diplomacia chilena em vincular seu país às nações da Bacia do

---

50 El protocolo chileno brasilero, *La Nación*, Buenos Aires, 4 fev. 1896.

322 A REPÚBLICA E SUA POLÍTICA EXTERIOR (1889-1902)

Prata, pois não só procurava aproximação íntima com o Brasil, mas também com o Uruguai e o Paraguai. Tal política estaria ligada à intenção chilena, no âmbito da questão de limites, de ultrapassar a linha dos altos cumes e atingir a Patagônia, em razão do que deveria a Argentina prevenir-se militarmente. O *La Prensa* via nas manifestações de amizade do Chile em relação ao Brasil propósitos de aliança e propósitos antiargentinos. A solidariedade do Chile para com o Brasil não seria desinteressada e generosa. No decorrer das festas, declarara-se em Santiago que o Chile poderia ficar "tranquilo", quando posto de acordo com o Brasil "para garantir a paz sul-americana", a partir do que o *La Prensa* entrevia a aliança, e afirmava que as demonstrações não seriam simplesmente de fraternidade americana, mas obedeceriam a um plano político internacional. De modo veemente, dizia que o povo chileno não era amigo, pois recorria à ajuda de "armas de estranhos" para solucionar questão de limites, semeando a discórdia na América. O Chile, dizia, tinha "a mania das alianças", e as que pretendia estabelecer na Bacia do Prata contrariavam o "senso comum", pois a Banda Oriental, o Paraguai e o Brasil não iriam se divorciar "da República Argentina [...] para solidarizar os seus destinos com o Chile". Mesmo não havendo "interesses positivos" que pudessem levar os citados países a se aliarem ao Chile (o que lhe tornava impossível seu projeto internacional), a Argentina não podia ignorar essa diplomacia perniciosa e, por conseguinte, não deveria se descuidar militarmente.[51]

As mútuas manifestações de amizade que ocorriam no Rio de Janeiro despertaram também receios no *La Nación*, que se posicionou contrariamente à imitação da diplomacia europeia e à política de equilíbrio armado e alianças. Ao invés disso, propugnava uma "política de paz, de trabalho, de solidariedade econômica [...] Quanto ao Brasil, a aliança proposta pelo Chile nada de bom lhe traria, pois "seriam [os brasileiros] editores responsáveis de planos e propósitos estranhos às suas conveniências, sem ganhar nada, nem em importância nem em gravitação internacional".[52] Para o *La Tribuna*, eram suspeitas as manifestações que tiveram lugar na capital do Chile, pois ultrapassaram o limite da simpatia e chegaram ao "delírio". No entender desse periódico, o Chile surgia como um complicador na Bacia do Prata ao levar sua diplomacia ao Atlântico, saindo de sua posição de ultracordilheira. Chile e Brasil não são limítrofes, não tinham vínculos políticos e mantinham pequeno intercâmbio

---

51 ¿Que es eso? Política internacional sospechosa, *La Prensa*, Buenos Aires, 27 abr. 1897; Cosas del patriotismo, *La Prensa*, Buenos Aires, 28 abr. 1897; Fraternidad americana – Conspiración contra la República Argentina, *La Prensa*, Buenos Aires, 28 abr.1897; Incentivos de la sospecha, *La Prensa*, Buenos Aires, 28 abr. 1897.

52 Las manifestaciones de Santiago de Chile, *La Nación*, Buenos Aires, 28 abr. 1897.

OBSERVANDO AS RELAÇÕES ARGENTINO-CHILENAS

comercial, o que requeria a necessidade de perquirir outros motivos para justificar aquelas expansões de entusiasmo, título de celebração da amizade. A resposta, segundo o jornal, já havia sido dada no próprio Chile, onde era corrente a opinião de que o país "já não estava só!", e que a paz na América estava assegurada em razão da amizade brasileira. A partir dessas observações, o jornal viu propósitos antiargentinos do Chile, que buscava a aliança do Brasil a partir de motivações ligadas à preponderância e ao desejo de se impor nas pendências que então mantinha com a Argentina.[53]

Nos editoriais a diplomacia brasileira era poupada. Seria natural atacar os dois eventuais contratantes de um suposto tratado de aliança. Após o laudo arbitral que pôs fim ao litígio das Missões, não havia mais nenhuma questão concreta entre o Brasil e a Argentina, apesar da rivalidade, nomeadamente em relação à imigração e aos armamentos. A Argentina mantinha com o Brasil intenso e proveitoso comércio bilateral, não obstante as mútuas queixas nos aspectos sanitário e aduaneiro. No vizinho platino o fantasma da aliança brasileiro-chilena era um dado a mais que servia aos propósitos dos adeptos do armamentismo. Poder-se-ia especular se o Rio de Janeiro estaria atento à possibilidade de estar sendo utilizado pelo Chile, ou conscientemente entrava no jogo, na hipótese de este ter existido.

RUMORES DE UMA TRÍPLICE ALIANÇA

Passado o momento de exacerbação de ânimos, a documentação silencia a respeito da tão comentada e receada aliança Brasil-Chile. Em 1899 ambos os países, mesmo não tendo entre si qualquer questão internacional, firmaram no Rio de Janeiro, pelos respectivos plenipotenciários, em 18 de maio, um tratado de arbitramento, remetido em 22 do mesmo mês pelo presidente Campos Sales à apreciação do Congresso Nacional. Lido na sessão da Câmara dos Deputados no dia seguinte, foi remetido à Comissão de Diplomacia e Tratados.[54] Aprovado pela Câmara, recebeu da Comissão de Constituição, Poderes e Diplomacia do Senado igualmente parecer favorável.[55] Entretanto, na correspondência diplomática vinda da legação brasileira em Santiago, referente a 1899, avulta sobre os demais assuntos o relativo ao incremento das relações comerciais. O Chile era o mais interessado, pois, segundo o representante

---

53 Complicaciones internacionales, *La Tribuna*, Buenos Aires, 28 abr. 1897.

54 ACD. Sessão de 23 maio 1899.

55 ASF. Sessão de 21 ago. 1899. Parecer n° 165-1899, de 17 ago. 1899, da Comissão de Constituição, Poderes e Diplomacia.

324 A REPÚBLICA E SUA POLÍTICA EXTERIOR (1889-1902)

brasileiro, passava por dificuldades econômicas. Reclamava-se do custo elevado do frete, principal obstáculo ao desenvolvimento das relações comerciais entre os dois países, em razão de que se via como necessária uma marinha mercante, em parte subvencionada, como meio de superar tal óbice, que preocupava inclusive o influente Walker Martínez.[56] Sem relações comerciais efetivas, a amizade brasileiro-chilena não sairia do plano sentimental. Nesse sentido foi ilustrativo o convite feito, em 13 de setembro de 1899, pelo ministro das Relações Exteriores do Chile ao ministro plenipotenciário brasileiro em Santiago, Costa Mota, para entrevista em palácio, a fim de tratar de assunto relativo às relações comerciais, em um momento em que a produção chilena carecia de mercado. Afora o assunto relativo ao comércio, percebia-se um certo ciúme do Chile, observado, nomeadamente, quando da visita oficial do presidente Julio Roca ao Rio de Janeiro em agosto de 1899.[57]

Em meados de 1900, o *La Prensa* de Buenos Aires retomou, com veemência, o assunto relativo ao rearmamento naval, afirmando que o aumento da esquadra do rival transandino era um risco, em razão do que não admitia, mesmo à custa de grande esforço, que a esquadra argentina fosse inferior, "nem mesmo por um dia", à daquele país.[58] O periódico relatou os avanços da legislação do serviço militar chileno, criticou a diplomacia, bem como a organização militar da Argentina, e pediu urgência no encaminhamento da então prometida lei orgânica do exército e da milícia nacionais.[59] Não descansava o *La Prensa* em emitir matéria antichilena, noticiando que a organização militar era então o assunto dominante no Chile e que a Argentina era a potência sul-americana visada. O Chile, reiterava, seria um perigo permanente para a paz americana.[60] Nessa mesma época, o independente *El Tiempo*, também de Buenos Aires, emitiu matéria tranquilizadora ao comentar declaração "formal e categórica" do presidente chileno, na qual desmentira a compra ou a intenção de adquirir mais armamentos.[61] No ano seguinte à grita do *La Prensa* surgiu notícia de aliança, desta feita não só entre Brasil e Chile, mas de uma tríplice aliança envolvendo também a Argentina. A proposta teria sido

---

56 Político prestigioso, teve papel decisivo na revolução que derrubou Balmaceda. Foi titular de ministérios na gestão do presidente Errázuriz (1896-1901).

57 AHI. 230/4/16. Ofícios de Santiago – 1898-1899. Ofício de Santiago, 13 set. 1899, anexo.

58 Las dos escuadras, *La Prensa*, Buenos Aires, 14 jul. 1900.

59 EI poder militar del país, *La Prensa*, Buenos Aires, 20 ago. 1900.

60 Frutos de una política – La guerra como negocio, *La Prensa*, Buenos Aires, 23 ago. 1900; Solución necesaria, *La Prensa*, 25 ago. 1900.

61 Los armamentos chilenos – La declaración del Gobierno, *El Tiempo*, Buenos Aires, 17 jul. 1900.

feita pela chancelaria do Chile por meio do seu ministro plenipotenciário no Rio de Janeiro. Esse mesmo jornal reagiu veementemente contra a eventual aliança por descrer da sinceridade da diplomacia chilena. A tríplice aliança, cujo rumor surgira quando da visita de Campos Sales à Argentina, teria por objetivo a garantia da paz na América do Sul. Depois de informar que o presidente Campos Sales acolhera com simpatia a proposta, o diário, na busca do objetivo real da proposição, não aceitava, contrariando uma das versões correntes, que tivesse o Chile a intenção de, conjuntamente com os outros dois maiores países da América do Sul, instituir o arbitramento nessa área. Tal interpretação repousava no fato de o Chile estar empenhado em que, na II Conferência Internacional Americana que iria se reunir do México em 1902, não figurasse o arbitramento, a fim de não se comprometer com sua aplicação nas suas questões com o Peru e a Bolívia. A outra explicação para justificar a tríplice aliança era, para o jornal, "odiosa" e moralmente "repugnante", pois seria presidida pela ideia de "uma aliança das três repúblicas mais fortes e mais prósperas da região austral do continente, contra as dizimadas e indefesas do Peru e Bolívia". À tal aliança, se confirmada, caberia a designação de "aliança da covardia".[62]

O *La Nación* declarou-se também frontalmente contrário a essa tríplice aliança insinuada pelo representante diplomático do Chile no Rio, pelo fato de entrever a intenção de tutorar a América do Sul. Tal aliança, segundo constara ao jornal, seria para as três nações se autoerigirem em árbitros das questões interamericanas e para repelir eventual ingerência europeia na área. Não era a primeira vez que a diplomacia chilena fazia gestões dessa natureza, embora respondendo a objetivos diferentes. A primeira "insinuação" chilena fora de aliança com a Argentina com vistas a fixarem entre si a área de preponderância de cada país, entendendo-se a do Pacífico como chilena e a do Atlântico como argentina, e a ajudarem-se mutuamente na referida preponderância. Fracassado tal projeto de partilha, o Chile, aproveitando-se do ressentimento entre Argentina e Brasil, propôs a este uma aliança na qual se lhe oferecia o concurso para isolar a Argentina e "colocá-la em xeque". Fracassado também, por recusa brasileira, voltava o Chile com novo plano, desta feita para agrupar os três maiores e mais armados países do continente para "tutelar o destino dos demais", com vistas a dirimir suas questões. Ora, sendo a questão do Pacífico a única pendência, o "triunvirato internacional começaria por avocar esse conflito, no qual um dos aliados seria juiz e parte". O *La Nación* repelira tais alianças por serem desnecessárias e porque

---

62 La alianza de la cobardía?, *La Prensa*, Buenos Aires, 12 jan. 1901.

326 A REPÚBLICA E SUA POLÍTICA EXTERIOR (1889-1902)

envolveriam "os aliados numa diplomacia de aventura, de predomínio, de ciúmes e de um equilíbrio que se estabelece pelos elementos militares". Os países americanos necessitavam, sim, de tratados de comércio, de relações de proveito recíproco.[63]

Todas essas preocupações e interpretações não têm correspondência na documentação oficial da diplomacia brasileira. Esta, no momento em tela, não cogitou em qualquer aliança quer com países da área quer com países extracontinentais. O que havia era mútua cordialidade entre Brasil e Chile. Por ocasião das comemorações do Sete de Setembro, percebe-se, na correspondência diplomática oriunda de Santiago, o carinho da imprensa chilena para com o Brasil, como pode-se constatar, com facilidade, na referente aos anos de 1900 e 1901.[64] Em 1902, as informações relativas aos problemas de fronteira Argentina-Chile e à equivalência naval entre esses dois países são as que se sobressaem naquela correspondência. Com respeito especificamente ao Brasil, afora manifestações de amizade, observa-se no Chile apenas o desejo de firmar um tratado de comércio. Na virada do século, as questões que os chilenos tinham com os argentinos avultavam sobre seus demais assuntos diplomáticos, não se verificando, assim, entre Brasil e Chile, dados dignos de nota.[65]

O governo brasileiro manteve constante interesse em ampliar a presença dos artigos do seu país no mercado chileno, não obstante sempre esbarrasse no custo do frete. Em 10 de julho de 1902, foi inaugurada em Santiago uma exposição de produtos brasileiros prestigiada até pelo presidente da República, além de outras autoridades, e bem acolhida pela imprensa daquela capital. Entre os produtos expostos, o café, o açúcar, o cacau e o fumo mereceram a atenção dos visitantes e, segundo o plenipotenciário brasileiro Costa Mota, tinham boas perspectivas no mercado chileno. Mas, ressalvava o diplomata, para se firmar tratado comercial com o Chile seria necessário estabelecer uma companhia de navegação para ligar diretamente os portos dos dois países – a fim de baratear o preço do frete, e isentar – ou pelo menos impor só um mínimo – de direitos alfandegários que recaíam sobre a entrada do açúcar. Esta última providência fazia-se necessária em razão da predominante presença do açúcar peruano no mercado chileno. A importação do Brasil iria ferir interesses dos importadores e refinadores do açúcar procedente do Peru, pois, mesmo bruto, o açúcar brasileiro, pela qualidade e menor preço, faria cair, fatalmente,

---

63 Ecos del día – Cavilaciones diplomáticas, *La Nación*, Buenos Aires, 12 jan. 1901.
64 AHI. Missões Diplomáticas Brasileiras – Santiago, 231/1/5.
65 AHI. Missões Diplomáticas Brasileiras – Santiago (1900-1902), 231/1/5.

OBSERVANDO AS RELAÇÕES ARGENTINO-CHILENAS

o consumo do refinado. No tocante ao transporte marítimo, informou ainda o representante brasileiro em Santiago , que o governo chileno estava disposto a ceder, em caráter temporário, à Companhia Sud-Americana, ou a qualquer outra que viesse a se organizar, duas embarcações de guerra, então esperadas da Europa, para realizar viagens de experiência antes de se decidir sobre a conveniência de se estabelecer linha definitiva e, se fosse o caso, solicitar subvenção ao Congresso.[66]

Embora seja carente a documentação que permita medir a eficácia da exposição brasileira – mesmo porque seus eventuais efeitos só viriam a médio e longo prazos –, o importante é vincar o esforço brasileiro para abrir novos mercados. A amizade que unia os dois países – que em dados momentos chegou a ser considerada no Prata como aberta a uma *entente cordiale*, para usar a expressão da época – para o Brasil foi vista como oportunidade para incrementar suas exportações. Mesmo assim, permite-se concluir que o Brasil teve condições para se constituir em fiel na balança de poder que envolvia as principais nações da América do Sul, mas pouco se serviu da amizade chilena, pois faltavam aos dois países interesses concretos comuns, de relativa importância. Tudo ficou no plano da retórica. Só quem desconhecia a tradição diplomática brasileira poderia levantar a possibilidade de o Brasil ligar-se a outro país por meio de aliança ofensivo-defensiva, sobretudo quando suas questões de limites, salvo o problema acriano, estavam solucionadas, ou encaminhadas, pela via do arbitramento. Cumpre ainda observar que a maior parte da argumentação da imprensa portenha analisada repousava na opinião do almirante Custódio José de Melo, que ocupou o Ministério das Relações Exteriores por duas vezes, mas interinamente e por pouco tempo: de 23 a 28 de novembro de 1891 e de 22 de junho a 17 de dezembro de 1892, perfazendo, portanto, o total de seis meses de exercício. Além desta circunstância, o personagem em questão não é representativo do pensamento diplomático da República.

A NOÇÃO DE EQUILÍBRIO

A região platina sempre foi um dos alvos de atenção da diplomacia brasileira em razão de interesses comerciais, da preocupação com a manutenção do mapa territorial da área, e com eventual hegemonia argentina. Na sua fase final, o Império brasileiro, embora continuasse a exercer influência política, já não tinha o interesse de outrora pelo Paraguai. Conforme Doratioto, o

---

66 AHI. Ofício de Santiago, 14 jul. 1902.

A REPÚBLICA E SUA POLÍTICA EXTERIOR (1889-1902)

advento da República não alterou o desinteresse pelo vizinho mediterrâneo. As informações vindas da legação brasileira em Assunção sequer eram analisadas. Inexpressivas eram as relações comerciais entre os dois países.[67]

Em maio de 1892, o ministro das Relações Exteriores do Brasil Serzedelo Corrêa (12 de fevereiro a 22 de junho de 1892) alertou o representante brasileiro em Buenos Aires para o boato sobre a anexação do Paraguai à Argentina, ressalvando que, embora esse rumor pudesse carecer de fundamento, conviria não o desprezar, pois os argentinos, inclusive homens de Estado, não ocultavam o interesse em anexar, também o Uruguai. Lembrou ainda, em favor de seu ponto de vista, que este país já tinha experimentado as consequências da proximidade e da ambição argentinas, quando, há então relativamente pouco tempo, o general Arredondo[68] recebera auxílio do governo, preparou e exercitou parte das forças de invasão em solo argentino, movimentou suas tropas, recebeu reforços, atravessou a província de Corrientes e atingiu o Rio Uruguai sem qualquer embaraço oficial. Observou ainda Serzedelo Corrêa que a aliança antichilena não se consumou pelo fato de ter havido entendimento amigável entre o Chile e os Estados Unidos na questão gerada pelos asilados balmacedistas e a morte de marinheiros norte-americanos. A Argentina, todavia, criara relações então subsistentes que, pelo menos, a incentivavam a preparar uma anexação.[69] Serzedelo Corrêa, a calcular como se estivesse diante de um tabuleiro de xadrez, dizia ignorar a existência de acordo entre os Estados Unidos e o Peru a respeito da passagem de tropas. Na hipótese positiva, havia a possibilidade de a Argentina, adversária do Chile, aproveitar o ensejo para um entendimento direto com o Peru, na hipótese de guerra com o Brasil. Não obstante fraco e com poucos recursos, o Peru, poderia criar problemas na Amazônia. De qualquer forma, e obviamente na falta de outros indícios, observava que Seoane, que exercia as funções de ministro peruano no Rio de Janeiro, deixara essa capital e voltara acreditado também junto ao governo do

---

67 Doratioto, 2011, p.27-28, 40.

68 José Miguel Arredondo, militar uruguaio que lutara no exército argentino. Em 1886 pediu baixa e lutou no Uruguai. Derrotado, fugiu para o Brasil e regressou à Argentina; em 1890 foi reincorporado ao exército desse país.

69 AHI. Despacho reservado para Buenos Aires, 24 maio 1892. A questão chileno-norte-americana de 1891-1892 quase levou os dois países à ruptura. O secretário de Estado Blaine deixou claro, em entrevista com Salvador de Mendonça, ministro plenipotenciário do Brasil em Washington, seu desejo de evitar uma guerra contra o Chile, no entendimento de que provocaria desarranjo – em proveito da diplomacia europeia – na união pan-americana que os Estados Unidos estavam então empenhados em consolidar. Para mais detalhes, veja-se AHI. Ofício confidencial de Washington, 4 fev. 1892, apud Azevedo, 1971, p.279-284.

OBSERVANDO AS RELAÇÕES ARGENTINO-CHILENAS

Uruguai, onde lhe parecia que iria residir. Nada demais haveria no fato, caso o governo daquele país ignorasse que não agradaria ao Brasil seu ministro ser acreditado também no Prata. Assim, dizia ser conveniente observar o referido Seoane, pois previa que o Peru e a Bolívia se aliariam à Argentina contra o Chile, e em Buenos Aires se acreditava que o país transandino teria apoio brasileiro. Afirmando não poder o Brasil permitir a desejada anexação por parte da Argentina, concluiu o despacho acentuando a conveniência de acompanhar, usando os meios adequados, o que fazia seu governo a fim de "habilitar o Sr. Vice-Presidente [Floriano Peixoto] da República a resolver o que for necessário".[70]

Argentina e Peru, na visão brasileira eram conjunturalmente beneficiados pelo desentendimento entre Estados Unidos e Chile. Este, preocupado com a manutenção do *status quo* territorial decorrente da vitória na Guerra do Pacífico contra Bolívia e Peru (1879-1884), e com as questões de limites com a Argentina, procurava aproximar-se do Brasil, que, por sua vez, mantinha-se atento a eventuais pretensões de alteração do mapa político da região que viesse a favorecer a república platina. Informações enviadas na ocasião, em caráter confidencial, por Assis Brasil de Buenos Aires para o ministro das Relações Exteriores interino Custódio José de Melo, revelam a existência de outro dado complicador nas relações argentino-brasileiro-uruguaias: a soberania exercida de maneira exclusiva pelo Brasil sobre a Lagoa Mirim e o Rio Jaguarão. Sobre a recomendação que recebera no sentido de observar o que houvesse de plausível em relação à suspeita de que o governo argentino viesse a apoiar o do Uruguai com vistas à recuperação da metade da soberania nas águas referidas, informou, embora com a ressalva de que pouco poderia adiantar em questão tão delicada, que estava convicto, a partir de constante observação da opinião pública dos dois lados do Rio da Prata, de que os uruguaios desejavam coparticipar da soberania daquelas águas, e que os argentinos, pela pouca simpatia que nos votam, pela rivalidade natural para com o único país sul-americano que lhes faz sombra e pelo natural pendor a seguir a política de protetorado que os erros do primeiro império lhes permitiram assumir para com a Banda Oriental, apoiariam com muito gosto, em qualquer terreno, a aspiração dos vizinhos, desde que lobrigassem fortes probabilidades de êxito.[71]

Assis Brasil não via na Argentina disposição para agir, mas percebeu que o Uruguai alimentava esperanças a respeito, pelo menos da parte do então

---

70 AHI. Despacho reservado para Buenos Aires, 24 maio 1892.
71 AHI. Ofício confidencial de Buenos Aires, 20 jul. 1892.

330   A REPÚBLICA E SUA POLÍTICA EXTERIOR (1889-1902)

recentemente empossado ministro das Relações Exteriores Herrera y Espinosa, a quem classificou como "jovem e entusiasta". O plenipotenciário brasileiro fundamentava seu ponto de vista em entrevista com ele mantida por ocasião de sua passagem por Montevidéu no começo de 1892, oportunidade em que ele lhe declarara informalmente que aceitara a pasta tão somente pelo desejo de acertar com o Brasil o relativo ao comércio pelas fronteiras terrestres, à dívida e à navegação da Lagoa Mirim e do Rio Jaguarão. Esquivou-se Assis Brasil de comentar os dois últimos pontos com o ministro do Exterior uruguaio, até porque não tinha permissão, mas aproveitou o ensejo para observar que seria impossível regularizar aquele comércio caso o governo uruguaio não fizesse antes cessar o que ele, Assis Brasil, classificou de "contrabando oficial", pois a legislação oriental permitia livre trânsito para as mercadorias que do porto de Montevidéu eram levadas a pontos da fronteira com o Brasil em que não havia alfândega. Obteve a resposta de que esse, como "qualquer outro obstáculo", poderia ser afastado.[72] O momento era adequado, segundo o diplomata, para regular as questões que diziam respeito à repressão do contrabando vindo do Uruguai, pois elas só poderiam ser resolvidas por meio de acordo. A alternativa seria suprimir de modo absoluto toda a importação proveniente daquele país, à exceção dos produtos pastoris. As demais mercadorias deveriam vir pelo litoral, o que faria supor a existência de um porto franco no Rio Grande do Sul e a conclusão das estradas de ferro em projeto ou em construção. Assis Brasil sugeriu ao seu ministro que o negociador brasileiro não tratasse de maneira simultânea de todas as questões levantadas, pois "o governo oriental, na expectativa de obter satisfação das outras aspirações mais elevadas, facilitaria (segundo a expressão já citada do Sr. Espinosa) um arranjo conveniente para a cessação do contrabando".[73] No referente à dívida, Assis Brasil opinou que poderia ser feita alguma concessão, pois estava se tomando incobrável à medida que se acumulavam os juros.[74] Já sobre a navegação na Lagoa Mirim e no Rio Jaguarão, entendeu

---

72 Ibidem.

73 Ibidem.

74 Nessa mesma época, Duarte Badaró, na Câmara dos Deputados, manifestou-se pela cobrança das dívidas do Uruguai para afirmar que este país "não tem procedido como devia para com seu bom amigo, o Brasil". Depois de se referir aos seis empréstimos até então feitos pelo Brasil ao Uruguai (o primeiro ocorreu em 1851) e ao montante da dívida: 14.000:363$368 de juros, e 6.662:307$815 relativos ao principal, e às condições financeiras do seu próprio país, Duarte Badaró opinou que "um dos recursos de quem precisa de dinheiro é cobrar as dívidas ou mais regularmente, os juros. Parece ao orador que se o Brasil deixar de pagar os juros de uma só de suas dívidas, não encontrará quem queira emprestar-lhe mais dinheiro [...]. O Uruguai tem uma bela capital e uma excelente alfândega;

OBSERVANDO AS RELAÇÕES ARGENTINO-CHILENAS   **331**

que o adiamento era necessário, pois estava "seguro de que, ao menos por enquanto, nenhum governo do Brasil consentirá em abrir mão dessa vantagem conquistada sobre os vizinhos, e que será por muito tempo título de superioridade para tratarmos com eles outros negócios".[75] Quanto à possibilidade de a eventual reclamação uruguaia receber apoio da Argentina, observou Assis Brasil que a esta carecia de continuidade de governo para levar adiante qualquer plano político. Constatava haver na república platina verdadeira confusão entre os homens e os partidos, do que resultou a escolha do novo presidente, que, aliás, não pertencia a nenhum partido. Previa que seria um governo fraco "e sem ideal, senão de puro reflexo numa sociedade onde a autoridade pelo seu único título não tem prestígio algum, onde só os governos de força podem contar com o dia de amanhã". Com o mandato prestes a terminar, o então presidente (Carlos Pellegrini) não dispunha de estímulo e prestígio necessários para qualquer empreendimento; aguardaria tão somente passar o tempo. Dele, pois, nada se poderia esperar "de bem ou de mal". Com o término do mandato, findava-se também o predomínio do Partido Nacional, ao qual pertenciam os que eram reputados como "menos simpáticos ao Brasil" e, enfatizava, "capazes de aventuras políticas". O novo presidente, Luis Sáenz Peña, se lhe afigurava "incolor". E, na hipótese de predominância de outro partido, seria a do que era presidido pelo general Bartolomé Mitre, e este, ou outro prócer que viesse a substituí-lo, apenas se ocuparia dos "interesses imediatos do país". Após essa genérica apreciação do panorama político platino naquilo que eventualmente pudesse influenciar no relacionamento com o Brasil, Assis Brasil concluiu afirmando não acreditar que na Argentina nem no Uruguai se pensasse em "*reclamar*" coparticipação da soberania da Lagoa Mirim e do Rio Jaguarão.[76]

Sobre a "possibilidade de tentativa" da Argentina em anexar o Paraguai e o Uruguai, Assis Brasil não observara "nenhum fato positivo". O rumor de anexação fora há certo tempo levantado pelo *El Diario* de Buenos Aires, provocando forte reação em Assunção. O representante do Uruguai em Buenos Aires pediu e obteve explicações do governo argentino. Interpelado, o jornal declarou que a notícia lhe fora fornecida por um advogado paraguaio, Découd, residente em Buenos Aires, que, por sua vez, declarou ter tido sobre o assunto apenas "ligeira conversa", nada mais do que um "gracejo" com um argentino,

---

com um pouco de boa vontade da parte do Brasil, talvez pudéssemos ir recebendo os juros em pequenas prestações, sem inconvenientes para os nossos vizinhos, cujas relações amistosas tanto prezamos (*Apoiados*)" (ACD. Sessão de 8 ago. 1892).

75 AHI. Ofício confidencial de Buenos Aires, 20 jul. 1892.

76 Ibidem.

A REPÚBLICA E SUA POLÍTICA EXTERIOR (1889-1902)

Lúcio Vicente Lopes, que por seu turno modificara o sentido de suas palavras ao transmiti-las ao repórter.[77] A origem do boato assemelhava-se a um diz que diz que, mas Assis Brasil o levou em conta. Na sua opinião:

> não faltarão bons desejos em alguns homens públicos argentinos de reconstruir o antigo Vice-Reinado de Buenos Aires; mas falta a este país unidade de direção e, por conseguinte, de vistas e plano superior; as suas atuais circunstâncias são dificílimas; e, afinal, a Argentina não ignora que o contrapeso do Brasil manterá o atual equilíbrio sul-americano; apenas ela poderá lobrigar plausibilidade de êxito na desorganização e enfraquecimento do nosso país, com que aliás não conta, porque aqui todos confiam muito que o Brasil tem elementos para vencer as dificuldades do momento atual.[78]

Em Buenos Aires, praticamente na mesma época, o *La Prensa* publicou matéria na qual transcrevia discurso do deputado brasileiro [João Batista] Rotumba no qual apoiava o rearmamento proposto pelo almirante Custódio José de Melo, então ocupando cumulativamente os ministérios da Marinha e das Relações Exteriores. O jornal acusou o almirante de antiargentino. A "febre belicosa" do Brasil, segundo o *La Prensa*, era oriunda das "tendências guerreiras e tradicionalmente contrárias" à Argentina do almirante Melo, que convidara recentemente o Chile para firmar com o Brasil uma aliança ofensivo-defensiva e ao mesmo tempo declarara no Congresso Nacional que os armamentos nacionais deveriam ser calculados "para superar ao *inimigo provável – a República Argentina*", declaração que até merecera a desaprovação de "altos círculos" da capital brasileira. Não se podia explicar como o Brasil, com sérios problemas internos e comprometida a estabilidade de seu governo, fosse meter-se em aventuras internacionais, sem qualquer justificativa, passada ou presente, contra a Argentina, uma vez que a questão das Missões estava sujeita a arbitramento, a pedido do país platino, que, não obstante, era qualificado de inimigo. O *La Prensa* noticiou também, na mesma edição, que o governo do Paraguai cogitava uma aliança com o Brasil. Todavia, os jornais da oposição naquele país combateram tal ideia com o argumento de que a Argentina seria o aliado natural do Paraguai.[79]

O assunto relativo às alianças apareceu também enlaçado com a questão das quarentenas, vistas com conotação política que extravasava os limites das

---

77 AHI. Ofício reservado de Buenos Aires, 21 jul. 1892; Despacho reservado para Buenos Aires, 12 ago.1892.

78 Ibidem.

79 Política internacional – Armamentos del Brasil, *La Prensa*, Buenos Aires, 26 out. 1892.

normas higiênicas. O *El Diario*, na mesma ocasião, informou que corriam rumores de que a Argentina, em represália à suposta aliança entre Brasil, Chile e Paraguai, impusera quarentena de dez dias aos navios procedentes de Santos e Rio de Janeiro que entrassem no porto de Buenos Aires.[80] A impressão que se tem é de que parte da imprensa platina – o *La Prensa* principalmente – procurava criar no Paraguai opinião desfavorável ao Brasil, que, assim, se mantinha atento, por exemplo, quando da publicação, em Buenos Aires, de carta de Enrique D. Parodi que continha inverdades, como a de que o país mediterrâneo devia à Argentina sua independência, pois o Brasil teria proposto sua divisão ao final da guerra da Tríplice Aliança. A Argentina teria rejeitado o projeto, e sugerira o perdão da dívida, o que foi recusado pelo Brasil. O ministro das Relações Exteriores, Custódio José de Melo, instruiu Assis Brasil com o objetivo de contestar "tão inexatas asserções". Especificamente sobre a dívida, informou que no arquivo da legação do Brasil em Buenos Aires deveriam constar os documentos que foram remetidos por cópia, pelo Ministério, por meio de despacho de 30 de junho de 1886. Para orientar ainda mais o representante, informou que em 1888 o governo brasileiro havia declarado, em encontro confidencial com enviado do governo paraguaio, que, enquanto não fosse o momento de "tratar oficialmente dessa dívida, o Paraguai não devia recear, nem mesmo remotamente, exigência alguma ou constrangimento quanto a ela".[81] A atenção da diplomacia brasileira para com o equilíbrio de forças no Cone Sul foi também manifestada por Vitorino Monteiro, ex-governador do Rio Grande do Sul, então ministro do Brasil em Montevidéu, que, em carta pessoal ao marechal Floriano Peixoto sobre vários assuntos, reconheceu que frequentemente conseguia do governo do Uruguai o que solicitava com vistas a resguardar as fronteiras brasileiras de revolucionários patrícios. Mas em determinado trecho afirmou:

> É fora de dúvida que parece haver um certo interesse para estas repúblicas na alimentação da guerra civil do nosso país, sendo isso talvez devido principalmente ao desejo que têm de ver-nos enfraquecidos. [...] o que me parece fora de dúvida é a cumplicidade manifestada pelas autoridades argentinas de Corrientes sem que o governo federal tome providências para neutralizar tão criminoso proceder.[82]

---

80 Ecos del día – Cuarentenas y alianzas, *El Diario*, Buenos Aires, 1º nov. 1892.

81 AHI. Despacho para Buenos Aires, 24 nov. 1892. De fato, o Brasil jamais cobrou do Paraguai a dívida da guerra. Ela foi perdoada, em 1943, durante o governo Getúlio Vargas.

82 Arquivo Nacional (AN). APFP, cxa. 8L-25, pacote 6.

A preocupação brasileira em manter o *status quo* na Bacia do Prata explica a intervenção do presidente Floriano Peixoto nos assuntos internos do Paraguai em 1894, e seu apoio à candidatura de Caballero à presidência, pelo fato de ele se manifestar amigo do Brasil e não ter a simpatia dos argentinos. Para isso, nomeou o senador Amaro Cavalcanti para chefiar a legação do Brasil em Assunção em substituição a Lins de Almeida. O novo plenipotenciário cumpriu com eficiência e discrição sua tarefa: fomentou e planejou um golpe de Estado que derrubou o presidente Gonzalez a fim de evitar a candidatura e possível vitória de José Segundo Découd, visto como partidário da anexação do seu país à Argentina. Ao mesmo tempo ajudou financeiramente as candidaturas dos generais Egusquiza e Caballero e enviou duas canhoneiras a Assunção para exercer "pressão psicológica contra os simpatizantes da candidatura de Découd". O já complicado processo sucessório complicou-se ainda mais e desembocou num golpe de Estado, que depôs o presidente González naquele mesmo ano. O ministro brasileiro foi mentor e financiador do golpe, que teve por finalidade impedir a ascensão de Découd, tido por anexionista. A intenção de Floriano e dos diplomatas brasileiros não era auferir benefícios materiais do Paraguai; a preocupação era com a geopolítica da Bacia do Prata. O país guarani já era favorecido pelo comércio bilateral e pelo adiamento da cobrança de sua dívida de guerra, vista pelos governos brasileiros como garantia da sua independência porque, na hipótese de anexação territorial por parte da Argentina, esta *ipso facto*, teria que arcar com o pagamento da dívida da qual o Brasil era credor. Como o Brasil não tinha intenção de exigir o pagamento, o país guarani ficava sob sua proteção.[83] Esse entendimento foi mantido pelo governo brasileiro.

Amaro Cavalcanti, em carta de 17 de agosto de 1894 dirigida a Cassiano do Nascimento, ministro das Relações Exteriores de Floriano, embora um tanto exagerada nos seus termos, traçou verdadeiro projeto, inclusive com propostas concretas, destinado a retirar a nação mediterrânea da influência argentina, pois "o Paraguai por sua posição geográfica e pelos antecedentes históricos de sua política internacional, continuava a ser um elemento preciosíssimo para o Brasil" em qualquer eventualidade que ele tivesse que enfrentar na região do Prata.[84] Para atrair o Paraguai, sugeriu a revisão do tratado de amizade e comércio, convênio postal e telegráfico, ligação telegráfica e

---

83 Cf. Doratioto, 2011, p.48-53, 78.
84 AN. APFP, cxa. 8L-25, pacote 6.

OBSERVANDO AS RELAÇÕES ARGENTINO-CHILENAS

construção de uma via férrea ligando o Paraguai ao Atlântico a fim de dar saída à sua produção pelos portos brasileiros.[85]

Os rumores de anexação persistiam ainda em 1895, como os relativos à incorporação do Uruguai à Argentina, conforme depreende-se de ofício da legação brasileira. Surgiram até boatos sobre o alistamento de 2 mil orientais na Guarda Nacional argentina.[86] Além do referente a anexações, havia a sempre presente possibilidade de alianças. Mesmo que estas não dessem motivo real para preocupação, impunham à diplomacia brasileira o constante acompanhamento, pois, se concretizadas, provocariam alteração na relação de forças no segmento sul do continente. Só o fato de repúblicas menores dessa área projetarem alianças com um país de maior expressão indicava tendências e aproximações que, fatalmente, redundariam em blocos de pressão internacional. Em fevereiro de 1895, o representante brasileiro em Buenos Aires Fernando Abbott foi incumbido de verificar o que havia de exato na denúncia do presidente do Paraguai, general J. B. Egusquiza, ao encarregado de negócios do Brasil em Assunção a respeito de "prováveis gestões" do representante da Bolívia em Buenos Aires, Telmo Ichaso, com vistas a "uma aliança definitiva da República Argentina com o Peru e Bolívia contra o Chile".[87] O diplomata brasileiro confirmou que o mencionado representante boliviano procurara aproximar de modo rápido seu país à Argentina, que inclusive fornecera subvenção para construir ferrovia de ligação entre os dois países com uma cláusula segundo a qual aquela emprestaria a quantia necessária, vencendo juros de 4% e 1/2%, apesar das suas condições financeiras. Informou, também, que circulava a informação de que a cláusula referente às condições do empréstimo era a razão da não publicação do convencionado entre os dois países. Afora isso, havia um tratado de comércio entre Argentina e Bolívia levado a efeito pelo referido Telmo Ichaso aguardando aprovação do Congresso. Informou ainda que as iniciativas desse representante se deviam ao fato de desejar "concluir uma aliança ofensiva e defensiva" e que o então ministro argentino Eduardo Costa não formalizara o acerto verbal por ter visto com otimismo a evolução da questão com o Chile. A aliança ficou, consequentemente, adiada para "quando os acontecimentos o exigissem". Por outro lado, o ministro chileno em Buenos Aires informara ao brasileiro que a aliança em questão não se efetivaria em razão das gestões do representante boliviano Gutierrez em Santiago.[88] Folgava, assim, a diplomacia brasileira, pelo menos naquele momento,

---

85 Ibidem.
86 AHI. Ofício de Buenos Aires, 14 set. 1895.
87 AHI. Ofício de Buenos Aires, 5 mar. 1895.
88 Ibidem.

336   A REPÚBLICA E SUA POLÍTICA EXTERIOR (1889-1902)

pois parecia afastada a suposição de agrupamento internacional a favor da Argentina sem qualquer iniciativa do Brasil, cuja atitude era apenas de acompanhamento. O Chile era peça importante do jogo internacional à medida que contribuía para evitar ou desfazer agrupamentos, constituindo-se assim em um equilibrador nas relações internacionais do Cone Sul.

No relativo a alianças cabe, ainda, menção à suposta missão particular e extraordinária do escritor paraguaio Juan Silvano Godoy junto ao governo brasileiro, por determinação do seu governo, conforme informação que aparecera nos diários de Buenos Aires em fevereiro de 1896. Enquanto *El Diario* tendia a lhe dar veracidade,[89] o *La Nación* duvidou da suposta missão diplomática, desmentindo até o que fora publicado a respeito no Rio de Janeiro pelo *Jornal do Brasil*, que, segundo matéria assinada por Totó Nicósia, informava ter chegado recentemente de Assunção o referido Juan Silvano Godoy em missão de caráter reservado com a finalidade de tratar com o presidente Prudente de Morais da "garantia de neutralidade do Paraguai" na eventualidade de guerra chileno-argentina. Teria o governo brasileiro atendido à solicitação e, para garantir a neutralidade, armaria o exército paraguaio e promoveria sua instrução com o concurso de oficiais italianos. O *La Nación* deixou de entrar em pormenores porque nada viu de verdadeiro nas informações.[90] O *El Diario* de Buenos Aires continuou dando atenção ao assunto, noticiando o andamento da missão Godoy, que teria tratado reservadamente com o ministro das Relações Exteriores, Carlos de Carvalho, e conferenciado particularmente com Prudente de Morais.[91] O boato provocou desmentidos do presidente do Paraguai, general Egusquiza, do seu ministro das Relações Exteriores José Segundo Découd e do brasileiro Carlos de Carvalho. Godoy estivera de fato no Rio de Janeiro, mas em caráter particular, a serviço dos herdeiros de Solano Lopez para tratar do relativo a propriedades do ex-ditador que, segundo constava, estavam em poder de residentes no Brasil. Os desmentidos foram publicados pelo *El Diario*.[92]

A repercussão da missão Godoy levou o ministro das Relações Exteriores da Argentina Amancio Alcorta a indagar de sua veracidade ao plenipotenciário brasileiro em Buenos Aires, Marques de Carvalho. O Itamaraty o informou que Godoy viera ao Rio de Janeiro para cuidar de interesses do filho do presidente Lopez, e que desejava "informações sobre o sistema de

---

89 *El Diario*, Buenos Aires, 8 fev. 1896.
90 Brasil, Un canard internacional – Supuesta misión diplomática, *La Nación*, Buenos Aires, 8 fev. 1896.
91 *El Diario*, Buenos Aires, 12 fev. 1896.
92 La alianza brasilero-paraguaya, *El Diario*, Buenos Aires, 12 fev. 1896.

OBSERVANDO AS RELAÇÕES ARGENTINO-CHILENAS **337**

armamento do exército". Se trazia alguma missão secreta, ainda não se manifestara.[93] A associação entre neutralidade e armamentos não ficou clara, apesar dos desmentidos em ambos os lados. O mais sensacional da missão Godoy só viria em 1897. A neutralidade seria cortina de fumaça. A missão estaria relacionada com os anexionistas do Paraguai. Em carta dirigida ao diretor do *La Nación*, Juan Silvano Godoy confirmou ter recebido a incumbência de uma missão privada no Rio de Janeiro diretamente do presidente do seu país, general Egusquiza, sem dela ter conhecimento o ministro das Relações Exteriores José Segundo Découd.[94] Informou ainda ter dado conhecimento ao seu presidente sobre o empenho de "parte de um círculo de compatriotas" que trabalhava pela anexação do Paraguai à Argentina. O anexionismo era algo concreto para Godoy, que se dispôs a apresentar documentos para provar as graves acusações.[95] As revelações de Juan Silvano Godoy, então residente em Buenos Aires, provocou surpresa em Assunção, conforme informou o *La Prensa*, que acusou a diplomacia brasileira de "ingerência direta e ativa", e que não perdia a oportunidade para "vigiar os passos dos homens influentes que possam ter a chave de massas de importância".[96] O assunto agitou a opinião e a imprensa portenhas. O *La Nación* afirmou que o anexionismo de Godoy se fundava mais em suas próprias convicções. O general Roca assegurou que tudo era "invenção de mau gênero", que não valia a pena discutir. Declarou-se também contrário a qualquer ideia de anexação, pois era de opinião que seu país, já suficientemente grande, não ambicionava expansões nem anexações.[97]

A exposição de caráter geral sobre a política externa brasileira feita pelo ministro das Relações Exteriores Carlos de Carvalho no início do relatório ministerial de 1896 adquire significado em razão da conjuntura internacional do segmento sul do continente e do uso das expressões "hegemonia" e "supremacia". Depois de afirmar que era necessário observar uma política internacional que impedisse que as dificuldades dos outros países se acumulassem sobre as dificuldades internas, Carvalho enfatizou a preferência por uma política de simpatia entre as repúblicas americanas, cujas relações deveriam ser

---

93 AHI. Ofício de Buenos Aires, 12 fev. 1896.

94 Informações sobre a trajetória política de Découd e sobre o anexionismo paraguaio encontram-se em Doratioto, 1994,

95 Misión Godoy, *La Nación*, Buenos Aires, 14 ago. 1897.

96 Paraguay y Argentina – Revelaciones diplomáticas – La idea de la unión, *La Prensa*, Buenos Aires, 14 ago. 1897.

97 La misión del Dr. Godoy – Declaración del general Roca, *La Nación*, Buenos Aires, 15 ago. 1897.

A REPÚBLICA E SUA POLÍTICA EXTERIOR (1889-1902)

marcadas por "sentimentos de justiça, de lealdade, de confiança", bem como pela harmonização de interesses e não perturbação de soluções de "questões de ordem externa ou interna em que qualquer delas esteja empenhada, é preferível a uma política de suposta ou possível aliança, mútua assistência ou pretenciosa proteção que, contrariando as leis naturais da expansão dos povos, criaria situações artificiais, efêmeras e, portanto aventurosas, senão de real perigo".[98] Na hipótese de qualquer república sul-americana ter pretensões de supremacia ou hegemonia, seria "um nobre estímulo para que se avigorem os esforços no sentido de encontrar o meio eficaz e permanente de disputá-la", mas deveria ser pelo "reerguimento das finanças, que exclui toda ideia de paz armada e supõe o propósito de aproveitar os variados elementos de produção, evitando os perigos de uma só fonte de riqueza", em razão do que ressaltou a importância das estradas de ferro, da navegação e da consolidação da unidade nacional.[99] As ferrovias aproximavam dos povos, mas Carvalho estava ciente de que elas poderiam também desempenhar um papel em favor da hegemonia de uma nação sobre outra.[100] Em contraposição ao crescente direcionamento dessa modalidade de comunicação rumo ao Prata, fez vasto projeto para direcioná-la também para o Atlântico brasileiro, o que traria como vantagem complementar a possibilidade de o Brasil dispor de um porto no Pacífico. O escoamento da produção do norte e leste da Bolívia pelo Purus, Beni ou Madeira, e a navegação do Paraguai deveriam, segundo o ministro, merecer atenção. No referente ao sul, observou que a livre navegação da Lagoa Mirim e do Rio Jaguarão desvaneceria preconceitos políticos e proporcionaria tranquilidade externa para o Uruguai prosperar, colocado que está no estuário do Prata, como elemento de ligação entre Brasil e Argentina. Com referência ao Paraguai, os estabelecimentos de crédito e as ferrovias fariam a "justa reparação dos males que a tríplice aliança foi obrigada a causar-lhe".[101] Ao encerrar o relativo à política externa do Brasil para a América do Sul, Carvalho afirmou: "Não é, pois, uma política de isolamento e de egoísmo, mas de razoável e justa abstenção em assuntos em que o Brasil não é parte e que desejaria ver para sempre resolvidos de modo a consolidar energias, afeições e interesses comuns. Em vez de uma Liga dos neutros, uma Liga de paz e de Justiça".[102]

---

98 *Relatório do Ministério das Relações Exteriores* – 1896, p.3-6.

99 *Ibidem, loc. cit.*

100 Ciro de Azevedo tinha a mesma opinião a respeito (AHI. Ofício reservado de Buenos Aires, 4 fev. 1902).

101 *Relatório do Ministério das Relações Exteriores* – 1896, p.3-6.

102 *Ibidem, loc. cit.*

OBSERVANDO AS RELAÇÕES ARGENTINO-CHILENAS

As palavras cuidadosas e o idealismo de Carlos de Carvalho diferiam um tanto da diplomacia real. A retórica pacifista não excluía a atenção com o que ocorria no entorno do país, mormente no que dizia respeito a atitudes que desvendassem pretensões de hegemonia ou que afetassem interesses comerciais. Em outubro de 1898, Dionísio Cerqueira, sucessor de Carvalho no Ministério das Relações Exteriores, recebeu de Iteberê da Cunha, ministro plenipotenciário brasileiro em Assunção, ofício no qual opinava que o Brasil apesar de tratar as relações com o país mediterrâneo com "excesso de benevolência" e "sentimentalismo", não obtinha reconhecimento, em razão do que sugeria que o Rio de Janeiro tratasse o Paraguai do modo como faziam os argentinos: com energia sem contemplação, e conseguiam melhores resultados do que o Brasil.[103] Itiberê da Cunha parecia estar adiantando um assunto ao seu ministério. No mês seguinte oficiou a Olinto de Magalhães, ministro das Relações Exteriores do presidente Campos Sales, que acabara de iniciar sua gestão (15 de novembro de 1898), dando conta de que Emilio Aceval, o novo presidente paraguaio, lhe propôs a negociação de um novo tratado comercial e ao mesmo tempo informou-lhe que iria nomear representante diplomático para assumir a legação de seu país no Rio de Janeiro, que então estava vaga. Olinto entendeu que a iniciativa deveria partir do Paraguai; aguardaria a nomeação do titular da legação. A pretensão paraguaia de firmar um tratado de livre comércio foi descartada pelo governo brasileiro, sobretudo porque seria prejudicial ao estado de Mato Grosso.[104]

No final de maio de 1901, o atento Ciro de Azevedo, ministro plenipotenciário em Buenos Aires, informou ao Rio de Janeiro sobre o projeto apresentado pelo deputado Bores ao Congresso argentino, pelo qual se concederia "inteira franquia aduaneira para todos os produtos bolivianos", fossem eles naturais, manufaturados ou de cultivo, que perduraria até que a Bolívia obtivesse uma saída para o mar ou "escoadouro próprio para a sua exportação".[105] O texto dos três principais artigos em que se resumiu o projeto confirma a informação.[106] Para o plenipotenciário brasileiro, a exposição de motivos do projeto fora elaborada com pouco tato, "significando um grito de hostilidade imprudente contra a nação chilena". Não obstante reconhecendo o texto como "malsinado ao nascer", observou que, se aceito, o projeto completaria "o plano de suserania indireta" da Argentina sobre a Bolívia ao canalizar a saída de todos os seus produtos. O plano, para o diplomata brasileiro, já fora

---

103 Apud Doratioto, 2011, p.76.
104 Cf. ibidem, p.77-81.
105 AHI. Ofício reservado de Buenos Aires, 30 maio 1901.
106 Apud Proyecto del señor Bores, *El País*, Buenos Aires, 30 maio 1901.

340   A REPÚBLICA E SUA POLÍTICA EXTERIOR (1889-1902)

iniciado com a aplicação "de capitais argentinos na exploração e sondagem de rios; criação de portos em lagunas confinantes com o nosso território e das quais somos coproprietários; linhas de navegação e estradas de terro". A execução de tal plano seria prejudicial ao comércio brasileiro na Amazônia em razão do desvio na rota das mercadorias e da concorrência de produtos similares que a Bolívia poderia exportar livres de direitos de alfândega. Embora Ciro de Azevedo pessoalmente não acreditasse na votação do projeto naquele momento, sobretudo em razão da forma como foi apresentado, divisava a possibilidade de que viesse a resultar em "alguma medida fiscal, mais ou menos contrária aos nossos interesses comerciais e políticos".[107] Já àquela época, os fatores políticos e os econômicos nas relações internacionais já eram vistos como indissolúveis e interagentes.[108] Os projetos voltados para o desenvolvimento das vias de comunicação embutiriam pretensões de hegemonia, detectadas pela diplomacia brasileira, que recomendava tomar providências concretas, como as que constam do relatório de Carlos de Carvalho, citado. Adotar atitude de indiferença significaria facilitar o agrupamento das nações menos expressivas da área em torno do Chile e, sobretudo, da Argentina.

UMA PROPOSTA FORA DE HORA

A tentativa de reunir um congresso internacional sul-americano e sobretudo os movimentos preliminares do Brasil quando da preparação da II Conferência Internacional Americana, programada para o México em 1902, ilustram a falta de união de vistas, em mais de um assunto, que havia entre as nações latino-americanas, em geral, e entre o Brasil e as hispânicas, em particular. Mostram também a distância que havia entre a retórica e a assunção de posições concretas. O momento citado é propício ainda para observar a mudança havida na chancelaria brasileira republicana no que dizia respeito às relações interamericanas, conforme reiterado. Os donos da nova situação tomavam consciência da complexidade do jogo internacional, e adotavam uma política cautelosa e realista.

O ministro do Uruguai em Buenos Aires, Ramirez, levantou, em 1899, a ideia de reunir nessa capital um congresso de representantes das nações americanas em data próxima do final daquele ano. O projeto, originalmente,

---

107 AHI. Ofício reservado de Buenos Aires, 30 maio 1901.

108 A propósito dessa discussão no plano teórico, veja-se o livro de Renouvin; Duroselle, 1967, p.179.

OBSERVANDO AS RELAÇÕES ARGENTINO-CHILENAS

previa que fossem convidadas apenas as nações sul-americanas. Posteriormente, resolveu-se estender o convite a todas as nações americanas para, obviamente, incluir os Estados Unidos. Tal congresso teria por finalidade principal a elaboração de um tratado geral de arbitramento e, secundariamente, a discussão de outros assuntos de interesse geral para o continente, como os relativos às relações comerciais, serviço de correio e estradas de ferro.[109] O projeto não teve acolhida na própria Argentina, que, não obstante, se concretizado, seria prestigiada como sede do encontro. A fraca receptividade deveu-se inclusive ao fato de que, além dos representantes das nações do continente, a ele deveriam comparecer os presidentes da Argentina, Brasil, Chile e Uruguai. O *La Nación*, imediatamente após o lançamento da ideia, opôs reservas, ponderando que antes de se fazer convocação de tal envergadura seria necessário meditar a respeito das "probabilidades de chegar a resultados práticos e precisos sem provocar discussões perigosas" e, ao mesmo tempo, "não revelar propósitos que estorvem correntes políticas e comerciais que convém manter e favorecer".[110] Acrescentou que o momento não era oportuno para a reunião – cuja realização de antemão punha em dúvida – de presidentes dos quatro países confinantes, porque nada de concreto havia para se discutir e porque não convinha que chefes de Estado assumissem compromissos que poderiam, posteriormente, subtrair-lhes a necessária liberdade de ação, mesmo porque não lhes cabia assumir responsabilidades inerentes aos governos e aos congressos de cada país. Ainda: se o assunto exclusivo era o arbitramento, nada impedia que fosse ele tratado bilateralmente, como o fora entre Argentina e Uruguai, dispensando-se, pois, o encontro. O compromisso de resolver pendências internacionais por meio do arbitramento teria mais eficácia se fosse acertado de modo direto, isto é, de Estado a Estado. Para ilustrar a ineficiência de compromissos coletivos, invocou as tentativas até então inúteis que se vinham fazendo na Conferência de Haia. O jornal finalizou repetindo não ser contrário à ideia do congresso; alertava para o fato de se evitar cair no lirismo internacional.[111]

A opinião do *La Nación* foi aqui trazida com ênfase porque a chancelaria brasileira concordou com algumas de suas observações,[112] e definiu logo de início sua posição: declinaria do convite, caso este ocorresse. Preferia que o congresso ficasse apenas em projeto. Para Olinto de Magalhães, os encontros internacionais americanos não tinham sido felizes, e o que então se planejava

---

109 AHI. Ofício de Buenos Aires, 3 out. 1899.

110 Congresso internacional, *La Nación*, Buenos Aires, 10 jul. 1899.

111 Ibidem.

112 AHI. Despacho para Buenos Aires, 22 jul. 1888.

342 A REPÚBLICA E SUA POLÍTICA EXTERIOR (1889-1902)

iria ocorrer em ocasião imprópria, pois coincidiria com a Conferência de Haia, em cuja agenda constava a discussão do arbitramento. Não tendo sido convidados a ela comparecer todos os governos americanos, configurar-se-ia uma situação curiosa, pois o Brasil não aceitara o convite para a Conferência de Haia mas compareceria ao americano. Além disso, o governo dos Estados Unidos, inicialmente excluído do projetado Congresso Americano, estaria representado em Haia.[113] Tanto o presidente Campos Sales quanto seu ministro das Relações Exteriores Olinto de Magalhães eram contrários a tratados de arbitramento comum, integrados por nações americanas ou mesmo europeias. Olinto acreditava que deste modo também entenderiam os sucessivos governos, o que se tornaria "política permanente nesta matéria". Ademais, havia sido negociado na sua gestão um tratado de arbitramento geral com o Chile e naquele preciso momento negociava-se com a mesma finalidade com o ministro argentino, embora sem boas expectativas de conclusão.[114]

O congresso aventado pelo governo uruguaio não vingou, em razão de sua extemporaneidade em termos de contexto sul-americano. É verdade que o Uruguai há tempo reclamava do Brasil o condomínio da Lagoa Mirim e do Rio Jaguarão. Esta questão seria solucionada na gestão do barão do Rio Branco (1902-1912). Afora isso, o Uruguai não tinha problema grave de fronteira como a Argentina, Chile, Peru e Bolívia. É plausível que a iniciativa uruguaia respondesse ao "espírito da época", pois estavam em voga os tratados de arbitramento, justamente porque a perspectiva mundial não era de paz duradoura, o que levou à proliferação de tratados de arbitramento e de conferências de paz com a finalidade de evitar os conflitos que se prenunciavam.

RESTRIÇÕES À II CONFERÊNCIA PAN-AMERICANA

Quase que na mesma ocasião, realizavam-se as gestões preliminares para a II Conferência Internacional Americana, que se realizaria na Cidade do México, em 1902, conforme já afirmado. Joaquim Francisco de Assis Brasil, ministro plenipotenciário do Brasil em Washington, ao relatar a Olinto de Magalhães o andamento dos preparativos para sua realização, sobretudo no referente ao arbitramento obrigatório (item que estava sendo objeto de polêmica entre Chile, Peru e Bolívia), observou que não recebera instruções do governo, mas opinou que o encontro seria para o Brasil totalmente inócuo,

---

113 Ibidem.
114 Ibidem.

OBSERVANDO AS RELAÇÕES ARGENTINO-CHILENAS

além de perda de tempo. Para outros países, a conferência parecia-lhe até prejudicial, o que recomendava o seu adiamento para época mais favorável. Na hipótese de o Brasil participar do evento internacional, Assis Brasil sugeriu que se deveria tentar modificar a organização do Bureau das Repúblicas Americanas, pois da maneira como vinham sendo desenvolvidas suas atividades não traziam benefícios ao Brasil. Para o Bureau cumprir seus objetivos originais seria necessário, dizia, que cada país-membro tivesse nele um funcionário, cujos vencimentos fossem retirados de parte da cota de contribuição do respectivo país. Assim o Brasil teria alguém, sob a supervisão do ministro brasileiro em Washington, para traduzir, anotar e enviar as informações. No entender de Assis Brasil, não era justo seu país contribuir com soma elevada para sustentar funcionários norte-americanos em um organismo que não lhe dava qualquer retorno. Além disso, a contribuição que competia a cada país americano, na condição de integrante da União das Repúblicas Americanas, da qual o Bureau era seu órgão executivo, não era uniforme, havia até países que não enviavam contribuição financeira alguma. A reforma do Bureau deveria ser tentada mesmo na hipótese de não se realizar o congresso pan-americano.[115] Afora essas sugestões, Assis Brasil não viu interesse no encontro em si. Observou que já na elaboração do programa surgiram dificuldades para harmonizar as vistas dos governos americanos, notadamente no relativo ao arbitramento, em razão do que alguns deles, inclusive o dos Estados Unidos, tinham o adiamento da conferência como o mais conveniente. Não obstante as restrições, a conferência iria acontecer conforme o programado. O Brasil não prejudicaria os seus interesses caso a ela não comparecesse, segundo afirmou o ministro das Relações Exteriores, mas poderia ensejar a interpretação de que pendia para um dos lados no debate a respeito da inclusão ou não do arbitramento na agenda do encontro. Por isso, aceitou o convite do México, todavia, para evitar que se tornasse desagradável a algumas das nações americanas, assentou que ao seu delegado seria recomendado que se abstivesse naquilo que dissesse respeito ao tema.[116]

A situação do Brasil, naquela conjuntura, não poderia inspirar outra decisão, pois havia firmado com o Chile, em 18 de maio de 1899, tratado de arbitramento então sob a apreciação do Congresso, e abstivera-se de negociar tratados semelhantes com Argentina, Paraguai e Uruguai. Seria, pois, incoerente discutir amplamente a respeito de tal assunto em congresso internacional em que compareceriam representantes de governos com os quais o Brasil

---

115 AHI. Ofício reservado de Washington, 18 maio 1901.
116 AHI. Despacho reservado para Buenos Aires, 8 jul. 1901.

344 A REPÚBLICA E SUA POLÍTICA EXTERIOR (1889-1902)

deixara de negociar bilateralmente. A prudência recomendava ainda aguardar o pronunciamento do Congresso Nacional sobre o tratado assinado com o Chile. A razão preponderante, todavia, residia no fato de não interessar ao Brasil, que ainda tinha questões de fronteiras pendentes, assumir qualquer posição que viesse a tolher sua liberdade de ação. O ministro Olinto de Magalhães, mesmo mantendo a opinião de que o mais conveniente seria adiar a conferência do México, orientou o representante brasileiro em Washington – cidade em que se reunia a comissão executiva – para que não tomasse qualquer iniciativa nesse sentido e, em última instância, para se abster de discutir a possibilidade de adiamento, lançando mão do recurso de alegar falta de instruções. Com respeito à organização do Bureau Internacional das Repúblicas Americanas, acolheu as ponderações de Assis Brasil, para o que forneceria instruções ao delegado brasileiro.[117]

O Senado Federal, da mesma forma que o Executivo, não se entusiasmou com a conferência pan-americana. A Comissão de Constituição, Poderes e Diplomacia, ao examinar a autorização do crédito necessário para acorrer às despesas com a participação brasileira, observou que a difícil situação financeira do Brasil e a quase inocuidade do primeiro encontro eram razões suficientes para que ela preferisse aguardar o resultado do que então se preparava para adotar uma orientação a respeito caso o Executivo já não tivesse assumido compromisso, pois a Câmara dos Deputados assentira na solicitação do crédito necessário. A Comissão do Senado, assim, dispensava-se de estudar a fundo a questão, mas, em atenção ao programa de "severa economia" adotado pelo Executivo, opinou que a representação brasileira fosse limitada na sua composição e reduzida à metade a quantia solicitada (150.000$, ouro).[118] A Comissão de Finanças da mesma casa, entendendo que não lhe competia manifestação quanto ao mérito, isto é, sobre a conveniência do comparecimento, opinou apenas no relativo à despesa, acatando o *quantum* proposto pela Câmara, com a ressalva de que o crédito votado era o máximo que o governo poderia gastar e, mesmo assim, esperava-se, deveria reduzir a despesa tanto quanto fosse possível. O plenário do Senado votou na sessão de 6 de setembro de 1901, conforme o parecer das comissões.[119]

Com as reservas do Executivo e a falta de entusiasmo das comissões do Legislativo, a representação brasileira deveria ainda ser feita sob regime de

---

117 AHI. Despacho reservado para Washington, 8 jul. 1901.

118 ASF. Sessão de 6 set, 1901. Parecer da Comissão de Constituição, Poderes e Diplomacia (A. Azeredo, Artur Rios e Vicente Machado).

119 Ibidem. Parecer da Comissão de Finanças (A. O. Gomes de Castro, Bernardino de Campos, Lauro Müller, Leopoldo de Bulhões).

OBSERVANDO AS RELAÇÕES ARGENTINO-CHILENAS **345**

economia. O *quantum* a ser despendido e outros aspectos de maior alcance relativos à participação brasileira voltaram a ser discutidos. O debate restringiu-se aos senadores Segismundo Gonçalves, representante de Pernambuco, e Bernardino de Campos, de São Paulo. À vista de notícia vinda de Santiago segundo a qual os delegados chilenos compareceriam ao encontro na qualidade de enviados extraordinários, Segismundo Gonçalves opinou que o Brasil não deveria comparecer em condição de inferioridade em relação às demais repúblicas americanas no referente à categoria de seus enviados. Afora essa preocupação ligada a prestígio e a outras que não vêm ao caso mencionar, entendeu ainda o mesmo senador que era necessário o governo ser cauteloso nas instruções a serem passadas ao enviado brasileiro, atentando para cada item do programa, a fim de que, "em lugar de vantagens", adviessem "males" para o país em decorrência da Conferência do México. Paradoxalmente, mostrou-se cético quanto aos seus resultados, reiterando que os itens do programa eram praticamente os mesmos do primeiro encontro em Washington, e que este não produzira resultados práticos pela falta de execução de suas deliberações. Bernardino de Campos defendeu a necessidade do comparecimento do Brasil em razão das "vantagens e [das] consequências fecundas da sociabilidade entre as nações". Satisfeito pelo fato de a decisão de comparecer não ter sido alvo de contestações fundamentais no Senado, opinou que o Brasil não estava obrigado a enviar embaixada, ministro ou representante diplomático, e sim um representante. Não importava a categoria deste, mas seus méritos pessoais.[120] O fato é que o Senado não demonstrou maior interesse pelo assunto. As poucas intervenções atingiram mais o acessório do que o essencial. Não se emitiu opinião sobre assuntos candentes que figuravam na agenda da conferência, por exemplo, o arbitramento.

Cabe ainda observar que, por ocasião da preparação da II Conferência, a Argentina procurou envolver o Brasil na sua política antichilena ao mesmo tempo que pretendeu se arvorar em defensora do Peru e da Bolívia. O Brasil resistiu às suas insinuações. Para seu ministro em Buenos Aires, Ciro de Azevedo, marchar com a Argentina significaria reconhecer-lhe situação de primazia na América do Sul. O ministro das Relações Exteriores argentino Amancio Alcorta declarou a Azevedo que seu país não se faria representar ao ser informado de que o encontro em questão discutiria o arbitramento de modo restrito e só relativo a pendências futuras, triunfando, pois, a posição chilena a respeito. Alcorta declarou-lhe ainda que já contava com a adesão do Peru, Uruguai, Bolívia e Paraguai, e, além de indagar qual seria a

---

120 ASF. Sessão de 11 set. 1901. Veja-se Bueno, 1974-1975, p.28-31.

346   A REPÚBLICA E SUA POLÍTICA EXTERIOR (1889-1902)

atitude do Brasil, manifestou-lhe o desejo de marchar de acordo com ele. Na hipótese de o governo brasileiro adotar conduta diversa, manteria a decisão de abster-se. O governo, ao instruir Azevedo, informou que o Brasil já aceitara o convite do governo mexicano, e, como não recebera aviso de alteração do programa, não poderia estar de acordo com o governo argentino. Azevedo, a partir das conferências que tivera com Alcorta, deduziu que o governo argentino receava ficar em desacordo com o Brasil. O fato de o ministro argentino hesitar e procurar "um expediente hábil que não possa significar desarmonia" com o Brasil era-lhe suficiente para acreditar que a opinião de seu país gozava de prestígio. O diplomata brasileiro declarou-se desvanecido em transmitir tal impressão, que "dia a dia" a via "confirmada e que vem indicar que a nossa influência é reconhecida, podendo ser facilmente aumentada, dando-nos, de maneira segura e amistosa, a hegemonia que possuímos durante algum tempo, mas sem despertar os ódios e as prevenções que o passado nos legou".[121]

A apreciação de Ciro de Azevedo sobre o prestígio da opinião do Brasil em Buenos Aires era insólita, inclusive em relação a avaliações feitas por ele próprio em outras oportunidades. O diplomata tomava o conjuntural pelo permanente. Outros funcionários que serviram no mesmo posto antes e depois dele acentuaram que não se podia contar com a amizade argentina, fundamentando essa opinião na impressão de que os homens públicos do país vizinho não tinham *sprit de suite*,[122] e que não tinham o Brasil em muita conta. O mais plausível é que Alcorta buscasse, afagando o amor próprio do representante brasileiro, apoio para, juntamente com o Peru, Paraguai, Bolívia e Uruguai, contrapor-se à posição chilena, liderando, assim, boa parte da opinião sul-americana. Isto é de certo modo confirmado por correspondência vinda de Buenos Aires, logo após o citado ofício de Azevedo. Este mesmo já tinha, se quisesse, razões para mudar de opinião. Amancio Alcorta indagou-lhe, em caráter privado, se estava a par do pensamento do governo brasileiro em relação à conduta a ser seguida pelos seus enviados na eventualidade de serem discutidas "questões que, direta ou remotamente, interessassem aos direitos do Peru e da Bolívia, conculcados pelo Chile, vencedor intransigente, que evitava as soluções jurídicas, abusando de uma situação inconfessável". Alcorta informou ainda que precisava "conhecer definitivamente" a opinião brasileira, pois deveria responder a uma interpelação no Senado e era sabedor

---

121 AHI. Ofício reservado de Buenos Aires, 24 jul. 1901.

122 Domício da Gama manifestaria a mesma opinião. AHI. A-3-, G-3, m.50. Carta de Domício a Rio Branco. Buenos Aires, 22 dez. 1908.

OBSERVANDO AS RELAÇÕES ARGENTINO-CHILENAS

de que Cané, seu autor, iria tocar no "acordo internacional entre o Brasil e a Argentina" por suspeitar que o governo brasileiro advogaria a causa do Chile, "em oposição ao parecer de todas as outras nações sul-americanas". Alcorta constou ainda a Azevedo que informara ao ministro chileno em Buenos Aires que os delegados argentinos seriam instruídos para não provocar incidentes na hipótese de o arbitramento amplo ser discutido, mas apoiariam a Bolívia e o Peru caso esse tema fosse colocado, uma vez que, segundo a narrativa do representante brasileiro, o governo argentino não poderia, sem perigo para sua política e quiçá para a sua autonomia, aceitar restrições odiosas a um princípio de direito, que era uma honra para as nações cultas e uma segurança para os Estados débeis. E que, logicamente, ser cúmplice de um precedente restritivo e desdourante seria desarmar-se para o futuro, se em tempo mais ou menos afastado tivesse necessidade de invocar o princípio salvador em benefício próprio, no caso de violência de alguma grande potência europeia.[123]

Ciro de Azevedo, em resposta, informou que carecia de instruções – o que era verdade – para dar as informações solicitadas, mas que estas poderiam ser obtidas por intermédio do representante diplomático argentino acreditado junto ao governo brasileiro. À observação de Alcorta de que temia fazer solicitação oficial por desconfiar "de que o Brasil tivesse, de algum modo [se] consagrado aos interesses chilenos", Ciro de Azevedo redarguiu que, acima do interesse alheio, o Brasil resguardava o seu, "que era o de uma política elevada, que lhe desse a amizade e o respeito das outras nações, e que era tão aventurado e excessivo o conceito de julgá-lo indiferente aos problemas políticos desta parte da América, quanto o de considerá-lo preso à órbita política de qualquer nação em particular".[124] O plenipotenciário brasileiro completou seu pensamento ao afirmar que nenhum ato do governo brasileiro, até então, autorizava desconfiar de sua conduta de "sincero desejo de paz, de ser um mediador respeitado e insuspeito em caso de conflitos entre suas irmãs da América". E isso não implicava "impossibilidade egoística" em furtar-se "às suas responsabilidades de grande nação americana, por motivo de vassalagem a qualquer potência amiga".[125]

A II Conferência Internacional Americana apresentou poucos resultados práticos, conforme esperado. Para o Brasil em particular, não teve qualquer efeito, mesmo porque o único representante enviado, o jurista José Higino Duarte Pereira, na qualidade de enviado extraordinário e ministro

---

123 AHI. Ofício reservado de Buenos Aires, 14 ago. 1901.
124 Ibidem.
125 Ibidem.

348 A REPÚBLICA E SUA POLÍTICA EXTERIOR (1889-1902)

plenipotenciário em missão especial,[126] faleceu sem ter chegado a tomar parte ativa nos trabalhos. O Brasil, se, por um lado, não pretendia assumir liderança de opinião na América do Sul, por outro, se recusava a figurar em qualquer bloco dessa natureza que pudesse ser aproveitado pela Argentina ou pelo Chile. Sua posição era de equidistância em relação às outras duas mais importantes repúblicas da área. A respeito do arbitramento, especificamente, a posição do Brasil era, como se viu, de abstenção, de modo a resguardar sua liberdade de ação no encaminhamento das suas questões internacionais pendentes e eventuais, sobretudo as relativas aos limites.

Em 1901 a diplomacia republicana confirmava, mais uma vez, sua diferença em relação àquela adotada logo após a inauguração do novo regime. No lugar de uma linguagem impregnada de americanismo do período de Quintino Bocaiuva, em que se insistia na união fraternal das repúblicas do segmento sul, traduzindo de maneira equivocada para o plano exterior a retórica que justificava as mudanças institucionais internas, a realidade impunha reserva e constante acompanhamento da atuação das chancelarias dos países vizinhos. Uma reunião internacional de representantes de todas as nações do hemisfério (à exceção do Canadá) seria o cenário propício para as expansões de americanismo, no entanto o governo brasileiro preparou sua participação friamente, já que não ocorrera o desejado adiamento puro e simples.

---

126 Mensagem do presidente Campos Sales ao Congresso Nacional em 3 de maio de 1902. In: ASF. Sessão solene de abertura, 3 maio 1902.

CAPÍTULO VIII

Bolívia – o início da questão do Acre

PRESENÇA DO BOLIVIAN SYNDICATE[1]

Embora a solução da questão lindeira que resultou na incorporação do Acre à União tenha se verificado na gestão do barão do Rio Branco na pasta das relações exteriores, foi no período em tela que o problema se pôs. A delimitação das fronteiras do Brasil com a Bolívia foi precipitada em razão da investida imperialista, representada pelo Bolivian Syndicate. Quando Rio Branco assumiu, a questão do Acre chegara a um impasse, difícil de ser deslindada e engravecendo.

A viagem clandestina da canhoneira norte-americana *Wilmington* (que fundeou em Belém em 10 de março de 1899 e foi até Iquitos), afora o incidente diplomático que ela em si provocou, levantou a suspeita de que estivesse ligada a um acordo que o ministro da Bolívia no Brasil, Paravicini, procurou firmar com os Estados Unidos a respeito do Acre (então boliviano), por meio do cônsul norte-americano K. K. Kennedy. O acordo – classificado como "arreglo" por Leandro Tocantins – deveria ser encaminhado ao presidente MacKinley por meio do comandante da Wilmington , constava o auxílio

---

1 Neste item reitera-se, a fim de não truncar a narrativa, parte do que se refere à questão do Acre antes de Rio Branco assumir a questão na qualidade de ministro das Relações Exteriores a partir de dezembro de 1902, exposta em Bueno, 2003, p.309-326.

350 A REPÚBLICA E SUA POLÍTICA EXTERIOR (1889-1902)

e a proteção norte-americanos à Bolívia com vistas à manutenção de sua soberania sobre os territórios do Acre, Purus e Iaco em troca de "concessões aduaneiras e territoriais". Tal projeto de acordo previa a obtenção do pleno reconhecimento do direito da Bolívia sobre o estabelecido pelo Tratado Brasil-Bolívia de 1867 (também designado por Tratado de Ayacucho); que os Estados Unidos forneceriam numerário e material bélico na hipótese de guerra Bolívia-Brasil, e exigiriam a formação de uma comissão "em perfeito acordo com a Bolívia, para fixar as fronteiras nos rios Juruá e Javari". Previa ainda o livre trânsito nos afluentes do Amazonas e pelas alfândegas de Belém e Manaus para produtos e mercadorias bolivianas; que tais direitos seriam defendidos pelos Estados Unidos; que a Bolívia, em contrapartida, daria a vantagem de rebaixamento de 50% sobre as mercadorias importadas dos Estados Unidos, e 25% para as exportações de borracha destinada aos Estados Unidos, por dez anos. O acordo completava-se com mais duas cláusulas pelas quais se estipulavam

> disposições a serem cumpridas em caso de guerra: a Bolívia denunciaria o Tratado de 1867, e de comum acordo com os Estados Unidos, a linha limítrofe passaria a correr pela boca do Acre, e os restantes territórios, nas áreas compreendidas entre esse ponto e a atual ocupação, seriam entregues aos Estados Unidos em livre posse. A América do Norte pagaria os gastos ocasionados pela guerra, recebendo em hipoteca a renda das alfândegas bolivianas.[2]

Assis Brasil, ministro do Brasil em Washington, protestou junto ao Departamento de Estado pela viagem da embarcação militar, empreendida em flagrante violação da legislação brasileira. O secretário de Estado John Hay apresentou desculpas, mas observou que o comandante da canhoneira, Chapman Todd, não agira de má-fé e reclamou do tratamento que ele recebera no Amazonas.[3] Na imprensa do Pará e do Amazonas foi denunciado, sobretudo por João Lúcio de Azevedo, o imperialismo econômico ao qual estaria ligada a viagem da Wilmington. O acordo Paravicini-Kennedy, principalmente em razão da celeuma levantada, não teve seguimento.[4] Os termos do protocolo firmado eram graves para o país, pois envolvia fronteiras e cessão de território a uma potência mundial em ascensão. Os desmentidos oficiais não desfizeram de todo o temor. Ficou na opinião pública, notadamente nas capitais

---

2 Tocantins, 1961, v.1, p.220-223.
3 Cf. Tocantins, 1961, v.1, p.227, nota 28. Veja-se ainda Bandeira, 1973, p.153-154.
4 Tocantins, 1961, v.1, p.226, 228, 430.

BOLÍVIA – O INÍCIO DA QUESTÃO DO ACRE **351**

amazônicas, a sensação de que o Acre estava sendo alvo da cobiça internacional.[5] O incidente da Wilmington foi o prelúdio dos problemas que seriam criados pelo arrendamento (julho de 1901) do Acre pela Bolívia a um consórcio de capitalistas que pretendia explorar as riquezas naturais daquela área na forma de uma *chartered company*. As *Chartered companies* eram privilegiadas pelos governos de seus respectivos países para exploração colonial, dos quais recebiam cobertura diplomática. O arrendamento foi ideado, encaminhado e assinado, em 14 de julho de 1901, por Félix Avelino Aramayo, representante do país andino em Londres, e F. Willinford Whitridge, representante do consórcio internacional denominado Bolivian Syndicate of New York City in North America, formado por figuras de expressão na *City* e *Wall Street*, tendo obtido do governo boliviano poderes que normalmente pertencem ao Estado, fato que igualava a nova empresa às companhias privilegiadas que se organizavam nas potências imperialistas para atuar na África e na Ásia. A sede da nova empresa seria em Nova York, dirigida por um primo de Theodore Roosevelt, então vice-presidente dos Estados Unidos, e contaria com capitais belgas, alemães, franceses e norte-americanos. Um negócio privado, sem envolvimento com o governo dos Estados Unidos.[6]

O governo brasileiro desenvolveu intensa atividade diplomática destinada a impedir o estabelecimento de uma companhia dessa natureza em região limítrofe do território nacional. A aceitação da presença do Bolivian Syndicate significava abrir perigoso precedente, pois havia riscos no arrendamento de território a uma empresa imperialista, que, para viabilizar seu empreendimento, dependia do livre trânsito pelos rios da Amazônia brasileira para chegar ao Oceano Atlântico. Por esse motivo, e para resguardar-se de futuros embaraços, o governo retirou o tratado de comércio e navegação firmado com a Bolívia em 1896, que se encontrava em apreciação do Congresso Nacional.[7] O que se indagava era sobre a possibilidade de o Brasil

---

5 Bandeira, 1973, p.154-155; Tocantins, 1961, v.1, p.215. Para mais esclarecimentos sobre a viagem da Wilmington, veja-se o cap. XXV: "Uma intriga internacional", p.215-228.

6 Heinsfeld, 2015, p.91-92; Tocantins, 1961, v.2, p.405. Com um capital inicial de 500 mil libras esterlinas, a "sociedade tinha em mira administrar e explorar as riquezas naturais do Território do Acre, por um período de trinta anos, competindo-lhe auferir os proventos, 60% dos quais reservados para o Governo boliviano e 40% para o Sindicato. '*Las bases de ese contrato fueron formuladas por mí*', *afirmaría más tarde Aramayo, no Congreso boliviano, 'en consulta con hombres experimentados en esa clase de empresas y en vista de las cartas constitutivas de sociedades análogas, como la compañía de Indias, da Compañía de Sud África y otras*'" (Tocantins, 1961, loc. cit. e p.417-423). Mais informações podem ser obtidas em Bandeira, 1973, p.156-158.

7 Cf. Tocantins, 1961, v.2, p.442.

A REPÚBLICA E SUA POLÍTICA EXTERIOR (1889-1902)

suportar eventual pressão diplomática de potências estrangeiras na hipótese de fechamento dos rios. Daí o porquê de o Brasil não aceitar a presença, em lindes ainda não demarcados, de uma companhia que, em razão de poderes previstos pelo contrato, poria em risco o pleno exercício da soberania do Brasil sobre seu próprio território. Se, por um lado, a chancelaria brasileira não aceitava o estabelecimento de soberanias estranhas ao continente em área contígua, por outro, encarava a questão do Acre pelo aspecto estritamente jurídico. Este duplo enfoque, jurídico e geopolítico, de difícil conciliação, permitiu que o problema fosse tomando corpo, se adensando, não obstante todo o esforço contrário desenvolvido pela diplomacia. O ministro das Relações Exteriores Olinto de Magalhães reconhecia o Acre como território boliviano, reafirmando a interpretação republicana do já citado tratado Brasil-Bolívia, assinado ao tempo do Império.[8] Quando o Acre já se encontrava conflagrado por causa da presença de brasileiros que não aceitavam a autoridade da Bolívia, sobretudo após a então recente instalação de uma aduana em Puerto Alonso, Olinto não poderia ter sido mais explícito do que foi no relatório do seu ministério relativo a 1899, ao afirmar, a propósito do Estado Independente do Acre fundado pelo rebelde e aventureiro espanhol Luiz Galvez,[9] que a "borracha procedente do território ao sul da linha Cunha Gomes não é brasileira [a] circunstância de ser o território ao sul da linha explorado (se o é) por brasileiros não altera a sua condição".[10] O Brasil apoiou a Bolívia contra Galvez e, em 15 de março de 1900, acabou com a República do Acre.[11] O Acre

---

8 Ricardo, C., 1954, fornece texto completo do "Tratado de amizade, limites, navegação, commercio e extração, celebrado entre o Império do Brasil e a República da Bolívia", firmado em La Paz de Ayacucho, Bolívia, bem como o do Tratado de Petrópolis firmado em 17 de novembro de 1903, que pôs fim à disputa entre os dois países.

9 Luiz Galvez Rodrigues de Arias, espanhol nascido em Cádis, ex-diplomata, trabalhou como redator de jornal em Manaus. Para mais informações sobre Galvez, veja-se Tocantins, 1961, v.1, p. 229 e seguintes.

10 Apud e cf. Tocantins, 1961, v.1, p.364-365; Burns, 1977, p.384.

11 Cf. Tocantins, 1961, v.1, p.277-278, 319. A respeito do Estado Independente do Acre, assim se expressou Campos Sales em sua mensagem anual ao Congresso Nacional: "[...] Havia, porém, outra [dificuldade] que felizmente cessou: refiro-me à fundação do pretenso Estado independente do Acre. O território citado por esse rio e por outros que veem da Bolívia é habitado quase exclusivamente por brasileiros, que se empregam na exploração dos seringais. Nesta circunstância e no pressuposto de pertencer ele ao Brasil até o paralelo do 10° 20' Sul, buscaram os revolucionários pretexto para o seu procedimento. Os revolucionários, porém, já depuseram as armas, deixando de existir o pretenso Estado Independente; está restabelecida a alfândega em Puerto Alonso e já aí se acha o cônsul brasileiro; mas o Governo da Bolívia não tem naquela região, nem em outra parte do território, força que faça respeitar a sua soberania e as suas autoridades" (Mensagem de Campos

BOLÍVIA – O INÍCIO DA QUESTÃO DO ACRE **353**

era também reivindicado pelo Peru. Para Olinto de Magalhães não importava o que fosse decidido entre este e a Bolívia, e de modo peremptório afirmou que, "para o Brasil, é território boliviano, em virtude do tratado de 1867".[12] Reconhecido pelo Brasil o território como boliviano, não se poderia contestar – como pretendia o governador do Amazonas, Ramalho Júnior – a instalação da aduana pelo governo da Bolívia à margem do Rio Acre.[13] O apego à interpretação estritamente jurídica da questão, sobreposta à interpretação desfavorável ao Brasil do referido Tratado de Ayacucho, implicava despretensão em expandir o território brasileiro à área conflagrada, povoada por brasileiros, que contestavam o direito de posse boliviano.

O fato de o Brasil juridicamente não poder se opor ao arrendamento não significava aceitar passivamente a presença do sindicato nas suas fronteiras, em área estrategicamente situada no centro da América do Sul, até porque, como afirmado, poria em risco sua soberania sobre os rios amazônicos que a ela dão acesso. A diplomacia brasileira movimentou-se em Washington, Londres e Berlim, capitais em que os organizadores do sindicato buscavam completar os recursos financeiros de que careciam, bem como apoio diplomático.[14] Não obstante todo o esforço de Assis Brasil junto ao Departamento de Estado norte-americano, Olinto, no fim de julho de 1902, ainda temia uma intervenção. Ao comentar o protocolo de conferência que Assis Brasil manteve com o secretário de Estado Hay, entre outras coisas, afirmou com convicção: "Enquanto houver no Syndicate americano mais ou menos interessados correremos o risco de intervenção". E com respeito à navegação dos rios, apesar da afirmação de Hay de que nada tinha com isso, afirmou Olinto: "mas, se nos opusermos ao trânsito de algum navio para Puerto Alonso, não é possível que esse governo se abstenha de intervir".[15]

Para Assis Brasil era necessário afastar os capitalistas da questão acriana.[16] A sua atividade junto ao governo norte-americano, visando a impedir que o Syndicate obtivesse apoio diplomático, foi intensa. Antes da citada

---

Salles ao Congresso Nacional em 3 de maio de 1900. In: ASF, 1900. Sessão solene de abertura da 1ª sessão ordinária da 4ª legislatura).

12 Trecho do Ofício de 24 jun. 1902, Magalhães a Rio Branco, ministro plenipotenciário em Berlim, apud Soares, 1975, p.142.

13 Cf. Tocantins, 1961, v.2, p.285-286.

14 Cf. ibidem, v.2, p.430-432.

15 AHI. Despacho reservado para Washington, 31 jul. 1902.

16 Assis Brasil, tão logo Rio Branco assumiu o Ministério das Relações Exteriores, escreveu-lhe sugerindo que primeiro seria necessário isolar o sindicato para depois negociar com a Bolívia.

354 A REPÚBLICA E SUA POLÍTICA EXTERIOR (1889-1902)

conferência com Hay, conferenciara com o subsecretário de Estado David J. Hill, em 19 de junho de 1902, ocasião em que argumentou contra a conveniência do arrendamento. Para dar ênfase, afirmou que era "balela [...] que o Brasil vê com maus olhos a expansão do capital e do trabalho americanos no território nacional". A simpatia do Brasil para com os Estados Unidos, continuou Assis Brasil, era tradicional; recentemente houvera movimento popular para erigir uma estátua de Monroe no Rio de Janeiro e, além disso, o Brasil fora o único país latino a demonstrar simpatia pelos Estados Unidos na Guerra Hispano-Americana de 1898, tendo-lhe inclusive vendido navios quando o conflito estava prestes a se iniciar. Era verdade que a expansão colonial norte-americana diminuíra o entusiasmo de "parte menos esclarecida e pouco numerosa da opinião", mas esse entusiasmo voltaria tão logo fossem "conhecidos os benefícios da administração americana nos territórios conquistados e apreciada a lealdade do procedimento recentemente observado com Cuba [...]". O ministro brasileiro concluiu o pensamento com o que era o objetivo da entrevista: "o governo do Brasil, particularmente, olha para os Estados Unidos como para a nação mais interessada, depois do próprio Brasil, em que esta primeira tentativa de *chartered companies* na América receba um acolhimento capaz de desanimar para sempre qualquer futura especulação do mesmo gênero".[17] Embora Assis Brasil tenha sido enfático na argumentação, agiu como diplomata que era e falou com sinceridade, pois a simpatia tradicional do Brasil para com os Estados Unidos era inegável à época. Ao repelir as *chartered companies*, jogava com a Doutrina Monroe, uma vez que o Bolivian Syndicate era uma empresa integrada, também, por capitalistas europeus, que empreenderiam típica exploração colonial, igual à que então se observava em áreas africanas e asiáticas. Não escapou ao diplomata gaúcho que a posição do Departamento de Estado dava sinais de que sofria influência dos integrantes do sindicato, pois a opinião de Hay evoluíra de promessa de abstenção do governo norte-americano para a de eventual apoio, caso os interesses de seus concidadãos viessem a ser prejudicados. Temia-se, com razão, que os Estados Unidos acabariam por dar cobertura ao empreendimento contra o Brasil, que controlava o trânsito sobre os rios amazônicos.[18] O problema criado pelo arrendamento assumia contornos sombrios. Houve até tentativa de envolver os Rothschild, a que tudo indica para atemorizar o governo brasileiro, pois havia sido recentemente negociado, e já produzindo seus efeitos, o *funding loan*. O

---

17 AHI. Ofício reservado de Assis Brasil a Olinto de Magalhães datado de Narragansett Pier, 3 jul. 1902.

18 Cf. Tocantins, 1961, v.2, p.442-445; Bandeira, 1973, p.159-160.

BOLÍVIA – O INÍCIO DA QUESTÃO DO ACRE

The Financial News de Londres, ao noticiar o conflito no Acre, dizia do "rompimento dos Rothschild com o Brasil" pelo fato de August Belmont, agente deles em Nova York, fazer parte do negócio do Acre. Tal envolvimento foi desmentido pelos próprios banqueiros em carta a Joaquim Nabuco, ministro do Brasil em Londres, e por meio de matéria publicada no *The Daily Mail* da mesma capital. Lavrou assim a diplomacia brasileira um tento na sua luta para desacreditar o empreendimento.[19]

REPERCUSSÃO NO PRATA

O arrendamento do Acre pela Bolívia foi reiteradamente noticiado pela imprensa de Buenos Aires, acrescentando a informação sobre o protesto do Peru, que alegava ter direitos sobre o território. Em abril de 1902, Ciro de Azevedo, ministro plenipotenciário brasileiro naquela capital, enviou cópia autêntica do contrato de arrendamento, obtida no Ministério das Relações Exteriores e Culto da Argentina. Na mesma ocasião, o mesmo ministro tivera acesso aos ofícios reservados do representante da Argentina em La Paz, Guesalaga, que, além de dar conta do negócio, opinou que este se constituía em perigo para toda a América do Sul qualificando o Bolivian Syndicate como reedição da Companha das Índias. Guesalaga informou ainda a respeito dos esforços de Félix Aramayo – "ativamente secundado pelo ministro americano em La Paz" – a favor da aprovação do contrato pelo congresso do seu país.[20]

Drago, ministro das Relações Exteriores da Argentina, procurou exercer a função de mediador na questão acriana, não para obter a rescisão do contrato, como pretendia o governo brasileiro, mas para que a Bolívia consentisse em modificações que, supunha Drago, fossem aceitas pelo Brasil. Com referência à mediação em si, justificou-a Drago pelo pedido brasileiro formulado por intermédio da legação argentina no Rio de Janeiro. As possíveis modificações no contrato consistiam na criação de uma zona neutra para separar as fronteiras do Brasil e do Acre e na anulação da cláusula contratual que permitia à empresa o direito de polícia, o de armar frota e outras concessões que significavam "míngua da soberania nacional". Em troca de tais modificações, o Brasil daria à Bolívia a livre navegação do Amazonas, necessária, como já afirmado, à viabilidade do empreendimento. A proposta foi feita em conferência entre Drago e Ciro de Azevedo, realizada em 1º de setembro de 1902, a convite do

---

19 Tocantins, 1961, v.2, p.432-433.
20 AHI. Ofícios reservados de Buenos Aires, 4 fev. e 24 abr. 1902.

primeiro. O representante brasileiro, à vista da maneira como foi colocada a questão, viu-se "forçado a declarar que ignorava o pedido de mediação" e que desconhecia as instruções do seu governo, em razão do que não sabia se este insistia na rescisão do arrendamento ou se aceitaria as alterações indicadas. Enfim, o diplomata dizia não saber de nada a respeito do pé em que se encontrava a questão. Ao passar essas informações ao Ministério, comunicou que o representante da Bolívia em Buenos Aires conferenciava com o presidente Roca e seu ministro Drago, sendo "fácil concluir que [promovia] a mediação e ainda [procurava] tirar partido da situação para alcançar vantagens positivas".[21]

No ensejo da entrevista, mas sem explicitamente ligar uma coisa à outra, Drago manifestou a intenção do governo argentino em celebrar convênio comercial com o Brasil, argumentando que, além das vantagens imediatas que seriam desfrutadas pelos dois países, conviria "que as nações mais fortes" da América do Sul tivessem relacionamento estreito, bem como tivessem os seus interesses harmonizados para, em momento oportuno, "ligarem-se contra ambição norte-americana ou [da] Europa". Azevedo entendeu que a ocasião era propícia para se conseguir um convênio vantajoso para o Brasil, em razão do que solicitou instruções, mas sem misturar os dois assuntos: "Tocante questão Acre limito-me desejar poder responder este Governo [à Argentina] se julgais conveniente mediação estranha ou se preferis resolver assunto diretamente".[22]

Em outubro de 1902, Azevedo remeteu para o Rio de Janeiro artigo publicado no *El Diario* de 4 de outubro de 1902 por José Maria Escalier, clínico boliviano que, segundo o diplomata brasileiro, gozava de prestígio junto ao governo argentino, tinha influência em seu país – a ponto de ter sido convidado em mais de uma oportunidade para ocupar o Ministério das Relações Exteriores – e era parente de Félix Aramayo, o mentor do arrendamento do Acre. O artigo, classificado por Ciro de Azevedo como agressivo, acusava o Brasil de alimentar "ambições inconfessáveis e propósitos absorventes". A opinião de Escalier era, para o diplomata brasileiro, na verdade, a opinião do governo da Bolívia, dada a circunstância de ele ser na Bolívia "uma espécie de ministro sem pasta" e em Buenos Aires uma espécie de "agente diplomático sem credenciais". Diante da natureza das acusações e do prestígio do autor, Azevedo procurou mostrar ao presidente Roca e ao ministro Drago as decorrências do arrendamento, verdadeiro "perigo [...], primeiro passo da cessão

---

21 AHI. Ofício reservado de Buenos Aires, 3 set. 1902.
22 Ibidem.

inepta de direitos de soberania, em favor de alheia ambição invasora". Num segundo momento, Escalier procurou a intervenção de Azevedo visando superar a divergência a respeito do Acre.[23] Azevedo não dera notícia tão logo foram colocados tais assuntos, por considerar que o problema do Acre não poderia sair do âmbito da chancelaria brasileira e porque entendeu não ser questão "de bons ofícios, insinuados por quem não era oficialmente competente e porque a promessa de possível anulação do contrato com o sindicato era tão pouco definida e dependente de tantas concessões da parte do Brasil, que não poderia ser tomada a sério a condicional e aleatória proposta".[24]

Foi depois disso que o referido Dr. Escalier iniciou uma ofensiva jornalística na qual revelava, na opinião do diplomata brasileiro, "uma discreção muito discutível e um propósito de atribuir-nos má vontade e intento conquistador".[25] No citado artigo, elaborado na forma de carta ao diretor do *El Diario* de Buenos Aires, Escalier opinava que parte da imprensa argentina estava a favor do Brasil e, obviamente, contrária à fraca Bolívia, que defendia "um direito" e praticava "ato de soberania" ao buscar "capitais e homens capazes de realizar uma obra civilizadora". Pretendia o Brasil assenhorear-se de um território que não lhe pertencia, fomentando e estimulando aventureiros de vários países. E a Argentina servia aos interesses "mesquinhos e egoístas" do Brasil contra a Bolívia, "amiga leal" a ela vinculada por tantos interesses. Escalier não aceitava o fato de a Argentina ficar "incondicionalmente" ao lado do Brasil, país de grandes recursos que não necessitava de mais solo, e contra a Bolívia, que precisava aumentar sua renda, cujo progresso iria concorrer "em futuro não muito remoto" para a "prosperidade e bem-estar" da mesma Argentina. Em determinado trecho foi enfático: "E a República Argentina, que tem proclamado a força da razão, que tem sustentado princípios e doutrinas tão elevadas, [estava então] deixando-se levar por enganosas perspectivas, apoiando indiretamente o direito de conquista que o Brasil pretende levar à Bolívia".[26] Na opinião do articulista, a Argentina, por razões de americanismo, estava assumindo atitude favorável ao Brasil no relativo ao arrendamento. Tal afirmação, no que se referia à imprensa, não era de todo verdadeira. Para o *La Prensa* – que situou o assunto no contexto da propaganda antiamericana na América do Sul –, não deveria a Argentina, "nem oficial nem popularmente", tomar parte na questão. O jornal não viu o imperialismo oculto no contrato,

---

23 AHI. Ofício reservado de Buenos Aires, 7 out.1902.

24 Ibidem.

25 Ibidem.

26 Cuestión del Acre – Estudio completo del asunto – La defensa de Bolivia – Carta del Dr. Escalier, *El Diario*, Buenos Aires, 4 out.1902.

358 A REPÚBLICA E SUA POLÍTICA EXTERIOR (1889-1902)

que era simples "operação mercantil". Os Estados Unidos não iriam iniciar uma política imperialista na América do Sul pelo inóspito Acre, mas por regiões mais "condignas com o propósito". Com tais fundamentos, o jornal reiterou que não deveria a Argentina envolver-se nem demonstrar "parcialidade hostil aos Estados Unidos". Afirmou ainda que não havia nenhuma ameaça que justificasse as prevenções e que a América do Sul não tinha, naquele momento, um inimigo comum. Os *"aliancistas* chileno-brasileiro-argentinos" é que estariam produzindo oratória leviana e maquiavélica.[27]

O *El País* noticiou que o Brasil sondara a opinião da Argentina e do Chile e que ambos os países declinaram de se manifestar a respeito. Observava que era a primeira vez que os dois países hispano-americanos atuavam de "maneira [...] paralela e harmônica" à vista de um problema americano de natureza internacional. Depois de reportar-se ao *O Paiz* do Rio de Janeiro, que reconhecia a soberania boliviana sobre o Acre, concluiu: "Resulta, portanto, justificada, a atitude das chancelarias argentina e chilena ao declinar sua intromissão, em qualquer forma que fosse, em um conflito sem fundamento nem razão de ser ante o direito internacional".[28] Depois disso, a documentação vinda do Prata praticamente silencia a respeito do Acre. A questão, de fato, não saiu do âmbito da chancelaria brasileira e permaneceu praticamente em compasso de espera, aguardando a posse iminente do novo presidente, Rodrigues Alves, que teria no Ministério das Relações Exteriores o barão do Rio Branco, já então gozando de vasto prestígio em matéria internacional, nomeadamente em questões de fronteira.

A DISCUSSÃO NO LEGISLATIVO

Como ocorrera por ocasião da ocupação da Ilha da Trindade, o Legislativo brasileiro mostrou-se mais sensível à opinião pública e deu tratamento mais emocional à questão acriana do que o Executivo. O senador do Pará, Lauro Sodré, em setembro de 1900, com o argumento de que os governos republicanos eram governos de opinião, requereu solicitação de informações com a finalidade de esclarecer se o Poder Executivo estava ciente de que forças da Bolívia ocupavam "a zona da fronteira entre essa República e a nossa Pátria, no Estado do Amazonas, para impor as leis e as autoridades bolivianas a cidadãos brasileiros que vivem e têm propriedades na referida zona,

---

27 Maniobras internacionales, *La Prensa*, Buenos Aires, 13 out.1902.

28 El conflicto del Acre, *El Pais*, Buenos Aires, 15 out.1902.

BOLÍVIA – O INÍCIO DA QUESTÃO DO ACRE

considerada litigiosa pelo representante do governo da Bolívia junto ao Governo Brasileiro".[29] Os termos do requerimento demonstram uma concepção diferente daquela do Executivo a respeito da posse do Acre. Lauro Sodré deu ainda mostras de realismo: deveriam os governos agir com calma e prudência, e o regime republicano era o "da paz pelo império da lei, pelo reinado do direito e da justiça", mas não se podia perder de vista o fato de se precisar "ser também uma nação forte entre as nações americanas; é necessário que não percamos de vista que não podemos [nos] fazer de cordeiros no meio de lobos; é necessário que não perseveremos nesta política sentimental, que cogitara em transformar as nossas fortalezas, como já ouvi dizer uma vez, em jardins de recreio".[30] As colocações de Sodré não se restringiam a uma diferença de enfoque a respeito de um assunto específico; iam até às relações entre o Executivo e o Legislativo na formulação da política externa. Nesta, havia preeminência do Executivo, que, segundo o senador paraense, intervinha nas ações do Legislativo, mas este, em relação ao Executivo, tinha uma intervenção, constitucionalmente, "muitas vezes delimitada, marcada e precisa".[31]

Agitação maior por causa do arrendamento surgiu na Câmara dos Deputados em 1902. Na mesma sessão em que foi lido o ofício do Ministério das Relações Exteriores, encaminhando mensagem do presidente da República em que pedia a retirada do tratado de amizade, comércio e navegação, firmado com a Bolívia em 31 de julho de 1896, ainda pendente de aprovação do Congresso[32] – tratado que, como foi visto, daria à Bolívia acesso ao Atlântico pelos rios amazônicos –, Bueno de Andrada, representante de São Paulo, oposicionista à política de Campos Sales, levantou o alarma ao apresentar requerimento também subscrito pelos deputados paulistas, Antônio Cajado e Edmundo da Fonseca, igualmente oposicionistas, solicitando ao Executivo as seguintes informações:

1. Quando sujeitará ao conhecimento do Congresso Nacional as transações entabuladas entre as Repúblicas dos Estados Unidos do Brasil e da Bolívia para

---

29 ASF. Sessão de 5 set.1900.

30 Ibidem. Na sessão do dia 21 de setembro de 1900, afirmou: "Não sou um partidário da guerra, já o confessei e respeito, ou um partidário do espírito da confraternidade americana. Mas é preciso que não se possa sob o regime republicano repetir a frase de um dos homens mais conspícuos do regime passado – o Sr. Cândido Mendes -, quando dizia que custava muito caro ao Brasil viver bem com os seus vizinhos".

31 ASF. Sessão de 21 set.1900.

32 ACD. Sessão de 16 abr. 1902. Veja-se, ainda, *Relatório do Ministério das Relações Exteriores* – 1902-1903, cit., p.21-22 e anexo nº 1, docs. nº 38, 39 e 40, p.75-77.

A REPÚBLICA E SUA POLÍTICA EXTERIOR (1889-1902)

demarcação de suas fronteiras entre o rio Madeira e a principal origem do rio Javari?

2. Quais os últimos trabalhos executados pela última Comissão brasileira, para a determinação de um ponto dessa linha divisória?

3. Se tem conhecimento de qualquer transação projetada ou já realizada, entre o governo boliviano e cidadãos da República dos Estados Unidos da América, para exploração industrial dos produtos do vale do rio Acre?[33]

Os deputados justificaram o requerimento no entendimento de que o Legislativo não poderia ficar indiferente aos graves acontecimentos e à reação da imprensa e da população quando se teve notícia do arrendamento de território, que tinham como litigioso, a um sindicato de capitalistas. O requerimento de Bueno de Andrada e outros foi aprovado na sessão de 7 de maio de 1902, tendo Lamenha Lins, representante do Paraná, declarado, na qualidade de membro da maioria, seu voto favorável, pois ia ao "encontro dos desejos do governo",[34] e cruzava-se com a mensagem presidencial dirigida ao Congresso Nacional, que era anualmente feita no mês de maio. No referente às relações exteriores, o Executivo, depois de afirmar que continuavam "a ser, felizmente, de franca cordialidade as nossas relações com as nações estrangeiras", comunicou o andamento da questão do Acre e noticiou os termos gerais do contrato firmado entre o governo boliviano e o Sindicato. A mensagem esclarecia que no relatório do respectivo ministério constavam os textos (original e definitivo) do acordo, aprovado pelo Legislativo e o Executivo bolivianos. Conforme seus termos, o governo da república vizinha podia "subscrever para o capital da companhia até a quantia de cem mil libras esterlinas", diante do que o referido governo oferecia ao Brasil participação no contrato "com a condição de ser aquela quantia ou parte dela subscrita pelo comércio do Amazonas e do Pará e pelos industriais ou capitalistas do Beni". O governo não considerou aceitável o oferecimento.[35] O Executivo informou ainda que, em nota de 14 de abril de 1902, declarou ao governo da Bolívia, por meio de sua legação no Rio de Janeiro, que

O arrendamento do território do Acre, objeto ainda de contenda com outra nação americana e dependente em todas as suas relações com o Brasil não

---

33 Ibidem.

34 ACD. Sessão de 7 maio 1902.

35 Mensagem de Campos Sales ao Congresso Nacional em 3 de maio de 1902. In: ASF. Sessão solene de abertura, 3 maio 1902. A participação de capitais brasileiros equivaleria a aceitar e dar como bom o contrato Aramayo (cf. Tocantins, 1961, v.2, p.428).

interessa somente à economia da Bolívia. O Governo boliviano, confiando à companhia o uso da força militar e naval, condição essencial de uma soberania real e efetiva, transfere de fato uma parte de seus direitos soberanos (aliás expressamente ressalvados) de sorte que no caso de abuso o Governo Brasileiro se encontraria em face de autoridades que ele não pode reconhecer e não reconhecerá.[36]

Com tal declaração o governo brasileiro, ainda segundo a mensagem presidencial, mostrava-se empenhado "em manter com firmeza a legitimidade dos seus direitos, em garantir a propriedade de cidadãos brasileiros e em sustentar nesta parte do nosso continente a única política digna dos seus elevados destinos".[37] Afora a manifestação peremptória de que o Brasil não reconheceria soberanias estranhas nas suas fronteiras e de que o território ainda era objeto de contenda com outra nação americana, o governo não declarou a área como litigiosa e, eventualmente sujeita à soberania brasileira. Havia deputados – nomeadamente os oposicionistas Bueno de Andrada e Brício Filho – que não estavam satisfeitos pela forma como o Executivo reagia ao arrendamento,[38] o que abria uma brecha entre os dois poderes quanto à maneira de ver a questão. O representante de Pernambuco Brício Filho chegou a falar em "inépcia" e "negligência" do governo brasileiro,[39] no que foi contestado por uma parte de seus pares.[40] A Câmara procurava refletir o clamor nacional contra o estranho contrato, discutindo inclusive o assunto em sessão secreta. O paraense Serzedelo Corrêa separava a questão de limites daquela criada pela Bolívia e o Sindicato. Sobre a primeira, embora pessoalmente entendesse que a linha divisória estabelecida pelo Tratado de 1867 fosse a do paralelo 10° 20',[41] opinava, cautelosamente, não ter a Câmara condições de se manifestar sem o conhecimento completo da documentação pertinente. Mas sobre a segunda, isto é, o arrendamento, tinha posição indubitavelmente contrária – no que era calorosamente apoiado –, afirmando ser esta a "opinião unânime do Parlamento, da imprensa e da Nação": não haveria então "um só brasileiro" que não fosse "absolutamente contrário a esse arrendamento [...] que não o condene, que não considere impolítico, no sentido honesto e digno

---

36 Apud Mensagem de Campos Sales ao Congresso Nacional em 3 de maio de 1902. In: ASF. 1902 – Sessão solene de abertura.

37 Ibidem.

38 Veja-se, por exemplo, ACD, sessão de 13 ago. 1902.

39 ACD. Sessão de 20 maio 1902.

40 Veja-se, por exemplo, Germano Hasslocher (do Rio Grande do Sul), ibidem.

41 Cf. Tocantins, 1961, v.2, p.283.

362 A REPÚBLICA E SUA POLÍTICA EXTERIOR (1889-1902)

da palavra, o ato do governo boliviano". Era preciso, dizia, a Câmara firmar publicamente sua solidariedade ao Governo, que, como se viu, era contrário ao arrendamento.[42]

O acérrimo oposicionista Bueno de Andrada reiterou, logo depois, o entendimento de que o território do Acre era litigioso, bem como denunciou a rapina internacional. Depois de afirmar que o Congresso, sem partidarismo, fora em "franco socorro do governo", que já então havia "comprometido" a região pela maneira como encaminhava o assunto pela via diplomática, afirmou que o Executivo se desviara do caminho traçado pelo Legislativo, e não fez o que deveria ter sido feito:

> comunicar ao governo da República da Bolívia que o órgão legítimo do pensamento nacional na questão, o Congresso, entendia e entendia bem que o terreno que se pretende arrendar é um terreno litigioso, e tornar público, amplamente público, não só no país como fora dele, esta nossa deliberação, para que não se organizasse o sindicato, ou, se já tivesse sido organizado, soubesse que a fundação desse sindicato em terreno litigioso era declaração de guerra à nossa nação.[43]

Bueno de Andrada arremeteu, em seguida, contra os povos espoliadores, qualificou o sindicato de "Companhia das Índias brasileiras" e opinou que era necessário destruir os efeitos da Nota de 14 de março de 1900, pela qual o governo brasileiro deu como pertencente à Bolívia o território situado ao sul da linha Cunha Gomes. Na hipótese de guerra, a prevalecer o citado documento, o direito estaria do lado da Bolívia. O deputado Cincinato Braga secundou esta posição ao afirmar que o Brasil estava "passando perante as nações do mundo como agredindo a soberania territorial da Bolívia porque o governo declarou que o chão é dela".[44] O governista baiano José Joaquim Seabra, ao defender a atuação do Executivo, ressalvou que este avisara "às nações interessadas que absolutamente não consentiria no arrendamento projetado e que nestas condições os capitais que porventura os seus súditos empregassem nesta arriscada empresa não teriam garantia alguma".[45]

A divergência na conduta a ser seguida na questão ia se acentuando entre o Executivo e parte da Câmara. Pode-se facilmente supor – caso o problema acriano não tivesse tomado outro rumo com a ascensão de Rio Branco ao Ministério das Relações Exteriores – que se chegaria a eventual impasse no

---

42 ACD. Sessão de 20 maio 1902.

43 ACD. Sessão de 30 jun. 1902.

44 Ibidem.

45 ACD. Sessão de 3 jul. 1902.

BOLÍVIA – O INÍCIO DA QUESTÃO DO ACRE

momento de o Congresso apreciar, conforme lhe competia privativamente nos termos de preceito constitucional, os atos do Executivo relativos ao assunto. O oposicionista Cincinato Braga falava de tal modo que, se encampado pela maioria, significaria de antemão desautorizar o Executivo:

> Em face da disposição expressa do nosso estatuto constitucional, as questões de limites são da competência privativa do Congresso Nacional. Assim, nesta questão com a Bolívia, os atos praticados até hoje, pelo Poder Executivo, não são decisivos, definitos, dirimentes do pleito que mantemos; eles apenas revestem o caráter de meras promessas diplomáticas.[46]

O problema criado pelo arrendamento do Acre ao Bolivian Syndicate ficava, assim, do lado brasileiro, num impasse. A opinião e o Congresso Nacional repudiavam o contrato. O Executivo – a quem competia tomar iniciativas e conduzir a política exterior – acionava a sua diplomacia em Washington e na Europa com vistas à anulação do arrendamento, não aceitando, portanto, a presença de soberania estranha nos lindes nacionais, mas declarava ser o Acre boliviano. A diplomacia brasileira mostrava-se ineficaz, pois o governo tolhia suas próprias ações, apegando-se a um posicionamento jurídico sem ambiguidades, que se conflitava com a sua posição no discurso geopolítico. Campos Sales-Olinto de Magalhães concluíram o quatriênio legando para a gestão Rodrigues Alves/Rio Branco um problema de difícil solução. Rio Branco, contrariando a conduta da gestão anterior, daria outra interpretação ao artigo 2º do já citado tratado de 1867 e, em consequência, transferia a linha divisória leste-oeste para o paralelo 10° e 20'. A área tornou-se oficialmente litigiosa,[47] e a questão saiu dos limites estritos em que se enredaram seus antecessores, nomeadamente Dionísio Cerqueira e Olinto de Magalhães.[48] Ao declarar o Acre território litigioso, Rio Branco tomou uma posição que não era só dele, pois encampava a maior parte da opinião nacional manifesta no Congresso e na imprensa e, assim, restabelecia a sintonia entre os dois poderes acerca do assunto.

---

46 ACD. Sessão de 11 jul. 1902.

47 Cf. Lins, 1945, v.2, p.412; Bandeira, 1973, p.162.

48 Cf. Tocantins, 1961, v.3, p.575. Para mais detalhes sobre a questão do Acre, vejam-se *Relatório do Ministério das Relações Exteriores* – 1902-1903, p.3-28; Soares, 1975, p.125-147.

Síntese conclusiva

O quadro mundial que vinha se configurando desde a década de setenta do século XIX foi marcado pelas disputas entre as potências imperialistas envolvidas na partilha e formação de zonas de influência pela via da dominação de nações com pouca ou quase nenhuma capacidade de defesa, nomeadamente africanas e asiáticas. O contexto internacional tornou-se agressivo. A rivalidade gerou a corrida armamentista, com períodos de instabilidade internacional visíveis nas "provas de força", que desembocaria na Grande Guerra (1914-1918). Entre os novos centros de poder situados fora da Europa estavam os Estados Unidos da América, que, apesar de serem a primeira economia do planeta a partir dos anos 1870, mantiveram-se isolados, sem se envolverem nas questões europeias. A nova potência não alimentava desejo de ocupação territorial. Para os norte-americanos a América Latina era a área naturalmente destinada à expansão de suas exportações e investimentos, com destaque para as atividades de mineração e fornecimento de material rodante ferroviário. O Brasil, então, importava maciçamente produtos manufaturados da Grã-Bretanha, de onde vinham, também, empréstimos necessários para fechar os orçamentos do Estado e, sobretudo, investimentos em obras de infraestrutura. A Alemanha, transformada em potência industrial, após sua unificação (1870), tornou-se concorrente séria dos ingleses em razão dos melhores preços dos seus manufaturados. Os Estados Unidos já possuíam vínculos comerciais sólidos com o Império brasileiro como

366 A REPÚBLICA E SUA POLÍTICA EXTERIOR (1889-1902)

compradores de café e açúcar. Foi nesse contexto internacional multipolar que o Brasil fez sua aposta.

Os republicanos que assumiram o poder em 15 de novembro de 1889, no afã de assinalar que o Brasil dava início a uma nova fase de sua política exterior orientando-se pelo princípio da solidariedade continental embasada na unidade institucional da América, aceitou imediatamente, após o advento do novo regime, a proposta do governo argentino para alterar o encaminhamento, negociado recentemente pelo Império, da solução da séria e antiga questão territorial de Palmas (ou Missões). Em meio a festas, homenagens e cortesias, o resultado foi a partilha salomônica do território pelo tratado de Montevidéu firmado em 1890. Mal acolhido internamente, o Governo Provisório voltou atrás, pressionado inclusive pelo Congresso Constituinte. Foi um choque de realidade: não se faz política externa com romantismo e palavras de ordem. Foi curto o período de "festas" republicanas dos novos donos do poder.

No Congresso Nacional conviviam românticos, realistas e radicais, notados nas propostas e votos de seus membros nos momentos em que discutiam sobre a criação ou supressão de legações diplomáticas do Brasil no exterior. A da Santa Sé foi a mais emblemática. Os que pediam sua supressão o faziam em nome da "lógica republicana" que separara a Igreja do Estado. Tais embates davam-se por ocasião da votação da lei do orçamento geral da República e na apreciação da reforma do serviço diplomático. A imagem negativa do Brasil que se formou no exterior em razão das lutas políticas e quebras da legalidade havidas logo após a constitucionalização do novo regime foram os argumentos invocados para se propor a reforma do serviço diplomático, pois, segundo vários congressistas, os funcionários vindos do Império não mostravam empenho em desfazer a imagem negativa do país por estarem mais identificados com a pessoa do monarca deposto do que com a República. Depois de longas e repetitivas discussões, as mudanças teriam ficado aquém do desejado pelos radicais. Mesmo assim, surgiu com a República uma nova geração de diplomatas, nomeadamente nos principais postos do exterior.

Entre os vários temas debatidos pelo Legislativo, nota-se o referente à distribuição do corpo consular nacional, conectado com a defesa das exportações agrícolas e a promoção da imigração. Pelo que foi demonstrado, não se corrobora a afirmação corrente de que a República cuidou exclusivamente dos interesses da cafeicultura. Como foi visto, as negociações do convênio aduaneiro firmado com os Estados Unidos em 1891 visaram, em primeiro lugar, o reerguimento dos estados nordestinos produtores de açúcar. O Ministério das Relações Exteriores manteve-se também atento ao incremento das exportações de tabaco, carne-seca, couros e erva-mate, conforme se demonstrou

SÍNTESE CONCLUSIVA

no item referente às relações comerciais com a Argentina. Os depoimentos colhidos nos anais do Senado e da Câmara dos Deputados contrariam a narrativa de que a defesa dos interesses do café decorria do predomínio, no Legislativo, das bancadas dos estados produtores. Representantes de outros estados empenharam-se também no fomento das exportações, inclusive as de café.

O traço marcante da política externa brasileira republicana foi o privilegiar as relações com os Estados Unidos, o que, a rigor, não foi uma inovação. As boas relações do Brasil com os Estados Unidos já existiam ao tempo do Império, alicerçadas pelo proveitoso comércio bilateral, reforçadas pela bela impressão e simpatia deixadas pelo imperador D. Pedro II quando de sua visita àquele país em 1876. Com o advento da República, a amizade entre os dois países ganhou nova dimensão já nas gestões dos marechais Deodoro da Fonseca e Floriano Peixoto, e foi continuada pelos presidentes civis. Não há como não concordar com a afirmação de Álvaro Lins de que o barão do Rio Branco, quando assumiu o Ministério das Relações Exteriores, deu às relações do Brasil com os Estados Unidos moldura nova a um quadro antigo. O barão reforçou a amizade com outro matiz, sem subserviência, e com pragmatismo. Por mais paradoxal que possa parecer, usou essa amizade para atuar com mais desembaraço nas suas relações com os países sul-americanos.

Após o reconhecimento do novo regime, o primeiro ato substantivo nas relações entre o Brasil e Estados Unidos foi o acordo aduaneiro de 1891. Para o Brasil, em termos comerciais, seu efeito foi quase neutro. O principal argumento que justificou a aceitação do convite do secretário de Estado Blaine para negociá-lo foi, como afirmado, a melhora da economia dos estados nordestinos. Logo após o acordo com o Brasil, os Estados Unidos firmaram acordos iguais com a Grã-Bretanha e Espanha (metrópoles das ilhas açucareiras de Cuba, Porto Rico e Jamaica), deixando o acordo de 1891 praticamente sem efeito. Do lado brasileiro, o fator político intranacional fora o que mais pesara para sua assinatura. Os produtores brasileiros não modernizaram a produção de açúcar, a fim de se igualar aos seus concorrentes na qualidade, quantidade e preço, para compensar o custo do frete. O fato de o Brasil ter uma pauta de exportações restrita, na qual o café representava mais da metade de que era exportado, e já gozar de isenção na entrada dos Estados Unidos limitava seu poder de barganha.

O momento decisivo na consolidação da amizade Brasil-Estados Unidos deu-se por ocasião da Revolta da Armada de 1893, sobretudo pela atuação de Salvador de Mendonça, ministro plenipotenciário do Brasil em Washington, junto ao Departamento de Estado, mesmo com menoscabo à soberania brasileira e ao brio nacional. Ao perceber que o governo dos Estados Unidos estava inclinado a retirar o apoio que vinha dando a Floriano e alinhar-se à

368   A REPÚBLICA E SUA POLÍTICA EXTERIOR (1889-1902)

diplomacia britânica, sugeriu a intervenção naval para dar fim à Revolta, pois, na hipótese da queda de Floriano, o futuro das novas instituições correria risco, o que traria como consequência a reavaliação da diplomacia brasileira em relação aos Estados Unidos, em favor da Grã-Bretanha. O governo norte- -americano não desejava ficar ao lado do perdedor. A intervenção permitiu a vitória de Floriano. Pode-se afirmar, sem temor de incorrer em erro de inter- pretação, que o apoio moral e naval dos Estados Unidos foi decisivo para a permanência de Floriano no poder e, *ipso facto*, para a consolidação da Repú- blica. As potências da Europa, a Grã-Bretanha sobretudo, aceitaram bem o de- senlace provocado pelos Estados Unidos, pois o término da Revolta favoreceu não só o comércio norte-americano, mas também o europeu. O restabeleci- mento do fluxo comercial regular era o que buscavam as pragmáticas potên- cias de ambos os lados do Atlântico. O fato de não se oporem à ação militar, a Grã-Bretanha em particular, significara que reconheciam a América Latina como pertencente à esfera de poder dos Estados Unidos.

O relacionamento especial do Brasil com os Estados Unidos perdura- ria por todo o período da Primeira República e além dele. A aproximação e o apoio norte-americano a Floriano foram decisivos, mas não suficientes para explicar a duradoura amizade entre os dois países. Os Estados Unidos eram admirados no Brasil, antes, durante e depois do período em estudo, em razão da rapidez de seu impressionante progresso material, das suas instituições políticas, da regularidade na transmissão do poder.[1] Mais importante ainda era o fato de a amizade norte-americana ser considerada como escudo pro- tetor contra as frequentes agressões das potências imperialistas europeias. Quanto mais hostil é o ambiente internacional, mais as unidades políticas querem se proteger, conforme afirmou Aron. Não se pode também perder de vista o trabalho desenvolvido pelos ministros plenipotenciários do Brasil em Washington nomeados pela República no período em exame. Admirado- res dos Estados Unidos foram Salvador de Mendonça, fluminense, signatá- rio do Manifesto Republicano de 1870, que começou como cônsul do Brasil em Nova Orleans e, a partir de 3 de maio de 1876, foi cônsul-geral do Brasil nos Estados Unidos de 1875 até a Proclamação da República, quando se tor- nou ministro plenipotenciário; seu sucessor, Assis Brasil, republicano do Rio Grande do Sul, admirador do progresso e da democracia dos Estados Unidos, que via seu povo como "altivo e otimista"; e, depois dele, já na gestão do ba- rão do Rio Branco no Ministério das Relações Exteriores (1902-1912), Joa- quim Nabuco, na qualidade de embaixador, em 1905. Monarquista convicto,

---

1 Veja-se, também, Fausto;Devoto, 2004, p.228.

admirador da Inglaterra, onde viveu após a instauração da República no Brasil, foi convidado e convencido por Rio Branco. Em Washington, granjeou admiração e respeito intelectual, tornou-se monroísta e admirador dos Estados Unidos. O tribuno pernambucano reiterava que o mundo estava, então, dividido em duas "esferas"; o continente americano era o da paz, a Europa o beligerante. Ficou em Washington até seu falecimento em 1910.

No que se refere às relações com os países da fronteira sul, não houve estremecimento apesar das tropelias de revolucionários de um lado para outro das linhas que dividem Brasil, Argentina e Uruguai. A Argentina aceitou bem o laudo favorável ao Brasil emitido pelo presidente norte-americano Cleveland que pôs fim à questão de Palmas. No relativo às relações comerciais, a atuação da chancelaria brasileira praticamente se resumiu às questões sanitárias e às aduaneiras, e nestas avultava o referente à farinha de trigo. A conduta do Brasil neste aspecto estava condicionada aos termos de suas relações comerciais com os Estados Unidos, concorrentes do país platino no mercado brasileiro de farinha. As quarentenas – exageradas, segundo autoridades brasileiras – impostas pelo governo argentino aos navios procedentes dos portos brasileiros contribuíram, também, para que o Brasil se aproximasse ainda mais do parceiro norte-americano. Afora isso, havia no Brasil um estado de atenção no que dizia respeito aos armamentos navais. Embora o Brasil tivesse como certo que a reorganização naval argentina se fazia por causa da probabilidade de guerra contra o Chile, o aumento da esquadra argentina, não acompanhado de correspondente crescimento da brasileira, era julgado como um fator que provocaria alteração no equilíbrio de forças do contexto sul-americano. Depois de solucionada a questão das Missões, apesar de reivindicações comerciais argentinas não atendidas pelo Brasil, dos desapontamentos deste a respeito da imigração e de incidentes de fronteira, nada havia de sério o suficiente para estremecer as relações entre os dois países. O expressivo comércio bilateral, favorável à Argentina, anulava os efeitos da rivalidade, que existia desde o período colonial.

No que diz respeito ao restante do Cone Sul, o que chama a atenção é a manutenção da amizade Brasil-Chile, que vinha desde o Império. Ambos tinham esferas de atração distintas (Atlântico e Pacífico) e a Argentina como rival comum. A constatação feita pela diplomacia brasileira de que na Argentina – da mesma forma que, reciprocamente, ocorria no Brasil – o vizinho do norte era, teoricamente, considerado como inimigo provável, e a observação de que o país platino procurava ampliar sua presença em outras nações do Cone Sul (Peru e Bolívia) recomendava o cultivo da amizade com o país transandino, até porque, potencialmente, poderia ter alguma importância para a agroexportação brasileira. Apesar do padrão da amizade que existia entre os

370 A REPÚBLICA E SUA POLÍTICA EXTERIOR (1889-1902)

dois países, nunca chegou a se configurar uma aliança tácita, conforme supunha determinada linha da imprensa portenha.

Passado o período militar (1889-1894), a transmissão regular do poder nos termos constitucionais contribuiu para a recuperação da imagem do Brasil no exterior, o que facilitou a assinatura do *funding loan*, negociado com os Rothschild por Campos Sales, na qualidade de presidente eleito. Não obstante a severa crítica interna, o empréstimo foi decisivo para encaminhar o ajuste das finanças nacionais e significou crédito de confiança do país, que, assim, reingressou no rol das nações economicamente viáveis.

Decorridos treze anos, o novo regime apresentou saldo positivo na frente externa. Após o tropeço inicial, teve solucionadas as questões de limites com a Argentina (Palmas/Missões) e com a França (Amapá). Em ambas atuou com sucesso o diplomata, geógrafo, historiador e cônsul do Brasil em Liverpool, o barão do Rio Branco. A solução do litígio territorial com a Grã-Bretanha (questão do Pirara) foi encaminhada com a nomeação do monarquista Joaquim Nabuco para advogar a favor do Brasil. A diplomacia brasileira, com habilidade e altivez, assegurou a soberania brasileira sobre a Ilha da Trindade, depois da tentativa da Grã-Bretanha em incorporá-la ao seu vasto império. Em 1902, às voltas com o problema acriano, o Brasil percebeu o risco à sua soberania com a presença de uma companhia formada por capitais anglo-norte americanos, caso obtivesse dos Estados Unidos, juntamente com potências europeias, cobertura diplomática para a exploração do Acre, concedida em arrendamento pela Bolívia. A questão foi legada ao presidente Rodrigues Alves e seu chanceler barão do Rio Branco, já bastante complicada e mal encaminhada.

Cumpre ainda realçar a atuação do Congresso Nacional como vigilante dos interesses nacionais. A primeira Constituição republicana, ao fixar as atribuições de cada poder, atribuiu ao Executivo a responsabilidade de gerir a política externa, reservando privativamente ao Congresso Nacional a resolução em caráter definitivo dos tratados e das convenções com nações estrangeiras, disposição, aliás, mantida nas constituições posteriores. Na atual manteve-se também, mas com alterações limitantes do Poder Executivo, conforme visto no corpo do presente texto. O Legislativo, no período analisado, salvo na gestão Campos Sales, não foi mero poder homologatório das decisões do Executivo; usou seu poder para acompanhar e debater em defesa do que considerava o melhor para os interesses nacionais, como na apreciação do Tratado de Montevidéu de 1890 e o convênio aduaneiro com os Estados Unidos em 1891. No que se referia à integridade territorial, à soberania e aos brios nacionais, como na questão da ocupação da Ilha da Trindade pela Grã-Bretanha em 1895, e quando se percebeu o risco que representava o Bolivian Syndicate no Acre, os integrantes do Legislativo pairaram sobre as diferenças partidárias. A reação popular encontrou eco no Legislativo Federal de tal forma que de antemão inviabilizaria qualquer solução para o problema do Acre na linha de conduta adotada por Campos Sales e seu chanceler Olinto de Magalhães.

Referências

FONTES

Manuscritas

ARQUIVO HISTÓRICO DO ITAMARATI. Rio de Janeiro. I Conferência Pan-Americana (Washington, 1889-1890). Arquivo particular do barão do Rio Branco. Correspondência diplomática de Buenos Aires, Londres, Santiago e Washington – 1889-1903.

ARQUIVO NACIONAL. Rio de Janeiro. Arquivo particular de Floriano Peixoto: Cxa. 8L-25, pacote 6; Cxa. 8L-14, pacote 3. Correspondência – Vitorino Monteiro.

Impressas

BRASIL. *Anais da Câmara dos Srs. Senadores* – Constituinte – 1890. Rio de Janeiro: Imprensa Nacional, 1891, v.l, apêndice.

BRASIL. *Anais do Senado Federal.* Rio de Janeiro: Imprensa Nacional, 1892-1900.

BRASIL. *Anais do Congresso Nacional Constituinte* – 1891. Rio de Janeiro: Imprensa Nacional, 1891, v.2.

BRASIL. *Anais da Câmara dos Deputados.* Rio de Janeiro: Imprensa Nacional, 1891-1897, 1899-1903.

BRASIL. *Relatórios do Ministério das Relações Exteriores*, 1891-1896, 1898, 1902-1903.

BRASIL. *Relatórios do Ministério da Fazenda*, 1890, 1892-1893, 1895, 1898, 1900, 1902, 1904, 1909, 1912.

FUNDAÇÃO INSTITUTO BRASILEIRO DE GEOGRAFIA E ESTATÍSTICA. *Séries estatísticas retrospectivas.* Rio de Janeiro: IBGE, 1986, v. 1 e 2 [fac-símiles].

374   A REPÚBLICA E SUA POLÍTICA EXTERIOR (1889-1902)

Manifesto e mensagens presidenciais

BRASIL. Manifesto republicano de 1870. *Documentação e atualidade política*, Brasília, v.11, p.3-12, 1980.

BRASIL. Mensagens presidenciais de 1890, 1894, 1895, 1896, 1898, 1899, 1900, 1901, 1902.

CONSTITUIÇÃO *da República dos Estados Unidos do Brasil*, 24 de fevereiro de 1891. In: ALMEIDA, F. H. M. de (Org.). *Constituições do Brasil*. 5.ed. São Paulo: Saraiva, 1967.

FUNDAÇÃO INSTITUTO BRASILEIRO DE GEOGRAFIA E ESTATÍSTICA. *Séries estatísticas retrospectivas*. Rio de Janeiro: IBGE, 1986, v. 1 e 2 [fac-símiles].

Jornais

Le Courrier de la Plata (Buenos Aires)
The Daily Telegraph (Londres)
El Diario (Buenos Aires)
The Financial News (Londres)
The Globe (Londres)
The Liverpool Post
The Manchester Examiner
La Nación (Buenos Aires)
El Nacional (Buenos Aires)
El País (Buenos Aires)
Petit Journal (Buenos Aires)
La Prensa (Buenos Aires)
The South American Journal (Buenos Aires)
The Standard (Buenos Aires)
La Tarde (Buenos Aires)
Le Temps (Buenos Aires)
El Tiempo (Buenos Aires)
The Times (Buenos Aires)
The Times of Argentine (Buenos Aires)
La Tribuna (Buenos Aires)

Livros (autores da época, testemunhos e repositórios documentais)

ABRANCHES, D. de. *Revolta da armada e a revolução riograndense*: correspondência entre Saldanha da Gama e Silveira Martins. Rio de Janeiro: M. Abranches Ed., 1914, v.2.

AZEVEDO, J. A. Mendonça. *Vida e obra de Salvador de Mendonça*. [S.l.]: Ministério das Relações Exteriores, Seção de Publicações, 1971. (Col. Documentos Diplomáticos).

BARBOSA, R. *Cartas de Inglaterra*. 2.ed. São Paulo: Livraria Acadêmica/Saraiva, 1929. Prefácio de Baptista Pereira.

BARRETO, L. *Os bruzundangas*. São Paulo: Brasiliense, 1956.

_____. *Triste fim de Policarpo Quaresma*. 2.ed. Prefácio de M. de Oliveira Lima. São Paulo: Brasiliense, 1959.

REFERÊNCIAS

BRANCATO, S. M. L. (Coord.). *Arquivo diplomático do reconhecimento da República*. Brasília: Ministério das Relações Exteriores; Porto Alegre: Pontifícia Universidade Católica do Rio Grande do Sul, 1989.

CALDAS, H. *A deshonra da República*. Rio de Janeiro: Typ. Moraes, 1895.

CALÓGERAS, J. Pandiá. *Ideias políticas de Pandiá Calógeras*. Introdução, cronologia, notas bibliográficas e textos selecionados por Francisco Iglésias. Brasília: Senado Federal; Rio de Janeiro: Fundação Casa de Rui Barbosa, 1987.

COELHO NETTO, H. M. *O morto* (*Memórias de um fuzilado*). 3.ed. Porto: Livraria Chardron, de Leio & Irmão, 1924.

FREIRE, F. *História da Revolta de 6 de Setembro de 1893*. Rio de Janeiro: Cunha & Irmãos, 1896. v.1.

FUNAG. *Assis Brasil: um diplomata da República*. Rio de Janeiro: CHDD/Funag, 2006. v.1.

GUANABARA, A. *A presidência Campos Salles*. Política e finanças (1898-1902). Rio de Janeiro: Laemmert, 1902.

INSTITUTO INTERAMERICANO DE ESTUDIOS JURÍDICOS INTERNACIONALES. *Derecho de la integración americana*. Buenos Aires: Depalma, 1969.

JORGE, A. G. de A. *Ensaios de história diplomática do Brasil no regime republicano*. Rio de Janeiro: Livraria Editora de Jacintho Silva, 1912.

LIMA, Oliveira. *Memórias*. Rio de Janeiro: José Olympio, 1937.

_____. *Impressões da América espanhola*. Prefácio de Manoel da Silveira Cardozo. Rio de Janeiro: José Olympio, 1953.

LISBOA, H. C. R. *A China e os chins:* recordações de viagem. Rio de Janeiro: CHDD/Funag, 2016.

MARIA, J. (Júlio César de Morais Carneiro). *A Igreja e a República*. Brasília: Câmara dos Deputados, Editora da UnB, 1981.

MELLO, C. J. de. *O Governo Provisório e a revolução de 1893*. São Paulo: Editora Nacional, 1938. v. 1.

MENDONÇA, S. de. *A situação internacional do Brasil*. Rio de Janeiro: Livraria Garnier, 1913.

MISSÃO diplomática do conde de Paço d'Arcos no Brasil, 1891 a 1893. Lisboa: Soc. Ind. de Tipografia, 1974.

MONTEIRO, T. *O Presidente Campos Salles na Europa*. Rio de Janeiro: F. Briguiet & Cia., 1928.

NABUCO, Joaquim. *Balmaceda*. Rio de Janeiro: Typ. Leuzinger, 1895.

_____. *A intervenção estrangeira durante a Revolta*. Rio de Janeiro: Freitas Bastos, 1932.

OLIVEIRA, J. F. de. *Os pais da República e seus primeiros dias:* as finanças da República. São Paulo: Livraria e Editora Logos, 1957.

OURO PRETO, V. de; AMARAL, A. *A década republicana*. Rio de Janeiro: Companhia Typográfica do Brasil, 1899. v.1.

OURO PRETO, V. de; GUIMARÃES, A. *A década republicana*. Rio de Janeiro: Companhia Typográfica do Brasil, 1900. v.5.

PRADO, E. *Fastos da dictadura militar no Brazil*. 5.ed. São Paulo: Livraria Magalhães, 1923.

_____. *A ilusão americana*. 3.ed. São Paulo: Brasiliense, 1961.

RIBAS, A. J. *Perfil biographico do Dr. Manoel Ferraz de Campos Salles*. Rio de Janeiro: Typ. Leuzinger, 1896.

RODRIGUES, Anna M. Moog. (Selec. e introd.). *A Igreja na República*. Brasília: Câmara dos Deputados, Editora da UnB, 1981.

RODRIGUES, J. H. (Org.). *Correspondência de Capistrano de Abreu*. Rio de Janeiro: Instituto Nacional do Livro, 1954.2 v.

SALLES, C. *Da propaganda à presidência*. São Paulo: [s.n.], 1908.

VILLALBA, E. *A Revolta da Armada de 6 de setembro de 1893*. 3.ed. Rio de Janeiro, São Paulo e Recife: Laemmert & c., 1897.

BIBLIOGRAFIA CITADA

ABRANCHES, D. de. *Governos e congressos da República dos Estados Unidos do Brazil*: apontamentos biographicos sobre todos os Prezidentes e Vice-Prezidentes da Republica, Ministros de Estado, e Senadores e Deputados do Congresso Nacional, 1889 a 1917. 2v. São Paulo: [s.n.], 1918.

ABREU, Marcelo P. (Org.). *A ordem do progresso*. Rio de Janeiro: Campus, 1989.

ALEIXO, J. C. B. *O Brasil e o congresso anfictiônico do Panamá*. Brasília: Fundação Alexandre de Gusmão, 2000. (Atas do Congresso, anexas ao texto).

ALMEIDA, C. L. P. de. *Funding loan*: o empréstimo de consolidação de 1898. Brasília, 1986. Dissertação (Mestrado em História) – Universidade de Brasília.

ALMEIDA, P. R. de. A estrutura constitucional das relações internacionais e o sistema político brasileiro. *Contexto internacional* (*Rio de Janeiro*), v.12, p.53-69, 1990.

_____. *Formação da diplomacia econômica no Brasil*: as relações econômicas internacionais no Império. Brasília, 1998.

ALMEIDA, P. R. de; RÊGO, A. H. do. *Oliveira Lima: um historiador das Américas*. Recife: Cepe, 2017.

ALVES FILHO, F. R. *Campos Sales*. São Paulo: [s.n.], 1940.

AMARAL, A. B. do. *Prudente de Moraes*: uma vida marcada. São Paulo: Instituto Histórico e Geográfico de São Paulo, 1971.

ARAÚJO, L. H. P. de. O reconhecimento da República. *Revista do Instituto Histórico e Geográfico Brasileiro*, n.378/9, p.179-99, 1993.

ARENDT, H. *Da revolução*. São Paulo/Brasília: Ática/Editora da UnB, 1988.

ARON, Raymond. *Paz e guerra entre as nações*. Trad. de Sérgio Bath. Brasília: Editora da UnB, 1979.

ARRAES, V. C. *A República e o imperialismo*: a posse pela Ilha da Trindade (1895-1896). Brasília, 1998 Dissertação (Mestrado) – Universidade de Brasília.

ARRIGHI, G. *O longo século XX*: dinheiro, poder e as origens do nosso tempo. Trad. de Vera Ribeiro. Rio de Janeiro/São Paulo: Contraponto/Editora Unesp, 1996.

BAGÚ, S. *Argentina en el mundo*. México/Buenos Aires: Fondo de Cultura Económica, 1961.

BANDEIRA, M. *Presença dos Estados Unidos no Brasil* (*dois séculos de história*). Rio de Janeiro: Civilização Brasileira, 1973.

BARRACLOUGH, G. *Introdução à história contemporânea*. 2.ed. Trad. de Álvaro Cabral. Rio de Janeiro: Zahar, 1973.

BARROS, A. de S. C. Política exterior brasileña y el mito del barón. *Foro Internacional* (*México*), v.93A, p.1-20, 1983.

BARROSO, G. *História do palácio do Itamaraty*. Rio de Janeiro: Seção de Publicações/Ministério das Relações Exteriores, 1968.

REFERÊNCIAS

BASTOS, H. *Rui Barbosa, ministro da independência econômica do Brasil*. Rio de Janeiro: Casa de Rui Barbosa, 1949.

BAUMONT, M. et al. *L'Europe de 1900 à 1914*. Paris: Éd. Sirey, 1966 (L'Histoire du XXe Siècle).

BELLO, J. M. *História da República*. São Paulo: Companhia Editora Nacional, 1964.

BEMIS, S. F. *La política internacional de los Estados Unidos:* interpretaciones. Lancaster: Lancaster Press, 1939.

_____. *The Latin American policy of the United States:* an historical interpretation. Nova York: Harcourt, 1943.

BENTO, C. M. A intervenção estrangeira durante a Revolta da Armada. *Revista do Instituto Histórico e Geográfico Brasileiro*, v.378/379, p.231-268, 1993.

BETHELL, L. A Grã-Bretanha e a América Latina, 1830-1930. In: BETHELL, L. (Org.) *História da América Latina*. Trad. de Geraldo Gerson de Souza. São Paulo/ Brasília, DF: Editora da Universidade de São Paulo/Imprensa Oficial do Estado/Fundação Alexandre de Gusmão, 2001. vol. IV, de 1870 a 1930, p.581-608.

_____. Conferências Pan-americanas , [s.d.]. Disponível em: https://cpdoc.fgv.br/sites/default/files/verbetes/primeira-republica/CONFER%C3%8ANCIAS%20PAN-AMERICANAS.pdf. Acesso em: 16 abrl. 2022.

BOBBIO, N.; MATTEUCCI, N.; PASQUINO, G. *Dicionário de Política*. Trad. de Carmen C. Varrialle et al. 5.ed. Brasília, DF: Editora Universidade de Brasília, 1993.

BOSCH GARCIA, C. *La base de la política exterior estadounidense*. México: Universidad Autónoma de México (Facultad de Filosofia y Letras), 1969.

BRANCATO, S. M. L. A Espanha e a implantação da República no Brasil: reações entre os políticos espanhóis. *Estudos Ibero-Americanos*, v.11, n.2, p.25-38, 1985.

_____. A Proclamação da República na imprensa madrilenha. *Anais da VI Reunião da Sociedade Brasileira de Pesquisa Histórica* (SBPH), São Paulo, p.81-85, 1987.

BUENO, C. A reforma do serviço diplomático (1895). Disponível em: http://cpdoc.fgv.br/sites/default/files/verbetes/primeira-republica/REFORMA%20DO%20SERVI%C3%87O%20DIPLOM%C3%81TICO%20(1894).pdf.

_____. O Brasil e a Terceira Conferência Internacional Americana (Rio de Janeiro, 1906)., *Estudos Históricos*, Marília, v.13-14, p.7-84, 1974-1975.

_____. Ferrovias e penetração capitalista norte-americana na América Latina: um documento significativo. *Estudos históricos*, Marília, n.16, p.101-184, 1977.

_____. O rearmamento naval brasileiro e a rivalidade Brasil-Argentina em 1906-1908. *História* (*São Paulo*), v.1, p.21-35, 1982.

_____. Política externa da Primeira República: os anos de apogeu (de 1902 a 1918). São Paulo/ Rio de Janeiro: Paz e Terra, 2003.

BURNS, E. B. As relações internacionais do Brasil durante a Primeira República. In: FAUSTO, B. (Ed.). *História geral da civilização brasileira*. 2.ed. São Paulo: Difel, 1977. t.3, v.2, p.375-400.

CALÓGERAS, P. *Estudos históricos e políticos* (*Res nostra...*). 2.ed. São Paulo: Nacional,1936.

_____. *A política monetária do Brasil*. Trad. de Thomaz Newlands Neto. São Paulo: Nacional,1960.

CARDOSO, F. H. Dos governos militares a Prudente – Campos Sales. In: FAUSTO, B. (Ed.). *História geral da civilização brasileira*. 2.ed. São Paulo: Difel, 1977. t.3, v.1, p.15-50.

378 A REPÚBLICA E SUA POLÍTICA EXTERIOR (1889-1902)

CARONE, E. *A Primeira República* (1889-1930) – *Texto e contexto*. São Paulo: Difusão Europeia do Livro, 1969.

CARVALHO, C. D. de. *História diplomática do Brasil*. Introdução de Paulo Roberto de Almeida. Ed. Fac-similar. Brasília: Senado Federal, 1998.

CARVALHO, J. M. de. As forças armadas na Primeira República: o poder desestabilizado". In: FAUSTO, B. (Org.). *História geral da civilização brasileira*. São Paulo: Difel, 1977. t.3, v.2, p. 181-234.

CASTAÑEDA, J. Panamericanismo: posição do México. *Revista Brasileira de Política Internacional*, Rio de Janeiro, set. 1958, nº 3, p.5-40.

CASTILHO, M. dos S. F. *Imigração chinesa para o Brasil no século XIX:* o discurso parlamentar. Assis, 2000. Dissertação (Mestrado) – Unesp.

CASTRO, S. de. *A República que a revolução destruio*. Rio de Janeiro: Freitas Bastos, 1932.

CAULFIELD, C. *Master of Illusion:* The World Bank and the Poverty of Nations. Londres: MacMillan, 1997.

CERVO, A. L. *As relações históricas entre o Brasil e a Itália:* o papel da diplomacia. Brasília/São Paulo: Editora Universidade de Brasília/ Instituto Italiano de Cultura, 1992.

CERVO, A. L.; BUENO, C. *História da política exterior do Brasil*. 5.ed. revista e ampliada. Brasília: Editora Universidade de Brasília, 2015.

CORONATO, D. R. *Diplomatas e estancieiros:* Brasil, Rio Grande do Sul e o equilíbrio de poder na formação dos estados nacionais do Prata (1828-1852). São Paulo, 2017. Tese (Doutorado) – "San Tiago Dantas", Unesp/Unicamp/PUC-SP.

CORRÊA, L. F. de S. As origens da diplomacia presidencial na relação entre o Brasil e a Argentina: as visitas do presidente Julio Roca ao Rio de Janeiro (1899) e do presidente Campos Sales a Buenos Aires (1900). *Revista do Instituto Histórico e Geográfico Brasileiro*, ano 161, n.46, jan./mar. 2000.

COSTA, E. V. Brasil: a era da reforma,1870-1889. In: BETHELL, Leslie (Org.). *História da América Latina de 1870 a 1930*. Trad. de Geraldo Gerson de Souza. São Paulo/Brasília: Editora da Universidade de São Paulo/Imprensa Oficial do Estado/Fundação Alexandre de Gusmão, 2002.

COSTA, E. V. da. *Da Monarquia à República:* momentos decisivos. São Paulo: Editorial Grijalbo, 1977.

_____. Brasil: a era da reforma, 1870-1889. In: BETHELL, L. (Org.). *História da América Latina*. Trad. de Geraldo Gerson de Souza. São Paulo/Brasília: Editora da Universidade de São Paulo/Imprensa Oficial do Estado/Fundação Alexandre de Gusmão, 2001. v.V, de 1870 a 1930, p.705-760.

COSTA, J. F. da. *Joaquim Nabuco e a política exterior do Brasil*. Rio de Janeiro: Record, 1968.

COSTA, M. E. C. (Ed.). *Cadernos do CHDD*, ano 13, n.25, 2º sem. 2014.

COSTA, S. C. da. *A Diplomacia do Marechal:* Intervenção Estrangeira na Revolta da Armada. 2. ed. Rio de Janeiro/Brasília: Tempo Brasileiro/Editora da UnB, 1979.

CRUZ, C. L. M. C. *A questão da Ilha da Trindade* (1894-1898): uma revisão historiográfica. Rio de Janeiro, 2005. Dissertação (Mestrado) – Universidade do Estado do Rio de Janeiro.

DEAN, W. A economia brasileira, 1870-1930. In: BETHELL, L. (org.). *História da América Latina*. Trad. Geraldo Gerson de Souza. São Paulo/Brasília: Editora da Universidade de São Paulo/Imprensa Oficial do Estado/Fundação Alexandre de Gusmão, 2002. v.V, p.659-703.

REFERÊNCIAS

DEBES, C. *Campos Salles*: perfil de um estadista. Rio de Janeiro: Francisco Alves; Brasília, INL, 1978. 2v.

DONGHI, T. H. *História contemporânea da América Latina*. 3.ed. Madrid: Alianza Editorial, 1972.

DORATIOTO, F. F. M. A participação brasileira no golpe de Estado de 1894 no Paraguai: a missão Cavalcanti. *Textos de História*, v.2, 1994 (Originais cedidos pelo autor).

_____. *Una relación compleja*: Paraguay y Brasil 1889-1954. Assunção: Tiempo de Historia, 2011.

DREYFUS, F. G. *Histoire des Allemagnes*. Paris: A. Colin, 1970 (Col. U. série Études Allemandes).

DUROSELLE, J. B. *A Europa de 1815 aos nossos dias*. Trad. de Olívia Krãhenbühl. São Paulo: Pioneira, 1976.

_____. *Todo império perecerá*: teoria das relações internacionais. Trad. de Ane Lize Spaltemberg de S. Magalhães. Brasília/São Paulo: Editora Universidade de Brasília/Imprensa Oficial do Estado, 2000.

ELIAS, N. *A solidão dos moribundos*. Trad. de Plínio Dentzien. Rio de Janeiro: Zahar, 2001.

ETCHEPAREBORDA, R. Historia de las relaciones internacionales argentinas. Buenos Aires: Pleamar, 1978.

FAORO, R. Os *donos do poder*: formação do patronato político brasileiro. 2.ed. Porto Alegre/São Paulo: Globo/Edusp, 1975. v.2.

FAULKNER, H. Underwood. *Historia económica de los Estados Unidos*. Trad. esp. de Aída Aisenson. Buenos Aires: Edit. Nova, 1956.

FAUSTO, Boris. Expansão do café e política cafeeira. In: FAUSTO, B. *História geral da civilização brasileira*. São Paulo: Difel, 1977. tomo III, v.1, p.193-248.

_____. Brasil: estrutura social e política da Primeira República, 1889-1930. In: BETHELL, L. (Org.). *História da América Latina*. Trad. de Geraldo Gerson de Souza. São Paulo/Brasília: Editora da Universidade de São Paulo/Imprensa Oficial do Estado/Fundação Alexandre de Gusmão, 2001. v.V, de 1870 a 1930, p.761-812.

FAUSTO, B.; DEVOTO, F. J. *Brasil e Argentina*: um ensaio de história comparada (1850-2002). Trad. de Sérgio Molina. São Paulo: Editora 34, 2004.

FENWICK, C. G. *A Organização dos Estados Americanos*: o sistema regional interamericano. Trad. de Donaldson M. Garschagen. Rio de Janeiro: Ed. GRD, 1965.

FERREIRA, O. S. *Nossa América*: Indoamérica, a origem e a revolução no pensamento de Haya de la Torre. São Paulo? Pioneira/Edusp, 1971.

FERREIRA, P. *Capitais estrangeiros e dívida externa do Brasil*. São Paulo: Brasiliense, 1965.

FOHLEN, C. *La América Anglosajona de 1815 hasta nuestros días*. Trad. esp. de Enrique Irazoki. Barcelona: Labor, 1967.

FRANCO, A. A. de M. *Rodrigues Alves*: apogeu e declínio do presidencialismo. Rio de Janeiro/ São Paulo: José Olympio/Edusp, 1973. 2v.

FRANCO, A. C. Introdução. In: *Assis Brasil*: um diplomata da República. Rio de Janeiro: CHDD/ Funag, 2006. p.7-17.

FRANCO, G. H. B. A primeira década republicana. In: ABREU, M. de P. (Org.). *A ordem do progresso*. Rio de Janeiro: Campus, 1989. p.11-30.

FREYRE, G. *Ordem e progresso*. 2.ed. Rio de Janeiro: José Olympio, 1962. 2 t.

FRITSCH, W. Apogeu e crise na Primeira República: 1900-1930. In: ABREU, M. P. (Org.). *A ordem do progresso*: cem anos de política econômica republicana, 1889-1989. Rio de Janeiro: Campus, 1989. p.31-72.

380 A REPÚBLICA E SUA POLÍTICA EXTERIOR (1889-1902)

FURTADO, C. *Formação econômica do Brasil*. 9.ed. São Paulo: Ed. Nacional, 1969.

_____. *A economia latino-americana*: formação histórica e problemas contemporâneos. São Paulo: Nacional, 1976.

GARCIA, E. V. *Entre América e Europa*: política externa brasileira na década de 1920. Brasília: Editora Universidade de Brasília: FUNAG, 2006.

GLADE, W. "A América Latina e a economia internacional, 1870-1914". In: BETHELL, L. *História da América Latina* (Org.). Trad. De Geraldo Gerson de Souza. São Paulo/Brasília: Editora da Universidade de São Paulo/Imprensa Oficial do Estado/Fundação Alexandre de Gusmão, 2001. v.IV, p.21-82.

GOMEZ ROBLEDO, A. *Idea y experiencia de América*. México: Fondo de Cultura Económica, 1958.

GOUVÊA, F. da Cruz. *Oliveira Lima*: uma biografia. Recife: Instituto Arqueológico, Histórico e Geográfico Pernambucano, 1976. v.1, p.285.

GRAHAM, R. *Grã-Bretanha e o início da modernização no Brasil*. Trad. de Roberto Machado de Almeida. São Paulo: Brasiliense, 1973.

HAHNER, J. E. *Relações entre civis e militares no Brasil*: 1889-1898. Trad. de J. S. Witter. São Paulo: Pioneira, 1975.

HASHIMOTO, F.; TANNO, J. L.; OKAMOTO, M. S. (Org.). *Cem anos da imigração japonesa*: história, memória e arte. São Paulo: Editora da Unesp, 2008.

HEINSFELD, A. *Fronteira Brasil/Argentina*: a questão de Palmas – de Alexandre Gusmão a Rio Branco. Passo Fundo: Méritos, 2007.

_____. *Geopolítica do Barão*: as ações de Rio Branco e seus reflexos na Argentina. Curitiba: Editora Prismas, 2015.

HILL, L. F. *Diplomatic Relations between the United States and Brazil*. Westport: Greenwood Press Publishers, 1970.

HOLANDA, S. B. de. Do Império à República. In: *História geral da civilização brasileira*. São Paulo: Difusão Europeia do Livro, 1972. t.2, v.5.

IGLÉSIAS, F. Artesanato, manufatura e indústria. In: *Anais do III Simpósio dos Professores Universitários de História*, Franca, 3-7 nov. 1965. Franca, Associação dos Professores Universitários de História, 1966.

_____ (Org.). *Idéias políticas de Pandiá Calógeras*. Brasília/Rio de Janeiro: Fundação Casa de Rui Barbosa, 1987.

INSTITUTO INTERAMERICANO DE ESTUDIOS JURÍDICOS INTERNACIONALES. *Derecho de la integración latinoamericana*: ensayo de sistematización. Buenos Aires: Depalma, 1969.

JANOTTI, M. de L. M. *Os subversivos da República*. São Paulo: Brasiliense, 1986.

JOHNSON, J. J. *Militares y sociedad en América Latina*. Trad. esp. de Ricardo Setaro. Buenos Aires: Solar/Hachette, 1966.

JULIEN, C. *O império americano*. Trad. de Fernando Castro Ferro. Rio de Janeiro: Civilização Brasileira, 1970.

KÄMPF, M. *A ocupação da Ilha da Trindade* (1895-1896): uma questão de suscetibilidade. Brasília: Ministério das Relações Exteriores/Instituto Rio Branco, 2011. Dissertação (Mestrado).

KATZENSTEIN, J. C. *Enrique B. Moreno*. Buenos Aires: Cari, abr. 1997 (col. Los diplomáticos, n.14).

KENNEDY, P. *Ascensão e queda das grandes potências*: transformação econômica e conflito militar de 1500 a 2000. Trad. de Waltensir Dutra. Rio de Janeiro: Campus, 1989

REFERÊNCIAS **381**

KRIPPENDORFF, E. *História das Relações Internacionais.* Trad. De A. Zillão. Lisboa, Atidoto, 1979.

LACOMBE, A. J. *Rio Branco y Rui Barbosa.* Versão de José Alarcon Fernández. Rio de Janeiro: Casa de Rui Barbosa, 1955.

LAFEBER, W. United States Depression and the Brazilian Revolution, 1893-1894. *Hispanic American Historical Review,* v.40, n.1, p.107-118, fev. 1960.

LAFER, C.; PEÑA, F. *Argentina e Brasil no sistema das relações internacionais.* São Paulo: Duas Cidades, 1973.

LAFER, C. *O estudo das relações internacionais.* Brasília: Universidade de Brasília, Centro de Documentação Política e Relações Internacionais, [s.d.].

LEAL, V. N. *Coronelismo, enxada e voto:* o município e o regime representativo no Brasil. 2.ed. São Paulo: Alfa-Ômega, 1975.

LEÃO NETO, V. C. *A crise da imigração japonesa no Brasil:* contornos diplomáticos (1930-1934). Brasília: Fundação Alexandre de Gusmão, 1989.

LEITE, B. W. Cerqueira. *Joaquim Nabuco.* São Paulo: Ícone, 2001.

LINK, A. S.; CATTON, W. B. *História moderna dos Estados Unidos.* Trad. de Waltensir Dutra, Álvaro Cabral, Fernando de Castro Ferro. Rio de Janeiro: Zahar, 1965, 3v.

LINS, Á. *Rio-Branco (o barão do Rio Branco-1845-1912).* Rio de Janeiro/São Paulo: José Olympio, 1945, 2v.

LOBO, H. *O pan-americanismo e o Brasil.* São Paulo, Nacional, 1939. (Brasiliana, 169).

LOEWENHEIM, F. L. (Org.). *História e diplomacia.* Trad. de Edmonde Jorge. Rio de Janeiro, Zahar, 1969.

LUZ, N. V. *A luta pela industrialização do Brasil (1808 a 1930).* Prefácio de João Cruz Costa. São Paulo: Difusão Europeia do Livro, 1961.

LYRA, H. *História da queda do Império.* São Paulo: Ed. Nacional, 1964.

_____. *A diplomacia brasileira na Primeira República (1889-1930) e outros ensaios.* Nota biográfica de Hélio Antônio Scarabôtolo. Rio de Janeiro: Instituto Histórico e Geográfico Brasileiro, 1992.

MAIOR, L. A. P. S. O pan-americanismo e o Brasil. *Revista do Instituto Histórico e Geográfico Brasileiro,* v.378/379, p.331-349, 1993.

MANCHESTER, A. D. *Preeminência inglesa no Brasil.* Trad. de Janaína Amado. São Paulo: Brasiliense, 1973.

MARTINS, H. L. A Revolta da Armada – 1893. In: *História naval brasileira.* Rio de Janeiro: Serviço de Documentação da Marinha, 1995. v.V, t.1.

MAURO, F. *L'expansion européenne (1600-1870),* Paris: P.U.F., 1964.

_____. *História econômica mundial 1790-1970.* Trad. de Lincoln Penna. Rio de Janeiro: Zahar, 1973.

MECHAM, J. L. *A Survey of United States-Latin American Relations.* Boston: Houghton Miftlin, 1965.

MEDINA, M. *La teoría de las relaciones internacionales.* Prólogo de Antonio Truyol. Madrid: Seminarios y Ediciones, 1973.

MELLO, A. T. Bandeira de. *Politica commercial do Brasil.* Rio de Janeiro: Departamento Nacional de Estatística, 1933.

MELLO, C. J. de. *O governo provisório e a revolução de 1893.* São Paulo: Editora Nacional, 1938, v.1.

MENCK, J. T. M. *A questão do Rio Pirara* (1829-1904). Brasília: Funag, 2009.

MENDONÇA, C. S. de. *Salvador de Mendonça:* democrata do Império e da República. Rio de Janeiro: Instituto Nacional do Livro, 1960.

MERCADANTE, P. *Militares & civis:* a ética e o compromisso. Rio de Janeiro: Zahar, 1978.

MILZA, P. Política interna e política externa. In: RÉMOND, R. (Org.). *Por uma história política.* Trad. de Dora Rocha. Rio de Janeiro: Editora da UFRJ, 1996.

MISSÃO Diplomática do Conde Paço d'Arcos no Brasil, 1891 a 1893. Lisboa: Soc. Ind. de Tipografia, 1974.

NINOMIYA, M. O centenário do tratado de amizade, comércio e navegação entre Brasil e Japão. *Revista USP*, São Paulo, v.28, p. 245-250, 1996.

NIVEAU, M. *História dos fatos econômicos contemporâneos.* Trad. de Octavio Mendes Cajado. São Paulo: Difusão Europeia do Livro, 1969.

NOGUEIRA, M. A. *As desventuras do liberalismo:* Joaquim Nabuco, a Monarquia e a República. Rio: Paz e Terra, 1984, p.198-201.

OCTAVIO, R. *Minhas memórias dos outros.* Rio de Janeiro: José Olympio, 1934.

PALACIO, E. *Historia de la Argentina:* 1515-1957. 3.ed. Buenos Aires: A. Peña Lillo, 1960. t.2.

PALAZZO, C. L. *Dívida externa:* a negociação de 1898. Brasília: Da Anta Casa Editora, 1999.

PANTALEÃO, O. O reconhecimento do Império. In: HOLANDA, S. B. (Dir.). *História geral da civilização brasileira.* 3.ed. São Paulo: Difusão Europeia do Livro, 1970, tomo II, v.1, p.331-378.

PECEQUILO, C. S. *A política externa dos Estados Unidos:* continuidade ou mudança? 2.ed. ampl. e atual. Porto Alegre: Editora da UFRGS, 2005.

PÉPIN, E. *Le panaméricanisme.* Paris: Armand Colin, 1938.

PEREIRA, P. J. dos R. *A política externa da Primeira República e os Estados Unidos, a atuação de Joaquim Nabuco em Washington* (1905-1910). São Paulo: Hucitec/Fapesp, 2006.

PERISSINOTTO, R. M. *Classes dominantes e hegemonia na República Velha.* Campinas: Editora da Unicamp, 1994.

PERKINS, D. *Historia de la Doctrina Monroe.* Trad. de Luis Echávarri. Buenos Aires: Eudeba, 1964.

PETRONE, M. T. S. Imigração. In: FAUSTO, B. (Org.). *História geral da civilização brasileira.* t.III, v.2. Rio de Janeiro/São Paulo: Difel, 1977, p.93-133.

QUEIROZ, M. I. P. de. O coronelismo numa interpretação sociológica. In: FAUSTO, Boris. *História geral da civilização brasileira.* São Paulo: Difel, 1975, t.III, v. 1, p.153-190.

QUEIROZ, S. R. R. de. *Os radicais da República.* São Paulo: Brasiliense, 1986.

RECKZIEGEL, A. L. G. S. *A diplomacia marginal – vinculações políticas entre o Rio Grande do Sul e o Uruguai* (1893-1904). Passo Fundo: UPF Editora, 1999.

RECKZIEGEL, A. L. S. Rio Grande do Sul e Uruguai: os bastidores da diplomacia marginal, 1893-1897. *Cadernos do CHDD*, Brasília: FUNAG, ano 6, número especial, p.115-139, 1º sem. 2007.

RÊGO, P. H. Oliveira Lima, intérprete das Américas. In: ALMEIDA, P. R. de; RÊGO, A. H. do. *Oliveira Lima:* um historiador das Américas. Recife: Cepe, 2017.

REIS, A. C. F. *A Amazônia e a cobiça internacional.* 3.ed. aumentada. Rio de Janeiro: Record, 1968.

RENOUVIN, P. & DUROSELLE, J. B. *Introdução à história das relações internacionais.* Trad. de Hélio de Souza. São Paulo: Difusão Europeia do Livro, 1967.

REFERÊNCIAS

RENOUVIN, P.; PRÉCLIN, E. *L'époque contemporaine:* II – La Paix Armée et la Grande Guerre (1871-1919). 2.ed. Paris : P.U.F., 1947. livro IV, p.391-521.

RENOUVIN, P. (Dir.). *Historia de las relaciones internacionales.* Trad. esp. de Justo Fernández Bujan e Isabel Gil de Ramales. Madrid: Aguilar, 1969. t.2, v.1.

REYNOLDS, P. A. *Introducción al estudio de las relaciones internacionales.* Trad. esp. de Francisco Condomines. Madrid: Tecnos, 1977.

RICARDO, C. O *Tratado de Petrópolis.* Rio de Janeiro: Ministério das Relações Exteriores, 1954. 2v.

RICUPERO, R. *A diplomacia na construção do Brasil, 1750-2016.* Rio de Janeiro: Versal Editores, 2017.

RIPPY, J. F. *La rivalidad entre Estados Unidos y Gran Bretaña por América Latina* (1808-1830). Buenos Aires, 1967.

RODRIGUES, A. M. M. (Sel. e introd.) *A Igreja na República.* Brasília: Câmara dos Deputados/ Editora da UnB, 1981.

RODRIGUES, J. H. (Org. e pref.). *Correspondência de Capistrano de Abreu.* Rio de Janeiro: Ministério da Educação e Cultura/INL, 1954. v.I.

_____. *Interesse nacional e política externa.* Rio de Janeiro: Civilização Brasileira, 1966.

RODRIGUES, J. H.; SEITENFUS, R. A. S.; *Uma história diplomática do Brasil, 1531-1945.* Organização de Lêda Boechat Rodrigues. Rio de Janeiro: Civilização Brasileira, 1995.

SALLES JÚNIOR, A. C. de. O *idealismo republicano de Campos Salles.* Rio de Janeiro: Livraria Editora Zelio Valverde, [s.d.].

SANTOS, J. M. dos. *A política geral do Brasil.* São Paulo: J. Magalhães, 1930.

SILVA, G. P. da. *Prudente de Moraes:* o pacificador. [S.l.]: Zelio Valverde, [s.d.].

SILVA, J. L. W. da. Historiografia das relações exteriores. *Revista do Instituto Histórico e Geográfico Brasileiro,* v. 378/379, p.154-78, 1983.

SILVEIRA, H. G. da. *Joaquim Nabuco e Oliveira Lima:* faces de um paradigma ideológico da americanização das relações internacionais do Brasil. Porto Alegre: EDIPUCRS, 2003.

SINGER, P. O Brasil no contexto do capitalismo internacional. 1889-1930. In: FAUSTO, B. (Dir.). *História geral da civilização brasileira.* 2.ed. São Paulo: Difel, 1977. t.III, v.1, p. 345-390.

SMITH, J. Brazilian Diplomacy and Foreign Intervention in the Brazilian Naval Revolt, 1893-94. *Revista Complutense de Historia de América*, v.26, p.117-134, 2000.

SMITH, J. *Illusions of Conflict:* Anglo American Diplomacy toward Latin America; 1865-1896. Pittsburgh: University of Pittsburgh Press, 1979.

SMITH, J. *Unequal Giants:* Diplomatic Relations between the United States and Brazil, 1889-1930. Pittsburgh: University of Pittsburgh Press, 1991.

SMITH, J. United States Diplomacy toward Political revolt in Brazil, 1889-1930. *InterAmerican economic affairs,* v.2, p.3-21, 1983.

SMITH, R. F. Os Estados Unidos e a América Latina, 1830-1930. In: BETHELL, L. (Org.). *História da América Latina.* Trad. de Geraldo Gerson de Souza. São Paulo/Brasília: Editora da Universidade de São Paulo/Imprensa Oficial do Estado/Fundação Alexandre de Gusmão, 2001. v.IV, p.609-649.

SOARES, T. Á. *História da formação das fronteiras do Brasil.* 3.ed. rev. e aumentada. Rio de Janeiro: Conquista, 1975.

384 A REPÚBLICA E SUA POLÍTICA EXTERIOR (1889-1902)

SPYKMAN, N. J. *Estados Unidos frente al mundo*. Trad. esp. de Fernando Valera. México: Fondo de Cultura Económica, 1944.

STUART, A. M. *O bloqueio da Venezuela em 1902*: suas implicações nas relações internacionais da época, com atenção especial às posições do Brasil e da Argentina. Universidade de São Paulo, 1989. Dissertação (Mestrado em Ciência Política) – Universidade de São Paulo.

SWEEZY, P. M. *Teoria de desenvolvimento capitalista*. Trad. de Waltensir Dutra. 2.ed. Rio de Janeiro, Zahar, 1967.

THOMSON, D. *Pequena História do mundo contemporâneo*: 1914-1961. Trad. de J. C. Teixeira Rocha. Rio de Janeiro, Zahar, 1973 (Biblioteca de Cultura Histórica).

TOCANTINS, L. *Formação histórica do Acre*. Rio de Janeiro: Conquista, 1961. 3v.

TOPIK, S. C. *Comércio e canhoneiras*: Brasil e Estados Unidos na Era dos Impérios (1889-1897). Trad. de Ângela Pessoa. São Paulo: Companhia das Letras, 2009.

TORRES, J. C. de O. *História das ideias religiosas no Brasil*. São Paulo: Grijalbo, 1968.

TULCHIN, J. A. *La Argentina y los Estados Unidos, historia de una desconfianza*. Buenos Aires: Planeta, 1990.

VALLADÃO, A. *Brasil e Chile na época do Império*: amizade sem exemplo. Rio de Janeiro: José Olympio, 1959.

VEBER, H. *Une rencontre dans les fastes de l'Amérique?* Julio Roca à Rio de Janeiro (Argentine--Brésil 1899). Paris: Institut des hautes études de l'Amérique latine/Centre de recherche et de documentation des Amériques, Université Sorbonne Nouvelle, 2015.

VIANA FILHO, L. *A vida do Barão do Rio Branco*. Rio de Janeiro: José Olympio, 1959 (Documentos brasileiros, 106).

VIANNA, H. *História diplomática do Brasil*. São Paulo: Melhoramentos, [s.d.].

VIANNA, Oliveira. *O ocaso do Império*. 3.ed. Rio de Janeiro: ABL, 2006.

VINHOSA, F. L. T. As relações Brasil-Estados Unidos durante a Primeira República. *Revista do Instituto Histórico e Geográfico Brasileiro*, v.378/379, p.280-294, 1993.

WHITAKER, A. P. *Estados Unidos y la independencia de América Latina* (1800-1830). Trad. de Floreal Mazía. Buenos Aires: Eudeba, 1964.

WILLIAMS, W. A. (Ed.). *The Shaping of American Diplomacy*: Readings and Documents in American Foreign Relations 1750-1955. Chicago: Rand McNally & Co., 1960.

WRIGHT, A. F. P. de A. *Desafio americano à preponderância britânica no Brasil*: 1808-1850. Prefácio de Américo Jacobina Lacombe. Rio de Janeiro: Conselho Federal de Cultura e Instituto Histórico e Geográfico Brasileiro, 1972.

YOUNG, O. R. *Introdução à análise de sistemas políticos*. Trad. de José Ricardo Brandão Azevedo. Rio de Janeiro: Zahar, 1970.

Anexo

PRESIDENTES DO BRASIL E MINISTROS DAS RELAÇÕES EXTERIORES DE 1889 A 1902[1]

Deodoro da Fonseca (15 nov. 1889 a 23 nov. 1891)

Quintino Bocaiuva (15 nov. 1889/17 jan. 1890)
Visconde de Cabo Frio (interino) (17 jan./22 fev. 1890)
Eduardo WandenkoIk (interino) (22 fev./13 maio 1890)
Quintino Bocaiuva (13 maio 1890/22 jan. 1891)
Tristão de Alencar Araripe (interino) (22 jan./27 fev. 1891)
Justo Leite Chermont (27 fev./23 nov. 1891)

Floriano Peixoto (23 nov. 1891 a 15 nov. 1894)

Constantino Luiz Paleta (nomeado em 23 nov. 1891; não aceitou o cargo).
Custódio José de Melo (interino) (23 nov./28 nov. 1891)
Fernando Lobo Leite Pereira (23 nov. 1891/10 fev. 1892)
Sezedelo Corrêa (12 fev./22 jun. 1892)
Custódio José de Melo (interino) (22 jun./17 dez. 1892)

---

1 Dados extraídos de Abranches (1918).

386 A REPÚBLICA E SUA POLÍTICA EXTERIOR (1889-1902)

Antônio F. de Paula Souza (17 dez. 1892/22 abr. 1893)
Felisbelo Freire (22/29 abr. 1893; depois, interino até 30 jun. 1893)
João Felipe Pereira (30 jun./8 set. 1893; depois, interino até 7 out. 1893)
Carlos Augusto de Carvalho (7/26 out. 1893)
Cassiano do Nascimento (26 out. 1893/15 nov. 1894)

Prudente de Morais (15 nov. 1894 a 15 nov. 1898)

Carlos Augusto de Carvalho (15 nov. 1894/31 ago. 1896)
Dionísio E. C. Cerqueira (1 set. 1896/15 nov. 1898)

Campos Sales (11 nov. 1898 a 15 nov. 1902)

Olinto de Magalhães

PRESIDENTES DA REPÚBLICA ARGENTINA DE 1880 A 1904

Julio Argentino Roca (12 out. 1880/12 out. 1886)
Miguel Juárez Celman (12-out. 1886/6 ago. 1890)
Carlos Pellegrini (6 ago. 1890/12 out. 1892)
Luis Sáenz Peña (12 out. 1892/22 jan. 1895)
José E. Uriburu (22 jan. 1895/12 out. 1898)
Julio Argentino Roca (12 out. 1898/12 out. 1904)

PRESIDENTES DOS ESTADOS UNIDOS DA AMÉRICA DE 1885 A 1909

Grover Cleveland (4 mar. 1885/4 mar.1889) –Democrata
Benjamin Harrison (4 mar. 1889/4 mar. 1893) – Republicano
Grover Cleveland (4 mar. 1893/4 mar. 1897) – Democrata
William McKinley (4 mar. 1897/14 mar. 1901) – Republicano
Theodore Roosevelt (14 set. 1901/4 mar. 1909) – Republicano

SOBRE O LIVRO

Formato: 16 x 23 cm
Mancha: 28,4 x 46,1 paicas
Tipologia: Freight Text 11/14
Papel: Off-set 75 g/m² (miolo)
Cartão Supremo 250 g/m² (capa)
1ª edição Editora Unesp: 2022

EQUIPE DE REALIZAÇÃO

Coordenação editorial
Marcos Keith Takahashi (Quadratim)

Edição de texto
Maurício Katayama (preparação)
Lucas Lopes (revisão)

Projeto gráfico e capa
Quadratim

Fotos de capa
Quintino Bocaiuva (de barba, ao centro) por ocasião da assinatura do Tratado de Montevidéu, Uruguai, c. jan.-mar. 1890, fotógrafo desconhecido; embaixadores reunidos para a I Conferência Internacional Americana, Washington, 1889, fotógrafo desconhecido; Barão do Rio Branco (ao centro), *Correio da Manhã*, c.1890, fotógrafo desconhecido; oficiais a bordo do Cruzador Benjamin Constant em viagem de circum-navegação pela Ilha da Trindade, [s.d.], fotógrafo desconhecido; legação brasileira em Londres (da esq. para dir., Graça Aranha, Sylvino Gurgel do Amaral, Joaquim Nabuco, Domício da Gama e Manoel de Oliveira Lima), março de 1901, fotógrafo desconhecido; oficiais na Fortaleza de São João durante a Revolta da Armada, Rio de Janeiro, 1893, foto de Juan Gutierrez.

Editoração eletrônica
Arte Final

Rua Xavier Curado, 388 • Ipiranga - SP • 04210 100
Tel.: (11) 2063 7000 • Fax: (11) 2061 8709
rettec@rettec.com.br • www.rettec.com.br